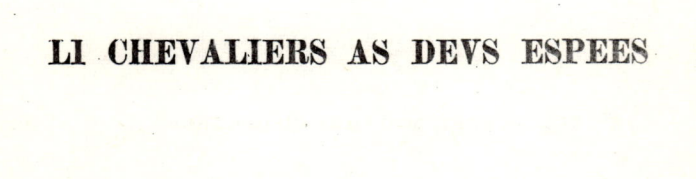

LI CHEVALIERS AS DEVS ESPEES

LI CHEVALIERS

AS DEVS ESPEES

ALTFRANZÖSISCHER ABENTEUERROMAN

ZUM ERSTEN MAL HERAUSGEGEBEN

von

WENDELIN FOERSTER

HALLE a/S.
MAX NIEMEYER
1877

Chevalier as deus espees

LI CHEVALIERS

AS DEVS ESPEES

ALTFRANZÖSISCHER ABENTEUERROMAN

ZUM ERSTEN MAL HERAUSGEGEBEN

von

WENDELIN FOERSTER

Editions RODOPI Amsterdam
1966

Einleitung.

Der Abenteuerroman von Meriadues, dem Ritter mit den zwei Schwertern, scheint sich keiner grossen Verbreitung erfreut zu haben. Solches schliessen wir daraus, dass denselben eine einzige Handschrift, so viel bis jetzt bekannt, uns erhalten und man Anspielungen oder gar Bearbeitungen nicht gefunden hat. Es ist No. 180 Suppl. franç., jetzt 12603 der Pariser Nationalbibliothek, zuerst von Le Roux de Lincy 1836 in seinem Brut I. Theil, S. LV—LXII beschrieben, wobei Anfang und Ende (Z. 1—10 und 12346—12352) abgedruckt sind. San-Marte citirte hierauf in seinem Gottfried von Monmouth (1854) S. 404 33 Zeilen (206—245) desselben Gedichtes. 1860 veröffentlichten die Herren Kroeber und Servois das Heldengedicht Fierabras mit Zugrundelegung unserer Handschrift, ohne jedoch den weitern Inhalt derselben näher sich anzusehen; sonst hätte gerade der darin enthaltene „Ritter mit den zwei Schwertern" dieselben belehren müssen, dass dies die von Barrois unter 2290 erwähnte Handschrift sei, welche irrige Notiz von L. Gautier in Epop. fr. II, 307 wiederholt worden ist. Der bei Didot, Paris 1870 erschienene Essai de classification méthodique et synoptique des romans de chevalerie inédits et publiés enthält auf Tafel 5. Titel und Handschrift unseres Romans. 1874 erschien im Jahrbuch für romanische und englische Sprache XIII, 283—295 eine eingehende und genaue Beschreibung der Handschrift, aus der ich daselbst den Vallet qui d'aise a malaise se met (No. 11 der Handschrift) ohne Zweifel von Gauthier le Lonc, dem Verfasser der Veuve, veröffentlichte. Nachzutragen ist, dass No. 5. (Enfances d'Ogier von Adenet le Roi) inzwischen von A. Scheler (Brüssel 1874), der unsere Handschrift*) nicht gekannt, nach der trefflichen Arsenalhandschrift 175 herausgegeben worden ist. Der Anfang desselben Gedichtes (137 Zeilen) findet sich ausserdem gedruckt im 1. Bande Philipp Mouskets, CLXXXVIII—CXCIII. — Stück 22. ist nochmals von Chabaille in seinem Renartsupplement 1835 abgedruckt (S. 107—109).

Der Inhalt des noch nicht analysirten Romans ist kurz folgender: Nach einem begeisterten Lobe des Königs Artus wird die Feier des Pfingstfestes geschildert. Der König grämt sich, als bei Beginn der Tafel kein Abenteuer sich einstellt, doch lässt dieses nicht lange auf sich warten. Es kommt ein Ritter herangeritten, der als Bote des Königs Ris von Outre-Ombre den Bart Artus' verlangt, um daraus für einen mit den Bärten von neun Königen gefütterten Mantel das tassel verfertigen zu lassen. Sonst würde er ihn mit Krieg überziehen und nicht eher ruhen, bis er das ganze Reich eingenommen, die Königin gefangen und dem Könige von Noronbellande übergeben hätte. Artus möge wissen, Ris sei bereits mit Heeresmacht in sein Land eingefallen und belagere eben die Königin von Garadigan, die ihr Lehen von Artus hatte. Dieser weist das schimpfliche Ansinnen entrüstet zurück und droht, nicht eher zu ruhen, als bis

---

*) Die Varianten sind, wie bei den meisten Adenethandschriften, unbedeutend. Hier die Vergleichung des Anfangs (mit Uebergehung der rein orthographischen Varianten): 38 fehlt. 46. *puist.* 62. *nous* fehlt (— 1). 66. *cuer entier*] *cors legier.* 69. *tel*] *grant.* 79. *pryer*] *crier.* 85. *bien* fehlt (— 1). 89. *Tout*] *Dont.* 94. *eleicier.* 97. *cel.* 104. *n'en*] *ne.* 106. 110. *est*] *ert.* 136. *li*] *ses.* 141. *el*] *vn.* 146. *entrer.* 182. *rouvee*] *criee.* 199. *ceste.* 216. *s'en*] *en.* 223. *crea.* 233. *Ogier mout.* 234. *caine lenfes ainc.* 246. *gaires*] *nulle.* 256. *cuit.* 258. *renderoit.* 269. *leur*] *sa.* 272. *enpusion.* 283 fehlt. 284. *cors sene.* 285. beidemal *li* statt *maint.* 298. *ioule.* 314. *ensement.* 326. *se.* u. s. f.

er die Schmach gerächt. Er lässt sofort Boten an seine
Mannen senden, jedermann solle innerhalb vierzig Tagen
in Carduel wohl gerüstet eintreffen (1—312). Der Bote
eilt zu Ris zurück, trifft ihn aber nicht mehr an seinem
Ort, wo er ihn gelassen hatte, da er Garadigan mit Gewalt eingenommen und sich darin festgesetzt hatte. Der
Ritter eilt in die Stadt, sucht den König auf und meldet
ihm Artus' Weigerung. Während Ris, darüber ungehalten,
seinen Gedanken nachhängt, kommt ein Zwerglein angeritten, das sich dem Könige als Bote seiner Freundin, der
Herrin von Yselande vorstellt und demselben von ihr
einen Strick, mit dem Pferde gefesselt werden, übergibt
mit der Mahnung, er möchte seiner Zusagen eingedenk
sein und ihr sein Wort halten, wie sie es ihm thun werde.
Nachdem der König dies zugesagt, reitet der Zwerg davon (313—440). Der König versinkt in tiefes Sinnen,
bis ihn der Anblick des gegenüber liegenden Waldes demselben entreisst. In demselben steht die Gaste Capele,
aus der noch Niemand, der sich hineingewagt hat, zurückgekommen. In derselben, so erzählt der König Ris, sei
er gewesen und hätte, nachdem er am Altare Mariens
gebetet, seinen Rock an Stelle eines Altartuches zurückgelassen. Wenn Jemand, sei es Rittersmann oder Knapp,
Frau oder Fräulein, den Muth hätte, mit der Pferdefessel
hinzugehen und ein Stück von seinem Rock, den er dort
gelassen, mitzubringen, so würde er ihm jeden Wunsch
erfüllen. Aber keiner der Ritter meldete sich dazu.
Unter den Dienerinnen gab es indess ein junges Mädchen,
das an Schönheit alle übertraf und dies war die gefangen
genommene Königin von Garadigan, die sich zu dem Wagstück bereit erklärt. Vergebens sucht der König derselben ihr tollkühnes Unternehmen auszureden, sie beharrt
fest dabei und reitet endlich auf einem Maulthier, von
dem König und einer Schaar Ritter ein Stück begleitet,
nach dem Walde. Es war aber Nacht und finster geworden und ihr Weg führte sie mitten durch Dornen und
Gebüsch, die ihre zarte Haut zerrissen und ihr Gewand
in Stücken mitnahmen. Ihre Furcht ward noch vermehrt

durch allerlei wildes Gethier, das um sie brüllte, dazu flammte der Blitz auf und das Getöse des Donners übertäubte alles. Gern wäre sie umgekehrt, allein es kommt noch schlimmer: sie sieht gespensterhafte Männer, die mitten durch brennenndes Feuer liefen, gleich darauf hört sie lautes Wehklagen und erblickt einen geharnischten Mann, der einen toten Ritter vor sich trug und dessen Tod bejammerte. Rasch kommt sie ihm zuvor und gelangt zur Kapelle, in die sie sich sofort begibt, wobei sie ihr Maulthier mitnimmt. Nach kurzem Gebet versteckt sie sich hinter dem Altar und sieht nun den Ritter hereinkommen. Unter stetem Wehklagen trägt er den Leichnam hinein, gräbt für denselben in der Kapelle ein Grab, in das er den Toten, dem er noch dessen Schwert umgürtet, hineinlegt. Und weinend fleht er, dass Jeder, der das Schwert nehmen und sich umgürten sollte, es nie wieder abschnallen könne, wenn er nicht eben so wacker sei wie es der Tote gewesen. Wehklagend entfernt sich der Ritter und gleich darauf hört sie neues, vielseitiges Jammern: es sind die Leute des toten Ritters, die gern noch einmal an seinem Grabe weinen möchten. Doch der Seneschall desselben (dies war der Ritter) verweist sie auf den letzten Willen ihres Herrn und trägt ihnen auf, für sein Seelenheil zu beten. Als die Königin wieder allein war, legt sie die Pferdefessel auf den Altar, die sofort wieder herabspringt und erst auf ein Gebet hin liegen bleibt, dann nimmt sie ein Stück von des Königs Rock und will sich auf den Heimweg begeben, als ihr plötzlich das Schwert des toten Ritters einfällt. Sofort kehrt sie um, scharrt die Erde auf, bis sie auf den Ritter gestossen, dem sie das Schwert losbindet. Nach kurzem Gebet für die Seelenruhe des Toten gürtet sie sich dasselbe um und reitet zurück. Da fallen ihr die Worte des Seneschalls ein und sofort versucht sie, um deren Wahrheit zu erproben, das Schwert loszubinden. Doch vergeblich! Da merkt sie, dass dies nur ein wackerer Mann thun könne und den und keinen andern wollte sie zum Manne haben. Sie kehrt glücklich zur Stadt zurück und lässt sich sofort trotz der späten Stunde zum König, der bereits im Bette lag, führen (441—960). Sie zeigt demselben das Stück Tuch, das sie von seinem Rocke weggeschnitten, als Wahrzeichen und erinnert ihn an sein Versprechen. Da erschrak der König und fürchtete seine Freundin zu verlieren; denn er meinte, nun werde sie ihn heiraten wollen. Doch diese hatte andere Sorgen, sie verlangte, der König müsse sofort mit seinen Leuten die Stadt räumen, die Gefangenen frei geben und Schadenersatz leisten. Und zum Schluss müsste er noch einen Eid schwören, dass er ihr in Zukunft nichts zu Leide thun dürfe. Und so geschah es (961—1042). Da blieb die junge Königin allein mit ihren Leuten zurück. Sie liess sich nun, da es Tag geworden, königliche Gewänder anlegen und herrlich schmücken. Doch das Schwert konnte sie nicht los werden und musste es nunmehr lange Zeit tragen. Nachdem sie damit fertig geworden, stieg sie auf ein reich geschmücktes Maulthier und vertraute das Land ihrem Seneschall an; sie müsse dasselbe verlassen, da sie an Artus' Hof zu thun habe. Sie macht sich auf den Weg und erfährt von einem Mönche, dem sie begegnet, Artus sei in Carduel, wo derselbe ein grosses Heer zusammenziehe. Als sie nach der Stadt gekommen, begibt sie sich ohne Säumen an den Hof und reitet bis in den Saal vor den König Artus hin, den sie gebührend grüsst. Der König erkennt sie und meint, sie wolle Hilfe von ihm haben; er tröstet sie daher, er hätte sein Heer bereits beisammen und nun solle es gleich gegen den König Ris losgehen, und ihre Stadt werde bald befreit sein. Das sei sie bereits, antwortet die Königin zum grossen Staunen Artus', dem sie nun die ganze wunderbare Begebenheit, wie sie die Stadt wiedergewonnen, erzählen muss. Sie thut es ohne Zaudern und verlangt schliesslich vom Könige ein Geschenk, früher werde sie nicht vom Maulthier herabsteigen. Der König sagt ihr die Bitte zu und hebt sie sofort herab, da sah er erst, dass sie ein Schwert umgürtet hatte. „Sind wir auch sicher vor Euch, Fräulein?" Nun solle er erfahren, antwortet sie, was er ihr soeben versprochen habe. Er müsse ihr denjenigen zum Gemahl geben, der ihr das Schwert abnehmen könne, ohne den Gurt zu beschädigen. Da muss zuerst Kex dran, allein je mehr er sich damit plagt, desto mehr verknüpft sich das Band. Nicht besser ergeht es Ywain, dann Dodinel dem Wilden. Da wundert sich der König und nun muss die Königin erzählen, was es damit für eine Bewandtnis habe. Des andern Tages aber versuchen sich die dreihundert und sechsundsechzig Ritter der Tafelrunde, nur Gauwain, Tor und Gerflet, die auf Abenteuer ausgezogen waren, fehlten. Und als es keinem glücken wollte, mussten alle die zwanzig Tausend, die er versammelt, einer nach dem andern heran, aber auch von denen konnte es keiner vollbringen. Da erschrak die junge Königin und merkte wohl, dass es der vollkommenste Ritter sein müsse, der das Schwert losbinden werde und dass sie von Glück reden dürfe, falls sie ihn zum Manne bekomme. Der König aber sagte ihr, sie müsse warten, bis Gauwain und die andern zwei Ritter zurückgekommen wären. Da liess man es denn bleiben und setzte sich zu Tische (1043—1500). Nach dem Essen aber, da geschah es, dass ein junger Knappe, voll Schönheit und Kraft, an den König herantrat und von ihm die Erfüllung der ihm gewährten Zusage verlangte. Es hatte nämlich der König seinem Neffen Gauwain vor seiner Ausfahrt versprochen, seinen Knappen, wann immer dieser darum bitten werde, zum Ritter zu schlagen. Der König ist sofort dazu bereit; man zieht dem Jüngling kostbare Kleider an und als er an den Hof kam, da staunten alle insgesammt; denn Jeder glaubte, er habe nie Jemanden gesehen, der schöner wäre und der tüchtiger sein müsste, falls es ihm an Muth nicht fehlte. Und nachdem der Knappe die Nacht hindurch in der Kirche, wie es sich gebührte, gewacht, wurde er nach der gewöhnlichen Weise am andern Tage zum Ritter geschlagen. Als dies geschehen, steigt er zu Pferde und bittet noch um die Gunst, sich am Schwert der Königin versuchen zu dürfen.

Als ihm dieses zugestanden worden, heisst er die Königin auf einen Tisch steigen, damit er, da er zu Pferde sei, leichter dazu könne. Dieselbe, tief gekränkt ob solcher Behandlung, schilt seinen Uebermuth, gehorcht aber dennoch. Und ohne ein Wort zu sagen, reitet der neue Ritter an sie heran und bindet das Schwert ohne die geringste Schwierigkeit los und gürtet es über das seinige, das ihm der König geschenkt hatte, und reitet von dannen, ohne auf Artus, der ihm nachruft, weiter zu achten. Er vernahm nur noch, wie Kex ihm den Spitznamen des Ritters mit den zwei Schwertern gab; denn Niemand kannte seinen eigentlichen Namen. (1500—1670.)

Man kann sich denken, wie der Königin zu Muthe war, als sie den Ritter, der schön an Leib und tüchtiger war als alle andern, so davonreiten sah. Sie trat zum Könige und erinnerte ihn an seine Zusage. Da schickt derselbe gleich die vier besten seiner Ritter, die am Hofe waren, nämlich Ywain, Ellit, Saigremor und Dodinel aus, denselben zurückzuholen. Diese waffnen sich sofort und machen sich auf den Weg. Als sie ihn eingeholt, fordert ihn Ywain auf, an den Hof zurückzukommen, was jener als unmöglich ablehnt. Da will ihn Ywain zwingen und so kommt es zum Kampfe. Doch sowohl er als auch seine drei Begleiter werden nach einander aus dem Sattel gehoben und müssen ohne den Ritter zurückkehren. So musste sich denn das königliche Fräulein gedulden und der König tröstete sie, er würde Gauwain und seine Begleiter dem Flüchtigen nachsenden, sobald sie zurückgekehrt sein würden; jetzt aber müsse er gegen den König Ris zu Felde ziehen. Da gab sich die Königin damit zufrieden, erklärte aber so lange am Hof bleiben zu wollen, bis er ihr sein Versprechen erfüllt hätte und das gab der König zu. (1671—1844.)

Der Ritter aber zog in der Welt herum, liess kein Turnier aus und ging auch keinem Abenteuer aus dem Wege. Ueberall war er Sieger und sein Ruf drang weit hin und kam auch an den Hof des Königs Artus.

Da mahnt ihn das Fräulein wieder an sein Versprechen, und dieser vertröstet sie auf spätere Zeit. Er bricht mit seinem Gefolge nach Clamorgan auf und als er hierher gekommen, verstrichen acht Tage, aber es kam zum grossen Leidwesen des Königs keine Neuigkeit und noch weniger ein Abenteuer. Doch eines Tages, als er nach dem Mahle noch am Tische sass, da kamen zehn Ritter mit einer Sänfte, in der ein schwer verwundeter Ritter lag. Und lautlos, ohne zu grüssen und sonst etwas zu sagen, setzten sie die Sänfte vor Artus nieder und brachen in lautes Wehklagen aus. Der König fühlte sich verletzt, dass sie ihn nicht einmal gegrüsst, und schickt Ywain zu denselben, um zu fragen, wer sie seien und wer der verwundete Ritter wäre und wer ihn also zugerichtet. Doch die Gefragten thaten, als hörten sie nichts. Und da kamen andere zehn Ritter, gleichfalls mit einer Sänfte und sie thaten dasselbe, was die vorigen, und weder Bitten noch Drohungen konnten ihnen ein einziges Wort entlocken. Und in gleicher Gestalt kamen noch andere Ritter, je zehn mit einer Sänfte, bis ihrer neun vor Artus dalagen. Der König gerieth in nicht geringen Zorn, als er sah, wie sich keiner um ihn kümmerte: da kamen zum Schluss noch einmal zwanzig Ritter und brachten gleichfalls eine Sänfte mit, die in königlicher Weise geschmückt war, und in derselben lag desgleichen ein schwer verwundeter Ritter. Und all das fremde Volk brach in lautes Klagen aus. Artus fühlte Mitleid mit denselben und frug nun selbst, wer sie seien und was das zu bedeuten habe. Als er aber eben so wenig eine Antwort erhielt, schwur er bei allem, was ihm theuer, entweder werde er alles erfahren, was er wissen wolle, oder er lasse Allen die Köpfe abschlagen. Da hiess der aus der zehnten Sänfte die Andern schweigen und erklärte sich bereit, alles zu sagen, wenn Artus gelobe, dass ihnen nichts Böses widerfahren solle. Dies geschah und nun vernahm Artus, dies sei der König Ris, der ihn mit Krieg überzogen, und die andern neun seien seine Ritter, die in einem Walde, einer nach dem andern, mit einem einsamen Ritter gekämpft hätten. Alle seien von demselben besiegt worden und hätten geloben müssen, sich Artus als Gefangene zu stellen. Der Sieger aber sei der Ritter mit zwei Schwertern. Da dachte der gute König Artus nicht an den Schimpf, den ihm Ris angethan, und befahl seinen Aerzten, die Verwundeten zu pflegen. Es genasen aber alle bis auf zwei, deren Wunden tötlich waren. Als nun Ris wieder gesund geworden, verlangte er, Artus möchte ihm seine Bedingungen sagen, er sei bereit, alles zu thun. Da gab Artus sowohl ihn selbst als alle seine Ritter ohne Lösegeld frei, so dass Ris, der solche Grossmüthigkeit nicht für möglich gehalten hatte, voller Bewunderung aus freien Stücken sich erbot, sein Lehensmann zu werden, was Artus gern geschehen liess. Hierauf nahm Ris Abschied und, von Artus und den seinigen eine Strecke Weges begleitet, machte er sich auf den Weg. (1845—2372.)

Als aber Artus umkehren wollte, sah er einen fremden Ritter herankommen und wusste sich vor Freude kaum zu fassen, als er seinen Neffen Gauwain erkannte. Und nicht der König allein, auch sein ganzes Gefolge freute sich über die Massen. Die Kunde davon gelangte auch an den Hof, und die Königin mit ihren Frauen machte sich auf den Weg, um Gauwain entgegenzugehen. Und nicht wenig Volk ging mit. Da gab es ein Grüssen und Küssen beiderseits und hoch erfreut begaben sich alle an den Hof. Und zu derselben Stunde kamen auch Tor und Gerflet, um die Freude voll zu machen. Nun meldete sich wieder die Königin vor Garadigan und verlangte, der König solle sein Wort halten. Der König erklärte sich dazu bereit, verlangte aber acht Tage Erholung für seinen Neffen, dem er dann erzählte, worum es sich handle. (2373—2622).

Des andern Morgens stand Gauwain seiner Gewohnheit gemäss zeitig früh auf und als er den herrlichen Morgen sah, fühlte er Lust, sich im Freien zu ergehen. Schnell zog er sich an und stieg, bloss mit Schild und Lanze versehen, auf sein Pferd. Er ritt in den Wald und von dem fröhlichen Gesang der Vögel schwoll ihm das Herz an und er dankte Gott für die Gnaden, die er ihm verliehen. Als er aber im Forste sich umsah, sah er einen wohl gewappneten Ritter von stattlichem Aussehen kommen und er reitet ihm mit freundlichem Grusse entgegen. Doch dieser erwiedert denselben nicht. Erstaunt frägt Gauwain, was er denn an ihm verbrochen, dass er seinen Gruss nicht erwiedere. Dieser erzählt ihm, er sei aus dem Königreiche der Inseln, der Sohn eines armen uauasor, der in Liebe zu seiner Königin entbrannt um ihre Hand angehalten habe. Diese habe erbost solch Ansinnen zurückgewiesen, denn sie könnte nur den besten und schönsten, der auf der Welt sei, lieben; er aber meinte, dies eben wäre er selbst. Da habe jene Gauwain genannt, der bei weitem der wackerste und schönste auf dem ganzen Erdenrund sei und diesen und keinen andern wolle sie lieben. Als er aber bei seiner Behauptung beharrt, hätte jene verlangt, er solle Gauwain aufsuchen und wenn er ihn besiegt, so wolle sie ihn zum Gemahl nehmen. Demgemäss sei er denn aufgebrochen und ziehe bereits drei Monate herum, ohne dass er bisher hätte Gauwain finden können. Nun habe er erfahren, dass Gauwain nur, wenn er gefragt sei, seinen Namen nenne, dann aber unter keinen Umständen denselben verhehle; daher grüsse er keinen Ritter, bevor er nicht sicher wüsste, dass es Gauwain nicht sei, damit ihn jener nicht des Verraths anklagen könne, wenn er darnach mit ihm kämpfte. Deshalb verlange er auch jetzt, früher seinen Namen zu erfahren. Gauwain, der selbst unbewaffnet war und jenen bis an die Zähne gewaffnet sah, hätte gern zurückgehalten, gleichwol nannte er ohne Zögern seinen Namen, worauf ihn der Fremde sofort herausfordert. Umsonst wendet Gauwain ein, er sei nicht bewaffnet, daher der Kampf ungleich wäre; umsonst weist er darauf, dass er ihm ja nie etwas zu Leide gethan und er nicht dafür könne, wenn die Königin des Inselreiches ihn für schöner erklärte: jener beharrt auf dem Kampfe; er habe sein Wort gegeben, wo immer er ihn fände und in welcher Rüstung immer er wäre, mit ihm zu kämpfen. Gauwain sieht, dass er dem Kampf nicht ausweichen könne; zwar fällt ihm ein, dass ihn jener mit seiner schweren Rüstung nicht einholen würde, wenn er davonritte; doch den blossen Gedanken an Flucht kann er nicht vertragen; lieber wolle er sterben, als dass ihn jemand der Feigheit zeihen könnte. So rennen denn die beiden gegen einander: Gauwain's Lanze zerschellt an dem starken Panzer, während der andere seinen Schild durchbohrt und ihm die Lanze durch die Weichen stösst, zum Glück, ohne die Eingeweide zu verletzen, so dass er ohnmächtig zu Boden fällt. Jener im Glauben, Gauwain wäre tot, jubelte hell auf und brach in ein Dankgebet aus, dass Gott ihm verliehen habe, die Blüthe der Ritterschaft zu töten. Den Kopf aber hieb er ihm nicht ab, liess auch das Pferd in Ruhe, weil er fürchtete, sich damit Ungelegenheiten zu bereiten. Und ohne sich weiter um ihn zu bekümmern, ritt er, sein Geschick preisend, von dannen. (2623—3094).

Gauwain, der gar wohl gehört hatte, wie der fremde Ritter frohlockte, war inzwischen wieder zu sich gekommen und versuchte aufzustehen; darauf zog er sich den Lanzensplitter aus dem Leibe und verband, so gut er konnte, die Wunde. Mit grosser Anstrengung gelang es ihm, sich zum Pferde hinzuschleppen und auf dasselbe zu steigen und solchergestalt schwer verwundet kam er wieder zu Hause an, wo ihn sein Diener zu Bette brachte.

Als aber Gauwain des Morgens nicht, wie gewöhnlich, am Hofe erscheint, wird nach ihm gesandt und so kommt seine Verwundung ans Licht. Lautes Klagen beginnt, das erst aufhört, als die Aerzte die Wunde für ungefährlich erklären. Unter der sorgsamsten Pflege schreitet die Heilung rasch vorwärts. Doch wird scharfe Wacht gehalten, damit Gauwain nicht vor der Zeit aufbreche (denn dass er Rache suchen werde, ist klar) und dabei zu Schaden komme. Er merkt dies wol; doch als er sich wieder ganz gekräftigt fühlt, gelingt es ihm, heimlich den Hof zu verlassen. Dem Könige aber lässt er melden, er werde nicht früher zurückkommen, als bis er an dem Frevler Rache genommen. (3095—3530).

Nun beginnt eine lange Irrfahrt. Nach vielen Kreuz- und Querzügen geschah es einmal, dass er im Walde übernachten musste. Am Morgen des nächsten Tages begegnet er einem greisen Pilgrim, der an einer Quelle sein Mahl einnahm und Gauwain ohne Weiteres dazu einlud. Nach dem Essen erfährt der Alte, sein Gast sei aus der Bretagne, und erkundigt sich gleich nach Gauwain's Grab. Als er erfährt, Gauwain sei nicht tot, stehe vielmehr leibhaftig vor ihm, ergiesst er sich in eine Fluth von Verwünschungen gegen ihn, bis dieser herausbringt, der Alte sei der Vater Brien's, jenes Ritters aus dem Inselreiche, der ihn meuchlings hatte töten wollen. Wenn Gauwain wirklich am Leben sei, so sei sein Sohn den Leuten zum Gespötte geworden; er wolle sich aber von der Wahrheit selbst überzeugen und nach der Bretagne ziehen. Bald darauf gelangt Gauwain zur Behausung eines Einsiedlers, der den Ankömmling freundlich empfängt und gut bewirthet. Doch auch dieser ergrimmt, als er erfährt, sein Gast wäre Gauwain; denn wenn dieser am Leben, so sei das grosse Glück, das seines Neffen harre, dahin. Er will hierauf Gauwain, der sich, um zu schlafen, bei Seite gelegt hatte, töten, doch im letzten Augenblick folgt er der Stimme des Gewissens und lässt denselben ungestört schlafen. Des andern Tages trifft Gauwain einen Knappen, der aus dem Inselreiche kommt und ihm erzählt, dass Brien, weil er Gauwain, den Neffen Artus', erschlagen, die schöne Königin des Inselreiches heiraten und König werden solle. Es werde ein grossartiges Fest sein, und alles werde von Nah und Ferne herbeiströmen, auch der Ritter mit den zwei Schwertern werde da sein. Wenn er auch dahin wolle, so möge er hier warten, bis der Knappe seine Botschaft beim Einsiedler ausgerichtet, dann wolle er ihn gerades Weges hinführen. Dieser stimmt zu und beide machen sich auf den Weg. Die Nacht bringen sie auf einem Schlosse zu, dessen Herrin (der Ritter selbst ist abwesend) sie gastfreundlich empfängt.

Des Morgens, nachdem Gauwain sich wieder auf den Weg
gemacht, kommt der Schlossherr zurück, der auf die
Nachricht, ein fremder Ritter sei hier über Nacht gewesen,
demselben sofort mit zehn Rittern nachreitet, um seinen
Namen zu erfahren. Er holt auch wirklich Gauwain ein,
der gefragt seinen Namen sofort nennt, dafür aber
mit Flüchen und Verwünschungen vom Schlossherrn, der
Brien's Vetter ist, überhäuft wird. Es kommt zum Zwei-
kampf, aus dem Gauwain als Sieger hervorgeht. Nach-
dem er aber den Gegner in den Sand gestreckt, lässt er ihn
schwer verwundet liegen und reitet weiter. (3531—4180).
Er kommt hierauf an ein tiefes und breites Wasser, an
dessen Ufer ein schönes, wohl befestigtes Schloss, das
castel du Port, sich erhebt, und er erfährt von dem
Knappen, dass der Besitzer desselben die Erlaubnis er-
theilen müsse, das Wasser zu übersetzen, da sie sonst
einen Umweg von vier Tagreisen machen müssten. Um
diese zu erlangen, begibt sich Gauwain sofort auf das
Schloss, wo er den Herrn desselben mit seiner Frau und
einer überaus schönen Tochter von siebzehn Jahren traf.
Nach gewechseltem Gruss trägt Gauwain sein Anliegen
vor, worauf jene in Thränen ausbrechen. Auf seine Frage
erzählt der Schlossherr, Gernemant von Norhombellande
hätte um die Hand seiner Tochter angehalten und als
diese ausgeschlagen, ihn mit Krieg überzogen, sein Land
verwüstet und ihn so in die Enge getrieben, dass ihm
nichts als dieses Schloss geblieben und er einen Vertrag habe
eingehen müssen, nach einem Jahre seine Tochter auszu-
liefern, wenn diese bis dahin niemanden gefunden hätte,
der Gernemant besiegte. Viele wackere Männer hätten
dabei schon ihren Tod gefunden und es fehlten nur noch
acht Tage und dann wäre der gefürchtete Termin da.
Gauwain erklärt, den Kampf übernehmen zu wollen, wenn
die Tochter ihm ihre Liebe schenke. Diese ist es zu-
frieden und besiegelt mit einem Kuss das Bündnis. Gau-
wain will den Kampf sofort entscheiden und begibt sich
auf eine nahe Wiese, wo er ein Horn von Elfenbein findet,
mit dem er Gernemant, dessen Schloss nicht weit davon

liegt, herbeiruft. Gauwain besiegt und tötet denselben und steckt dessen Kopf auf einen Pfahl, wie jener mit den vierundvierzig Rittern, die er besiegt, gethan hatte. Gross war die Freude im ‚Hafenschloss', als seine Bewohner sich erlöst sahen. Nach reichlichem Mahl begibt sich Gauwain zu Bette, wohin die Mutter ihre Tochter bringt und sie Gauwain übergibt. Nachdem ein Theil der Nacht unter Liebkosungen verstrichen, will Gauwain endlich seinen Wunsch erfüllen, als plötzlich das Mägdlein bitterlich zu schluchzen anfängt. Durch Fragen gedrängt, erzählt es, es hätte sich in Gauwain, als sie fast noch Kind gewesen, verliebt und ihm die Erstlinge gelobt. Deshalb hätte sie vor einem Augenblick an Gauwain denken müssen, den Brien getötet hätte, und demselben haben ihre Thränen gegolten. Nun freilich, wo Gauwain tot sei, wolle sie ihren Befreier über Alles lieben. Dieser erzählt, gerührt durch solches Geständnis, Gauwain sei nicht tot, und er selber wäre es. Das wollte das Mädchen nicht glauben, sie wolle aber an Artus' Hof, um zu erfahren, ob dies wahr sei. Und dabei blieb sie, trotz aller Versicherungen Gauwain's, und unberührt verlässt sie das Zimmer. (4181—5086).

So blieb Gauwain allein zurück und der Schlaf floh seine Augen, bis er des Morgens früh aufbrach und seine Reise fortsetzte. Das Mädchen aber trat vor ihren Vater, erbat sich die Erlaubnis, an Artus' Hof zu gehen, und mit prachtvollen Gewändern geschmückt machte sie sich ungesäumt auf den Weg. Bei Artus angekommen, erfährt sie, dass Gauwain wirklich am Leben und sie merkt, dass es ihr Befreier gewesen sein mochte, da erklärt sie, sie werde den Hof nicht eher verlassen, als bis er zurückgekommen, und Gauwain zu Liebe findet sie ehrenvolle Aufnahme. (5087—5236).

Gauwain kommt ohne weitere Abenteuer mit seinem Knappen zur Hauptstadt des Inselreiches, Namens Rades, gerade an dem Tage, an welchem Brien die Königin heiraten soll, und dies war das Johannisfest. Da entlässt Gauwain seinen Wegweiser und bleibt allein zurück. Es hatte sich aber eine ungeheure Menschenmenge zusammen gefunden und selbst die Umgebung der Stadt war davon bedeckt, da diese sie nicht hatte fassen können. Gauwain ritt in die Stadt hinein, bis er zum Palast der Königin auf einen grossen Platz kam, an dessen einem Ende das Münster stand, wohin sich der Zug begeben sollte; hier blieb er stehen und liess denselben an sich vorüberkommen. Und wie er so dastand, kam ein anderer Ritter, wohl gewaffnet, des Weges und blieb neben ihm stehen. Er hatte aber zwei Schwerter umgürtet. Als nun die Königin auf einem prächtigen Throne Platz genommen, hiess sie den Erzbischof den Vertrag, den sie mit Brien geschlossen, laut verkünden. Als dies geschehen, stand Brien auf und sagte laut, er hätte alle Bedingungen erfüllt; denn Gauwain habe er getötet und er selbst sei der beste Ritter der Welt. Wie der mit den zwei Schwertern hörte, Gauwain sei getötet, ritt er bis vor die Königin und sagte stolz, wenn Gauwain tot sei, wäre er der trefflichste und schönste Ritter, den es gäbe, und dies wolle er gegen Jedermann beweisen. Das ärgerte aber Gauwain, er ritt nun selbst heran und bestritt dies; es gäbe noch andre, die ebenso gut oder besser seien. Da wunderte sich alles, als solches vorging, und die Königin unterbrach die Festlichkeit; früher müsste dies ausgetragen werden. Gauwain und der mit den zwei Schwertern fielen nun übereinander her, aber keiner konnte den andern bezwingen, so dass der leztere erstaunt seinen Gegner um den Namen fragte. Kaum hatte er aber gehört, dies wäre Gauwain, als er sich für besiegt erklärt. Darauf gehen beide zusammen zur Königin und Gauwain beschuldigt Brien der Lüge. Brien behauptet seine Unschuld, weshalb Gauwain den ganzen Hergang der Sache, wie er meuchlings angefallen und zum ungleichen Kampfe gezwungen worden, erzählt. Ein Zweikampf zwischen Gauwain und Brien beschliesst diesen Auftritt, worin letzterer besiegt um Gnade bittet und sich Artus als Gefangenen stellen muss. Gauwain aber und der fremde Ritter reiten hierauf von dannen. Da schickt die Königin denselben Boten nach, um die beiden zurückzubringen. Sie werden zwar eingeholt, leisten aber der Einladung keine Folge und die Boten sind froh, dass sie wenigstens die Namen der beiden erfahren. (5237—5942). Wie die Königin erfuhr, dass der eine der fremden Ritter Gauwain gewesen, den sie auf das innigste liebte, wurde sie ohnmächtig und als sie wieder zu sich gekommen, berief sie ihren Rath zusammen und theilte ihm mit, sie wollte an Artus' Hof schicken, um zu erfahren, ob Gauwain wirklich am Leben sei; denn in diesem Falle wolle sie einzig und allein ihn zu ihrem Manne haben. Die Räthe, von denen viele Brien wohl wollten, widerriethen ihr dies nachdrücklich und die Königin liess es vorläufig dabei bewenden. (5943—6041).

Die Erzählung beschäftigt sich jetzt mit Brien, der an Artus' Hof kommt und sich als Gefangenen stellt. Der König gibt ihm auf seine Bitte die Zusage, Niemand solle nach seinem Namen fragen und behält ihn am Hof. Hier aber herrscht allgemeine Freude, weil Brien Kunde von Gauwain und dem Ritter mit den zwei Schwertern gebracht hatte. Man nannte ihn ‚den schönen Gefangenen‘, weil Niemand seinen Namen wusste. (6042—6114).

Gauwain und sein Begleiter gelangen in einen Forst und reiten vor sich hin. Sie hatten einen festen Bund unter sich geschlossen und Gauwain lässt sich von seinem Begleiter versprechen, dass er mit an Artus' Hof kommen werde. Als sie aus dem Wald auf eine Lichtung gelangten, trafen sie einen herabgekommenen und arg zugerichteten Klepper, der an einen Baum angebunden war, und bei demselben schlief ein Knappe, nicht weniger zerlumpt und verwahrlost als sein Pferd. Von dem Geräusch der Fremden erweckt frägt er nach dem Ritter mit zwei Schwertern. Dieser nimmt ihn bei Seite und gibt sich ihm als solchen zu erkennen. Der Knappe erzählt ihm darauf unter Thränen, er sei von seiner Mutter geschickt, ihm zu melden, Gauwain habe seinen Vater erschlagen und es sei an ihm, diesen Tod zu rächen, worauf er ihm den Schild des Gemordeten

überreicht. Unser Held verabschiedet den Knappen und
kündigt sofort Gauwain die Freundschaft; von nun seien
sie Feinde, er werde, wo immer er ihn träfe, an dem-
selben Rache nehmen. Und ohne sich näher zu er-
klären, verlässt er den staunenden Gauwain, der von all
dem nichts versteht. Bestürzt schwört er, ohne ihn zu
Artus nicht zurückzukehren, möge geschehen was da wolle.
Er will ihm gleich nachreiten, verfehlt aber den Weg
und irrt lange Zeit herum, ohne ihn finden zu können.
(6115—6293). Der Ritter mit den zwei Schwertern reitet
aber so lange, bis er zwei hohe Thürme mitten auf einer
Insel erblickt. Es führt keine Brücke hinüber, und kein
Fahrzeug lässt sich blicken, das ihn hinüberbrächte. Er
reitet also um das Wasser herum und findet in einem
kleinen Seitenthal eine klare Quelle, und neben derselben
ein von Blut gefärbtes kostbares Schwert. Er will das-
selbe reinigen, doch je mehr er daran reibt, desto röther
werden die Blutstropfen und so merkt er denn, dass etwas
besonderes dahinterstecke. Er lagert sich hierauf an der
Quelle und sinkt ermattet in einen tiefen Schlaf, aus dem
ihn lautes Rufen weckt. Und wie er in der Richtung
desselben hinblickte, sah er ein Mädchen und ging auf
dasselbe zu. Kaum dass dieses seines Schildes gewahr
wird, tritt es an ihn heran und bietet sich an, ihn nach
der Insel zu bringen, wo er gastliche Aufnahme finden
würde. Dies hört er ganz gerne, und reitet, nachdem er
das fremde Schwert sich umgeworfen, hinter dem Mädchen
drein. Es war aber Abend geworden und es kam aus
dem Wald ein Trupp Leute, die laut jammerten, worauf
sich drüben ein Thor öffnete und ein Schiff herauskam,
das dieselben abholte. Unser Ritter will zu derselben
gehn, um mit hinüberzukommen, doch hält ihn das
Mädchen zurück. Als er nun fürchtete, dableiben zu
müssen, kam das Schiff wieder heraus, in das er mit dem
Mädchen einstieg. Auf der Insel angekommen, wird
er von Dienern empfangen und gleich darauf von
Rittern nach dem Thurme geleitet und vor die Herrin
des Schlosses geführt. Bei seinem Anblick bricht diese

LI CHEVALIERS AS .II. ESPEES. b

in Thränen aus, denn er ist wie kein andrer ihrem verstorbenen Gemahl ähnlich. Sie frägt, wer er sei und warum er hierher zu kommen wage, wo jeder fremde Ritter ums Leben kommen müsse, zur Sühne für den gemordeten Herrn, der durch Verrath ums Leben gekommen. Nun seien es bereits vier Monate*), dass sie einen Knappen mit dem Schild des Erschlagenen ausgesandt habe, ihren Sohn zu suchen, der inzwischen von Artus zum Ritter geschlagen worden und der Königin von Garadigan das wunderbare Schwert losgebunden habe. Und wie sie ihres theuren Gemahls gedachte, übermannte sie der Jammer von neuem und ohnmächtig fiel sie zu Boden. Der Ritter aber, der wohl merkt, das es seine Mutter sei, tröstete dieselbe und erbot sich, den Tod des Beweinten zu rächen. Man setzte sich zu Tische, und als man mit der Mahlzeit fertig war, kam der ausgesandte Knappe zurück und erzählte, er habe ihren Sohn gefunden, und dieser habe geschworen, den Tod seines Vaters an Gauwain zu rächen. Während er solches erzählt, fällt sein Blick auf die Wand des Zimmers und voller Staunen sieht er dort den Schild hängen, den er dem Ritter mit den zwei Schwertern selbst übergeben hatte. Sofort frägt er, wer denselben hierher gebracht habe. Da muss denn unser Held gestehen, dass er es gethan, und ohne Säumen gibt er sich zu erkennen. Seine Mutter kann sich vor Freude nicht fassen, sie bedeckt ihn mit Küssen und vergisst für einen Augenblick ihren Kummer. Sie erzählt ihm, er sei der Sohn des Herrn der Thäler von Blanquemore und des Teiches der Jumeles und viele hohe Ritter hätten von ihm Lehen. Sein Vater habe Bleheri geheissen, doch er selbst habe noch keinen Namen und dürfe auch so lange keinen erhalten,

---

*) So ist wohl statt des überlieferten *iors* zu lesen. Denn Gauwain muss den Ritter während seiner ersten Abwesenheit vom Hofe Artus', mit der die Erzählung beginnt, getötet haben, da wir ihn seit seiner Rückkehr nicht aus den Augen verloren haben. Man vgl. den Anfang des Gedichtes (711 ff.), wo die Beerdigung des Erschlagenen erzählt wird.

als Brien de la Gastine (verschieden von Brien aus dem Inselreiche) am Leben sei, durch den Bleheri um das Leben gekommen. Erstaunt frug der Ritter, wie dies möglich wäre; hätte man ihm doch gesagt, Gauwain sei der Mörder gewesen. (6294—6858.)

Die Mutter erzählt ihm nun das Vorgefallene: Brien hatte lange Zeit mit Bleheri im Kampfe gelegen und musste nach seiner Besiegung sich bequemen, die Tochter des Siegers zu heiraten und sein Land von ihm zu Lehen zu nehmen. Dies konnte er nicht verwinden und griff in kurzer Zeit wieder zu den Waffen. Im Angesicht der beiden feindlichen Streitmächte wird ein Vertrag geschlossen, die beiden Heerführer sollten durch einen Zweikampf die Sache entscheiden. Nachdem hierzu ein Tag anberaumt worden, trennte man sich. Brien aber begab sich an Artus' Hof und verlangte, nachdem er sich eine Gnade erbeten, Gauwain solle ihm folgen und ihm in allem zu Willen sein. Als nun der bestimmte Tag gekommen, ficht Gauwain in Brien's Rüstung den Strauss aus und verwundet Bleheri, der aus Missachtung für Brien seine alte, schadhafte Rüstung behalten, tötlich. Vor seinem Tode erfährt dieser noch den wahren Sachverhalt und nachdem er Gauwain verziehen, stirbt er. Wie er hierauf begraben worden, ist im Eingang der Erzählung bereits berichtet worden. Brien aber hielt Bleheri's Tochter gefangen und bemächtigte sich des ganzen Landes. — Als unser Held dies alles gehört, schwört er Rache zu nehmen und macht sich gleich den andern Tag, trotz der Bitten seiner Mutter, auf den Weg. Vor seinem Auszug erfährt er noch, das blutige Schwert, das er mitgenommen, habe seit drei Monaten an der Quelle gelegen und ein Brief sei dabei gewesen mit der Warnung, dasselbe gehöre dem ritterlichsten und schönsten Mann; jeder andere, der es trüge, würde durch dasselbe seinen Tod finden. (6859—7224.)

Nachdem er das von Artus geschenkte Schwert zurückgelassen, bricht er des andern Tags auf und gelangt am späten Abend in einen Wald, wo er eine klagende

Frau findet, die bei ihrem von Brien gemordeten Mann, dem Herrn des Castel Paorous, wacht. Sie ist aber eine nahe Verwandte Bleheri's. Dem Wunsche des Verstorbenen gemäss will sie ihn in der Gaste Capele begraben, was sie mit Hilfe unseres Helden ausführt. Bevor sie dieselbe verlassen, nimmt er die auf dem Altar liegende Pferdefessel mit, worauf beide in den Wald zurückkehren, in dem sie übernachten. Am andern Tag befreit er sechs Frauen, die von Brien, der ihre Männer getödtet, in Gefangenschaft gehalten wurden, indem er die sechs Ritter, welche dieselben hüteten, besiegt und als Gefangene zu Artus schickt. Unser Held bleibt mit den Frauen zurück und ist bereit, dieselben auf ihre Bitte bei sich zu behalten (7225—7769); die besiegten Ritter aber kommen an Artus' Hof und erzählen dem Könige, sie kämen im Auftrage des Ritters mit den zwei Schwertern, sich ihm als Gefangene zu stellen. Kaum hört die Königin von Garadigan von dem Ritter, den sie über alles ersehnt, so drängt sie in den König, seine Zusage zu erfüllen, so dass dieser erklärt, er wolle auf die Suche desselben ausgehen und so lange einzig und allein in Zelten schlafen, bis die Sache entschieden wäre. Dies geschieht und die Ritter von Artus' Hof reiten täglich aus, um Abenteuer und vor Allem den Ritter mit den zwei Schwertern zu suchen. (7770—7857.)

Die Kunde von dem Ritter, der mit den Damen herumzieht (der sich daher den Chevalier as dames nennt), gelangt endlich zu Brien's Ohren. Sofort bricht er auf, ihn zu züchtigen, weil er die von ihm so schnöde behandelten Frauen befreit hatte. Er braucht denselben nicht lange zu suchen; beide treffen im Walde zusammen, Brien wird besiegt und da er Gnade verschmäht, getötet (7858—8026). Unser Ritter nimmt den Kopf Briens mit, um ihn seiner Mutter zu schicken und reitet mit nach dem Castel Paorous, dessen vertriebene Herrin sich unter den ihn begleitenden Frauen befand. Durch Vermittelung eines alten Ritters, den sie vor dem Schlosse treffen, gelingt es, das Schloss zu überrumpeln, worauf die Insassen auf die Kunde von Brien's Tod dessen Statthalter überfallen und sammt seinem Gefolge niedermetzeln (8027—8198). Nachdem alles in Ordnung gebracht und die Herrin des Schlosses wieder in ihre Rechte eingesetzt worden, will der Ritter mit den zwei Schwertern weiter ziehen, nimmt aber die Frauen auf deren inständiges Bitten mit, um sie an Artus' Hof zu führen, doch lässt er sich von denselben versprechen, sie würden den ganzen Tag nach ihrer Ankunft am Hofe jede Auskunft über ihn verweigern. Des Abends kommen sie in ein Nonnenkloster, wo sie gastliche Aufnahme finden. Hier trifft er seine Schwester an, die Brien hierher gebracht hatte und die an einem der nächsten Tage den Schleier nehmen sollte. Es gelingt ihm, ihre Auslieferung zu erlangen, worauf er am andern Morgen mit ihr und den sieben andern Frauen aufbricht, um Artus zu suchen (8199—8485). Im Walde begegnen sie einem verwundeten Ritter, der auf ihr Befragen erzählt, er sei von Garehet besiegt worden, auf dessen Befehl er die Zelte des Königs in diesem Walde suche, um sich ihm als Gefangener zu stellen. So erfährt unser Held, dass Artus ausgezogen, ihn zu suchen und jetzt eben in dem Walde, durch den sie zogen, lagerte. Nachdem sie bei einem Ritter gastliche Aufnahme gefunden, reiten sie des andern Tags weiter, ohne irgend welche Kunde von Artus zu erhalten und gelangen dann an eine Lichtung, wo nicht lange zuvor ein Kampf stattgefunden haben mochte, wie an den Blutflecken und Pferdespuren zu sehen war. Bald darauf sehen sie einen stattlichen Ritter, der unsern Helden herausfordert, dabei aber den Kürzeren zieht und verwundet nach Artus' Hof zurückkehrt; es war nämlich einer von den Rittern Artus', Gerflet, Do's Sohn. Jene aber irren im Walde weiter und sind froh, des Abends Jäger vor einem hellen Feuer zu treffen, die ihre Beute mit ihnen theilen (8486—8844). Am andern Tage sind sie glücklicher, denn nach langem Reiten treffen sie einen Knappen, der sie zu des Königs Zelten hinführt. Sie trafen die Königin allein, die mit ihren Frauen und Fräulein im Walde Schatten gesucht hatte; der König aber war ausgeritten. Der Ritter übergab derselben seine Frauen und bat um gütige Aufnahme. Nach seinem Namen gefragt, nannte er sich ausweichend den „Frauenritter" und auf der Königin Bitte, den König abzuwarten, bedauert er dies nicht thun zu können, worauf er die Königin in Gottes Schutz stellt und wegreitet (8845—9062).

Er hatte aber neben Genievre die schöne Königin von Garadigan, der er das Schwert abgenommen und die mit solcher Gewalt nach ihm sich sehnte, gesehen und war bei deren Anblick von der Liebe Pfeilen schwer verwundet worden. Von harter Liebespein gequält, erhält er verdiente Strafe, dass er sich so schnöde an ihr vergangen. Er macht sich darob heftige Vorwürfe, aber anstatt zu ihr zu gehen, beschliesst er, nicht eher seine Fahrt zu beenden, als bis er das Geheimnis des blutigen Schwertes, das er mitgenommen, erfahren hätte. Habe er bis jetzt rühmliche Waffenthaten gethan, so müsse er sich nun doppelt auszeichnen, und dies gelobt er seiner Liebe. (9063—9087.)

Als der König Artus mit seinem Gefolge zurückgekommen war, stellte sich der von Garehet besiegte Ritter im Namen desselben als Gefangener. Darauf kam die Königin mit den fremden Frauen, die Artus zu Füssen fallen. Artus erfährt von seiner Gemahlin, ein Ritter, der sich den „Frauenritter" nenne, hätte sie ihm als Geschenk zurückgelassen und sie glaube sicher, dass er Nachrichten von dem Ritter mit den zwei Schwertern geben könnte; denn sie hatte dessen Verwirrung, als er die Schöne von Garadigan erblickt, wohl bemerkt. Als aber der König die fremden Frauen nach ihrem Begleiter frägt, kann er aus denselben nichts herausbringen, da diese durch ihr Versprechen gebunden sind, bis ihm endlich die Schwester des fremden Ritters gesteht, es sei der Ritter mit den zwei Schwertern gewesen. Bei dieser Gelegenheit erfuhr der König alles, was über den Krieg Bleheri's und Brien's und die späteren Geschehnisse zu berichten war. Nun war derselbe sehr besorgt, Gauwain möchte mit dem Sohne Bleheri's zusammentreffen, da wohl Gefahr vorhanden war, dass einer von den Beiden am Platze bleiben würde. Die Frauen blieben am Hofe zurück, wo ihnen grosse Ehren erwiesen werden. Als aber die Ritter erfuhren, dass der so lang Gesuchte dagewesen, da wuchs ihre Lust, ihn zu suchen und sie wollten nicht eher ablassen, als bis sie ihn gefunden hätten. Und so begann denn das Suchen von Neuem (9088—9197).

Unser Held reitet in Gedanken vertieft bis in die Nacht hinein und kommt, einem Lichte nachgehend, zu vier Köhlern, die an einem Feuer sassen. Bei seinem Anblick flohen sie erschrocken davon, erst auf vieles Zureden wagten es zwei zurückzukommen. Diese erzählten ihm, sie seien in grosser Furcht gewesen; denn es kämen immer in der Nacht Frauen vorbei, die unaufhörlich klagend einen sterbenskranken Ritter in einer Sänfte begleiteten und ihren Weg nach der „Wunderquelle" nähmen, bei der sie unter Zelten lagerten. Da will unser Ritter hin, bleibt jedoch, als er hört, der Weg sei weit, die Nacht über bei den Köhlern, die ihr Brot mit ihm theilen. Am andern Morgen bricht er auf, die Wunderquelle zu suchen (9198—9317).

Die Erzählung wendet sich zu dessen Mutter, die auf die Kunde von Brien's Tod hin Muth gefasst und ihr Land wieder besetzt und die Schlösser in Stand gesetzt hatte. Und es that wirklich Noth; denn der Sohn Briens, Galien, überzog sie mit Krieg und überfiel sie mit grosser Heeresmacht. Das Kriegsglück war ihm hold, er besiegte die Streitkräfte der Frau in einer Hauptschlacht und schloss dieselbe in Tygan ein, das er belagert. (9318—9349.)

Gauwain, der die ganze Zeit über den Ritter mit den zwei Schwertern vergeblich gesucht hatte, sucht endlich jenen Kreuzweg auf, bei dem er ihn verloren hatte und schlägt hierauf den andern Weg ein, den jener damals genommen. Er trifft bald auf eine Schaar Leute, die ihm erzählen, sie wollten nach Tygan, um ihrer Herrin, der Dame du Lac as Jumeles, zu Hilfe zu kommen; denn sie sei von Briens Sohn belagert. Da bietet sich Gauwain an, mitzugehen, bittet aber, sie möchten nicht nach seinem Namen fragen, so lange ihre Herrin nicht zu ihrem Rechte gekommen; er will nemlich, wie wir später sehen werden, deswegen mit, um derselben zu helfen und so wo möglich sein an Bleheri begangenes Unrecht wieder gut zu machen. Am Wege treffen sie noch Flüchtige aus Sandic, einer nahe an Tygan liegenden Feste, die sie zum Mitgehen bereden. Von diesen erfährt Gauwain, Tygan könne sich höchstens noch drei Tage halten, denn Galien habe den ersten Wall bereits genommen. Dabei fehle es den Belagerten zwar nicht an Mannschaft, wohl aber an einem tüchtigen Anführer. Als sie sich nun Tygan genähert, überfallen sie die arglosen Feinde und so beginnt unter Gauwain's Führung, der Wunder von Tapferkeit verrichtet, eine Reihe von Ausfällen, wobei sowohl die Besatzung Tygans als auch jene von Sandic Muth fassen, bis Galien den fremden Ritter, der diese Wendung der Dinge herbeigeführt, zum Einzelkampf fordert und die Entscheidung des ganzen Krieges von dem Ausgange desselben abhängig macht, was Gauwain annimmt. Bevor er am andern Tage zum verhängnisvollen Strauss ausreitet, erbittet er sich von der Wittwe Bleheri's als Geschenk aus, sie möchte ihm alles verzeihen, was er irgendwie gegen sie verbrochen hätte. Nun folgt der Zweikampf, in dem Galien besiegt und getötet wird, worauf sein Heer die Waffen streckt. Gauwain aber bleibt noch so lange bei der Frau vom „Zwillingssee", bis alle ihre Schlösser zurückerobert sind und das ganze Land sich wieder des Friedens erfreut. (9350—10114.)

Als dies geschehen, will Gauwain von der Frau Abschied nehmen. Sie will ihn, dem sie als ihrem einzigen Retter in überschwänglicher Weise dankt, noch zurückbehalten und als er dies abschlägt, ihm ihr ganzes Land überlassen. Gauwain, hoch erfreut, ihr in etwas nützlich gewesen zu sein, dankt für das Anerbieten und nennt ihr zuletzt auf ihre Bitten seinen Namen. Man kann sich denken, welche Wirkung der verhängnisvolle Name auf die Frau haben musste, doch schnell fasste sie sich und gedenkt, dass ihr seliger Gemahl demselben verziehen und sie selbst, bevor Gauwain zum Kampf mit Galien ausgezogen, dasselbe gethan; zugleich vergisst sie nicht, dass sie ihr ganzes Land demselben verdanke. Da verzeiht sie ihm denn nochmals aus vollem Herzen und begleitet mit grossem Gefolge den scheidenden Ritter. (10115—10248.)

Bleheri's Sohn aber suchte noch immer die „Wunderquelle". Wie er so herumzog, traf er einen Boten, der ausgesandt war, für Tygan Hilfe zu holen. Als er durch ihn von Galien's Uebermuth und von der Einschliessung seiner Mutter hört, will er schnell dahin eilen. Aber einige Tage darauf, bevor er sein Ziel erreicht, trifft er bereits Ritter, die nach beendigter Fehde zurückkehren und die ihm Gauwain's Heldenthaten und seiner Mutter Befreiung melden. Unglaublich kommt ihm die seltsame Mähre vor, wusste er doch, dass Gauwain seiner Mutter den schlimmsten Schlag versetzt hatte. Und wie er daran noch zweifelt, erzählt man ihm, Gauwain mit den andern sei etwas zurückgeblieben und wenn er sich spute, könne er sie leicht treffen. Und so war es; er brauchte nicht weit zu gehen, als er ihrer ansichtig wurde. Auch Gauwain hatte ihn gleich bemerkt und erkannt und blieb hinter den andern zurück. Ohne einen Augenblick zu verlieren, fordert uuser Ritter Gauwain heraus und ein hitziger Kampf beginnt. Als aber Gauwain's Begleiter das Schwertergeklirr vernahmen, eilten sie herbei und erzählten ihrer Herrin, die zwei Kämpfenden seien Gauwain und ihr Sohn, denn sie hatten letzteren wohl erkannt. Da stürzt die Mutter zwischen die Kämpfenden und lässt nicht eher mit ihrem Flehen ab, bis der Sohn, der die Mutter und alle ihre Ritter vor sich auf den Knieen liegen sieht, erweicht wird und sich mit Gauwain versöhnt. Sie schwören sich von Neuem unverbrüchliche Waffengenossenschaft und machen, nachdem sie von den Uebrigen Abschied genommen, sich zusammen auf den Weg. (10249 — 10425.)

Gauwain bittet seinen Waffenbruder, ihm zu Liebe an Artus' Hof zu kommen. Dieser ist dazu bereit, doch müsse er zuvor noch die Wahrheit von der Wunderquelle und dem Schwerte erfahren. Da verlangt jener, mit dabei sein zu dürfen. Und so ziehen sie denn manchen Tag umher, bis sie eines Abends auf eine Waldwiese kommen, wo ein Zwerg eine grosse Herde zur Tränke führt, der sofort mit allem verschwindet, als die beiden Ritter auf seinen Ruf nicht stehen bleiben. Es dauert nicht lange, da fliegt ein Hirsch in rasendem Lauf an ihnen vorbei, hinterdrein die wilde Meute mit den Jägern, bis sie alles aus den Augen verlieren. Und wiederum nach kurzer Weile kamen Diener, die Zelte aufstellen und darauf hörten sie lautes Wehklagen, wie solches die Köhler seiner Zeit dem Ritter mit den zwei Schwertern erzählt hatten. Darauf wurde ein Ritter in einer Sänfte herbeigetragen, den Frauen sorgfältig heraushoben und zu Bette brachten; denn er war schwer verwundet. Unsere beiden Helden gingen nun gerades Weges auf die Zelte los und wurden von den Frauen ehrfurchtsvoll empfangen und zu bleiben geheissen; vielleicht brächten sie Erlösung und Hilfe. Es liege ein Ritter hier, der einst auf Abenteuer ausgezogen und im Zweikampf von seinem Gegner mit einem Schwert schwer verwundet worden sei. Die Wunde aber könne nicht früher zuheilen, als bis ein namenloser Ritter, dem der Preis der Schönheit und Tapferkeit gebührte, mit demselben Schwerte ihn nochmals verwundete. Sein Gegner hätte ihm daher dasselbe mit der Weisung übergeben, dass wenn jemand anderer als der richtige Mann dasselbe umgürte, er sterben müsse. Das Blut auf demselben aber werde so lange darauf bleiben, bis der verheissene Erlöser ihn geheilt haben würde, und dann werde dessen Name auf dem Schwert zu lesen sein. Als dann der verwundete Ritter zurückgekehrt, sei er von den Frauen in Pflege genommen worden. Das Schwert aber hätten sie mit einem Begleitschreiben an einen Ort, an dem viele Ritter vorüberzögen, gebracht. Und seit der Zeit stünden sie namenlose Pein und Mühe aus und harrten vergeblich auf eine frohe Kunde. Die Ritter möchten doch ihre Namen nennen, vielleicht bringe einer von ihnen Rettung. Gauwain nennt seinen Namen, desgleichen der andere, der sich zuerst den Ritter mit den zwei Schwertern, dann den Frauenritter nennt, und trotz aller Fragen keinen andern Namen angeben kann. Da hoffen die Frauen, er sei der verheissene, namenlose Retter und fragen nach dem Schwert. Er holt dasselbe herbei und ist bereit, das Verlangte zu thun. Man benachrichtigt davon den schwer verwundeten Ritter, der sich gleich anschickt, den Streich zu empfangen. Und es geschah, wie ihm verheissen worden. Bei dem Streich fiel das Gift aus der Wunde, so dass sich der Ritter plötzlich ohne Schmerzen fühlte und auf dem Schwerte verschwanden die Blutspuren. Der also Geheilte hiess aber Gaus, Sohn des Königs Norval, einer von Artus' Rittern (10426—10846). Er liess sich darauf das Schwert reichen und man fand auf demselben den Namen Meriadues, den der Ritter mit den zwei Schwertern nunmehr führen sollte. Am andern Morgen begab sich Gaus mit seinen Frauen zu Artus; Gauwain aber und sein Begleiter, die nichts mehr zurückhält, dasselbe zu thun, beschliessen, nicht früher nach dem königlichen Hof zu ziehen, als bis jeder sein Abenteuer bestanden hätte. (10847—10903.)

Während der Zeit zog Artus und seine Ritter noch immer herum, den Ritter mit den zwei Schwertern zu suchen. Die Kunde davon war aber in die Ferne gedrungen und so hatte der „Rothe vom gefährlichen Thal" dasselbe vernommen, und er fasste den Plan, Artus, seinem eigenen Verwandten, einen Streich zu spielen. Er selbst hatte dabei nichts zu fürchten, denn sein Land war unzugänglich und gegen Einfall und Einschliessung gesichert. So sammelte er seine Leute und zog mit ihnen in den Wald, in dem Artus sich aufhielt, dessen Ritter einer nach dem andern, wie sie einzeln herumzogen, von dem „Rothen" und seinen Leuten gefangen genommen wurden, so dass zum grossen Staunen Artus' deren Zahl von Tag zu Tag sich verkleinerte. Dieser Erfolg machte den „Rothen" nur noch kühner, so dass er seine ganze Heeresmacht zusammenzog und damit das Land von Garadigan sengend heimsuchte; dabei nahm er zwei Schlösser ein und belagerte ein drittes, Namens Dysnadaron. (10904—10973). Als die Kunde hiervon zu Artus kam, bedrückte sie ihn nicht wenig; sofort liess er Boten an seine Mannen schicken, sie möchten alle gerüstet in Carduel sich sammeln. Allein bevor dies geschehen konnte, fiel Dysnadaron in die Hände des „Rothen", der sich darin festsetzte und jetzt sogar mit dem Plane umging, Garadigan selbst zu belagern. Diese Zuversicht dauerte nicht lange; denn nun kam Artus mit seinem Heere, schloss Dysnadaron eng ein und bestimmte den nächsten Tag zum Sturm. Da machten die Belagerten betrübte Gesichter und der, welcher den ganzen verrätherischen Plan ausgeheckt hatte, schlich sich unter dem Schutze der Nacht aus der bedrohten Feste, und indem er seine eigenen Leute im Stiche liess, gelang es ihm, in den nahen Wald zu entkommen (10974—11079). Als die Verlassenen merkten, wie schlimm ihnen mitgespielt worden, lieferten sie die Burg Artus aus und empfahlen sich seiner Gnade, die ihnen von dem guten König unter der Bedingung gewährt wurde, dass sie den Rädelsführer auslieferten. Zu seinem grossen Aerger musste er aber erfahren, derselbe sei entkommen und lasse die gefangenen Ritter in seinem Lande hüten, das unnahbar und uneinnehmbar sei, so dass Artus fürchtete, er möchte dieselben nicht mehr wiedersehen. Vor seinen Rittern freilich verheimlichte er seinen Kummer und zeigte denselben ein frohes Gesicht (11080—11190).

Nachdem das Land von Garadigan von den Eindringlingen befreit worden, sass Artus eines Tages bei Tisch, als ein Ritter mit mehreren Frauen ankam. Man erkannte in ihm den lange vermissten Gaus und wenn man sich über seine Ankunft freute, so wurde diese Freude noch bei weitem übertroffen, als er erzählte, wie es ihm ergangen und dass Gauwain und sein Begleiter ihn kaum vor einer Woche verlassen hätten. Nicht am wenigsten freute sich aber bei dieser Nachricht die Königin von Garadigan, die nur ein Sinnen und Trachten erfüllte. Hierauf begiebt sich Artus und sein Hof auf ihr Ansuchen nach Garadigan (11191—11281).

Gauwain und sein Begleiter hatten, als sie von Gaus Abschied genommen, ihre Fahrt nach Abenteuern wieder aufgenommen und waren nicht wenig erstaunt, als sie eines Tages einen Zug mit Rittern trafen, die ihnen erzählten, sie kämen eben von Dysnadaron, das Artus wieder eingenommen hätte, zurück. Durch weiteres Fragen erfuhr Gauwain und Meriadues, wie der „Rothe" viele Ritter der Tafelrunde gefangen genommen und zuletzt in das Land von Garadigan eingefallen, und endlich aus Dysnadaron heimlich entwichen sei. Am meisten nahm sich Meriadues die Sache zu Herzen. Er machte sich die bittersten Vorwürfe und klagte, seinetwegen sei Artus das alles zugestossen und seine Schuld wäre es, dass so viele Ritter schmählicher Weise in Gefangenschaft schmachten müssten. Da schwur er hoch und theuer, er werde nicht früher zu Artus gehen, bevor nicht der letzte Gefangene befreit sei und nur mit Noth liess er es sich gefallen, dass ihn Gauwain begleitete (11282—11351). Sie ritten, voll trüber Gedanken, die ganze Nacht, bis sie gegen Morgen einen einsamen Ritter trafen, der es offenbar sehr eilig hatte. Er weigert sich auf Meriadues' Fragen irgend welche Auskunft zu geben und wäre am liebsten davon geritten; doch dieser liess ihn nicht los und forderte ihn zum Kampfe heraus, der zu des Letzteren Ungunsten ausfiel. Der Besiegte gesteht, nachdem ihm Meriadues Leben und Freiheit zugesagt, er sei der „Rothe vom gefährlichen Thal" und eben auf der Flucht in sein Land begriffen. Er muss Meriadues geloben, er werde nach Garadigan zur Königin gehen und sich derselben überliefern; sonst werde ihm nichts

Schlimmes widerfahren, nur müsse er sich vor derselben eine Pferdefessel, die er ihm mitgeben werde, anlegen; früher jedoch möge er ihm ein Wahrzeichen geben, auf Grund dessen ihm die Gefangenen ausgeliefert würden. Da erhält Meriadues dessen Ring und reitet mit Gauwain, nachdem er noch dem „Rothen" gesagt, er solle sich im Namen des Ritters mit den zwei Schwertern stellen, davon (11352—11540).

Der „Rothe" säumt auch seinerseits nicht und gelangt vier Tage vor Himmelfahrt nach Garadigan, wo sich Artus aufhält. Zum grossen Staunen Aller legt er sich, als er in den Saal eingetreten, die Pferdefessel an und frägt nach der Königin von Garadigan, vor der er niederkniet und seine Botschaft ausrichtet. Als er am Schluss sich auf den Ritter mit den zwei Schwertern beruft und in seinem Namen bittet, sie möge ihn mit Artus aussöhnen, ist sie es sofort bereit. Dieser willfahrt ihrer Bitte und erfährt, der Fremde sei sein Verwandter, der „Rothe vom gefährlichen Thal", der ihm so viel Böses zugefügt. Als dieser aber Artus erzählt, seine gefangenen Ritter würden unterdessen von Gauwain und dessen Begleiter geholt, ist dieser hoch erfreut und heisst ihn fröhlich willkommen. Und man befreite ihn von der Pferdefessel, die die Königin von Garadigan sogleich als jene erkannte, die sie selbst nach der „einsamen Kapelle" getragen hatte (11541—11680).

Gauwain aber und Meriadues fanden alles, wie der „Rothe" es ihnen gesagt hatte. Sie befreiten die Gefangenen und zogen mit ihnen zu Artus nach Garadigan, wo sie am Himmelfahrtsfeste anlangten. Gross war der Jubel, als deren Ankunft am Hofe bekannt wurde. Der König zog ihnen sofort entgegen und als man sie angetroffen hatte, gab es allerseits ein Grüssen und Küssen, das kein Ende nehmen wollte und man kann sich denken, dass Gauwain und der Ritter mit den zwei Schwertern dabei nicht zu kurz kamen. Hier fand Gauwain auch die Tochter des Herrn vom „Hafenschloss", die nun überzeugt war, dass er derjenige wäre, für den er sich ausgegeben und ihm treue Liebe zusichert (11681—11802). Und als jeder seine Theuren bewillkommt, begaben sie sich nach der Stadt und der Ritter mit den zwei Schwertern muss dem Könige versprechen, nunmehr bei ihm zu bleiben. Sofort wird ein fröhliches Mahl gehalten, bei dem die Schönheit Gauwains und seines Begleiters allgemein angestaunt wird. Kaum hatten aber die Diener das Tischtuch weggetragen, als die Königin von Garadigan, die fast ein Jahr auf ihren Ritter gewartet hatte, zu Artus kam und von ihm die Erfüllung seiner Zusage verlangte, da der so lange vergeblich Gesuchte endlich an den Hof gekommen wäre. Artus sah wohl ein, dass sie Recht hatte und berief sogleich einen Rath zusammen, der mit seinem Vorschlag einverstanden war. Man schickt nach Meriadues und fragt ihn, ob er die Königin heiraten wolle, die ihm mit Recht zukomme, nachdem er vor einem Jahr derselben das wunderbare Schwert losgebunden habe. Er ist es zufrieden, worauf ohne Weiteres die Verlobung gefeiert und der Hochzeitstag festgesetzt wird (11803—12024).

Erst jetzt nach Gauwain's Rückkehr erfuhr man, dass der „schöne Gefangene" niemand anders als Brien, der Gauwain hatte tödten wollen, war und wenn er jetzt ohne Strafe davonkam, so hatte er es bloss Gauwain zu verdanken. Gauwain selbst aber konnte jetzt das von seiner Geliebten erlangen, was sie ihm damals im „Hafenschloss" verweigert hatte (12025—12090).

Nun sollte bald Pfingsten kommen und damit die Zeit, dass Meriadues die Königin heiraten und selbst gekrönt werden sollte. Artus liess Alle, die von ihm etwas zu Lehen hatten, kommen und ihre Zahl war so gross, dass Artus sein Leben lang noch nie so viele an seinem Hofe gesehen hatte. Die vornehmsten darunter waren die eilf Könige, die Artus unterthan waren und dann kam eine grosse Zahl von Herzögen und Grafen. Selbstverständlich fehlte auch die Mutter des Bräutigams nicht, die an ihrer Schnur eine zweite, zärtliche Tochter fand. Als der bestimmte Tag gekommen, schmückte sich

Jeder, wie er nur konnte und vor Allen die schöne Braut, die einen kostbaren gestickten Mantel trug und deren Schmuck ihre eigene üppige Schönheit bei weitem noch übertraf. Nicht weniger Aufsehen erregte der Bräutigam, der mit Gauwain daherkam. Und in der Kirche wurde das Paar getraut und gekrönt. Hierauf zog man zum Festmahl: Artus mit seinen eilf Königen sass dabei und Meriadues als der dreizehnte, und alle hatten ihre Kronen aufgesetzt und es war ein prächtiger Anblick. Als die Nacht gekommen, da war das neue Ehepaar beisammen und es wäre nicht recht, wenn Jemand zweifeln wollte, ob sie mit Freuden die Nacht zugebracht. Am andern Tag schwur der junge König Artus Treue als dessen Lehensmann und erfreute denselben nicht wenig, als er versprach, am Hofe zu bleiben. Das Fest selbst dauerte volle acht Tage und dann zogen die Gäste reichlich beschenkt nach Hause. Meriadues aber lebte glücklich mit seiner Frau, deren Namen Lore wir erst jetzt erfahren, und die Beiden hatten Kinder und lebten lange Zeit bis an ihr Ende. Damit schliesst auch die Erzählung (12091—12352).

Der Verfasser ist unbekannt. Ob seine Heimat und Lebenszeit zu bestimmen sei, kann einzig eine Untersuchung der Sprache des Romans zeigen, da jede andere Handhabe fehlt.

Wir werden daher einerseits die dialectischen Eigenthümlichkeiten des Copisten auseinandersetzen und durch eine Vergleichung der Reime, so weit diese ausreichen, bestimmen, ob dieselben auch dem Verfasser zuzusprechen seien. Um stete Wiederholungen zu vermeiden, sei gleich hier bemerkt, dass unser Copist ebenso wenig wie die andern eine ganz consequente Schreibung hat, sondern sich Formen verschiedener Mundart ohne weiteres neben einander vorfinden.

Vocale. — Fr. betontes *a* vor *ğ*, *ch*, scharfer Sibilant, *ñ* nimmt gern ein *i* an, woraus *ai* entsteht, so

das Suffix -*aticum* = -*aige*, in *coraige* 183. *mesaige* 205.
nasselaige 221. u. s. f.; *saicent* 8676; der Conj. Plqpf.
-*aisse* 1623. 4. 4417. 8. -*aissent* 44. u. s. f.; *faice (faciat)*
1013, *(faciem)* 1091.; *champaigne* 1759. (Dieser ganze
Vorgang ist im Burg. regelmässig.) — Dies findet sich auch
ausserhalb des Tones: *desfaiciés* 2386. *compaignie* 362.
compaignon 448. Durch Reim ist gesichert *compaigne*
(: *ensaigne*) 285.; sonst c. (: *remaigne*) 4594. *Bretaigne*
(: *plaigne*) 3319. Ein zwingender Reim für -*aige*, wie
ihn Rich. li biaus*) 4271 bietet, findet sich nicht; doch
ist auch dieser Fall nicht ganz sicher. Wenn auch pikard.
Denkmäler -*aige* haben (so Adenet), so haben andere
pikard. Denkmäler wieder die Eigenthümlichkeit, dort *a* zu
setzen, wo *ai* stehen soll; s. Oest. Gymn.-Ztschr. 1874,
S. 148 zu 3751. und Burguy I, 233 f. Der Gebrauch
scheint sich von der Pikardie aus durch Lothringen bis
nach Burgund ausgedehnt zu haben. So hat auch unser
Text *a* (statt *ai*): *creanta* 500. *j'a* 1836. 2578. 10638.
s'a 4159, lauter erste Personen; dies zeigen pikardische
Texte häufig genug; so hat Manekine *n'a* 4850. *fa ge*
5082. 7553. *sa ge* 1560. Häufig im Baud. v. Seb. *dira*
3, 709. *croistera* 3, 317. *vaurra* 4, 501. *faura* 6, 381.
j'a 7, 823. 12, 660. u. s. f. Parise Duch. *ira* 58. *sa* 71.;
ferner *faura* Guesc. 8782. *ocira* Gottf. v. Monm. 702. *sera*
ib. 723. *j'abatra* in dem ungedruckten Gunbaut 1139. u. s. f.
Fierab. *ara* 15. *ira ge* 110., Atre per. *l'a* 814., oft im
Baud. Condet, Gauv. *j'a* 172. *contera* 5018. Zu diesen
pikard. Denkmälern Beispiele aus einem lothringischen,
Girbert von Metz *sa* 477, 10. *a* 468, 18. 530, 6. 531, 24.
uengera 513, 22. *pourra* 520, 2. 527, 16. 540, 13. Im
Burg. ist dieser Vorgang seltener; so hat z. B. Dolop. 225
die pikard. Handschrift *fera*, die burg. dagegen *ferai*.
Doch hatte man dadurch ein Mittel, die 1. Pers. (*a*) von
der 3. (*ai*) zu scheiden; Lyon. Yzopet 3040 reimt aber
greuerai (3. Pers.) : *ferai* (1. Pers.). — Dabei ist nicht aus

———

*) Manche dort gemachte Bemerkung wird durch die vorliegende Untersuchung erweitert oder berichtigt.

den Augen zu verlieren, dass in Fällen wie *doie (doi ie)* Gunb. 345. *aie (ai ie)* Baud. Seb. 16, 350. *saie (sai ie)* Gauv. 967 u. s. f. das *i* doppelte Verwendung haben könnte. Daher denn diese Reime nicht viel beweisen, da sie sich nach zwei Seiten hin verwenden lassen; denn *vasselage : fera ge* Rich. 4271, wozu Tobler Gött. gel. Anz. 1874, S. 1032 *corage : sa ge* aus Méon I, 102 brachte, und dem ich *outrage : ferai ge* Judas 521. *malage : sa ge* Cour. Ren. 1843 hinzufüge, spricht ebenso für *-aige* als für *a* (statt *ai*).

Was *fais : brac* 1137. 3437 unseres Textes anbetrifft, so kann es für *brais* und ebensogut für *fas* sprechen; letzteres ist eine echt pikard. Form, z. B. Baud. Condet 18, 443. 507., doch findet sie sich auch norm. und sonst. Zu ersterem passt der Reim *plaice (platea) : laisse* 9557.

Welcher Art die Aussprache dieses *ai* gewesen, zeigen Schreibungen wie *damege* 6579. (Baud. Seb. schreibt *prestraege* 16, 788. *uisaedge, usaedge* das. 16, 67), *manece* 2057. 7803. 8162 u. s. f. Dazu kommt die grosse Zahl von Reimen, in denen *ai* (oft *e* geschrieben) mit *è* unbedenklich reimt, so 297. 1603. 2369. 2521. 4067. 4099. 4781. 4935. 5649. 6439. 7497. 7649. 10303. 11853. — Dagegen lässt sich *a* aus *ai* kaum anders erklären, als aus der Eigenart des fallenden Diphthongen *ái* (vergl. unten *o* aus *oi*), welche Aussprache sich mit der späten Zeit und der so eben erwähnten (*ai = è*) schwer vereinen lässt.

Mit den obigen Fällen des *a* für *ai* möge man noch vergleichen *glaue* 1592. 1972. 2014, während sonst immer *glaiue* steht; ebenso ganz vereinzelt *deboinare* 4379. *plast (placet)* 9648. Wie sehr das Verhältnis zwischen *a* und *ai* unsicher geworden, zeigt die zweimal auftretende Schreibung *redirai* 5340. *dirai* 7612 (beidemal 3. Person), eine Eigenthümlichkeit, die ihre volle Berechtigung nur in den westlichen Dialekten hat.

Alleinstehend ist *paile* (blass) 3038 und vor dem Ton *pailais* 4245 nebst *paismai* 7325 (hier wohl Einfluss des *s* anzunehmen); dann *cair (quare)* 10879; in letzterem eine falsche Schreibung für *quér*, das ja lautlich richtiger und in alten Texten sich wirklich findet, zu sehen, dagegen spricht die späte Zeit der Handschrift. Doch findet sich auch sonst noch *ai* statt *é* in *montairent* 2476. *remaisent* 4851. Vielleicht kann man daraus den Schluss ziehen, dass die Aussprache eines *é* vor Conson. + *e* bereits getrübt und = *è* geworden war.

Die Reime verwechseln beide *e* nur in folgenden Fällen: *secrees : regardées* 2269. (ebenso *secree : -ée* Perc. III, 263); *erent : amenérent* 2295. 8183. *péx : cruex* 4667. *clére : matere* 10503. *diex* *3357., die aus andern Texten zur Genüge bekannt sind; vgl. Tobler z. Alex. p. 887. Ich citire noch *matere : mére* Laus. 14923. *matère : matére* Ren. Nouv. 5925. *matere : emperére* Ren. 10663. *vére : empere* Phil. M. 1261. 1520. *pére : misere* das. 1404. *avoutere : commére* Ren. 8795. *mistere : pére* Ren. Nouv. 5929. *discres : sacrés* Ph. Mousk. 27879. *secré* Baud. Seb. 15, 664. *segre : gré* Rom. Rou 88, dann die bekannten *dé, érent, cruél*, und Fremdwörter oder Wörter mit lateinischem Ausgang (z. B. *empere* neben regelm. *empire*). Anders steht es mit gewissen späteren Texten, so Baud. Seb., G. Guiart, Hugo Capet (S. 6. 7. 36), ferner *terre : pére* Judas 401. *terre : sauuére* das. 531; bei diesen letzteren wohl anzunehmen, dass man anfing, ein *é* vor Cons. + *e* als *è* zu sprechen, während bei *matére* u. s. f. die Wörter als gelehrte mit *é* gesprochen werden konnten. Davon verschieden die Aussprache des auslautenden *ai* gleich *é*, so *ai : volé* Ren. 25263. *maleuré : conforterai* das. 26090. *sai : troué* Ren. Suppl. 225. *menrai : acheminé* das. 309, oft in R. Rose, *lauai : paué, remiré : dirai* I, 5. *arrestai : esté* 44. *ai : uolenté* 66 u. s. f., oft im Gaufrey 141. 243. 247.*) *airé : ferrai* Meraug. 192, 5, da hier die Stellung im Auslaut die Aussprache verschuldete. Dagegen kann man hier anführen *remese : braise* Ren. Nouv. 341 u. s. f. Was *cruél* betrifft, möchte ich eine Verwechslung des Suffixes *ēlis*

---

*) Damit hat nichts zu thun Doon v. Mainz S. 232. 3, wo eine *oi*-Tirade vom Copisten in *e* geschrieben wurde.

(= eil, oil) mit *alis (= él)* annehmen, wie sich denn von dem analogen *fĭdēlem* alle Formen: *fe-eil, fe-oil, feél* und selbst *fe-al* nachweisen lassen. Wie nun *-alem* bekanntlich zwischen *él* und *al* schwankt, so auch unser Wort; daher neben dem gewöhnlichen *cruél* auch *crual*, durch *a*-Assonanz gesichert in Ogier 5210. und *crual (: ingal)* Perciv. 17877. Vgl. *cruauté*. Man beachte, dass bei demselben Worte eine andere Suffixverwechslung (*ōsus*) sich häufig findet, nemlich *crueus*.

Statt des regelmässigen auslautenden femininen *ę* findet sich zweimal *a* in *aucuna* 11422 und *malada* 8607, das letztemal vom Copisten in *e* gebessert.

Verwechslung von *é* und *ié* findet sich zwar oft beim Copisten, wie Schreibungen *adrecérent* 2426. *traueillé* 2624. *aguisé* 3032. *agenoillérent* 3194 u. s. f. beweisen. Doch zeigen die Reime ein entschiedenes Auseinanderhalten der beiden Laute, daher die sich vorfindenden Ausnahmen als Verderbnisse angesehen werden müssen: *laissié : quassié* 3095. *corné : laissié* 4641. *volentiers : passés* 5199. *ouurées : dentrenchies* 11875. Die Angleichung des *ié* an *é*, die sich am frühesten im Anglonorm. zeigt, wird im 14. Jahrh. immer häufiger.*) Vgl. Oest. Gymn.-Ztschr. 1875, S. 540. Dagegen reimt *ié* mit *è (ai)* in *eschies : mais* 4611. vgl. Richart 687.

---

*) Dieselbe zeigt sich bereits im Oxf. Rolandscodex, wo daher bei Gautier, 5. Aufl., zu bessern: 21 *guarissiez*, 33 (*cariier*, ebenso 131), 128 (*encaïnez*), 265 *laissiez*, XXIV, 6 *otrier* unmöglich, 455 *doussiez*, 528 *osteier* falsch (viell. *de ioster*; übrigens scheint der Vers der folgenden Tirade entlehnt zu sein; Versailles hat dafür *a Ais en France se devreit reposer*). Desgl. 1374 *trenchiée* (vielleicht *colpée*), CXIX, 2 *fierent* (*espée* umstellen), CXXIII, 7 *nunciez* (dieses ist falsch, das Wort lautet *nuncier* (zweisilbig), daher *anunciez*), ib. 15 lies *afebliiez*, CLXIII, 5 *repairierent* (*retornerent*), [1986 caeite reimt nicht mit *a;* lies *desfaite*], 2760 *ameinet* (etwa *ait amenée*), 3117. *afichiéement*, 3394 *justée* (u. 3858) falsch, 3860 *acuminiiet*, u. s. f. Dazu noch einige Bemerkungen: 340 *asols* richtig; 350 *mar* i, 395 *quiet* (st. *cuidet*, wie Gloss. will) + 1; viell. *quiert*. 444 *deie* ist richtig; ebenso 466 *orie* (d. h. *órie = oire* [*aureum*]); 514 *par*; 561 *milie* ist richtig; 567 *Non* (statt *ne*), schon Böhmer; 593

EINLEITUNG. XXXVII

Dem Copisten ist *i-e* statt *iée* durchaus eigenthümlich; kein einziges mal findet sich *iée* geschrieben. Dagegen finden sich unter den zahllosen Reimen, die hier anzuführen sind, bloss drei, die dieselbe Eigenheit dem Verfasser nachweisen; *maisnie : guerpie* 2117. *afichie : mie* 4801. *embracie : amie* 11781., daher wohl anzunehmen, dass der Verfasser dieselben geflissentlich mied. — Auch sonst steht *i* häufig statt *ie,* so *frinte* 813 (gegen *friente* 5905); *manire* 4241. *uinent* 1803. *tint, conuint* (Praesens) 6834. 8012. *tigne* 1444 (vom Copisten in *tiegne* geändert), *feuchire* 9289 (gegen *feuchiere* 9298), *abaissir* 9524 u. s. f.

Auch umgekehrt schreibt der Copist manchmal st. *i* ein *ie,* so *riere* (lachen) 1000. 5313. *fierent (fecerunt)* 8192. *roiene* 1045. *faillierent* 11967. und vor dem Accente *gieron* 7328. (für *auielli* 4120 giebt es noch eine Erklärung, s. unten *il, iu*), und auch dies findet sich in gewissen pikard. Texten, so R. Rose, Baud. Seb., Perc. (Mons), u. s. f. Auch das Norm. kennt dieselbe, indem es ein *i*, das aus Vocal + *J* entstanden, gern so darstellt; so im Rou: *piere (pejor)* 13323. *desconfiere* 13324. *esliere* 14107. *liere* 14479. *pries (pretium)* 14813., sehr oft: *liet* (Bett), *deliet, despiet, respiet, priet* (statt *preit,* Conj. von *precare*), *mie* (*medium*) u. s. f., aber auch vereinzelt *ociere* 13911. Anders, wenn ein Nasal darauf folgt; wenigstens in *fiens* (falls es wirklich von *fimum* kommt) ist dieser Vorgang im Altfrz. allgemein (noch nfrz. *fiente,* vgl. *antienne* st. *antoine* o. *antenne*). — Vereinzelt *fesent* 4931.

Besonders beliebt ist dem Copisten die Diphthongirung eines *è*, das aus *e* in Position entstanden ist, der bekannte wallonische Vorgang; daher *biele, damoisiele, foriest, tieste, apries, tierre, requierre, isniel, siele* u. s. f. Dass dies dem Verf. fremd gewesen, zeigen die häufigen Reime eines solchen diphthongirten Positions-*e* mit *ai;* so *apres : mais* 298. *forest : plaist* 2369. 7649. *pres : palais* 4781. 11853 u. s. f.

n'estortrat, ebenso *o* statt *oe* in 227. 1475.; 608 *forsfaiz;* 2581 *le* zu tilgen; 3781 fehlt 1 Silbe, etwa *assemblet.*

Diese Diphthongirung findet sich häufig auch in unbetonten Silben, so *viestus* 170. 1093. *reuiestes* 4538. *rauiestement* 4554. *iestoit* 1695. *arriester* 303. 325. 1214. 3002. *auiesprement* 8791. *embieli* 1095. (anders *bielement* 4049.) *apieler* 627. 1154. 1663. 2916. 6693. 6796. *tiesmoing* 7048. 10228. *hiebregerent* 10396. *viergoinge* 3013. *sieris* 7486. *gieter* 905. 2630 u. s. f.

Für die Diphthongirung eines secundären, aus *i* in Position entstandenen *e* scheint kein Beispiel sich zu finden; denn *aissiele* 4681 werden wir nicht auf *axilla*, sondern auf *axella* zurückführen müssen. Nur für ein derartiges unbetontes *e* lässt sich ein Fall anführen, *encierkier* 9046. Ich möchte daher glauben, dass diese Diphthongirung nur aus primärem, also lat. Positions-*e* entsteht, und auch dann nie vor *m* oder *n* (also *ventum* nur *vent* u. s. f.), gewöhnlich vor *l*, *r* und *s*, ganz vereinzelt *iermine* (also aus *a*) Ph. Mousket 2945. Ein solches *ie* kann nun, wie ein anderes, = *i* sein, so *nouuile* 6586. 6591. 7518. 7862. Auffällig ist die Schreibung *ei* statt *ie*, so *noueille* 9056. *ueinent* 1450. *seins* 6851. *meix* 920.

ĕ findet sich undiphthongirt in *uenent*, *tenent* 1937. 8. *depecent* 7976. 8825. Dagegen diphthongirt ĕ gegen die Regel auch ausser dem Ton *entierine* 4791. *entierinement* 713, (aber *fierté*, *grieté*, *uiellesse* u. s. f. sind von dem franz., d. h. bereits diphthongirten Wort abgeleitet). Statt dessen *i* in *depicha* 8800. *depichier* 1294. *depicierent* 7947.

Die Auslassung eines dem Ton vorangehenden *e* vor *r*, die aus *brûler*, *crouler*, *vrai* u. s. f. bekannt ist, ist dem Abschreiber geläufig: *pril* 1256. 11470. *espron* immer, *preche* 9104. 9613. (dazu *enurimée* 10696). Vergl. *frai* (statt *ferai*), *gline* (Henne) Ren. IV, 24; s. Diez Gr. I, 197. Nur verschrieben dürfte *vnue* (statt *venue*) 11778. 12150 sein, doch ist das zweimalige Vorkommen immerhin bemerkenswert. Dieser Vorgang ist dem Verfasser fremd, wie das Fehlen je einer Silbe in den betreffenden Versen zur Genüge zeigt. — Wie andere Handschriften, so lässt auch die unsere ein weibliches *e* vor einem Vocal aus, z. B. *un image* 470. *un et* 6900. *cresp estoient* 11879 u. s. f.

Vergl. *un autre* Atre per. 3386. *un et* Sermo Sap. 288, 10. oft im Aiol, u. a.

Was *i* betrifft, so findet sich in Fällen, wo dasselbe gleich *oi*, ebensogut *e;* so *espoisse : defroisse* 9215 neben *espesse* 647. 652, *espes* 9348; ebenso *oirre* (sehr oft) neben *esre* 8662 u. s. f.

Ueberhaupt ist das *oi* des burg. Dialektes, welches hier vor *l, l̃, n* (sei es aus *i* oder *e*) sich aus *ei* entwickelt, unserm Texte fremd; also nie *consoil, meruoille, poine, moins, amoine* u. dgl., sondern immer *conseil, merueille*, sogar in unbetonter Silbe: *apareillier* oder *aparellier* (nicht, wie andere pikard. Denkmäler, *i*); und vor *n* stets *ai:* also *paine : fontaine* 7213. *: castelaine* 8215. *plains : Gauuains* 3891. *mains : Gauuains* 3837 u. s. f., *fain* 8406. Dagegen herrscht vollständiges Schwanken in der Anwendung von *oi* (*e, i + J*) und *i*, sowol in als ausser dem Ton; also *otroie : doie* 1027. *: ioie* 1609. *otroi : moi* 1539. *: roi* 1458 u. s. f. neben *prie : mie* 8065. *: compaignie* 6138. *pri : ci* 9011. und *proi : moi* 10129. Ebenso in unbetonten Silben: *loiens* 3889. *liens* 6942. 7584. *otroier* 8653. *otriera* 8223. *otrier* 8227. *mesproison* 7512. u. s. f. Vgl. *seroies* 4171 und Anm. 11130. Dieses *i* ist Regel in der Endung *-ationem*, das statt *-aison* durch die Mittelstufe *-oison* (vgl. *ocoison* 5847) endlich *-ison* entwickelt, *venison* 8809. *demorison* 8798. *pamison* 3058. *arrestison* 5024, wobei Anbildung an *-itionem = ison* anzunehmen nicht notwendig ist, da sich auch sonst *oi = i* findet, so *connissies* 6778. *connissans* 7522. *connissoit* 8066. *desconnistre* 6979. *conissance* 2590. 2403. Vgl. *demisele* neben *damoisele*.

oi (gleichgiltig ob aus *o + J* oder *ei*) wird oft in und ausser dem Ton zu *o*, also ein Ueberwiegen des ersten Theiles (dagegen in *oi* (d. h. *oue*) *= ai* ein Ueberwiegen des zweiten); so *ueor* 988. *iuore* 1125. 5160. *sot* 4856. *prosié* 1687. 6823. *esplotier* 2252. 9373. *norcist* 3628. *ioeusement* 12089. So kommt es, dass gewisse pikard. Texte eine Imperfectendung *-oe, oes, ot* u. s. f. aufweisen, die man nicht etwa als normannischen Einfluss erklären darf. Dieselbe ist ganz regelrecht in dieser

Mundart aus -*oie* u. s. f. entwickelt und daher bei allen Conjugationen anzutreffen (nicht etwa, wie im Normann. bloss bei der ersten); also *haot* 10298. *estout* 12113.

Ebenso lässt sich *bos (buscum)*, die gewöhnliche pikard. Form erklären; doch kann es auch regelrecht aus *buscum, bosc, bos* entstanden sein. Dagegen scheint *bos : esclòs* Jub. Jongl. 109. zu sprechen, da *u* in Position = *ó*.

Irrthümlich steht einmal *soit* statt *sot* 5525. Dagegen ist *i* in *oise* 3659 durch das folgende *s* veranlasst, vgl. *paismai* 7325. Ein hiatustilgendes *i* wird eingeschoben in *voiai* (gelobte) 4980, s. zu Richart 400 und Oest. Gymn.-Ztschr. 1875. p. 541. vgl. *délayer, paiele, boyau*.

ò diphthongirt, was uns aus neufrz. *peu* und *queue* bekannt ist, in *reube* 1085. 1105. 4790 u. s. f. neben *robe* (dieses seltener), *aproece* 10320 (doch reimt das Wort auch sonst mit *ó*), selbst ausser dem Ton *reubées* 9430. (vergl. *keusissent* 6157 von *choisir*) — ebenso hat auch unser Text *peu*, daneben freilich auch das regelmässige *poi* 4279 u. s. f., dieses durch Reim gesichert 4661.

ó findet sich ausser durch *o* entweder durch *ou* (dieses häufiger) oder durch *eu* bezeichnet. Die Aussprache *ou* gehört dem Osten an. Die Reime lassen beide Aussprachen zu. Dies schliessen wir nicht aus dem häufigen Reim -*ós: eus (els, illos)* 863. 8029 u. s. f., da *illos, els* auch *ous* geben kann, noch aus *angoisseus : feus* 5003 (dieses könnte auch *fous* geben), sondern aus *perecous : ceus* 6888 (ein *cous* kenne ich nicht) und ganz sicher aus *leus : orgueilleus* 10093; dagegen sichern die Aussprache *ou* die Reime *prous : tous* 12033. *doutous : uous* 11519. 11819. Beachte -*ors* und -*eurs*, s. Anm. zu 8252. — *vn* (statt *on*) 6848 ist fehlerhaft.

Was *feu (fŏcum)* anlangt, so ist die pikard. Form *fu*, die sich auch meistens hier findet, 711. 5003; ähnlich *iu (iŏcum)* 1752. 8054. Da *ue* in späterer Zeit in der Aussprache mit *eu* zusammenfiel (bei *feu, leu, ieu* [gew. *lieu, gieu*] wohl ursprünglich; doch steht öfter *fue, lue* in der Gregoire-Handschrift von Tours; für *u* gilt das-

selbe von *deus* = zwei), so finden wir häufig *peut* statt
puet (Praes.) z. B. 889. 927. 1076. 1205. 1765. 3643 u. s. f.
ŏ = *ue* = *u* noch in *pu-ent* 7575. 7622. 11055.
 Für diesen Laut findet man *oe* (*oes* 95. *avoeques* 766),
ue (*duel* 707. *illueques* 765. und oft), *eu* (*keurt* 178), selbst
nouef 5444 geschrieben. Dieser Laut scheint sich in *e* geschwächt zu haben, wie die Schreibungen *illeques* 634.
auecques 10532 (neufrz. *avec*) zeigen. — Auffällig ist
seigner 6896 (ausgeschrieben). Zweifelhaft ist, ob *aqueilli*
1716. 2596 phonetisch *akö͡li* oder *ake͡li* ist, da *q* = *k*
aus verschiedenen Texten bekannt ist; vergl. meine Bemerkung in der Jenaer Literatur-Ztg. 1876. No. 35.
p. 558 zu Vers 245. Doch ist *ö͡l* und *öl* ein dunkler Punkt,
der eine eingehendere Bemerkung verdient. Wenn
wir die folgenden Fälle betrachten: *uiels (volis)* 6199.
uielt 1672. *sielt* 6984. *diels* 2031. 6396 u. s. f. (neben
dels 10560. *duel* 3279 u. s. f.), *orghiex* 4119. *iex (oculos,*
daher neufranzösisches *yeux)* 2516. 4120. 4836. 10640.,
kieute (culcita) 8405. (gegen *keute* 5780. *coude* = *cubitum*),
vgl. *mieut (molit)* Perciv. 2928. *iaut* (Var. *ielt*) = *olet*
Erec 6572., sehr oft *diell (dolet), kiell (colligit)* u. s. f.
[nie bei *tollit*] so erhellt, dass *l*, *l̃* in betonter Silbe ein *i*
entwickelt und dem vorausgehenden Vocal abgegeben hat,
wodurch statt des nun nothwendigen Triphthonges *ieu*
durch Unterdrückung des dumpfen Lautes auch ein *ie* entstehen kann. Diese Entwicklung eines *i* aus *l* oder *l̃* (fast
immer *l*, *l̃* + Cons.) scheint sich auch auf geschlossenes *é*
auszustrecken, und zwar kann dieses *i* ebensogut in die
folgende, als in die vorausgehende Silbe übergehen. Wenigstens kann ich mir nur so die merkwürdigen Formen *tiels
(tales), kiels (quales),* auf die ich in der Oest. Gymn.-Ztschr.
1875, S. 540. 3. aufmerksam gemacht habe, entstanden
denken; denselben ist *naturiel* Meraug. 45, 4. *mortiez*
Flor. Fl. 2640. *celestiel* Psalt. Oxf. 67, 15, dann *autiel*, häufiger *autier* in Wace Marie, und nfrz. *pieu* (statt *piel* von
palus), bei offenem *é essieu, épieu* anzureihen. Den Einfluss
des *l* auf die folgende Silbe finde ich in altfrz. *lierre
(latro)* häufig, *lieu (locum),* indem hier *l* dieselbe Rolle

spielt, wie *ğ* in *gieu (iocum)*.*) Dem *r* einen solchen Vorgang zuzuschreiben, verbietet die Natur dieses Lautes; daher wol in *biere* auf ein *e* (nicht *a*), wie das provenz. *bera* lehrt, zurückzugehen. Wie ist aber *esquierre (exquadrum)* entstanden? Hat hier *qu*, wie sonst *k*, eingewirkt?

Dieses *ie* kann nun, wie ein anderes, *i* werden, daher *ix* d. h. *ius (oculos)* 12047 und oft, *akiut (adcólligit)* 9096. 10517 (in der Handschrift geschrieben *akuit*, das *i* durch den bekannten Strich scharf bezeichnet, da unser Copist *iu* stets in *ui* ändert).

o + *n* = *oin* in *boin*, wie der Copist regelmässig schreibt; vergl. *doint* u. s. f. Vgl. *a* + *n* = *ain*.

ŭ diphthongirt in *keurt* 178. *treuue* 1851. *seuffre* 6505. *keute* (Ellbogen) 5780 — der Reim 10782 ist dagegen; aber *ione* 8309 (auch *iouene* d. h. *jovne*). Sonst wird das aus *u* entstandene *o* entweder so oder *ou* geschrieben, letzteres auch *u (crupe* 9551 neben *croupe* und *u (ubi)* 158. 1219. 1569. 2433. u. s. f. neben *ou*), ausser dem Ton *iuer (iocare)* 4610 statt *io-er*; doch vgl. *iu*.

ó und *ò* sind scharf geschieden; doch finden sich die bekannten Fälle, wie *córt* (Hof) 4745. 6603. 7815. 11273. *destór* 6475. — *apròce* ist durch *clòce* 4097 gesichert. Unbetontes *o* bleibt, bald wird es *ou*; die Schreibung schwankt, so *fourferoit* 48. *seignourie* 77. 472. *destourser* 404. *couronnes* 155. *coulour* 173. *mouuoir* 3046. *recoumence* 9536 u. s. f. neben einfachem *o*. Auch ein aus *oi* entstandenes *o* = *ou* unter dem Ton in *estout* 12113, ausser dem Ton in *ioueuse* 11905 (freilich auch Ausfall von *c* annehmbar), sicher *angousseus* 5004. s. oben *oi* = *o*. Eigenthümlich ist die mehrmals wiederkehrende Schreibung *pooroit* 1922. 3104. 3276. 10947. 11249. *pooront* 10990.

---

*) Gewisse Texte, so Theoph. in Rust. 11. und Greg. Grant (Tours), sind mit diesem *ie* sehr freigebig; so im ersteren *tribouliere, amassiere, flattiere*, im letztern *saviere, siet (sapit), sievent* u. s. f. Hier ist Einfluss der Analogie anzunehmen. — Vielleicht ist in diesem Einfluss des *l* die Antwort auf meine am Schluss der Anm. zu 11130 gestellten Fragen zu suchen.

wo *oo* vielleicht *ou* darstellen soll. Ueber unbetontes
o = *e* sieh weiter unten.

Vollständiges Schwanken herrscht zwischen *oi* und *ui*, selbst bei denselben Wörtern; so findet man unter dem Ton (* bezeichnet durch Reim gesicherte Fälle)

apoie 745.
*angoisse** 7009. *angoissent**   *anguisse* 1970. 3116. 4499.
  8176.
coiure 3724.
*empoigne** 3014. *poing*   *puing* 7975.
  12010.
anoit (Conj.)* 4819.   *anuit* (Conj.)* 614. *5092.
anoie (3. Präs.)* 3678.   *anui** 684. *3792.
                                    *muire** 7117.

  ausser dem Ton:
apoier 618. 3803.   *anguisseus* 3137.
poissance 3683.   *empuigna* 3825.
estoier 3744.   *fuison* 6951.

Dass im Altfranzösischen eine Reihe von Wörtern in Bezug auf diesen Diphthong bereits fixirt waren, andere aber lange Zeit schwankten (da Reime für beides sich in demselben Texte beibringen lassen), ist bekannt.

Statt dieses *ui* kann einfaches *i* eintreten, so ausser dem Ton *condira* 3943. *anicus* 3538. oder einfaches *u*, so *humais* (statt *hui mais*) 1382. 3696. 8685. 9275., *vmais* geschrieben 3735., *estuer* 3154. Vergl. was oben über *oi* zu *o* gesagt worden. Ueber *anietant* 3860 (*ie* = *ui*) sieh weiter unter. Vgl. damit, dass sowohl *i* als auch *u* mit *ui* in manchen Texten reimen; so der bekannte Reim *Artu* : *lui* und *contredit* : *nuit* Lans. Jehan 3925 (oft), *pire* : *muire* Flor. Flor. 160., vgl. Ren. Mont. 397, 29—35., wo *ui* und *i* assoniren, *quite* (fon. *kite*) : *huite* Ph. Mousket 196. : *duite* daselbst 1068., sieh Tobler Aniel XXIII.

Umgekehrt schwankt auch *iu* und *u*, so *baillu* 37. 1050. neben *bailliu*.

Wichtig ist noch die Behandlung derselben Lautverbindung *iu* = *ieu*, auf die zuerst Tobler Aniel XXV f.

aufmerksam gemacht hat.*) Dieses *iu* kann aus *iu, iv* oder *il* entstanden sein. — Die Reime kennen diesen Lautwandel nicht. Die Schreibung zwischen *iu* und *ieu* schwankt durchaus; daher denn auch ein ursprüngliches *ieu* mit *iu* geschrieben wird, daher *liu, liue, triue (leuca, treuga)*, ebenso *miudres* 793. *diu (deum)* 856. 914 u. s. f. *siue (sua)* 5426.

Der pikard. Copist schreibt also: *eskieue* 1677. *tieule* 4237. *baillieus* 8071., auch ausser dem Ton *sieuoient* 10039., bei *iu* aus *il* in *fiex* (d. h. *fieus)* 5985. 6726., *uiex (viles)* 4451.; darnach ist *auielli* 4120 zu erklären, wo der Copist das ihm geläufige **ieu** auch bei stehengebliebenem l gesetzt hat.

Besonders erwähnt sei *hastieument* 11255. *ententieument* 4517. wo *ieu* statt **ieue** steht, wie das Versmass ansagt; dieselbe auffällige Schreibung zeigt sich noch bei *trieus* 4464. Dieselbe Unterdrückung des *e* findet sich bereits Q. L. d. R. 92. *ententifment*. Vgl. Gaut. Coincy 228, 641. 415, 733. 660, 511.

Der Copist führt die später allgemeine Vertauschung von *iu* zu *ui* regelmässig durch, so bei *liu* (Ort), das immer *lui* geschrieben wird, dann *akuit* (s. oben *öī*), dazu *suit* 7595 (statt *siut*), wozu die Formen *su-ir* leicht führten. Hier ist der Ort, das oben erwähnte *anietant* statt *anuitant* 3860 zu erklären; es ist wol *ui* mit *iu* verwechselt und dann *iu = ieu*, statt dessen sich oft *ie* findet; so *siet (siut ,folgt')* und andere. Es mag noch eine in den Anmerkungen versuchte Erklärung hier berichtigt werden. Zu 3977 *lies* (,Meilen') wurde der Ausfall des *v* angenommen. Es muss vielmehr folgender Vorgang angenommen werden: *lieue, lie-e* (wie *sieut = siet*) und dieses *li-e*.

$\bar{u} + n$ gibt vor dem Tone *o* in *oni* (,eben') 9469., wie auch sonst unter dem Ton: *flons* Ph. Mousket 10974., *prone* B. Com. 3368.

Ehe wir mit den Vocalen abschliessen, müssen wir

---

*) Merkwürdig, dass dieser Vorgang, der einem bestimmten Theil des pikard. Gebietes eigenthümlich ist, sich in gewissen provenzalischen Texten wiederfindet.

EINLEITUNG. XLV

noch zwei allgemeinere Fälle behandeln, nämlich die Behandlung unbetonter Vocale, dann den Einfluss von Consonanten auf Vocale. Der allgemeinste Vorgang im ersteren Fall ist die Aenderung der bezüglichen Vocale in das farblose *e*; **a** : *peureus* 8030. *gregnor* 6905. (neben *grignor* 6504 d. h. *ñ* gibt *i* ab, welches *e* + *i* = *i*), *gesir* (wenn unter dem Ton kein *i*, steht auch *gisoit* 7270), *eatir* 3322. *demisele* 1459. (gegen *damoisele* 4537), bleibt in *remanance* 10637.

i: *relegion* 8259. *souffreroie* 10673. *elueques* 3914.
o: *serour* 6835. *kemande* 6697. *honnerer* 22. u. a. (aber *o* aus *e (a)* in *uilonnie* 3934).
u: in *sur (super* = *sor* oder *seur)* *sercot* 2632. 8647. neben *surcot* 8949. *corecies* 1979. 11342. 12017. 12067.

Umgekehrt steht *a* statt *e* in *asaieront* 1307. 1365. *couuanant* 1444. *desauanant* 11918. *castalains* 4181. 4055. *manece* 3011. (wegen Dissimilation = *menace*, doch auch *manace* 1978). *dararain* 5507. auch *daarrain* 2039. 2084. 3180, *esfraé* 9680. (Dissimilation, vergl. *aé* und *eage*, und wieder *aaige*); statt *o* in *estauoir* 2984. 5397. 5734. 8156. *pramesse* 4873. statt *i* in *aluec* 10712. Statt *saoler* steht *soeler* 4927. 8422.

Einfluss des folgenden Consonanten ist wahrzunehmen in *fumele* 2496. 8266. *iumeles* 9397 und oft; *buuoit* 8307. *afublent* 8296. Beachte noch *alimele* 7170 neben sonstigem *alumele*, *alemele*.

Ein *i* (statt *e*), das durch den folgenden Laut veranlasst sein dürfte, nehme ich noch an in *pior* 7022 *(peiorem)*, *grignor (ñ)*, *gisant* 3461 (entweder gab das scharfe *s*, indem es weich wurde, ein *i* ab, das mit *ei* = *i*, oder ist *ǵ* im Spiele?), *griiois* 4634 und *prisisse* 4346. *quisise* 4076. *quisist* 5508.

Von *suir* 7314 (statt *siuir* 9215. *siui* 9351) war schon oben die Rede.

Das Schwanken zwischen *harnaschie* und *harneschier* ist aus den zwei Formen *harnas* und *harnois* (*7764. *9488) zu erklären (ebenso **provenzalisch**).

Dissimilation mag auch *ricet* 9276 erklären (auch sonst in pikard. Texten).

Aufgespart habe ich mir **iehui** 4714, das merkwürdiger Weise alle Glossare (mit Ausnahme Hippeau's)*) übergehen. Das Wort ist nicht selten; ausser in unserm Texte (wo es wiederholt steht) findet es sich z. B. Meraugis 185, 24. Blanc. Org. 990. Raoul Cambrai 161. Eine andere Form ist *iuhui* 3885. Ogier 8773., *iewi* Atre p. 810. und *iui* (zweisilbig) 8148. Eustache l. Moine 881. Chron. d. Ducs d. Norm. 5735, gewöhnliche Form in Q. L. d. R. (z. B. 30. 51 u. s. f.), herzustellen in Nouv. franç. XIII, 47 (statt *iur*), ebenso in Gaut. Coincy 640, 473 (statt des gedruckten *ivi*).

Endlich müssen wir des Einflusses, den *l* auf ein vorausgehendes *è* (lat. Pos. *e* oder *i*) ausübt, erwähnen.

el = ol (in illum), stets mit vocalisirtem *l*, daher *ou* 3146. 4723. 4969 u. s. f. Statt dessen schreibt der Copist auch *u*, 4408 u. sonst; daneben die pikard. Form *un* (meist *vn*)**), einigemal *.i.* 4811. 6334 u. s. f. (also wie das Zahlwort geschrieben), lothring. *on*. Es ist schwer zu entscheiden, ob *l = n* (wie in *ancun* des h. Bernard) oder letzteres sonst hergekommen; jedenfalls kommt es nicht aus *en (in)*.

So reimt *ols (illos, els)* mit *-ōsus*, wenn auch ebensogut *els* und *-eus* angenommen werden kann.

Doch gibt *el* auch **al**, durch Reim oft gesichert: *aus (illos)* *5903. *6445. *7707. *8921. *9531. *9699. *9857. *9919. *10475. *fautre* *1763. *4680.

Pikardisches *ol = au* lässt sich aus den Reimen nicht belegen; der Copist hat es oft: *uaurai* 586. *uaudrois* 629. *uausissent* 832 („wollen'); *vautis* 1124. *tausist* 4535. *saudoier* 10087. *saudees* 6891. 7099. Ob dieses *au* auch *o* geschrieben sei in *uosist* 11061, oder ob hier einfach *l* ausgefallen, lässt sich mit voller Gewissheit nicht entscheiden.

---

*) Doch heisst es nicht, wie dieser sagt, **dès** *aujourd'hui*.

**) Die Copisten schreiben gern *v* statt *u*, wo eine Verlesung mit *u* Cons. nahe liegt, also *vne* (damit nicht *vue* gelesen werde); ebenso *y* statt *i*, um Verwechslung mit *i* Cons. zu zermeiden, so *enyurer* 3772 (nicht *enjurer*).

en und *an* reimen nicht, sieh zu Richart XIX; bloss *tens* *2860 und *chaiens* *8377 weichen ab. Der Copist aber schreibt ebensogut *en* bei stammhaftem *a*, als umgekehrt, also *mengier* (gewöhnlich), *provence* und *tans* (Zeit) u. s. f. — Dass *an* in der Endung *ant-ment* = *o*, davon die Anm. 204. vgl. *aumaille*.

Mit der paläografisch festgestellten Zeit der Hdschr. stimmt auch der häufige Ausfall von unbetonten, im Hiatus stehenden Silben, wie er jener späten Periode zukommt. Dem Verfasser selbst ist er dagegen abzusprechen, da jedesmal eine Silbe dem Verse abgeht. So findet man *age* 4259. 6807. 8269. *sur* („sicher") 6967. *poir* 7407. *uiesture* 8801. *alure* 4227. *plentiue* 9065. *benoit* 4771. 5109. *eslu* 9802.

Was die Consonanten im allgemeinen angeht, so ist die pikard. Eigenthümlichkeit hervorzuheben, eine Doppelconsonanz zu vereinfachen und umgekehrt; nur einige wenige Beispiele: *foure* 172. 539. *foureure* 231. *entera* 1025. *mesaige* 205. *tere* 367. *truise* 379. *laisai* 1195. *fose* 849. *trespase* 943. und für den umgekehrten Fall: *asissent* 69. *gissoit* 900. *tressor* 1115. *errent* (*erant*) 1457. *loissir* 1501. *requisse* 2806. *alerrent* 7729. *baissier* (Kuss) 4539 u. s. f. Dagegen lässt sich *semonrre* 1519. 9321. vielleicht aus *dr* erklären. — Der späten Zeit des Schreibers entsprechend ist in die Schreibung der Endconsonanten Verwirrung gekommen, da der Hang, dieselben zu unterdrücken, einreisst; es wird *l**) am Ende unterdrückt *k'i* 1797. 6006. 6204. 6413 und oft; *i* 1558.

---

*) Hierher ist nicht zu rechnen *cendé* : *esté* 402. 2671. das nicht etwa statt *cendel* steht, sondern einem Typus *cendatum* (provenz. *cendat*) entspricht. Wir haben es also mit einer Verwechslung von Suffixen zu thun, wovon neulich Tobler Jahrbuch XV, 261. f. ausführlich gehandelt hat. Ich hatte auf die Verwechslung von *aris* mit *arius* bereits Oest. Gymn.-Ztschft. 1874, p. 137. aufmerksam gemacht. Zu den daselbst gebrachten Wörtern, die zwischen *er* und *ier* schwanken, ist nachzutragen *candeler* Hugo v. Bord. 168. *encenser* Am. Am. 2495., vielleicht selbst *cheualer* Rol. 359. Ausserdem vergl. Anm. zu 10769 und *parrain* im Wortverzeichnis.

3718. 6829. *r* (vor *s*) in *encombries* 3686. *oreillies* 8413. *moustre* 5567. *s* in *redison* 6124. *faison* 7200. *san* 9898. (ferner zu erschliessen aus der vom Copisten oft vernachlässigten Deklinationsregel); *t* in *cis* = *cist* 1491. 2394. 3974 und oft, *ices* 6266. *pris* 4797. *c'es* 8999. *s'es* 1951. 9257. *m'es* 2970. *uien* 9375. *ier* 9654. *er* 12046. *requier* 11626. 11922. *enquier* 2763. *o* 9794. *soi* 10327. 10806. *doins* 3645. *sour* 2571.; es fällt *st* in *fu* 10104. *ce* 7558. 9160. *ice* 5615. *ci* 1933. 4865. 8085.; *p* in *dra* 1560. Eine Folge dieses Verstummens ist das Setzen falscher Consonanten an das Ende der Wörter von Seiten des Copisten; so *remest* 2460. *entort* 4261. 9270. *tort* 11700. *cort* 8793. *daintiers* 8827. 8834. (hier vielleicht Verwechselung der Suffixe). Dabei finden sich wieder andererseits Spuren der pikard. Eigenthümlichkeit, auslautendes *t*, (besonders wenn es auf *é* oder *ié* folgt), zu wahren; so *parlét* 10589. *congiet* 2361. (zweifelhaft ist *seruit* 11899).

L vor Cons. fällt aus in *cheuacie* 10426. *otreés* 9354. *mabaillir* 7964. *amosne* 10786. so auch in *a* (statt *al*) 8439; vor *s* in *as* = *als*, *ques* 8751. *mos* 8405. Was den häufigen Reim *cops* : *cols* 1819. 7945. 9995. : *fols* 11417. betrifft, so sind sie phonetisch gleich *-ous*, da *p* zwischen *l* und *s* fallen muss und ersteres vocalisirt. Auffällig ist *communāment* 5176. 5596., das fehlerhaft sein muss; das Suffix *-alis* und Endung *-ant* dürften verwechselt sein. Das richtige *communaument* findet sich 6488. *L* vom Consonanten der vorausgehenden Silbe angezogen *blouke* 3022. 4143. (vergl. span. *bloca*), tauscht mit *r* in *calorent* 9761. 12305. *mile* 2257., sonst zu beachten *floibletement* 3112. neben *foibles* 3160.

L vocalisirt in unserem Texte selbstverständlich — dies fing ja am Ende des XII. Jahrhunderts an — (es reimen *els* : *merueillous* 864. : *seus* 10535. 11533. : *teus* 9489. [denn sonst *è* : *é*], : *deus* 9881. 10627. *Mout* : *tout* 143. 163. : *bout* 1475. *tels* : *orgueilleus* 10093.), wenn auch die Orthographie, wie es naturgemäss geschieht, noch auf dem früheren Standpunkte stehen geblieben ist.

Suffix **-ellum**: *pastourel* 10541. *pastourials* 10514. *biaus* 97. *hiaume* 4538. *heaume* 717. *heiaume* 7973. (anders *he-aume* 6366. cf. zu Richart 24.), *baus* 1618. *oisaus* 2717.

Mouillirtes *L* wird durch einfaches ausgedrückt *salent* 873. *faloit* 1531. *fermal* 4800. *traual* 10744. Dagegen ist, wenn ein Consonant darauf folgt, anders zu erklären: denn *l* in *genols* 10782. steht statt *genous*, da $\tilde{l}$ dasselbe Schicksal trifft wie *l*, vergl. noch *uermaus (uermel̃s)* 941. *uiels* (alt) 8047 statt *uieus*. Aber *poitrail* 6330 (Reim dagegen).

R vor folgendem Consonanten wird unterdrückt: *haneschier* 8247. 6152. *chambelenc* 6089. 4849. *escalate* 4265. 6160. *paleroit* 8438.*) *fotreece* 9614. *houdeis* 4246. *mudre* 6856. *decachier* 10593. *bougois* 9487. *tiece* 7231. *souplus* 4938. 6183. *hebregier* 3695. 6567. *heberg.* 6391. *herbeg.* 6543. u. s. f. *abre* 6180. *mabre* 4578. *deseuirent* 5478. und endlich *desamerent* (entwaffnen) 4783., wiewol dies eher ein Schreibfehler sein dürfte. Nach dem Conson. in *traites* 6840. 6874.

Eingeschobenes *r* findet sich *parorus* 7301. *pertruis* 4191. *armors* 4315. 5964. *espreronant* 7706. *sercort* 8647. *carborniers* 9224. *arportes* 1080.; freilich lässt sich auch bei dem einen oder andern Beispiel ein Versehen des Copisten annehmen.

R wird versetzt: *aprecoit* 885. *kerroie* 2878. 5037. 5041. (glauben), *bregier* 8566. 8585. *herbregerie* 3541. auffälliger ist *fotreece* 9614. und *freus* 10820., dagegen *destourser* 404 und öfter. *R* statt *n* in *uenirs* 10828., statt *s* in *harle* 2674. *porterne* 9679. (cf. *uarlet, marle, merler, derver, murjoe*); da *s* vor einem Consonanten zur damaligen Zeit stumm war, so müsste diese Wandlung in eine frühere Zeit hinaufreichen.

N findet sich häufig eingeschoben und zwar in zwei auch sonst im Pikard. bekannten Fällen. Einmal vor

---

*) Bei *rl* freilich ist noch eine zweite Erklärung möglich, nemlich Assimilirung zu *ll* (und dieses pikard. = *l*), wie solche die Schreibung *paller* Ren. Mont. 147, 13. *melles* R. Rose I, 22. *pelle* daselbst 308. (vergl. *pesle* II, 93) andeuten.

allem beim Zeitwort *ueoir* in den Formen: *uenrai* 7406. *uenra* 6313. *uenrons* 3978. *uint* 1176. *uinrent* 1212. 2024. 3988. 5276. 7784. 9677. 9754. (Dagegen fällt es bei *uenir*, vergl. *reuera* 11067. *uirent* 5102; vielleicht *nr = rr*, wie *uerront* 2244. und dieses nach pikard. Art einfach.) Dann (und dies ist wohl nur lat. Reminiscenz) eben so häufig *prins* 479. *prinst* 884. *prinsent* 449. *prins* 336. *prinse* 250. — Der Reim kennt keinen von beiden Fällen, vergl. 250. 2024.

Eine noch grössere Ausdehnung (nicht bloss pikard., sondern auch burgund.) nimmt die Einschiebung des *n* vor *s* + Cons., wobei *s* auch wegfallen kann (s. Jahrbuch XIII, 81, *; das. 305 zu 162); *ensient* 4518. 8235. *ensoignes* 10898. *ensoniier* 11920. *entuise* 6674. *enforciement* 6882 (vielleicht auch 8213 *enprises* statt *esprises* in übertragenem Sinne). Scheler sieht darin eine Verwechslung der Vorwörter *es* und *en* (Gloss. Froissart s. v. *enscient*). Diese Ansicht ist unhaltbar, wenn man Fälle, in denen *s* bleibt oder überhaupt keine Präposition stehen kann, in Betracht zieht, so *ensemple* Brand. 82. *enstuet* Auberi 253, 8. Cour. Ren. 45. *ensaucier* Perciv. 15827. Ren. Nouv. 7700. *ensaier* (cf. spanisch), *ensraigiéz* Jourd. Bl. 525. 384. *enrachant* Mon. Guill. p. 54. *ensement* u. s. f. Wir sehen darin eine blosse Einschiebung des *n*, wie sie auch vor anderen Conss., bes. vor Gutturalen, vor sich geht, *encre*, *encrement* (von *acrem*), *ingal*, *engres*, *engresté*, *haingre*, *englise* Nouv. franç. XIII, 39. 40. *singler*, *engroter* (Rou 4294), *englentier*, *cimentire*, *encheison*, *roncin*, *renprouier*, *renprochier*, *renfuser*, *s'enbuncher* (statt *enbuschier* in Ren. Mont.), *ningremance* u. s. f. — Ausfall von *n* in *aisnés* 7055.

Statt *ñ* steht *n* in *deschaine* 1461 und umgekehrt *digner* 1887 (rein orthographisch).

Beachte die auch sonst bekannte Schreibung *semoig* 1523. *besoig* 3012. *maigtienent* 9608.

Wichtig ist das Schwanken zwischen *ñ* und *ng̃*. Littré unter *mensonge* erwähnt bereits die zwei Formen *mencoigne* und *menconge*, irrt aber, indem er darin Anbildung an zwei verschiedene Suffixe (-*undia* und -*umnia*) sehen will. Auch dieser Vorgang ist rein lautlich und mit dem bekannten italienischen (*giungere* und *giugnere*) durchaus identisch. Lautlich sind beide Formen richtig, *ni* + *a* gibt entweder *ñe* oder, wenn *i* consonantirt, *nje*, *nǧe*. Es ist eine Eigenthümlichkeit des pikard. Dialektes, dass er in solchen Fällen die Endung *gne (ñe)* vorzieht; s. Jahrb. XIII, 198. Der Schreibung nach kann man freilich zweifeln, da eine Schreibung wie *ng* ebensogut zur Bezeichnung der einen wie der andern Aussprache verwandt werden kann. Dagegen ist *ngn* = *ñ* sicher und findet sich oft. Unser Text hat meist -*gne*, aber auch *alongement* 5047. *alonge* 7621. *entreslongent* 7618.

Der Aumale-Codex, der von einem Pikarden geschrieben ist, hat denn auch meistens (z. B. im Lanselot v. Jehan) *soignies* 2548 (statt *songies*), *sognier* 7480 u. s. f., und auch nach einem andern Vocale *ligne* (statt *linge*) 2298. 2306., *estraigne* (statt *estrange*), das sich in pik. Texten (vgl. Ham 231. Gaydon 59., Parthen. 2833 *laigne (lange)*, Durmart) oft genug findet, wie denn auch im Nfrz. Spuren davon vorhanden sind; man vgl. *éloigner*, *élonger* und *alonger*, *étrange* und *montagne* u. s. f.

T zu Media *garandir* 686. *s'entreconderent* 12059 (auffällig); dagegen *perde* 1040 (neben *perte* 1020) durchaus regelm., wie *ate (aptus)* neben *malade, chetel, chataigne* neben *chadaigne, chadeler*, sogar *chaeler, cadeau (capitellum), coude* neben *coute, keute, sotement* neben *sodement, soudain, uende* neben *uente, aidier, plaidier, reuisder*, daher *t*, wenn gewisse Consonanten vorausgehen, *d* werden kann. Vgl. Cornu in Rom. III, 377.

S vor einem Consonanten ist stumm und wird daher in der Schrift meist vernachlässigt. Ich möchte aber aus dem Schwanken, das sogar im Nfrz. noch geblieben, und dies selbst in volksthümlichen Wörtern *espérer, chaste, triste, juste* (beide volksthümlich trotz des erhaltenen *i* und *u*, da diese Vocale lang sind) u. s. f., schliessen, dass, wenn auch das Verstummen des *s* vor Cons. bereits im XII. Jahrh.*)

---

*) Schwierigkeiten machen die Q. L. d. R., deren Hand-

begonnen haben mag, es doch bei manchen Wörtern auch späterhin noch gesprochen worden sein muss. Der Copist unterdrückt *s* in *acemer* 2667. *s'ejoi* 866. (?) 1862. *duc'al* 897. *desites* 1624. *deschaint* 2214. *soupecon* 2927. *epee* 4705. *demesure* 3051. *pamison* 3058. *hideus* 3824. 6150. *connoit* 5471. *kacuns* 5573 u. s. f., während an andern Stellen dieselben Wörter mit *s* geschrieben werden. Bekannt ist das Fehlen des *s* in der Verbindung *laissieme* 11396 (d. h. *laissies me*).

Ein anderer Beweis für das Verstummen des *s* sind die Fälle, in denen ein *s* fälschlich eingeschoben wird, so z. B. *oismes* 7204. *deust* 7219. *mameleste* 12219. *coste* 887. *palesfroi* 1121. *desfendre* sehr oft, *souspé* 1220.

---

schrift selbst ungefähr um die Mitte des XII. Jahrhunderts geschrieben ist. Dieser Text unterdrückt einigemal bereits **s** (vor einem Consonanten), an dessen Stelle sich meist ein *d* zeigt. Es wäre daher das Verstummen des *s* beinahe gleichzeitig mit dem Ausfall eines aus *t* entstandenen *d* (cf. *uedel* 21 neben *ueel* das.). So finden wir z. B. *podnée* 6. *adnes* 29. 32. *chaidne* 32. 187. *rampodner* 317. *didne* 318. *uadlez* 65. 83. *madles* 132. *medlerent* 341, also ausnahmslos nur vor *n* und *l*. Sonst steht noch *rodne* 57, das ich sonst nirgends getroffen (etwa *rhodinus*, roth? es steht neben *gras* und umschreibt lat. *pinguissimus*), und *throdnes* 129., was mit der bekannten Schreibung *trosne* zusammenzuhalten ist. Dass dieses *d* nicht vielleicht bloss orthographisch, sondern wirklich gesprochen worden, beweist englisches *meddle*. (Dies gegen Diez Gr. I[3], 456.) Es ist wohl auf die Weise zu erklären, dass nach bekannter Art zwischen *s* und *l* oder *n* ein *d* eingeschoben ward, worauf von der Gruppe *sdl* oder *sdn* nur *s* abfallen konnte. Der Oxf. Psalter (XII. Jhd.) hat bereits *meller, bruller, ille* (Insel) u. s. f. Wenn also das Verstummen des *s* vor *l* und *n* im Norm. begonnen, so ward es dagegen in anderen Verbindungen durchaus noch eine Zeit lang gesprochen. Nur noch vor *m* schwankt der Gebrauch, vgl. Q. L. d. R. *bonime* 119. 300. *maimement* 83. 276. 363, dagegen doch *sisme* 306. *blesmer* 289. (171) u. s. f. Ebenso *meeme* im Ps. Cambr., dagegen hat Ps. Oxf. (der älter ist) immer *medesme, meesme, meisme, pruesme* u. s. f. Aus dem Ganzen folgt daher, dass *s* zuerst vor *l*, *n*, vielleicht auch *m* verstummte (erste Hälfte des XII. Jahrh.s), bis dieser Vorgang im Verlaufe der 2. Hälfte dieses Jahrhunderts sich auch auf *s* + Muta ausdehnte und immer allgemeiner wurde.

mestre 1545. *couste* 2108. *sest* 3648. 7495. *fausdestuef* 5443. 5451. (auch sonst häufig).

Von dem Verstummen des *s* am Ende der Wörter war bereits die Rede.

t + s = z ist dem pikard. Dialekt durchaus fremd; derselbe kennt nur *s*. Die grosse Mehrzahl der Reime zeigt, dass der Verfasser *z* und *s* geschieden hat. Doch finden sich manche Ausnahmen, so 1161. 1189. 1356. 2715. 2859. 2922. 3106. 3255. 3283. u. s. f.

Die Schreibung des *s* mit *c*, die dem Osten eigenthümlich ist, tritt auch in unserm Texte zerstreut auf: *ciele* 8766. *cil (s'il)* 10667. *ce* 11427. und umgekehrt *se (ce)* 5318. *ses (c'est)* 9257. *puissedi* 11811. (Spuren davon in nfrz. Schreibung in *sangle* u. s. f.)

Was nun die beiden pikard. Haupteigenthümlichkeiten, *ch* statt *c* und *k* statt *ch* (in *ca*), anbetrifft, so gibt es keine einzige pikard. Handschrift, die hierin consequent verfahren wäre; s. Tobler l. c. XX f. Vergl. *ch'est* 12. *commencha* 146. *chou* 157. 526. *chaiens* 521 neben *ce* 21. *caiens* 593. *face* 621. *cite* 601 u. s. f. Für *c + a* steht sowohl pikard. *k* (*blanke* 1093. *esmouske* 8146 u. s. f.), als blosses *c* (guttural: *cloce* 643. *cief* 145. *encargie* 212. *caut* 569 u. s. f.), als auch franz. *ch* (*blanche* 395. *touche* 695. *chiers* 16. *chief* 187 u. s. f.). Pik. und frz. Schreibung findet sich in *cherchier* 8666. Dass Zwitterreime (d. h. pikard. *ch* mit franz. *ch* und umgekehrt) vorkommen, ist längst bekannt und längst besprochen. Man darf also an *blanche : demourance* 2657. *place : esrace* 681 u. a. keinen Anstoss nehmen.

k mit *q* geschrieben in *requeilli* (sehr oft), *quit (cogito)* 3984. *quic* 5986. und umgekehrt *cu = qu* in *cuises* 5545. Zu beachten ist auch die Schreibung *ch* statt gutturalem *c;* so in *chouces* 8839. *choucierent* 8606. *choucie* 2648., s. Anm. zu 2648.

Zu beachten ist die Verhärtung der gutturalen Media in *karir* 2301.

Dunkel ist die Schreibung *gh*, da sie einmal *ğ* (*gheline* 3601. 3763. vgl. *sieghe* Ph. Mousket 20366. *vengha* das. 20389), dann wieder die Gutturalis zu bezeichnen scheint (*ghille* 10938. *ghillere* 11818. *orghiex* 4119). Wie beschaffen ist aber das *g* in der pikard. Form *gline*? —

Eine andere Eigenthümlichkeit besteht endlich darin, dass, wo der franz. Dialekt Cons. + *ica* (*i(e)* + *a*) in *ğ* verwandelt, der pikard. und andere ein *ch* haben. So *esracier* 7423. *berchier* 7924 u. s. f.; sonst: *juchier (judicare)* Lanselot Jehan 1553. 4897. 4898. 4900. *uenchier* Martin 28. *berchier* Marie de France II, 154, 18. in Veng. Rag. und Desc. sehr häufig, wie überhaupt im Aumale-Codex; *granche* R. Rose II, 223. *nage (natica)* Ren. 1249. neben *nache*, *esragier* neben *esrachier*, *manche* neben *mange* (Stiel) L. Yzopet 2856 und oft, *message* und *mesache* Par. Duchesse 86. *dimenche* neben *diemenge* u. s. f. Anders *encarchames* 6588. *encarchié* 3953. *decachier* 10593. *descharce* 9531. *charchier* R. Rose II, 105. Der ganze Vorgang ist im Franz. selbst nicht klar, da dieselben Elemente in dem einen Worte *ğ*, im andern *ch* geben *(venger* neben *revancher, pencher, juger, clocher)**). Auch Ascoli's Erklärungsversuch (Saggi ladini S. 77 f.) hilft nicht über diese Klippe. Wie schwankend die Sprache in ihrer Wahl zwischen *ğ* und *ch* gewesen sein mag, sieht man recht deutlich aus den Schreibungen *sagies* (statt *sachies*) 5008. *mengoinge* 5344 (*g* statt *ch*), *blegies* (geändert vom Schreiber) 8779.

Ueber die Labialen ist wenig zu sagen. Lat. *v* verhärtet sich im Anlaut zur Media in *berrue* 4288. Derselbe Laut kann vor einem Consonanten *(r)* ausfallen, so *ara, saroie* (statt *avra, savroie*) u. s. w.

Die Einschiebung des *b* und *d* zwischen die bekannten Consonanten ist manchmal unterlassen, so *ensanle* 678. *sanles* 3785. 4485. *humlement* 8064. *remanra* 3908. *tenre* (zart) 7489. *tenrés* 9459 (der Reim *perdrés* spricht für *d*), *vaura (voloir)* 1037. 2355 u. s. f.

---

*) Nicht *prêcher*, wo *ch* nicht aus lat. *dic* entsteht, wie altfrz. *preechier* zeigt, sondern einfaches *c* + *a* = *che*. Ebenso ist *c* allein im Spiel in der Gruppe *LC* und *RC*, vgl. *carricare*, das entweder *carcar*, pik. *querquier* oder *cargar*, franz. *chargier* gibt.

Declination. Das Verstummen der Endconsonanten (s. oben), resp. des End-*s* musste auf die Declination zerstörend einwirken, wie denn der Copist sie manchmal vernachlässigt. Die Reime selbst schützen dieselbe. — Der männliche Artikel im Accusativ ist *le*, einmal das alterthümliche *lo* 6910. Der weibliche Artikel hat neben *la* oft die pikard. Form *le*, 390. 537. 1094. 1111. 1297. 2708. 3014. 4763. 5071. u. s. f. Die in pikard. Texten nachweisbare Verbindung *del* (statt *de le*, *de la*) findet sich in Vers 6746; doch ist die Zeile von späterer Hand eingetragen, und es ist wegen des bloss einmaligen Vorkommens wohl besser *de* zu lesen. Im Neutrum steht oft *s*, so *voirs* 1304. 4481. u. s. f., im Reime *noiens* *1414. *1976. *2031., *drois* *1161. und öfter, die beide als Substantiva zu fassen sind.

Die Reime sprechen ohne Ausnahme für *tuit* 138. 613. 1425. 2618. 3241. u. s. f. Auch in der Mitte der Zeile steht es einigemal, so 1565. 2371. 9941. 11709. 11739., doch sonst *tout*. Die Masculina mit wandelndem Accent haben bald *s*, bald keines, die Reime sprechen mehr für letzteres; *sire* 776. 835. 1180. 1272. 1339. u. s. f., *ghillere* 11818., und nur einmal *sires* 3333. Dagegen in der Mitte der Zeile (gesichert durch folgenden Vocal, wodurch im anderweitigen Falle Hiatus entstünde) *trechieres* 6839. *sires* 7030. *miudres* 5543. gegen *sire* 6210. 7017. 8604. Ebenso dem Lateinischen entsprechend *pere* 6209. 6235. *maistre* *11840. *nostre* 835. gegen *peres* 7437. *freres* 2505. u. s. f. Die Feminina der 3. Declination, die auf einen Consonanten oder ein *e* ausgehen (also in Bezug auf den Auslaut den Masculinis gleichen), haben durch die Reime *s* gesichert: *raisons* 959. 3326. 3367. 11633. *nuis* 12039. *flors* 12178. *bontés* 10636. *pitiés* 10569. 10780. Diesen wird *rien* angeglichen, daher *riens* *11985, doch auch *rien* *3484. *11231. (*riens* auch sonst indeclinabel). Eine Ausnahme macht *suer* *6813. *11805. Neben dem regelm. Accus. *seror* findet sich auch *suer* 6837. Für die Adjectiva derselben Declination zeigt der Reim *ygaus* 5777. *uaillans* 2859. *gries* 8360. u. s. f. neben *samblant* 6561.

und *grande* 4411. — Der Nominativ Singularis *merueilles* 4997 kann nur fehlerhaft sein.

Pronomen personale. Die Reime kennen nicht die pikard. Formen *mi, ti, si;* vergl. *moi* 235. 366. 569. 584. 606. 957 u. s. f. *soi* *2807. Der Copist schreibt *lui* und *li* unbedenklich für Masculinum und Femininum; dagegen scheiden die Reime streng nach der bekannten Regel, *lui* (Mascul.) 436. 683. 1225. 2065. 2079. immer; *li* (Fem). 1096. 1166. 4424 immer. Ebenso schwankt der Copist beim Relat. zwischen *qui* und *cui*.

Das Pron. poss. zeigt in der Mitte der Zeile pikard. Formen: *men (meum)* 476. 1756. 5033. *me (ma)* 4440. *se* 6234. und auffällig *men* (falsch statt *me, ma*) 3223. *sen (= se, sa)* 9805, jedesmal vor Consonanten. Desgleichen findet sich *uo* 4729. 10066. 11635. *Lor* hat bereits meistens das analogische Plural-*s; lors* 831. 2463. 4318. 4667. 4692. 3. 5584 u. s. f.

Das absolute Possessiv-Pronomen lautet *moie, soie, soe, seue, siue, sieue*. Die Reime sichern *moie* *3836. *7210. *soie* *7823; zwischen *soe* und *seue* bringen sie keine Entscheidung (*910. *1372. *1644), da jedesmal sowohl *o* als *eu* stehen kann. Die pikard. Formen *siue, sieue* werden vom Reim ausgeschlossen. Beim Pron. Demonstr. hat, wie schon oben bemerkt, die Verstummung der Endconsonanten Formen wie *cis, ci* (statt *cist*), *ces, ce* (statt *cest*) hervorgebracht. Der Reim sichert *cist* *8326. Irrthümlich hatte ich im Anfang die Nom. Form. *cis* (auf den nahen Gegenstand hinweisend) d. h. *cists, ciz*, pik. *cis* in *cil* geändert; die Anmerkungen sagen das Richtige.

Verbum. Der pikard. Infinitiv *keir* 7678. ist durch Reim gesichert. — *Estre.* 1. Ps. Praes. *sui*, einmal *suis* 3738. — Imperf. und Futur werden unterschiedslos mit *ie* und *e* geschrieben; der Reim gibt dem Futur immer *ie;* beim Impf. *iert* *1056. *1397. aber *èrent* *2295.

Präsens. Alle Reime bis auf einen (*otroie* *10032) sichern die 1. Pers. regelmässig ohne *e*, so *otroi* 1458. 1539. *os* 5976. *aport* 6207. *desfi* 6266. *creant* 6661. u. s. f. In der Mitte der Zeile *pense* 3413. *ainme* 5001. (+ 1).

Einmal mit *s* in *creans* *7643., ausser dem Reim *doins* 7048. *pardoins* 10825., aber *pardoing* *7047. u. s. f. Der Copist hat oft das pik. *c* statt der ausl. Dentalis, so *commanc* 9049. (Reim dagegen), *cuic* 4408. *quic* 2902. *demanc* 3783. *douc* 3067., auch bei Verbis der 3. Conjug. *mec* 6064 (Baud. Condet 21, 174), *entenc* 4356. 3. Singul. von *laissier* lautet einigemal unregelmässig *laist* (oft belegte Form), der Reim 7078 sichert *lait*. 1. Person Pluralis -*ommes* in der Mitte der Zeile 8116. 9593; die Reime *dirommes* 2073. *mandommes* 3187. *auommes* 9453. 7574. *remanrommes* 10623. (jedesmal: *sommes*) lassen sich ebenso für *sons* anführen; vgl. 959. 3326., welche Reime die Endung -*ons* sichern.

Conjunctiv. Pikard. Formen durch Reim gesichert sind *siece* 388. 10132.; *mecent* 11253 reimt mit sich selbst; in der Mitte der Zeile *refierce* 10695. *kiece* 5805. — Auffällig ist *uoie* *5140. Der Sinn verlangt statt dieses Conjunctivs von *ueoir* vielmehr *uoise*, das nimmer *uoie* lauten kann; daher ein ungenauer Reim anzunehmen ist.

Futurum. *enuoierai* 1831 (+ 1), 1701. *asaieront* 1307. *assaieroie* 1365. *demandera* 9731 (+ 1), *entrerai* 10434. *durra* u. s. f. Während die Erhaltung eines *e* vor dem Infinitiv-*r* bei den Verbis der 1. Conjugation zulässig ist (*ā* in der dem Ton vorangehenden Silbe drei- und mehrsilbiger Wörter erhält sich als *e* oder fällt), so ist dagegen dessen Unterdrückung bei Verbis der 3. Conjugation Regel (*ĕ* vor dem Ton drei- und mehrsilbiger Wörter fällt), also *perdrai, atendrai*. Das Pikard. liebt gleichwohl auch in diesem Falle *erai*, daher die vielen Formen des Copisten *atenderai* 1492. 3947. *enprenderai* 1755. *prenderies* 2199. *conbateroie* 2978 (hier muss *ie* bleiben und das tonlose *e* gestrichen werden), wo die Zeile stets eine überzählige Silbe hat. Doch steht auch *meteront* 1308. *metera* 1335. Da *ē* vor dem Tone fallen oder bleiben kann, so wäre z. B. *auerai* neben *aurai* richtig; doch haben die Verba der lat. 2. Conjugation im Franz. stets die Formen ohne *e*, als Anbildung an die Verba der 3. Conjugation. Das Pikardische hier wieder *auerai* 1004. *saueres* 1077. *mouuerai* 1840. *aueroie* 2981., dann verschriebenes *saueroie* 9041, jedesmal mit + 1; daneben wieder *saroie* 1733. *saroit* 1067. u. s. f., s. oben. Dazu *souffreroie* 10673. — Durch Reim gesichert *uaudrois* *629. *porois* *10675. — 1. Pers. Plur. auf -*ommes* s. oben. — 1. Pers. Plur. des Imperf. und Conditionals lautet neben *ions* pikard. *iemes* (2 silbig): *auriemes* 8279. 9455. *aliemes* 9589. *poriemes* 7351., dann *imes* in *estimes*, *connissimes* 10731. 2. und endlich *iens* in *mouuiens* 1871.

Conj. Plusquampf. der 1. Conjugation hat neben der regelmässigen Form *a* durch Analogie der andern Conjugationen auch *i*, selbstverständlich nur in der unbetonten Silbe (*enuoi-issies* 2544. *copisies* 2876. *outrissies* 2877., s. Anm. zu 857., Beispiele für denselben Vorgang in der betonten Silbe sind sehr selten, finden sich aber doch). Der Vorgang findet sich bereits im Oxford. Rol. und in den Q. L. d. R. — Analog damit ist die pikard. Bildung desselben Modus der halbstarken Verba, nämlich *eu-isse* statt *e-usse*, durch Reim gesichert *peuist* 690. 3425. 4329. (doch könnte die Annahme gestattet sein, dass *e-uisse* (Diphthong *ui*) gesprochen würde, das dann mit *i* leicht reimen kann; dagegen sprechen Formen mit eingeschobenem hiatustilgenden *w*, so *euwisse* u. s. f.). Dagegen *peust* *2459. *7005. u. oft, *seust* *3497. *geust* *7081. u. s. f., jedesmal im Reime mit *fust* (das aber auch *peuist* : *fuist* (einsilbig) gelesen werden könnte). Eine rein nach pikard. Princip unorganisch gebildete schwache Form existirt in *fusist* H. Capet 134. Auch das Normannische hat die Form schwach gemacht; vergl. das bekannte *fe-ust* u. s. f.

Das Perfect der halbstarken Verba zeigt in den stammbetonten Personen oft *eu*, so *deui* 5704. *peut (pauit)* 3554. *seut* 7961 (*sapuit* neben *sot* *9506. *soit* 4373), *deut* 3458. *deurent* 4908. (Reim dagegen), *seurent* 9793.

3. Pers. Plural. starker Verba: *traisent* 4676., Conjunctiv: *quisisse* 4076. 5508. *prisisse* 4346. (neben e) u. s. f.

Eine Bemerkung sei zum Schlusse noch dem Zeitwort *desconfire* gewidmet. Die Infinitiv-Endung der Verba ist

EINLEITUNG. LIX

im Ganzen regelmässig gebildet; *are, ére* und *ire* müssen, da auslautendes *e* spurlos fällt, *ér, oir* und *ir* *) geben; bei den Verbis der 3. geht der Endung *ére* meist ein Consonant voraus, der, mag er auch später gefallen sein oder einen Vocal zurückgelassen haben, doch mit *r* doppelte Consonanz macht, und so ein stummes *e* zur Stütze heranzieht; also *prendre, faire, clore*. Diese Endung *re* wurde dann typisch für die 3. Conjugation **) und demgemäss auch mit Verletzung der Auslautsgesetze angewendet in *destruere = destruire, trahere = traire*, das regelmässig wie *aerem = air* unbedingt *trair* haben müsste. Diesen zwei ist nicht etwa *raire* aus *ra[d]ere* beizufügen; ich wenigstens kenne im Altfrz. ein Zeitwort *raire* und sein Praesens *rai, rais, rait* (welche Formen alle in Diez Gr. II³, 247 stehen) ebensowenig als ich mir zwei davon *(raire* und *rai)* erklären könnte. Die richtigen und oft durch Reime belegten Formen sind *rére, (ré?), rés, rét (rais* und *rait* wären nach Analogie von *uais, uait,* das überhaupt ***) Schwierigkeiten macht, allenfalls zu erklären), daher der Infinitiv *rére* aus *redre (radre)* wie *pére* aus *pedre, patrem*. Die einzige Ausnahme macht *dicere* in den zwei Compositen *beneïr* (neben regelm. *beneïstre)* und

---

*) Den Lautregeln gemäss wurde seiner Endung wegen lat. *ire* (gehen) zur 4. Conjugation geschlagen, vgl. *transir, issir*.

**) Diese Endung ist daher ein sicheres Mittel, den Ursprung eines Zeitwortes der Conjugation nach zu bestimmen. Scheler irrt daher, wenn er in seinem Dictionnaire *cueillir* von *colligere, collig're* erklärt; dies könnte nur *colloire, collire* geben, ebensowenig kommt *fuïr* von *fugere, fug're*, da dieses *fuire* (zweisilbig) gibt und genügend belegt ist. (Der durch Reim gesicherte Infinitiv *acueudre* Renart 8534 kommt natürlich von *cólligere, cólgre*, wie *coudre* von *cónsuere*.) Littré erklärt richtig aus *colligĕre, fugĕre*.

***) *uadis, uadit = uais, uait,* aber *sapis, sapit = sés, sét; uais* (1. Pers.) lässt sich viell. nach Analogie von *ruis, pruis, truis, sui* u. s. f. erklären aus *vad + i +* unorg. *s*. Aber *uois, uoise* u. s. f. neben prov. *uau, uaza!* An den Einfluss einer *oi* und *ai* zusammenwerfenden Aussprache ist nicht zu denken, da bereits alte Texte, die derselben vollkommen ferne stehen, *uois* haben. Und warum *ua* aus *vadit*, und nicht *uét?*

maleïr, deren Infinitive der 4. Conjugation angebildet sind. Aus dem Gesagten erhellt, dass *conficere*, das der Regel der sogenannten Decomposition *(des-faire)* nicht folgt, sondern unmittelbar aus dem Lat. ins Franz. überging, im Infinitiv *confire* geben muss, wie *dicere = dire*, *despicere = despire*, und sowohl diese Form als auch das Compositum *desconfire* (*9362) sind bekannt genug. Auch hier hat durch Analogie der vierten Conjugation sich eine Form *confir* (ohne *e*), *desconfir* gebildet, durch Reim gesichert Ph. Mousket 10596. Aliscans 31., wozu 3. Person *desconfi* (*9340 unseres Textes gegen *desconfist* *9835), Ph. Mousket *3155 und oft, dazu ein Part. Passivi *desconfi* Ph. Mousket *4039. Berte *2589. Enf. Ogier *6136. (Scheler begnügt sich hier mit *irrégulier*, dort mit *à cause de rime;* doch verweist er auf *confir*), *desconfïe* (Femininum) Alisc. *14. Baud. Seb. *1, 396. Ebenso ist zu erklären *cloufir* Alisc. *30. Dagegen ist *fer* (statt *faire*, *fere* Meraugis 102, 24 als eine unregelmässige Form mit abgestossenem *e* zu betrachten.

Was endlich die Reime betrifft, so sind dieselben sehr genau. Als unreine wären folgende zu bezeichnen (doch ist meistens Verderbnis anzunehmen): 2537. *iert* und *chevaliers* (durch Umstellung *iert mestiers* zu bessern), 4135. *fierent : tienent*, 4641. *corné : laissié* (verdorben; vielleicht *coitié* zu lesen), 4815. *uit : dist* (es ist *dit* zu lesen. Pikard. lautet Praesens *dist* und Perf. *dit*), 5199. *uolentiers : passés* (verdorben; vielleicht *entiers*), 6329. *cheual : poitrail* (es ist *poitral* zu lesen), 9209. *mengié : dreciés* (verdorben), 9871. *refroidier : lachié* (verdorben, viell. *aloit (hastoit) luchier*), 11625. *atendre : amende;* verdorben sind noch *saroie : uie* 1734. (viell. *ke uis soie*), *paine* (viell. *mon seruise*) *: guise* 6257, *ix : ris* 11801 (s. Anm.), *ouurées : detrenchies* 11875. verdorben wie *uoloir : endroit* (*uoloir* ist dem Sinne nach richtig) 12077.

Nachtrag für den Text. 533. *Iouene*, — 594. *ose*, — 1219. *roi*, — 1480. *entiers*, — 1530. *d'omme*, — 1933. 4865. erstes *ci = cist* — 2822. *s'esmerueilla*, — 3701. *ostel* — 4317. *beles*, — 5065. bessere *dieu* — 5293. vielleicht *s'aresta* zu bessern. —

6115 f. ist sicher so herzustellen: *En tel maniere a cort remaint Briens et* ... — 6466. vielleicht *en .II. sem.* — 6468. vielleicht *aaisië* — 6469. vielleicht *la* in *sans* zu ändern. — 6473. tilge Anführungszeichen vor *Sire* — 8132. *noise;* — 8731. *me* (auf den Verfasser zu beziehen) konnte bleiben. — 9075. *est* in *et* zu ändern. — 9447. vielleicht besser Singular: *seigneur* „Anführer". — 10027. *Iront,* — 10553. *uirent.* — 11112. vielleicht *souuiengne,* —

Anmerkungen. 457. *gaste capele* „einsame Kapelle", vergl. Barbazan I, 190, 792 ... *a la gaste capele Qui siet au chief de la forest.* — 1896. Es scheint später auch der Nominativ üblich gewesen zu sein, s. Diez III³ 18. Vgl. Anm. zu 9314. — 2065. beachte *mout* du *sanc.* — 3259. 3540. Codex *ouure* — *grant* — 4905. *cuiure* steht noch Barb. I, 147, 357. 367, 317. — 5153. Vgl. Jahrb. XV, 260 zu 846. — 5403. *Verges* „Zweige", wie sonst *rains,* konnte bleiben. — 6114. *ne* (bekannt aus dem Provenz.) statt *en* scheint sich auch sonst zu finden, so Barb. I, 265, 703. *Que tu n'aies,* vgl. die häufige Schreibung der Handschriften *ne n'a* statt *n'en a,* z. B. 6035 unseres Textes u. oft. — 6168. 1. Sermo Sap. st. Hiob. — 6401. s. Diez III³ 159. — 6524. Was ich hier vorsichtig als Vermuthung aufgestellt, hat Tobler in dem inzw. ersch. Jahrb. XV, 256 zu 917 bestimmt aufgestellt u. mit Beisp. gestützt. — 6896. s. 5801. — S. 413. Z. 2. lies **8**975. Daselbst Z. 17. lies 9075. — 9432. s. *amener* im Wortverz. und Jahrb. XIII, 305. meine Bemerkung zu 167. — 9856. statt dessen zu lesen 9854. *Cil du castel* liesse sich halten, wenn man es mit *de Sandic* 9856. verbindet. Die Verbindung wäre unschön, kommt aber vor, vgl. 9994/5. — 11350. Mit *ni* vgl. Tobler, Mitth. *desni* neben *desnoi, renoi.* — 11920. Ein *ensoignier* (dreisilbig) findet sich wirklich, ist aber von *ensoinoier, ensoini-ier* auseinanderzuhalten. Dieses kommt von *essoine,* pik. *ensoine + icare,* jenes Compositum von *en* und *soignier* (von *soin*) und ist Synonym mit *enbesoignier.* Es findet sich Melusine 2340 (herzustellen), Faiel 5532. Jongl. 117. — 11130. Auf diese Fragen gibt Antwort W. Thomsen in Rom. V, 64 ff. — Zu lesen: sieh 1050. 5062. 11369. 11562. 12163.

Wortverzeichnis. Nachzutragen ist *ententement* Adv. 8311. fehlt in Glossaren, s. Faiel 7452. — *eslacier* 6331. — *honi,* vgl. Gachet *onni.* — *iehui* s. XLVI u. Martin zu Bes. 3156. — *o (ot)* steht Ben. Chron. 14863. — *orement* 1404. s. m. „Gebet", fehlt in Glossaren, Marie de France I, 560, 244. II, 140, 3 (hier „Wunsch"). — *rengëure* s. f. 1111.

Aus den bisherigen sprachlichen Bemerkungen erhellt also, dass der Copist ein Pikarde gewesen und dass von der grossen Masse pikard. Eigenthümlichkeiten dem Verfasser einzig und allein folgende und diese ganz vereinzelt zur Last fallen: *keïr* (einmal), *siece* (zweimal) und *ie* (statt *iée*) dreimal.

Wenn den Reimen unter allen Umständen zu trauen wäre, müsste man also annehmen, ein Pikarde habe den Roman französisch (um einen grösseren Lesekreis zu gewinnen) geschrieben (wobei die Verwunderung erlaubt wäre, dass er sich immer so beherrscht und seinem Dialekt so wenig gefolgt sei) oder etwas ähnliches. Wer aber einen und denselben Text nach mehreren, in verschiedenen Dialecten verfassten Handschriften gelesen hat, weiss, dass den Reimen zwar zu trauen ist, aber nur in einem kritisch nach mehreren, verschiedenen Familien angehörigen Handschriften hergestellten Text. Denn die Copisten scheuten sich ebensowenig, anstössig scheinende Reime auszumerzen und mit eigenen zu ersetzen, als sie frisch drauf los interpolirten. Da von unserem Text eine einzige Handschrift bekannt, so entgeht uns dieses Kriterium, wir werden aber bei der Ausdehnung des Textes (6176 Reime) auf sechs Reime kein entscheidendes Gewicht legen können und dürfen den Verfasser wohl für einen **Franzosen** halten, der allenfalls aus einem an die Pikardie grenzenden Landstrich stammen mochte.

Die **Abfassungszeit** dürfte vor die Mitte des XIII. Jahrhunderts zu setzen sein, da die Sprache des Verfassers älter ist, als die des Copisten (Wende des XIII. und XIV. Jahrhunderts), wie oben nachgewiesen worden. Damit stimmt die Reinheit der Reime, sowie der Umstand, dass der Verfasser sich gänzlich von allen **Wortspielen** und **Allegorien** fernhält.

Die **Erzählung** ist ziemlich einheitlich angelegt und trotz der Menge der Episoden verliert man doch die Hauptidee, die Suche nach dem Ritter mit den zwei Schwertern selten aus den Augen. Die Sprache ist ziemlich fliessend, leicht von einem Vers in den andern mit Vorliebe hinübergleitend, so dass ein Satzabsatz sehr oft anstatt an das Ende einer Zeile nach dem ersten oder zweiten Worte der folgenden Zeile fällt. Woher der Verfasser seinen Stoff genommen, lässt sich nicht angeben; wohl kann man für viele Episoden auf seine Vorbilder hinweisen. Auf Christian von Troje führt die Rettung des Fräuleins von dem „Hafenschloss" aus der Gefahr, dass Gernemant sie seinen Knechten ausliefern will (Ywain), die Pfähle, auf welchen sein Kopf gesteckt wird, auf Erec, die Entsetzung Tigans durch combinirte Ausfälle aus zwei benachbarten Festen auf Durmart (neben gesagt, die einzige Spur, die ich bisher von diesem Abenteuerroman irgendwo gefunden zu haben glaube), das Ausleihen Gauwains, um durch ihn einen Streit ausfechten zu lassen, auf Jehans Lanselot, der Krieg des „Rothen vom gefährlichen Thal" und seine Belagerung in Dysnadaron auf Cliges (Engres in Guinesors 1235 ff.), doch ist gerade bei dem letzten die Aehnlichkeit nicht besonders auffällig. Auf die Uebereinstimmung zwischen 226 ff. unsres Textes und der betreffenden Stelle Gottfried von Monmouths weist die betreffende Anmerkung hin. Ein auffallendes Zusammentreffen finden wir endlich im Atre perilleus. Ganz wie in unserm Roman 2836 ff. die Königin vom „Inselreich" die Tüchtigkeit ihres Freiers dadurch erproben will, dass dieser die Blüthe der Ritterschaft besiegen soll, verlangen hier 5080 ff. zwei Fräulein von ihren Freiern dasselbe. Es stimmt sogar noch der Umstand, dass dieselben ganz wie in unserm Text (den vermeintlichen) Gauwain ohne Waffen und Rüstung treffen, daher sie ihn leicht besiegen. Wenn man bedenkt, dass das Motiv im Atre doppelt und überladen vorkommt, ferner dass durch die Tödtung eines andern Ritters an Stelle Gauwains diesem eine Niederlage erspart wird, und man endlich dazu die durch die Reime im Atre an zahlreichen Stellen belegte allgemeine Verstummung der Endconsonanten und völlig zerstörte Declination in Betracht zieht, wird man nicht im Ungewissen sein, welcher der beiden Texte nachgeahmt hat.

Der Text selbst ist sehr nachlässig überliefert und abgesehen von den Stellen, die ich wohl sicher gebessert habe, bleibt immer noch eine Zahl von Verderbnissen zurück, für die ich keine sichere Heilung wusste. Besonders zahlreich sind die Zeilen, denen eine oder mehre Silben fehlen, und die ich, so oft es ohne Schwierigkeit ging, ersetzt habe, um den Text lesbarer zu machen. Es liegt in der Natur solcher Ergänzungen, dass sie oft keinen Anspruch auf Sicherheit erheben, da ebensogut andre Flickwörter eingeschoben werden können. Die Declination habe ich geregelt, wie es die Reime riethen, daneben auch, besonders im Anfange, besonders auffällige, dialektische Formen verwischt, und die Reime stellenweise angeglichen. Derlei Inconsequenzen möge man einem Texte nachsehen, dessen Druck sich volle zwei Jahre mit mehrmaligen beträchtlichen Unterbrechungen hindurchgezogen hat. Und nachdem im Februar d. J. trotz alledem 20 Bogen bereits gedruckt waren, gerieth auf dem Wege zur Druckerei ein Theil des Manuscripts (Bog. 21 und 22) durch die Post in Verlust. Der Vermittlung Prof. Böhmers verdanke ich eine sorgfältige Abschrift dieses Stückes, die H. M. Hartmann mit liebenswürdiger Bereitwilligkeit angefertigt hat. Nach Ueberwindung dieses Hindernisses war der Text und die Anmerkungen endlich im Mai d. J. fertig gestellt, als schwere Krankheit und später wieder ein Umzug neuerdings eine lange Unterbrechung verursachten.

Zum Schlusse erfülle ich eine angenehme Pflicht, wenn ich meines wackern Verlegers, der sich um die romanische Sprachwissenschaft immer neue Verdienste erwirbt, dankend gedenke.

Bonn, im November 1876.

W. F.

LI CHEVALIERS AS .II. ESPEES.

TEnue a sans quinte de guerre
Lonc tans li rois Artus sa terre
Et ot trestous ses anemis
A son uoloir desous lui mis,
5 S'iert lies et la roine ert lie
Et la cours fu mout enuoisie,
Et li boins rois ki tant ualoit
Se pourpensa lors k'il tenroit
Court la plus bele et la grignour
10 K'il onques tenist a nul iour,
Dont de mout grans tenir soloit;
Car ch'est la riens k'il plus uoloit
Et ki plus li plaisoit a faire
Pour aloier et pour atraire
15 A lui les cuers des cheualiers.
Tant les amoit et tenoit chiers,
Ke ia nus d'els, se il peust,
D'entor lui ne se remeust.
Et rice et grant et noble estoient
20 Li don ke toute iour auoient,
Car de ce n'iert ratiers ne chices.
Pour eus honnerer estre rices
Voloit sans autre baerie.
Ainc ne fu sa mains desgarnie
25 Toutes eures de grans dons faire,

1*

Et il, li frans, li deboinaire,
Ke plus donna, et il plus ot.
Ainc sa larguece ne le pot
Apourir, bien le uous pleuis,
30 Ains le monteploia tous dis.
Tant ert preus et de grant afaire,
Ke onques riens pour honnor faire
Ne li sambla trauaus ne paine.
Li plus bas iours de la semaine,
35 Quant plus priueement estoit,
Pasques d'un autre roi sambloit.
Vn iour a les baillius mandes
Et ses clers dont il ot asses;
Et quant il deuant lui les uit,
40 Tost lor a commande et dit,
Ke par tout laissaissent sauoir
A tous ceus ki sous son pooir
Tenoient fief ne seignourie
De lui, k'il ne laissaissent mie
45 K'a Pentecouste ne uenissent
A Cardueil et se li tenissent
Compaignie. Ki n'i uenroit,
De uoir seust k'il fourferoit
Tout sans pardon et sans pitie
50 L'amour de lui et tout son fie.

Quant li iours de la feste uint,
Li baron si comme il conuint
De maint pais assamble furent,
Tout issi con faire le durent,
55 Pour tenir le roi compaignie.
Quant il ot la grant messe oie
Et la roine au grant moustier

  Et tuit li autre cheualier,
  Les dames et les damoisieles,
60 Dont il i ot asses de beles,
  Li rois reuint en ses maisons
  Et dist, quant il en fu saisons,
  Ke on fesist l'iaue donner
  Et on si fist sans demorer.
65 Lors n'i a damoisiel ne saille
  V a bacins u a touaille.
  Et li rois leue tout auant
  Et la roine au cors uaillant,
  Puis si s'asissent pres a pres
70 Au maistre dois du grant pales.
  Coronnes portent hautement
  Si comme a si haut ior apent.
  Pour la hautece et pour l'onnor
  De la fieste de cel haut ior
75 Porterent coronne .x. roi
  Ke bien tous .x. nommer uous doi.
  Premerains par grant seignourie
  S'asist li rois Loth d'Orcanie,
  Li pere mon seigneur Gauwain.
80 Li pere mon seigneur Ywain,
  Li rois Vriens, sist apres.
  Li pere Tor, li rois Ares,
  Sist apries et li rois Yders,   f. 1 c.
  Li cui sens ert et haus et clers.
85 Cil ert a cort mout uolentiers
  Auoec les autres cheualiers
  Tous iours, quant il en ert saisons.
  Puis s'asist li rois Amangons
  De Granlande, ki pere estoit,
90 Si con toute la cors sauoit,

Ma damoisiele Guinloie
Ki loiaus drue et fine amie
A mon seigneur Gauwain estoit.
Li pere ki bien le sauoit
95 L'amoit durement a son oes.
Li rois de Vanes Karadoes
S'asist en renc ki tant ert biaus,
Puis s'asist li rois Aguisiaus
Ki mout ert uaillans et courtois,
100 Si ert d'Escoce sire et rois;
Et puis li rois Bademagus,
De cui tiere n'est reuenus
Nus estranges ne ne reuient.
Et apries, si bien moi souuient,
105 Rois Estrangares seoir uint,
Ki la cite de Pelle tint.
Li rois Bruans ki en sornon
Quatre-Barbes auoit a non,
Sire de la cite perdue,
110 Apries cestui siet et meniue.

Tvit cil .x. coronnes portoient,
A la table le roi seoient,
Tout issi con ie uous deuis.
Li troi cent et sissante sis
115 Sisent a la table reonde
Fors .iij. ki erent par le monde
Por leur auentures trouuer,
Pour eus connoistre et esprouuer,
Dont mout estoit pensis li rois.
120 Mes sire Gauuains ert des trois
Et Tors et li tiers fu Gierfles.
Li mengiers estoit ia tous pres

Et Kex serui le iour as tables
Et Beduiers li connestables
125 Auoec Lucan le bouteillier,
Cil troi seruirent du mengier.
Et Kex a fait dire et sauoir f. 1ᵈ.
Ke on ne laist laiens seoir
Por mangier nului, tant soit fiers,
130 Fors seulement les cheualiers
Et les haus clers et les pucieles,
Les dames et les damoisieles;
Mais ceus i laist on tout en pais.
On a bien cel iour el palais
135 A tout le mains estre serians
Esmes a .x. mile menians.

Noblement et a grant deduit
Furent assis toutes et tuit
Et si mengierent a grant ioie.
140 Ie ne quic ke ia mais nus uoie
Ensamble tant de bele gent.
Quant Kex ot bien et belement
Du premier mes serui par tout,
Con cil ki bel le faisoit mout,
145 Li rois aual son cief broncha
Et tout maintenant commencha
A penser et mout fu ires,
Quant les dois uit si atires
Tout contreual de gent si bele,
150 K'il i ot tante damoisele,
Tante dame et tant cheualier,
Ki plus a ioie c'al mengier
Entendoient, ce li ert uis,
Et si uit les .x. rois assis

155 Ki trestuit couronnes portoient
Pour s'onnour, et o lui estoient,
Pour chou pensa il plus griement,
C'ainc mais tant de si bele gent
Ne uit a cort ke il tenist
160 K'auenture n'i auenist,
Ne onques mais n'ot cort tenue
Si grant k'il n'i fust auenue
Auenture; si pensa mout
Et laissa le mengier trestout,
165 Si s'en prisent garde li roi.
Es uous sor .i. grant palefroi
Vn cheualier grant aleure,
Ki tous estoit sans armeure,
S'iert d'une escarlate uermeille
170 Viestus ki li sist a merueille,
Cote ot et mantel bien taillie,   f. 2ª.
Trestout foure de uair flechie,
Et si i ot ourle pour uoir
D'un mout riche sebelin noir.
175 Dedens la sale pas n'entra
A cheual, ancois ariesta
Defors, s'est descendus a piet.
Vns ualles li keurt a l'estrier
Et li cheualiers li a dit
180 K'il l'atende iluec un petit
Et ke il li gart son cheual,
Puis esgarde amont et aual
Par tout et pense en son coraige,
Ke plains est de grant uasselage
185 Cil, a cui toutes ces gens sunt.
A tant esgarde contremont
Au chief de la table et si uoit

Le dois u li rois se seoit
Et la roine et s'i seoient
190 Li roi ki coronne estoient,
S'a le roi Artu conneu
Et si ne l'auoit il ueu
Ainc mais, mais il le connissoit
Pour ice ke on li faisoit,
195 Ce li estoit auis, honnor
Asses plus c'as autres grignour,
Et si sambloit estre si bien
Sire, k'il n'en doutoit de rien.

LI cheualiers s'en est entres
200 En la sale, s'est esgardes
D'uns et d'autres; et il est grans,
Biaus et apers et bien parans.
Au roi s'en uint tout droitement
Et ne laisse k'il esraument
205 Tout son mesaige ne li die.
„Rois, dist il, ne te salu mie,
Ie sui messages le roi Ris
D'Outre-Ombre." Et li rois si pensis,
Comme il estoit, l'a regarde,
210 Puis li a dit par grant fierte,
Die ke rien n'i ait laissie
Kanques on li a encargie,
Car il trestout escoutera.
Cil ki pas ne s'espaoura,
215 Quant ot que li rois li commande, f. 2ᵇ.
Dist: „Sire, li rois Ris uous mande
Con cil ki puet et uaut asses,
Ke il a ia .ix. ans passes
K'il est issus de son pais

220 Et en ces .ix. ans a conquis
Tout par force et par uasselaige
.IX. rois ki li ont fait homage,
S'a a cascun son fief creu.
D'entour lui ne se sont meu,
225 Ains le seruent o lor maisnies,
Si a a cascun escorcies
Les barbes et si en fera
Penne a .i. mantel et l'aura
S'amie a cui l'a otroie.
230 Et se li a auoec proie
Ke par desus la foureure
Face de la uostre orleure.
Et il li a tout creante
D'outre en outre sa uolente.
235 Pour ce si uous mande par moi,
Ke pour ce k'il uous tient a roi
Le plus haut et tout le meillour
Du monde apres lui, por honnour
De uous fera faire au mantel
240 De uostre barbe le tassel.
Si ueut k'encontre lui uegnies
Et ke uostre terre preignies
De lui et il le uous croistra.
V se ce non, il enterra
245 En uostre terre a si grans fais
Et a tel force ke ia mais
N'en istra deuant k'il uous ait
Desirete et a soi trait
Tout uostre regne a sa deuise,
250 Et deuant ce ke il ait prise
La roine et si l'a donnee
Celui ki li a demandee,

C'est le roi de Noronbellande.
Et par desus tout ce uous mande
255 Con cil ki uous assaut de guerre
K'il est entres en uostre terre
A tout .x. mile cheualiers
Bien eslis estre les forriers
Ki bien guerroient a deuise,   f. 2ᶜ.
260 Et si a la roine assise,
Ce sacies, de Garadigan,
Si ne s'em partira oan
Pour pooir d'omme ki soit uis
Deuant k'il ait tout le pais."

265 LI rois a oi le message,
Mout fu iries en son coraige
De ce k'il dist, et s'en ot honte
Et se merueille, de quel conte
Cil li mande tel uilonie.
270 Grant honte a por la baronnie
Ki laiens auoec lui estoit
Et li messaiges le hastoit
Mout souuent k'il li respondist
Son uoloir, et li rois li dist:
275 „Cheualiers, i'ai mout bien oi
L'outrage ke uous m'aues ci
Hui dit uoiant tout mon empire.
Bien poes uostre seignor dire
K'il s'esploit d'autre chose emprendre
280 Et k'il puet longement atendre
Ma barbe, por metre en mantel.
Et s'il a assis le castel
De Garadigan, mout m'en poise.
Dites lui ke ains k'il s'en uoise

285 Li mousterrai ie tel compaigne,
Tant confanon et tante ensaigne,
K'il ne remanra s'en lui non,
K'entre nous n'ait fiere tencon,
Si uerra quel pooir i'aurai.
290 Voir, ia mais ior lies ne serai
Deuant ce ke i'aie amendee
La grant honte k'il m'a mandee,
Le grant orguel et le grant lait."
Et cil ua monter, si s'en uait
295 Et se met mout tost a la uoie.
Nus de laiens ne le conuoie,
Ce sacies, ne ne ua apres,
Ains dient tuit ke onques mes
Ne manda nus a si haut roi
300 Si grant orguel ne tel desroi
Ne si a amender fesist.
Et li rois dist que on quesist
Tous ses ... es sans ariester,   f. 2ᵈ.
Si fesist on par tout mander,
305 La ou il a point de pooir
Ke nus hom n'osast remanoir,
Ki d'armes aidier se seust,
Ki as .xl. iours ne fust
A Carduel tous apareillies.
310 Et li senescaus tous iries
Trestout issi par tout le mande,
Comme li boins rois li commande.

IChi lairons du roi ester
Pour ce k'il nous conuient conter
315 Du messagier ki s'en repaire
Mout tost con cil ki a a faire

Et cheuauce grant aleure
Con cil ki point ne s'asseure
Et ki a garde de son cors.
320 Tant a esre k'il issi fors
D'une grant forest ki seoit
Defors Garadigain tout droit,
V l'autrier le rois Ris laissa;
Mais ore pas ne l'i trouua.
325 Adont s'est tous cois arriestes,
Si s'esmerueille, u est tornes
Li rois Ris ki auoit assise
La cite, u se il l'ot prise
Ne set il pas, s'en est pensis.
330 Lors esgarda auant son uis,
Et uit .i. moine cheuauchant
Sour .i. mul, lor ala auant
Et li demanda, s'il sauoit
Rien du roi ki assise auoit
335 Cele cite. Et il respont
Et dist k'il et li sien pris ont
La uile a force et la dame ens,
Ses cheualiers et ses manans
A li rois tous em prison mis.
340 „Et pour ce, ce sacies, amis,
Se sont il trestuit deslogie
Et en la cite herbregie.
Ie ne uous en sai el ke dire."
„Boine auenture aies, biaus sire!"
345 Dist li messages, lors s'en part
Et cheuauce tost cele part,
V la cite uit, tost i vint,   f. 3ᵃ.
Onques a nului plait ne tint
Ne nul home n'i araisonne.

350 Bien ert passee eure de nonne,
Quant au palais uint, lors descent,
Asses est ki son cheual prent,
Et il entre ens, s'est trespasses
Par sales et loges asses,
355 Toutes plaines de cheualiers.
Aprestes estoit li mangiers,
Et li rois Ris mout hautement ...
Si menguent communaument.
Li rois siet au dois, si mengue,
360 Et li messages le salue
Et dist: „Sire, diex beneie
Et uous et uostre compaignie!"
E quant li rois l'a entendu,
Isnelement a respondu:
365 „Cheualiers, fustes uous au roi?
Saues uous, s'il tenra de moi
Sa tere et me fera homage
Et fesistes uous le message
De sa barbe auoir?"   „Oïl, sire,
370 Tout outre, et si uous puis bien dire,
Si comme il le m'a fait entendre,
Longement le poes atendre,
Ancois seres mout esmaies,
Ke de sa barbe .i. poil aies
375 Ne son hommage ne sa terre,
Ains seres mout greues de guerre,
Ke il de uous ia terre tiegne.
Il ne laira ke il ne uiegne
Sour uous a ost, u k'il uous truisse.
380 Ia mais n'ert lies deuant k'il puisse
Amender ceste mespresure.
Si uous di ke mout s'asseure

De l'amender." "Il n'est pas sages,"
Dist li rois Ris, et li messages
385 Se taist et si se traist ariere.
Et li rois est de grant maniere
Iries et pense une grant piece,
K'il n'ot pas cose ki li siece.

Qve ke li rois ensi pensoit,
390 Estes uous en le sale droit
Vn nain petit a desmesure, f. 3ᵇ.
Ki uenus ert grant ambleure
De mout loing et a grant esploit
Sour une mule ki estoit
395 Plus blanche ke n'est nois negie,
En sa main tint une corgie
De soie en un baston d'yuoire,
Ki entaillies ert a trifoire,
Dont li ouuriers fu en grant painne,
400 S'ot d'une soie tainte en graine,
Vermeille si comme en este,
Cote et mantel a uert cende.
A pie descent sans plus targier,
Destourser ua et desloier
405 D'un mantel uair unes pastures,
Teus dont les enchaeneures
Sunt d'or, li aniel de cristal.
Et il en vint tout contreual
Dusqu'au roi et porte en ses mains
410 Les pastures, dont dist li nains:
"Rois, diex uous saut! cha sui uenus
A uous, si uous mande salus
La damoisiele d'Yselande,
Vostre amie, et par moi uous mande

415 Ke uous ces pastures pregnies,
Et ke uous issi li teignies
Les conuenans con uous deues
Et con creante li aues.
Car les uostres bien uous tenra,
420 Si ke de rien n'i mesprendra."

Quant li rois ot ce ke cil dist,
Sans atargance k'il fesist,
Ains ke de son pense reuiegne,
A dit: „Boine auenture auiegne
425 Ma dame et toi!" Tantost a prises
Les pastures, si les a mises
Deiouste lui au chief du dois.
Et li nains li dist: „Sire rois!
Ke li dirai ie de par uous?"
430 „A ma dame, tout a estrous
Li dites, dist il, k'en ma uie
N'oi onques de rien tel enuie,
Con d'acomplir ses uolentes
Toutes, si le me salues
435 Comme ma dame a cui ie sui."   f. 3 c.
Lors prent li nains congie a lui,
Et si s'en est partis a tant.
Et li rois trestout maintenant
Ke de lui le uit eslongie
440 A son pense recommenchie.

Quant li rois ot pense asses,
De pour piece s'est pourpenses,
S'esgarde uers la praierie
Et uers la foriest ki n'ert mie
445 Loing d'iluec, si comme il paroit,

Si a demande, se nus uoit
Ce k'il auoit esgarde tant.
Si compaignon tout maintenant
Respondent et prisent a dire:
450 „Ke est ce? dites le nous, sire!"
Et il respont tout sans arrest:
„Vees uous la cele forest
Si pries de nous et ces muraus
Par desus la forest si haus?"
455 Et il dient: „Oil uoir, sire!
Et de ce ke uoles uous dire?"
„C'est la gaste capele la,
Dist li rois, u ains nus n'ala,
Ce dist on, ki puis en uenist
460 Ne ki nouieles en desist.
Et ie m'ere auant hier partis
De m'ost, s'ert ia li iors faillis,
Nuis ert et ie armes estoie,
Si me pourpensai ke g'iroie
465 A la capiele, si m'esmui
Tous seus, s'alai tant ke la fui,
Si descendi tout maintenant
De mon cheual, s'alai auant
Dusc'a l'autel sans targier plus,
470 Si ui une image desus
De ma dame sainte Marie,
S'auoit deuant par seignourie
Vne lampe ki cler ardoit,
Hons ne feme ne le gardoit.
475 Kant l'ai ueu, s'ai tost oste
Le brant d'achier de men coste
Et si me mis a genoullons.
Quant faites oi mes orisons

Ie pris ma cote et si en fis   f. 3ᵈ.
480 Drap a l'autel, ains ke partis
Me fuisse d'iluec, lors montai
Et de la capiele eslongai,
Quant diex m'ot faite tel bonte.
Ie n'auroie a piece conte
485 Quanke il m'auint en la uoie.
A paines creus en seroie,
Se ie le uous contoie espoir;
Pour ce le met a non caloir,
Et si i auroit grant anui;
490 Mais pour ce le di que ie sui
Li plus haus rois ki soit en uie,
Si ne me desdiroie mie
Ne ainc nul iour ne me desdis.
Si di ke s'il estoit hons uis
495 Ne si hardis ne si uaillans,
V soit cheualiers u sergans,
V soit dame u soit damoisiele,
Se droit a la gaste capele
Ces riches pastures portoit,
500 Dont ie creantai ore endroit
Ke le roi Artu i metroie
Et k'en prison l'enuoieroie
A la roine d'Yselande,
Ki le ueut et ki le me mande —
505 Et ie sui cil ki le fera,
Car lores m'aseuera
Por uoir de s'amor maintenant —
Et fust tous seus par conuenant
Et de nuit uenist et alast
510 Et au reuenir m'aportast
Du drap ke desus l'autel mis,

Ke de ma cote a armer fis,
K'il n'eust, quant il reuenroit,
Ce ke il me demanderoit,
515 Quoi ke ce fust sans contredire."
„Souuent en auons oi, sire,
Parler, dient li cheualier,
Mais n'oimes du repairier
De nului nule fois parler,
520 Por ce n'i ose nus aler.
Non pourquant si a il chaiens
Cheualiers espoir teus .ix. cens,   f. 4ᵃ.
N'i a nul d'eus ki n'empresist
A faire quan c'autres fesist,
525 Onques tant fust fiers ne hardis."
„Chou est noiens, dist li rois Ris,
Certes, por ce ne l'ai dit mie,
Ke i'en eusse baerie
A nului, nus n'i oseroit
530 Aler, car folie seroit."

DEuant le roi ot en estant
Vne pucele gente et grant,
Iouene et n'ot pas .xx. ans passes,
S'ot de toutes biautes asses,
535 Ke damoisiele puet auoir,
Et ot courtoisie et sauoir
Ki auoec le biaute mout uaut.
Ele ert uiestue d'un bliaut
D'une pourpre noire fouree
540 D'or et de li meisme ouuree,
Si ert delgie et bien plaisans
A merueille, mais mout pensans
Estoit. Trop par fust biele lie,

2*

Quant ele estoit si biele irie.
545 Ploure ot, car bien ot de quoi.
Ele seruoit deuant le roi
Maugre sien, si li desplot mout,
Ele auoit mout bien pris escout
De ce ke li rois auoit dit,
550 Ke cil auroit sans contredit
Ce ke il li demanderoit,
Ki de ces pastures feroit
Ce ke il auoit deuise.
Durement a a ce pense,
555 Puis dist en bas: „Diex! ke ferai,
Quant ie ia mais ne uoi ne sai
Nule rescousse de ma tiere?
A tart mouura mais pour moi guerre
Li rois Artus, car i'ai perdue
560 Ma terre, mais n'ert deffendue
Par lui ne n'ert a la rescousse.
N'i a mais a la par descousse,
Fors ke me mete en auenture.
Ausi n'ont cil cheualier cure
565 De furnir cest douteus afaire.
Certes, quoi k'il soit du repaire
N'a quel chief ke uenir en doie,   f. 4ᵇ.
I'enprendrai a furnir la uoie.
Aussi ne me caut il de moi
570 Riens nule." Lors a dit au roi:
„Sire rois, redites encore
Ice ke uous desistes ore."
„Volentiers, dist il, par mon chief."
Lors li reconte de rechief
575 Ce ke il deuant dit auoit.
Et cele ki auques sauoit

Dist lors: „Seignour, uous saues bien
Ke li rois pour neis une rien
Ne se desdist de rien k'il die,
580 Ne onques ne fist en sa uie."
„Ke de ce, font il, demisiele?"
„Vous l'ores par tans," dist la biele,
Puis s'est tornee uers le roi
Et dist: „Sire, entendes a moi!
585 Faites me tost ma mule rendre,
Car la uoie uaurai emprendre
Encore anuit sans nul delai,
Et les pastures porterai
Sour l'autel, de uoir le sacies."
590 „Ha! pucele, dist il, taisies,
Trop fol afaire aues empris.
Maint cheualier a de grant pris
Caiens ki de ce entremetre
Nen ose et uous uous uoles metre
595 En point de mort? Laissies ester,
Miels ne uous poes uous haster
De morir, s'en ai grant pitie."
„Se uous l'autrier tele amistie,
Sire, euscies uers moi eue,
600 Vous ne m'eussies pas tolue
Ne ma cite ne ma gent toute.
Ia mar soies de ce en doute
K'a la capiele bien ne uoise."
„Non, dist li rois, certes moi poise,
605 Mais pour ce ke mentir n'en doi,
Il ne remanra pas en moi.
Tenes et bien uous en souuiegne,
Mout dout ke maus ne uous en uiegne
Et ce seroit mout grans damages,

610 Certes, c'est mout fols uasselaiges." —
„Damoisiele, mais remanes,   f. 4ᶜ.
Plus seur afaire emprendes!"
Dient li cheualier trestuit.
„Ha! seignour, or ne uous anuit,
615 Dist ele, ne remanrai pas."
Li rois commande isniel le pas
Napes a traire et on si fait,
Et li rois apoier se uait
As estres et deuant lui mande
620 Son senescal et li commande
Ke il face metre la siele
Sour la mule a la damoisiele.
Et il si fist tout sans respit,
Ne demora ke mout petit
625 Apries ce ke il anuita.
Li rois ki garde pris en a
Fist la damoisiele apieler.
„Damoisiele, il est tans d'aler,
Dist il, hui mais quant uous uaudrois."
630 „Sire, dist ele, il est bien drois."
Lors monte et il est auques tart,
Li rois monte de l'autre part
Et bien .c. cheualiers auoeques,
Si l'ont conuoie d'ilueques
635 Dusc'a l'issue de la porte,
Ne le quident uiue ne morte
Ia mais ueoir en lor eages,
Si dient ke c'est grans damages.

De la puciele se depart
640 Li rois et ele d'autre part
Vers la forest s'est adrecie,

La mule fiert de la corgie,
Ki ne cloce ne ki n'areste,
De son mantel cueure sa teste,
645 Si est en la forest entree.
Et la nuis fu laide et tourblee
Et espesse si a merueilles
K'ele ne pot neis les oreilles
De sa mule tres bien coisir
650 Et ele pense du ferir
Sa mule et entre maintenant
En une espesse mout tres grant,
Plaine de ronses et d'espines
Cargies de noires fourdines
655 Et de cornilles a plente.   f. 4ᵈ.
Tout ot son uis esgratine
Et deschire tout son bliaut,
De son cors li sans uermaus saut
En mains lius et a quelque paine
660 Icele uoie tant le maine
K'ele est entree en une lande.
A dame dieu lors se commande
Et reclaime nostre seignour,
Car onques mais paour grignour
665 N'ot eue que lors auoit.
Paour ot pour ce k'ele ooit
Ours et lions entour li braire
Et autres biestes tel bruit faire
De mainte diuerse maniere
670 K'il n'est feme nule tant fiere
Ne hom, se il ilueques fust,
Ke du sens ne li esteust
Issir ains k'il en escapast.
Ains ke cele paours li past,

675 Ki si tres durement li grieue,
　　Vns si tres grans tounoires lieue
　　Et uns espars ke il li samble
　　Ke ciels et tiere tout ensanle
　　Doiuent fondre et crauenter
680 Et apries ce oi uenter
　　Si durement k'en mainte place
　　Li grans uens les caisnes esrace
　　Grans et gros et porte auant lui.
　　Tel paour a et tel anui
685 La biele, k'ele ne set mie
　　Comment garandir puist sa uie,
　　Si se tient mout a entreprise
　　De la uoie k'ele a emprise
　　Et uolentiers s'en repentist,
690 S'au repentir uenir peuist,
　　Car de ce ne se prendroit garde.
　　Li uens remaint et ele esgarde
　　Vne flame deuant son uis
　　Si grant ke il li est auis
695 K'ele touche au ciel et est lee
　　Bien le trait d'une arbalestree.
　　Tout droit enmi li esgarda,
　　.II. hommes noirs ueus i a,
　　Ki par le feu ardant coroient　　　f. 5ᵃ.
700 Et d'une tieste se iuoient
　　D'un homme mort, ce li sambloit;
　　Eskiuer pas ne les pooit,
　　Si tres pries de li se passerent
　　Ke pour poi k'il ne le brullerent.
705 S'en fu en paour et en doute,
　　En apries ce ot et escoute
　　Vne uois ki tel duel menoit

Ke nus raconter ne poroit
La complainte ne la dolour.
710 Et ele esgarde a la luor
Du fu, si uit un cheualier
Venir tout seul sans eskuier
Arme tout entierinement
Et regretoit mout durement
715 Vn cheualier ke il portoit
Mort deuant lui et si estoit
Armes sans heaume et sans escu,
Mout le regretoit k'il mar fu
Et se pasme sour lui souuent.
720 Et la damoisiele se prent
Au tost aler et si s'auance
Et la mule si tost li lance
K'ele pert de lui la ueue,
Puis a tant sa uoie tenue
725 K'ele a la capiele coisie,
Mais ele ne la passe mie,
Ains descent et est ens entree
Et s'a ens auoec li menee
Sa mule au plus tost k'ele pot.
730 De toutes les paours k'ele ot
Deuant eues, ce estoit
Noiens uers celes k'ele auoit
En cel point, adont se saigna,
Sa coupe bat et reclama
735 Nostre seignour mout durement
Et sa mere et puis esraument
Vait soi et sa mule mucier
Derier l'autel pour le cheualier
Ki tost apries li cheuauca
740 Vers la capele et aprocha.

Et sachies bien ke il faisoit
Si grant duel comme il plus pooit.
Deuant la capele descent f. 5ᵇ.
Et puis le mort cheualier prent
745 En ses bras, si l'apoie al huis
De la gaste capele et puis
Si a son cheual atachie
A .i. arbre et s'a apoiie
Son escu et reuient au cors
750 Plorant et se commence lors
A pasmer mout souuentes fois
Si dolereus et si destrois
Comme il ert k'il ne set k'il face,
De duel toutes uoies l'embrace,
755 En la capele le porta,
Maintenant ses mains desarma
Et puis si ua s'espee traire,
Vne fosse commence a faire
Deuant l'autel au miels k'il pot,
760 Puis prent si com faire l'estot
Le cheualier et le met ens,
Lors se pasme de recommens
Et fait tel duel k'il samble bien
K'il l'amoit plus ke nule rien
765 Et bien uausist morir illueques.
Puis entra en la fosse auoeques
Por tout parfurnir son afaire
Et dist: „Sire, or m'estuet il faire
Ice ke uous me commandastes,
770 Quant uous de uie trespassastes;
Car ie n'en doi rien trespasser
De quanque me puisse amender."
Lors a prise la boine espee

Au cheualier, si l'a noee
775 Entor lui et commence a dire
Tout en plorant: „Biaus tres dous sire
De la cui mort i'ai grant enuie,
. . . .
C'on uous trouuast ne desfouist
780 Nus ne nule, et uous deschainsist
Vostre espee. Puis k'il le chaigne,
Ia mais nul ior ne le deschaigne,
S'il n'est ausi d'armes proisies,
Si biaus et si bien entechies,
785 Con uous aues este a droit,
V se il estre ne le doit."
Et adont l'espee li serre
Et puis le kueure de la terre   f. 5 c.
Et dist: „Biaus sire, ie uous lais
790 Con le meillour ki soit ia mais
Ne ki port mais escu ne lance.
Tout issi com uous sans doutance
Fustes li miudres cheualiers,
Li plus biaus et li plus entiers
795 De tous biens et li plus uaillans
De cest mont ki tant par est grans,
Ait diex de uostre arme merchi,
Dont li cors gist en terre chi."
Lors pleure et si se repasma
800 Et quant il reuint, si rarma
Sa teste auant et puis ses mains
Si s'em part et a pris as rains
De l'arbre tantost son escu
Et si l'a a son col pendu,
805 Puis monte et se prent a l'errer
Et si ne fine de plorer.

Partis se fu de la capele
Li cheualiers, et la pucele
Ot mout bien escoute trestout
810 Pas pour pas a prendant escout,
S'en est derier l'autel uenue,
Si est de la capele issue
Por sauoir mon, se cil s'en ua,
S'ot une frinte ki leua
815 De gent ki li est uis k'il uienent,
Ki font tel duel et le maintienent
Ke onques tels ne fu ois.
Ele se tenist a enuis
K'auoec de pitie ne plorast,
820 K'ainc mais, dont ele se menbrast,
N'oi tel duel dont la moitie
Eust au cuer si grant pitie.
Si en plora mout doucement
Et s'esmerueilla durement
825 Ki cil grans sire estre pooit,
Por cui cascuns tel duel faisoit
Et mout uolentiers le seust,
Se ele sauoir le peust,
Mais ele l'a laissie a tant.
830 Et cil ki uenoient batant
Lor paumes et menant grant duel
Et uausissent morir lor uoel
Ont le cheualier encontre,   f. 5ᵈ.
Se li ont plorant demande:
835 „Senescaus, u est nostre sire?"
Et cil ki ne lor pot mot dire
Se pasme desous son cheual
Si c'a peu k'il ne chiet aual,

Mais li autre tenir le uont;
840 Et quant il reuient, il respont
Si comme il pot foibletement
Si comme cil ki durement
Fu adoles, si lor a dit,
Ke il a fait sans contredit
845 Tout ice k'il li commanda
A sa vie, et lors commenca
A conter ke riens n'i remaint,
Et il dient k'il les i maint,
Si uerront la fose u il gist.
850 „Non ferai, dist il, k'il me dist
Ke iou, quant enfoui l'auroie,
Se puis, ce dist, uous encontroie,
Ke retorner tous uous fesisse
Et a tous ensamble desisse
855 Ke por s'ame oster de dolour
A dame diu nostre seignour
Proissies." — „Commanda le il?"
Font il. Et il respont: „Oil." —
„Et nous uoir issi le ferons
860 Comme il dist, ne trespasserons
Chose k'il desist a sa uie."
A tant s'en part la compaignie
Et font tuit .i. deul merueillous
Et li senescaus auoec els.

865 LA pucele a mout bien oi
K'il s'en uont, et lors s'esioi,
Car estre quida retenue.
Lor est deuant l'autel uenue,
Si s'agenoile et si a prises
870 Les pastures, si les a mises

Sour l'autel au pie de l'ymage;
Mais n'i font pas mout lonc estage,
Ains salent enmi le moustier.
Lors n'ot il en li c'airier,
875 Mout par ot grant paor de mort,
Si proie diu k'il le confort,
Et sa mere, et tantost reprent
Les pastures tout esraument,
Si les a remises ariere.
880 Lors fu lie de grant maniere,
Car ne se murent tant ne quant,
A son cuer en ot ioie grant.
Mout boinement lors les esgarde
Con cele ki bien se prist garde
885 De tout, maintenant s'aprecoit
Du drap ke li rois mis auoit
Sour l'autel, ki fu de sa cote.
Ore au primes uoit ele et note
Et bien se puet aperceuoir
890 K'il ci auoit este por uoir,
Car tele estoit comme il ot dit.
La pucele une piece en prist
Com cele ki n'est esperdue,
A sa chainture l'a pendue
895 Et dist ke ore boin aler
En faisoit. Tantost uaut monter
Et ert ia dusc'al huis alee,
Quant il li menbre de l'espee
Ke li cheualiers chainte auoit,
900 Ki en la capele gissoit;
Puis dist a soi k'en nulle guise
Ne l'i laira par couardise,
S'ele i deuoit perdre la uie.

f. 6ª.

A itant sa mule relie,
905 Si commence as mains a grater
La terre et le prist a gieter
Tant k'ele sent le cheualier
Et lors entent au deslacier
L'espee et tantost le desnoe.
910 Mout est lie quant ele est soe,
Car a mout boine le tenoit
Cil ki estrainte li auoit.
Lors le recueure et a priie
Diu, ke de l'ame eust pitie
915 Au cheualier, lors chainst l'espee,
La mule prent, si est montee.
Bien set ke oublie n'a rien
Et il li menbre mout tres bien
De la parole que dit ot
920 Cil ki au miex k'il onques pot
L'auoit au cheualier estrainte.
Au deschaindre ne s'est pas fainte,
Mais deslachier pas ne le puet; f. 6ᵇ.
Lors pense bien ke il estuet
925 Au deslaicier auoir preudome,
Si pense ke ia n'aura homme
A baron, s'ele puet tant faire,
Ke parfurni ait son afaire
Et qu'a Garadigan reuiegne,
930 Coi k'entre uoie li auiegne,
Se celui non ki tant uaura
Ke l'espee li deschaindra.

A itant encline a l'eglise,
Si se saine, puis si s'est mise
935 En la lande et si ceuauca

Mout tost tant k' au bos aprocha
Issi con la mule l'en mainne,
Si passe le bos a grant paine
Ke son uis et ses mains deschire
940 Et sa robe ront et deschire
Si con li sans uermaus en saut,
Mais de tout ce petit li chaut.
Puis k'ele a trespase le bos,
A la porte vint demanois
945 De la cite, mais pas ne rueue
A ouurir le, car ele trueue
.X. cheualiers ki l'atendoient
De par le roi. Kant il le uoient,
Si se sont bien .c. fois saignie.
950 Esbahi et esmerueillie
Sont trop de ce que il le uirent,
Car onques mais parler n'oirent
Ke nus hom parole tenist
De ce ke nus en reuenist.
955 Si li dient tuit: „Bien ueignies!"
„Et uous boine auenture aies,
Seignour! dist ele, menes moi,
Se il uous plaist, deuant le roi,
Si com il est drois et raisons."
960 „Certes, uolentiers le ferons"
Font il, lors l'ont menee droit
La ou li rois Ris se gysoit.

VEnue fu deuant le roi
La pucele sans grant effroi
965 Et il ot grant clarte laiens
De cierges, et il por les gens
K'il oi se fu esuellies   f. 6ᶜ.

Et de ce mout esmerueillies
Si fu il ke ses gens estoient,
970 Ki cele pucele amenoient,
Ki auoit une espee chainte;
Car ele l'auoit si estrainte
Entor li k'ele roidoioit
Au coste et li rois le uoit,
975 Si l'a tantost reconneue,
Car ele ot la car deronpue
Des ronsces es mains et ou vis
Et sa robe, ce li est vis.
Mout a resgardee la bele
980 Pour ce k'il ne uit damoisele
Ne dame onques porter espee.
La pucele est auant alee
Et dist: „Dix uous saut, sire rois!"
Et il respont comme courtois:
985 „Dix uous doint ioie, damoisele."
„Ie uieng de la gaste capele,
Sire, et se uous ne m'en crees,
Les enseignes ueor poes,
Ke uous les me rouuastes prendre."
990 Lors s'agenoulle et li ua tendre
La piece que du drap ot prise.
Lors sot k'ele i fu sans faintise,
Car les enseignes bien connoist.
„He las, dist il, comme or me croist
995 Paine et dolours toute ma uie!
Or ai ie perdue m'amie,
Car bien sai ke ceste por uoir
Me uaura a seignour auoir,
Si perdrai m'amie la bele."
1000 Lors prist a rire la pucele

Et dist: „Aues uous tel paour?
Naie, dist ele, sans freor
Soies, car ia ne beerai
A uous, ne ia ne uous aurai,
1005 Ne ia ne uous en reueillies."
Quant li rois l'ot, mout en fu lies
Et dist: „Pucele, demandes
Donques tout ce ke uous uoles,
Car il ert fait tout maintenant."
1010 „Or uous leues tout maintenant
Et puis si dirai mon uoloir."
Li rois uoit ke par estauoir.   f. 6ᵈ.
Conuient k'il faice son plaisir,
Lieue soi sans mettre loisir
1015 Con cil ki mentir ne soloit,
Et ele dist k'ele uoloit
K'il li deliurast sa cite
Et ke tuit fuissent fors giete
Si homme k'en prison estoient
1020 Et ueut ke ses pertes li soient
Rendues, si com proueront
Tuit cil ki rien nule en saront.
Apres si ueut k'il isse fors
De sa uille et se li iurt lors
1025 K'en sa terre mais n'entera
Nul ior ne mal ne li fera.
Et li rois Ris tout li otroie,
Con bien ke il greuer li doie,
Con cil ki de mentir ne ghille.
1030 Issus en est fors de la uille
Et auoec tuit si cheualier.
Lors commenca a esclairier
Et li solaus fu leues ia,

Et li rois ki point ne taria
1035 A son senescal commande
Ke de tout soit si amende,
Con la pucele uaura dire,
Et ke tuit cil de son empire
Soient rendu, et restorees
1040 Les perdes selonc lor iurees
Maintenant, et li rois s'en uait,
Et si comme il dist, si est fait.

ENsi s'em parti li rois Ris
De Garadigan k'il ot pris,
1045 S'en remest dame la roine
Et si en fu en la saisine
De kanqu'ele soit demander.
Ele fait deuant li mander
Ses damoiseles et ses gens.
1050 Ses baillius ki n'ert pas dolens
Le fist mout deboinairement.
Mout i uinrent ioieusement
Comme gent de prison issue.
Et li senescaus le salue
1055 Comme sa dame, et li enkiert,
En kel maniere auenu iert
K'ele s'iert ensi deliuree
Et ki ot ensi deschiree
Sa robe et li ot si mal mis
1060 Ses mains et son col et son uis,
Car sa biautes mout en empire.
Et ele lor commence a dire
De chief en autre tout l'afaire.
Paine me seroit du retraire,
1065 Pour ce si m'en tairai a tant.

f. 7ª.

3*

Li senescaus enquiert auant
Toudis et dist ke il saroit
Mout uolentiers, si li plaisoit,
Pour coi ele ot espee chainte.
1070 Car ueue auoit dame mainte
Et mainte damoisele esrer,
Onques mais n'ot ueu porter
Espee a dame n'a pucele,
N'ainc mais ne uit auoir si bele
1075 A home, tant deust ualoir.
„Laissies ester, ne puet caloir,
Vous le saures encore bien."
Lors a apelee Brangien,
Vne pucele, et dist: „Metes
1080 Yaue es bacins, si l'aportes
Ici, si lauerai mes mains
Et mon uis ki est trestous plains
De sanc, et si m'aporteres
La meillour ke uous troueres
1085 De mes reubes ki laiens sont."
Cele et les autres tost le font,
Que gaires n'i ont demoure.
En un bacin d'argent dore
Li ont l'iauue caude aportee,
1090 Dont toute l'ordure a ostee,
Ki si a sa faice empirie,
Et puis apres s'est despoulie,
Si a uiestu blanke chemise,
S'en a le gironnee mise
1095 (Dont gaires ne li embieli)
Par entre les renges et li
De l'espee ke chainte auoit,
Car desnoer ne le sauoit

Ne paine a mettre ne li uaut.
1100 Puis uiest en son dos .i. bliaut
Grant et panu d'un blanc samit,
V oit maint lioncel petit
D'or bordeis et esteletes
I auoit par lius et flouretes.
1105 Itele ot la reube entierine,
Cote et mantel, et fu d'ermine
La panne a sebelin bas noir.
Et li conuint par estauoir
Ke du bliaut les pans mesist
1110 Si con de la chemise fist
Entre soi et le rengeure.
Puis chaint une estroite chainture
A menbres d'or sor rice orfrois,
V pieres ot tels .c. et trois
1115 Ki ualoient .i. tressor grant.
Puis mist en son chief maintenant
Vn capel de pieres et d'or,
K'ele auoit ondoiant et sor.
D'acesmer mie ne se faint,
1120 Puis a dit ke on li amaint
Son palesfroi tout harnesie
Et on li a aparillie.
Et il fu biaus, blans et petis,
S'ot sele, u ot archons uautis
1125 A esmaus d'or fin et d'iuore,
Trestoute entaillie a trifoire;
S'ert d'or et de pieres li frains
Et si ot tout itels lorains.
D'un diapre estoit la sambue
1130 Bien blanc a oeure d'or menue.
Et quant il fu si atornes,

f. 7 b.

Si dist cascuns k'ainc ne fu tes
Nus plus biax ne miex atillies.
Et quant fu tous aparillies,
1135 La pucele monta desus
Si biel atournee et mout plus
Ke par parole ne uous faic.
Si boute son senestre brac
As ataces de son mantel,
1140 S'en met et mout bien et mout biel
Les pans entre li et l'arcon,
Puis met .i. capel de paon
Sour son chief ke caus ne li griet,
Plaisaument sor la siele siet.
1145 En sa main comme bien aprise
A lors une corgie prise,
Dont toute ert d'yuoire la mance   f. 7 c.
Et les fringes de soie blanche.

Qvant la pucele fu montee
1150 Si bien et si biel acesmee,
S'est la plus biele creature
V ainc ior se penast nature,
Ke son sens n'i auoit cele.
Son senescal a apiele,
1155 Si li a dit tout maintenant:
„Toute ma terre uous commant
Et mes cheualiers et ma gent
Et mes puceles ensement
Si comme a l'omme par ma foi,
1160 V durement me fie et croi,
Penses ent si comme il est drois.
A la court Artu le roi uois
Toute seule k'il l'estuet faire."

A itant comme deboinaire
1165 Et france d'els se departi,
Ses commande a diu et il li.

TOut issi se met a la uoie
Seule, que nus ne le conuoie,
La dame de Garandigan
1170 Ki tante paine et tant ahan
Ot pour sa tiere a deliurer.
Et ele se met a l'esrer,
S'oirre toute ior aiournee,
Tant s'est traueillie et penee
1175 Si con mix sot uoie tenir,
K'ele uit par .i. iour uenir
Vn moigne blanc, si le salue,
Mais il ne l'a pas entendue,
K'il entent as ses eures dire.
1180 Et ele ra dit: „Biaus dous sire!
Entendes a moi un petit."
Il s'areste et quant il le uit,
Si ne dist de grant piece mot,
Bien cuida et merueille en ot
1185 Ke ce fust fantosmes u fee,
K'il ne cuidoit que estre nee
Peust si biele creature.
Il le respont: „Boine auenture
Aies tu, se boine cose ies."
1190 Ele s'en rist et dist: „Sacies
Ke maus espirs ne sui ie mie,
Mais dites moi par courtoisie   f. 7ᵈ.
Du roi Artu, se uous saues,
Quel part il est, ne le celes."
1195 Et il dist: „Ie le laisai hui

Bien matinet, quant ie m'esmui,
A Carduel, et a fait grans gens,
Ce m'est uis, auoec lui laiens
De toute sa terre asambler."
1200 „I porrai ie hui mais aler
De ior?" — „Bien i seres,
Se uous autressi tost ales,
Comme uous faisies or ains."
La pucele se part a l'ains
1205 K'ele puet du moigne et chemine
Mout tost et de coitier ne fine
Sa mule et fait tant ke uenue
Est a Carduel, si a neue
La gent ki ia ert asamblee.
1210 A merueille l'ont esgardee
Tuit, et seriant et cheualier,
C'ainc mais ne uirent cheuaucier
Feme ki espee portast.
Et ele ke ne s'ariestast
1215 Legierement en est uenue
A court, mais n'est pas descendue,
Ains entre en la sale a cheual,
Si esgarde amont et aual,
Si uoit le roi u se seoit.
1220 Li rois ke ia souspe auoit
E la roine tout ausi.
Cil ki de ce orent serui,
Li canbelens ki la estoient
Les napes ostees auoient,
1225 Et ele uint droit deuant lui:
„Sire, boin ior aies uous hui
Et toute uostre compaignie!"
Dist ele, et quant il l'a oie

Il lieue la teste et le uoit
1230 Et cuide bien sauoir le doit
Ce k'ele est ilueques uenue.
Deboinairement le salue
Et dist: „Bien sai ke uous queres,
Damoisele, par tans aures
1235 Secours, car i'ai mes gens mandees
Par tout et sont ia asamblees,
S'ont a demain l'afaire empris   f. 8ª.
Pour aler desus le roi Ris
Ki a uostre cite asise,
1240 Ne sai s'il l'a encore prise;
Mais bien sai k'il assambleront
A lui lues qu'il le trouueront,
S'il ne s'en est ancois partis."
„Biaus dous sire, mout grans mercis.
1245 Ice ne uois ie pas querant,
Car ie rai tout a mon garant
Toute deliure ma cite."
„Or ueul ie k'il me soit conte,
Dist li rois, par kel auenture?"
1250 Et ele sans entrepresure
Li conte quan k'il li auint,
Comment ele ala et reuint
Seule a la capele et de nuis,
Et li conte tous ses annis
1255 Et ke por ce k'ele est issue
De tel peril, li ot rendue
Toute sa terre li rois Ris;
Car il li ot en conuent mis
Pour ce k'il ne cuidoit k'ariere
1260 Reuenist en nulle maniere.
Et quant ele li ot tout dit,

S'a puis dit: „Oes un petit,
Biau sire, ke ie uieng cha querre.
Ie tien de uous toute ma terre
1265 Et uous me deues conseillier,
Car nus ne me doit a moullier
Prendre se par uostre gre non;
Si uous uieng demander .i. don
K'escondire ne me deues."
1270 „Amie, dist il, descendes,
Lors si pores uostre boin dire."
„Vous le m'aures anchois, biau sire,
Donne, ke descendue soie."
Et li rois tantost li otroie.

1275 Issi li creanta li rois
Le don et chil comme cortois
Pour le descendre uint auant.
„Damoisele, d'or en auant,
Dist il, poes uous bien descendre."
1280 Tantost le uait par les flans prendre,
Si l'a mout souef descendue,
Et quant il l'espee a ueue,　　　　f. 8ᵇ.
K'ele auoit chainte, si l'esgarde.
„Damoisele, auons nous garde,
1285 Dist il, car aues chainte espee?"
Et la damoisele est alee
Au roi et dist: „Vous ne saues,
„Biau sire, quel don uous m'aues
Donne, si uoel ke le sachies.
1290 Ie uoel k'a seignour me doignies
Celui ki si uaillans sera,
Ke ceste espee me pora
Deschaindre, sans rien empirier

Et sans les renges depichier,
1295 Ki n'i sont pouries ne uies,
Et cil pora estre mout lies,
Ki de moi aura le saisine.
Ie sui de roi et de roine
Fille, ce sacies uous de uoir,
1300 Et sont mort ne i a autre oir
Ke moi, ki tieng toute la terre,
Et si poroit on bien loing querre
Plus rice de moi et plus biele."
„Certes, c'est bien uoirs, damoisele,
1305 Vous ares le don uolentiers,
S'il ne remaint es cheualiers
Ki au deschaindre asaieront
Et ie cuit k'il i meteront
Mout uolentier entente et painne."
1310 Tantost son senescal demaine
Keu de maintenant en apiele:
„Senescaus, ceste damoisiele
Et la terre uoel ke preignies
Par couuens ke uous deschaingnies
1315 L'espee si comme ele a dit."
Et Keux se lieue sans respit,
S'en est ales le roi au pie;
Et li rois l'en a redrecie
Et dist ke il ne le peust
1320 Miels emploier ke il seust
N'a nului ne l'eust tant chiere.
Et Keux fu lies de grant maniere
Et uint uers la pucele droit,
Demanda li, s'ele otroioit
1325 Ice ke li rois auoit dit.
„Oil, sire, sans contredit"

Dist la pucele et Kex a tant   f. 8ᶜ.
Saisi les renges maintenant,
Mais tant n'i paine ne trauaille
1330 C'au deslachier mout bien ne faille,
Car miex noent ke plus s'esforce.
Et quant il uoit ke n'i uaut force,
Si les lait et dist: „Dehait ait,
Damoisiele, ki por nul plait
1335 I metera ia mais ses mains."
„Auoi, mes sire Kex, au mains
Aues uous uilonie dite.
Ie uous claim bien a tous iours quite,
Ia uoir de moi ne seres sire."
1340 Et il s'en uint plains de grant ire
Au roi et dist: „Asses pores
Prometre cui ke uous uaures
La dame de Garadigam.
Ie quit ke nus deschaigne oan
1345 L'espee k'ele a au coste,
Legierement seront oste
Tout du droit ploi de la coroie.
Ia diex ne doinst ke nus hom ioie
En ait ne ia a chief en traie."
1350 Li rois le senescal apaie
Au plus k'il puet et la puciele,
Et mon seignour Ywain apiele
Tantost et dist: „Auant uenes,
Amis, ceste dame prendes
1355 Et toute sa terre et ses fies
Par issi ke uous deschaignies
L'espee, s'on le puet deschaindre.
Ie ne sai ki se deust plaindre
De tel terre ne de tel dame,

1360 Se il le puet auoir. Par m'ame!
Vostre ert, se faire le poes."
Et mes sire Ywains est ales
Le roi au pie sans merci rendre,
Lors s'en ua la sans plus atendre,
1365 Et dist: „Dame, i'assaieroie,
S'il uous plaisoit, se ie poroie
Cele espee pour nule rien
Deschaindre." — „Sire, moi plaist bien"
Dist ele, et il s'en entremet.
1370 Mais ke plus grant trauail i met,   f. 8 d.
Et il plus fort la melle et noe.
Lors set il bien ke ia n'ert soe,
Quant il ne le puet deslacier.
„Dame, or i puet bien essaier,
1375 Dist il, autres ki miels uaura,
Car ia par moi ne uous sera
Si com moi samble deslacie."
Et cele remaint mout irie
De ce ke si preudom i faut.
1380 Des ore en auant ne li caut,
Ce se pense, ki i essait,
Ne quide ke hui mais nus l'ait,
Car n'i set si boin ne si biel.
Li rois apiele Dodiniel
1385 Le sauuage, puis se li dist
Tout ausi comme as autres fist.
Et il en uient uers la pucele
Et esgarde k'ele est si biele
Et pense ke boin nes seroit
1390 Cil ki si biele fame aroit,
Et il essaie sans soi faindre
Et quide l'espee deschaindre

Mais n'i fait el ke fait auoient
Cil ki essaie s'i estoient,
1395 Puis s'en retorne tous honteus.
Lors ne fu pas li rois ioieus,
Ains s'esmerueille ke ce ert,
Tantost a la puciele enquiert,
V ele ot prise tele espee
1400 Et ki li ot ensi noee
Ke nus n'en puet uenir a chief.
Ele li conte tout de chief
Du mort cheualier et comment
Cil auoit fait son orement,
1405 Ki dedens la fosse le mist
Et les paroles ke il dist,
Comment le prist puis et l'a chaint.
Et la parole a tant remaint,
Li rois le fist laissier ester,
1410 Et dist: „Ales uous reposer,
Biele, uous en aues mestier,
N'i ferai hui mais essaier
Cheualier nul ki soit chaiens."
Cele uoit bien ke c'est noiens,
1415 S'otroie ce ke li rois dist.   f. 9ª.
Et la roine mout bien fist,
Ki o li la pucele en maine
En ses chambres et mout se paine
De l'aaisier quan k'ele puet
1420 K'ele set bien k'il li estuet.
Si manga et fu bien seruie
Et si ot bele compaignie
Ki li a grant solas tenu.
Et quant saisons de couchier fu,
1425 Li lit furent apreste tuit.

Cele con bien k'il li anuit
A a force sa reube ostee
Par sous les renges de l'espee
Du miels k'ele le puet sachier,
1430 Puis si se uait a tout couchier.

AV matin quant il aiorna
Li rois se lieue et atorna
Et la roine fu leuee,
Et la damoisele a l'espee
1435 Se ratourna par grant loisir,
Et li rois uait la messe oir
Et la pucele auoec lui uint,
Mais ici trop li mesauint,
K'ele uint armee au moustier.
1440 Et li rois oi sans targier
La messe et s'en uint maintenant
Et la bele li uint deuant
Et dist que de li li souueigne
Et ke son couuanant li tiegne,
1445 Ke l'espee li grieue mout.
"Bele, ie le uous tenrai tout,
Dist il, mais souffres .i. petit."
Et il fait mander sans respit
Les .ccc. et sissante sis.
1450 Et il i ueinent, ce m'est uis,
Mais li nies le roi n'i uint mie,
Car il ert en cheualerie
Ales, et Tors li fils Ares
Et Gerfles ert apries ales.
1455 Icil troi sans plus i faloient,
Tuit li autre a la court estoient
Et erent tuit deuant le roi.

Et li rois dist: „Seignour, i'otroi
Ceste demisele et sa terre   f. 9ᵇ.
1460 Celui ki le porra conquerre
Par si ke l'espee deschaigne,
Ne ueil ke nus en i remaigne,
Ki ne s'i soit hui essaies."
Mout est chascuns endroit soi lies
1465 Et ne cuide pas k'il i faille.
Cascuns i assaie et trauaille,
Mais n'i font nes ke cil deuant.
Et li rois a dit maintenant
As .xx.m. ke il auoit
1470 Assambles por ce k'il deuoit
Contre le roi Ris cheuaucier,
K'il i aillent tuit asaier.
Si assaient, mais rien n'i font.
Et quant trestuit failli i ont,
1475 La pucele s'esmaie mout,
K'ele quide bien tout de bout,
Ke mais n'ait seignour en sa uie.
Or ne se pardoute ele mie
K'il ne soit tres boins cheualiers
1480 Et de bones teches entiers
Ki l'espee li deschaindra,
Et bien auenu li sera,
S'ele auoir le puet a seignour,
Car ele aura tout le mellour
1485 Ki soit tant con li mondes tient.
Toute esbahie au roi en uient
Et dist que conuenant li tiegne.
„Atendes, dist il, tant k'il uiegne
V Gauuains u Gerfles u Tors,
1490 S'a cief n'est trais par lor effors

Cil afaires, ne sai ke dire."
„J'atendrai, dist ele, biau sire,
Quant ore amender ne le puis
A mon chois." Et li rois a puis
1495 Dit ke on maintenant mesist
Napes, et asseoir fesist
Ces chevaliers, et on si fait.
Et il meismes lauer uait
Et la roine, et sunt assis
1500 Et li rois manga mout pensis.

Qvant mengiet orent a loissir
Et quant le roi uint a plaisir,
Si a on les napes ostees,   f. 9c.
Et quant il ot ses mains lauees
1505 Et il fu ades mout pensans:
Vns ualles biaus et gros et grans
Et apers et plains a droiture
De toutes biautes ke nature
Puet en un cors d'omme asseoir,
1510 Et si ne pooit pas auoir
Plus de .ij. ans auoeques .xx.
D'eage, deuant le roi uint
Et dist: „Sire, quant auant ier
Mut de cort por aler cerkier
1515 Les auentures par la terre
Vostres nies, si uous requierre
Ke cheualier me fessissies,
Quele eure que uous oriies,
Ke uous en uauroie semonrre,
1520 Ne uous n'en uausistes respondre
Autre cose que tout issi
Comme il dist, la uostre merci,

Et ie uous semoig de couuent."
Et li rois le uit grant et gent
1525 Et si bien fait, ce li est uis,
K'il n'estoit, k'il seust, hon uis
Si biaus d'asses, con cil estoit.
Se li seoit mout et plaisoit,
K'il ne uit onques, k'il seust,
1530 Cors d'omme u tant auoir deust
Proece, s'en lui ne faloit;
Et des ore mais tort auroit,
S'il li ueoit cheualerie,
Quant eages ne li tolt mie;
1535 Se li dist ke il le fera
Cheualier, quant il li plaira
Sans arrester et sans seiour.
Et il li dist: „Sire, hui cest ior
Estre le uoel." — „Et ie l'otroi.
1540 Keu, dist il, foi ke deues moi,
Cest uallet a ostel menes
Ore endroit, et si uous penes
De querre lui quan k'est mestier
A faire nouuel cheualier
1545 Sans metre nul arrestement."
„Sire, a uostre commandement."

Issi con li rois dist, si fait f. 9ᵈ.
Li senescaus, et cil s'en uait
Por soi lauer et por baignier
1550 Et Kex li fait apareillier
Robe d'un boin uermeil samit.
Quant il fu uestis, si ne uit
Onques nus hom plus biele rien.
La reube li seoit si bien

1555 Ke il sambloit c'a tout fu nes.
Et mes sire Ywains est entres
Laiens, et asses cheualier;
Il meismes li uait caucier
Vn esporon desus la cauce
1560 De drap roe, l'autre li cauce
Gales li caus, et puis monterent
Ensamble, et a la cort alerent.
Mene l'a par l'une des mains
Deuant le roi mes sire Ywains,
1565 Si l'esgardent tuit a merueille
Et dient ke ne s'apareille
A lui de cors ne de biaute
Nus ki soit ne ki ait este
Ne u il doie auoir autant
1570 Proece ne bien par samblant,
Se corages le uielt souffrir.
Et li rois uait uespres oir,
Puis menguent, apres mengier
Vont a lor ostels cheualier,
1575 Et cil uait ueillier a l'eglise,
S'ot au matin tout son seruise
Et puis a son ostel ala
Vn petit dormir et menga
Et dist, c'on l'esueillast lues droit,
1580 Ke li rois Artus leueroit.
Et on si fait et il se lieue
Et s'atorne ke ne li grieue,
Et uiest une cote a armer
En son dos d'un drap d'outre mer,
1585 Puis s'arme si biel comme il pot
De quan c'a cheualier estot
Por assalir et por deffendre,

4*

Apres monte sans plus atendre,
Si est en la sale uenus
1590 Tous seus et si est descendus
Et a son escu apoie f. 10ª.
Et se glaue, et uint tout a pie
Tous seus dusques deuant le roi
Et dist: „Or ne faut mie en moi,
1595 Sire, fors que l'espee chaindre."
Et li rois en fait lors ataindre
Vne k'en ses cofres auoit,
Ke mout tenoit chiere et amoit,
Si li chaint et li a donnee
1600 Si comme il deuoit la colee
Et dist: „Diex te face preudomme,
Car ie ne ui onques mais homme,
Se tu n'as maluaiste a mestre,
V proece doie miex estre,
1605 Et diex te gart, car trop es biaus."
Lors dist li cheualiers nouuiaus:
„S'il uous plaisoit, i'essaieroie,
Sire, se deslaicier poroie
Cele espee." Et il li otroie.
1610 Et il lies et mout plains de ioie
En uient uers la pucele droit.
„Damoisele, s'il uous plaisoit,
I'essaieroie uolentiers,
Dist il, puis que sui cheualiers,
1615 Se ie ia deslacier poroie
Ces enrengeures de soie."
Et la biele respont sans ire:
„Ie uoeil bien, dist ele, biaus sire,
Ke uous uostre entente i metes."
1620 „Damoisele, donques montes

Sour cel dois, car a cheual sui,
Si me feroit ia grant anui
Ains que de si haut i touchaisse."
„Vous desistes que ie montaisse
1625 Par uostre grant mesauenture.
Vous tornast il donc a laidure,
Se deuant moi descendissies?
Asses estes outrequidies,
Quant tant cheualier a deuise
1630 Preu et uaillant i ont main mise
Et i ont tuit falli mout bien,
Et uous ki n'aues encor rien
Fait d'armes, n'encor ne saues,
Se uous ia nule rien uaurres,
1635 Me commandes si richement
Monter sus le dois! Et comment
K'il auiegne, g'i monterai
Ne ia uoir d'orguel n'i serai
Ne de uilonnie retee."
1640 A tant s'est sus le dois montee
Et li cheualiers en uient la
Trestout a cheual et si a
Prises les renges, ses desneue
Ausi comme il fesist la seue,
1645 Si l'a chainte par de desus,
Et s'en torne sans dire plus
N'au roi ne a la damoisele
N'a cheualier; et si l'apiele
Li rois et si dist: „Retornes,
1650 Cheualiers, car auoir deues
La damoisele, a cui apent
Garadigans entierement,
V seignorie a biele et grant."

Mais bien sacies que nul samlant
1655 Ne fait li cheualiers, k'il l'oie,
Ains se met tous dis a la uoie
Et li rois n'en est mie lies,
K'il s'en uait, s'en est merueillies.
Car cil oit este longement
1660 A cort et ne sot nus comment
Fors biaus ualles a non auoit.
Dist Kex: „Il s'est bien fais a droit
Apieler et bien baptisier.
A non doit auoir sans cangier
1665 Li cheualiers a .ij. espees,
Ausi en a il .ij. torsees,
Nul autre non auoir ne doit."
Cil entreus ke il s'en aloit,
Se pense k'einsi se fera
1670 Nommer ne autre non n'aura.

DE cort se part en tel maniere
Cil ki ne uielt por la proiere
Du roi a la cort remanoir,
Ains s'auance a tout son pooir,
1675 Passe et les uilles et les pres,
Tant k'en la forest est entres;
Car la droite uoie n'eskieue.
La pucele remest pensiue
Enmi la sale et esbahie,   f. 10 c.
1680 Quant si haute cheualerie
Et dont si lonc li renons cort
Con lor renomme de la cort
Li .ccc. et sissante trois
Et li .xx. mille que li rois
1685 Ot assamble, falli auoient

A l'espee, ki tant estoient
Prosie d'armes et adure;
Et cil cui on ot adoube
De nouuel et rien n'auoit fait
1690 A toute l'espee s'en uait,
K'il ot si de legier eue;
Tant k'ele s'est aperceue
Des paroles au cheualier
Ki l'autre enfoui au moustier,
1695 Si s'apensa ke s'il iestoit
Ausi preudon, il le seroit,
Et ausi biaus sans nule faille.
Adont ne laisse c'al roi n'aille
Et si le semont de couuent.
1700 „Amie, n'en doutes noient!
Car tost apres enuoierai."
A soi apele sans delai
Quatre ki mout par sunt eslit,
Mon seigneur Iwain et Ellit
1705 Et Saigremor et Dodinel.
„Seignour, le cheualier nouuiel,
Dist il, uocil que uous m'ameignies.
Ales, si uous apareillies
De toutes armes et montes
1710 Isnelement et si gardes
K'auant ne le laissies aler
Et sacies comment apeler
Se fait." — „Tout a uostre commant,
Sire" font il, et maintenant
1715 De lor armes armer se font,
Lors montent et aqueilli ont
Lor uoie et uont grant aleure
Si con li chemins a droiture

Les maine, et l'ont aconsui.
1720 Mes sire Yuains ki l'ot sui
Plus tost con cil ki ne se faint
Deuant les autres l'a ataint
Si ke tous ses cheuaus tressue   f. 10ᵈ.
Et li dist: „Li rois uous salue
1725 Et mande k'arriere uiegnies,
Cheualiers, et si nous diies
Comment uous estes apeles."
Li cheualiers s'est arrestes,
Ki ot en lui sens et mesure,
1730 Et a dit: „Grant boine auenture
Ait il et uous ki m'aparles.
Autre non, ke mes sire Kex
Me mist, nommer ne me saroie.
N'oi m'apeler en ma uie
1735 Fors le bel uallet, et moi poise
Ke li rois uous dist ke ie uoise
A cort; mais ne puet auenir,
Trop ai grant cose a parfurnir,
Si ne porroie aler arriere;
1740 Et se il en nule maniere
Peust estre, tout a estrous
Retorneroie ie por uous,
Car uous m'aues a cort serui
Et fait honnour, uostre merci,
1745 Et ie m'en lo a mon pooir."
„Il uous conuient par estauoir,
Dist mes sire Yuains, retorner,
Car li rois me fist creanter
Ke ie arriere uous menroie
1750 Et uostre non demanderoie;
Si uous i menrai, se ie puis,

N'autre iu partir ie n'i puis
Fors un, u que uous reuiegnies
V que la bataille enpreignies
1755 Vers moi." — „Ie l'enprendrai ancois,
Mais or ert certes sor men pois."

Itant se sont eslongie
Et orent le cemin laissie
Et sont entre en la champaigne,
1760 S'ot chascuns grant cheual d'Espaigne
Fort et bien alant et isniel,
Chascuns met l'escu en cantiel
Et la grosse lance sor fautre,
Lors muet li uns encontre l'autre,
1765 Tant con cheuaus les puet porter.
Et mes sire Yuains au iouster
Si tres fort la lance pecoie   f. 11[a].
Ke les esclices en enuoie
Si haut ke nus ne les ueist.
1770 Cil as .ij. espees coisist
Haut et droit et il l'a feru
Si ke l'escu li a cousu
Au brac, et le brac a l'aisele.
Lors firent la torneboiele
1775 Il et li cheuaus en .i. mont
Si k'il ont les pies contremont
K'a peu k'il n'ont les cols brisies.
Et mes sire Yuains est iries
Et honteus, si est releues
1780 Et ses cheuaus s'en est tornes
En uoie et il le cuide prendre,
Mais il ne le uolt pas atendre,
Ains l'ot ia grant piece eslongie.

Et quant il est issi a pie,
1785 Cil as .ij. espees s'en uait.
Quant Saigremors uit k'il ot fait
Issi de mon seigneur Yuain,
A lui s'eslaisse tout de plain
Et quide bien uengier la honte.
1790 Mais ke feroie plus lonc conte?
Cil as .ij. espees assamble,
Cheualier et cheual ensamble
A enuoie tout en un mont.
Li autre doi ki apres uont
1795 Ioustent ausi, mais n'i font plus,
Ains des .iiij. n'i remest nus
K'il n'abatist o le cheual,
Ki fuient amont et aual
Et cil les uont a pie cacant.
1800 Cil as .ij. espees a tant
S'en part et prent a cheuaucier.
Cil se metent au repairier
Tuit .iiij. a pie tant ke il uienent
En la sale, u mout grant plait tienent
1805 D'els cil qui les uoient uenir;
Car ne cuidoient k'auenir
Peust por nule rien ki soit.
Et tantost con li rois les uoit,
Il dist: „V est li cheualiers?
1810 Aues le uous laissie arriers?
Por coi n'est il auoeques uous?" f. 11ᵇ.
„Certes, sire, ce poise nous,
Mais ne le poons amender.
Par autrui le poes mander,
1815 Car par nous n'i uenra il mie,
Asses nous a fait uilonnie,

K'il nous a tous .iiij. abatus,
A peu k'il ne nous a rompus
A nous et nos cheuaus les cols.
1820 Ainc mais ne ueismes tels cops
De lance a cheualier donner."
Quant la pucele l'ot loer
Issi, se pense en son corage,
Ke il ert, s'il uit, par eage
1825 Li mieudres cheualiers du mont.
Lors uient au roi et le semont
Et dist que conuenant li tiegne.
„Amie, atendes tant k'il uiegne
Gauains et si doi compaignon.
1830 Ia n'en soies en soupecon,
Car ies enuoierai apres.
Il a passe demi an pres,
Ke ne les ui, ce poise moi.
Ie doi aler sus Ris le roi
1835 Ki m'a si grant honte mandee.
Ma gent ke i'ai ci assemblee
Ne uoel ore pas departir."
„Sire, puis k'il m'estuet souffrir,
Et ie uolentiers soufferai.
1840 Mais par foi, ie ne m'en mouurai
De cort, con bien k'atendre doie,
Deuant ce ke seure soie
D'auoir trestout mon conuenant."
„Damoisele, et ie le creant."

1845 Issi ot ses ioustes outrees
Li cheualiers as .ij. espees,
Et il cheuauce sans ariest,
Et trespasse mainte forest,

Si uaint tous les tornoiemens
1850 Et passe les enchaucemens
Par tout si fors con il les treuue
Et fait tant d'armes et s'espreuue
Plus en .ij. mois k'autres n'eust
Ainc en .ij. ans, ke on seust,
1855 Et li auint si k'auenture,   f. 11c.
Tant soit fors, enuers lui ne dure,
Et achieue ce ke ne fist
Cheualiers ki onques nasquist;
S'en uait par tout la renommee
1860 Et tant k'a la cort est contee
De cels qui dire l'ont oi.
La pucele mout s'esioi
En son cuer et si a raison
De ce ke il akeuit tel non,
1865 Le roi semont asses souuent
K'il ne li falist de couuent
Et il li dist par grant doucour
K'ele n'ait ia nule paour
Ne doutance de nule rien.
1870 „Biele, dist il, ie cuit mout bien,
Se nous de ci nous mouuiens,
Vostre afaire hasterions,
Car en alons a Clamorgan."
La dame de Garadigan
1875 Dist k'il faice sa uolente,
Car son cuer a entalente
De faire trestout son plaisir.
Lors s'esmeuuent par grant loisir
Et uont a Clamorgan tout droit,
1880 N'i remaint nus ki de cort soit.
Et li rois ou chastel seiourne,

Huit iors tous entiers ne s'en torne,
Mais nouele nule ne uient
Ne auenture n'i auient,
1885 Si en est li rois mout iries,
Et mout s'en est esmerueillies.

VN ior ot au digner li rois
Mangie et sist encore au dois,
Car sa coustume estoit iteus;
1890 Et furent ale as osteus
Por deduire et por solachier
Par la uille li cheualier
Et fu a maisnie eschierie
Auques, car laiens n'auoit mie
1895 De cheualiers plus de .vij. uins
Et ne fu au dois ke soi quins
Au plus, lors commence a penser.
Es uous k'entrent sans mot sonner
Dusqu'a .x. cheualiers laiens,   f. 11 d.
1900 Si ert chascuns forment dolens
Par samblant, et arme estoient
Et une litiere menoient
Couuerte d'un uermeil samit,
S'erent doi palefroi petit
1905 Atele deuant et deriers.
Dedens gisoit uns cheualiers
Ki naures ert d'un tronc de lance
Parmi le cors dont grant pesance
Orent li autre, ce sambloit.
1910 O la plaie du cors auoit
Encore .i. grant cop d'une espee
Parmi la teste et l'ot bendee,
Si fu mout atains et greues;

Et il ont les heaumes leues,
1915 S'ont le roi Artu conneu.
Lors sont il tuit .x. descendu
Et si ont la litiere prise
Et as pies le roi tout droit mise
Deuant le dois et mot ne disent,
1920 Entor la litiere s'assisent,
Si commencent tel duel a faire
Ke nus ne le poroit retraire
Pour homme ki encor fust uis.
Et li rois en est mout pensis
1925 De ce k'areisnie ne l'auoient,
Meruecilla soi ki il estoient
Et ki li cheualiers estoit,
Ki en la litiere gisoit,
Pour cui il sont si adole.
1930 Lors a deuant soi apele
Mon seigneur Yuain, si a dit:
„Aues uous ueu le despit
Ke cil cheualier ci fait ont,
Ki deuant moi assis se sont
1935 Ne ne sui de nul arraisnies?
Ales i et si encerkies,
A cui il sont et dont il uenent
Et ki cil ert, ke si kier tenent,
Ke por lui sont issi mari
1940 Et ki cil est ki le feri
Issi et ou chief et ou cors."
Et mes sire Yuains en uient lors
A eus, et si com le commande   f. 12ᵃ.
Li rois, tout issi lor demande
1945 Mot a mot, mais nus ne respont
Ne nul samblant entr'aus ne font,

Ke nus d'eus l'oie ne ne uoie.
Et il du demander s'asproie
A enchaus et se trait auant,
1950 Mais nule rien ne ke deuant
Ne dient, si s'est merueillies
Mes sire Yuains et est iries,
K'il samble ke soit aatine,
Si s'en merueille la roine
1955 Et tuit cil ki laiens estoient.
Estes uous ke reuenir uoient
.X. cheualiers en tel maniere
Con deuant, et une litiere,
S'ert couuerte d'un drap roe
1960 Et il sont ensi tuit ale
Cele part u il ont ueu
Ke la premiere mise fu,
Si l'ont par deles l'autre assise
Et fisent duel en autre guise
1965 Ke n'auoient fait li premier,
K'il ot dedens .i. cheualier
Ki se plaignoit si durement,
K'il cuidoient certainement
K'il deust sans arrest morir;
1970 Car l'anguisse ne pot souffrir,
K'il auoit l'espaule perchie
D'une glaue et la hance brisie;
Et por ce tel duel demenoient
N'onques a homme ne parloient,
1975 Ki fust en la sale laiens.
Et de l'enquerre fu noiens,
Ke ia nus nul samblant en faice
Du dire por nule manace,
S'en est mout li rois courecies.

1980 Et ke il est ensi iries,
Et la tierce litiere uint
Et tout autresi se contint
Comme les autres de deuant
Et i ot cheualiers autant.
1985 Et ke feroie plus lonc conte?
Ensi i en uint .ix. par conte,
Et tout aussi con la premiere   f. 12 b.
Fist, si fist chascune litiere
Et furent toutes les a les
1990 Deuant le roi. Il est ales
Por demander de quel part uienent
Tuit cil cheualier et il tienent
Les testes basses sans mot dire,
Et li rois en entre en grant ire,
1995 Si ne fine de demander;
Mes nel uoelent nes esgarder
Ne dire mot grant ne petit,
Sel tient li rois a grant despit.

EN l'ire que li rois auoit
2000 Et ens ou grant courous il uoit
.XX. cheualiers armes uenir
Et li samble a lor contenir
Ke trestuit mout preudomme soient.
Cil .xx. cheualier amenoient
2005 Vne litiere a .ij. cheuaus,
De .ij. pailes emperiaus
Couuers, plus blans que nois negie.
La litiere ert apareillie
Et couuerte d'un bloi samit
2010 A oeure d'or et uoit .i. lit
Asses noble et riche dedens

Comme a preudomme, et gisoit ens
Vns mout grans cheualiers naures
D'une glaue par les costes
2015 Et ot bien .ix. plaies ou chief
D'espee, ke de la mains grief
Estoit il en grant auenture,
Se il n'en presist par tans cure
Et boine garde et grant conroi.
2020 Et il uoient as pies le roi
Les litieres ki i gisoient
Et les cheualiers ki plouroient
Tuit entour, adont descendirent;
Et quant cil deuant aus les uirent,
2025 Il se leuerent maintenant
Et uienent encontre plourant
Et ont tuit la litiere prise,
Si l'aporterent et l'ont mise
Deuant le roi droit a ses pies,
2030 Et lores est recommencies
Li diels si grans ke c'est noiens   f. 12 c.
De trestous les regretemens
K'ains i fussent de la moitie.
Lors en a li rois grant pitie,
2035 La roine et li cheualier.
Adont se lieue sans targier
Li rois et si uient demander
A ceaus que il uit aporter
Cele litiere daarraine,
2040 Dont il uienent et ki les maine,
Ki cil cheualier naure sont;
Mais nus d'aus tous ne li respont
Mot, ne n'entendent sans cesser
Fors a duel faire et a plourer.

2045 Si s'en est mout esmerueillies
Li rois et en est mout iries,
K'il ne respondent tant ne quant
De cose ke il lor demant.
Si a iure l'ame son pere
2050 Vterpandragon et sa mere
Ygerne, k'il ne pariurroit
A nul iour, ke on li diroit
Trestout quan k'il demandera
V a tous coper lor fera
2055 Les chies et les naures ocire.
Cil oent ke li rois s'aire
Et lor manece de lor uie,
Ne por ce ne respondent mie,
Ains entendirent a duel faire.
2060 Adonques le commande a taire
Cil k'a la disime litiere
Estoit, s'a leuee la chiere
Si con miex pot foibletement,
Si con cil ki nouuelement
2065 Perdi mout du sanc desor lui,
Si parla a mout grant anui
Et dist: „Se tu me creantoies,
Rois Artus, ke ne me feroies
Plus mal, ne mes gens ki sont ci,
2070 Ki sommes ore en ta merci,
Ie te diroie ton talent.
Sauoir ne le pues autrement,
Car por morir ne le dirommes,
Bien sauons k'en ton pooir sommes
2075 A destruire et a mal traitier." f. 12ᵈ.
Li rois uoit bien k'il n'ont mestier
De pis ne de greignor laidure

Auoir. Por ce les asseure
Et dist ke il n'auront par lui
2080 Ne plus mal ne grignor anui.

Qvant li rois ot asseures
Les cheualiers et les naures,
Lors parole a mout tresgrant paine
Cil ki uint a la daarraine
2085 Litiere. „Et uous ne saues,
Sire rois, quels gens uous aues
Ci deuant uous. Ie uous dirai
Ki il sont, ia n'en mentirai
De rien ki a ce apartiegne,
2090 Ke ie sace ne moi souuiegne.
Cil cheualier sont tuit a moi
Et si me tienent tuit a roi.
Rois sui ie, ki k'ensi m'ait pris,
Ie sui sans doute li rois Ris
2095 D'Outre-ombre ki uous demandai
Vostre barbe et ki uous mandai
Ke uous contre moi uenissies
Et uostre terre tenissies
De moi." Et lors s'esmerueilla
2100 Li rois et dist: „Qui uous loa
A uenir ici, ki saues
De uoir, ke tant mesfait m'aues."
„Ie le fis, certes, sor mon pois."
„Or uoel ie donques, dist li rois,
2105 Ke me dites comment ce ua."
Et li rois Ris lors se leua
Con cil ki gaires mais ne doute,
Por soi apoier sor son couste,
Quant li rois l'ot asseure.

5*

2110 „Quant ie parti de la cite,
Dist il, et tuit mi cheualier
De Garadigan auant ier
Et i'oi rendu a la pucele
Sa cite, ki a la capiele
2115 Osa les pastures porter,
V cheualiers n'osoit aler
Neis uns ki fust de ma maisnie —
Por ce oi sa uile guerpie
Et en oi tornees mes gens,   f. 13ᵃ.
2120 Et ert ia pris li parlemens
K'en uostre terre entrer deuoie, —
Vn ior bien main leues estoie,
Car souef matin fist et cler;
Ces .ix. cheualiers fis mander
2125 Et si lor dis ke il alaissent
A lor tentes et si s'armaissent
Et puis reuenissent a moi;
Ie meismes si con ie soi
Fui armes, et issi de l'ost
2130 Moi disime, et entrai tantost
En la forest, comme ie poi,
De Cardueil, si con ie dire oi,
Ki tant par est auentureuse
Et faee et tresmerueilleuse,
2135 K'il ne puet estre k'il i uiegne
Cheualiers, k'il ne li auiegne
Ancois k'il s'en isse auenture.
Si oi cheuaucie m'ambleure
Vne piece et uine a l'issue,
2140 Si con i'oi ma uoie tenue,
De la forest en une lande
Loins montant as liues d'Irlande

Demie liue, et ie coisi
Par desous un tertre et si ui
2145 Vn cheualier, s'ert apoies
Sour se glaiue et s'en ot ficies
Entor lui d'autres dusc'a dis
Et pensoit mout, ce m'est auis.
Si m'apensai ke ce estoit
2150 Cheualiers ki la atendoit
Auenture, et i'i enuoiai
Tantost, que point n'i delaiai,
Celui ki ceens uint premiers,
Et quant le uit li cheualiers,
2155 Du tertre mout tost auala
Et de iouster s'apareilla
Vers celui ki contre lui uint;
Se se ferirent k'il conuint
Andeus les lances pechoier.
2160 Si mena tant mon cheualier
K'il tost fu de lui au deseure
Et l'outra d'armes en peu d'eure.
Ainc ne uaut prendre raencon,   f. 13 b.
Ains li fist fiancier prison
2165 Ke il tout issi atornes
Comme ici ueoir le poes
En uostre prison se metroit.
Et quant ie ui ke il l'auoit
Si outre, i'enuoiai a tant
2170 Vn autre cheualier batant.
Et ke feroie plus lonc conte?
Ie ne sai que celers i monte.
Icil outra d'armes le mien,
La foi en prist, ce sacies bien,
2175 Tout ausi con du premerain,

Et auint si au deerrain
Que trestous .ix. se combatirent
Et autre tant trestuit perdirent
Con li premerains auoit fait.
2180 Si me torna a grant dehait
Et fu iries mout durement
Quant uns cheualiers seulement
Outra .ix. de mes compaignons.
Tantost feri des esporons
2185 Mon cheual, et alai uers lui
Et nous combatimes andui;
Si m'a naure que ie bien sai
Que mais a nul iour n'en aurai
Se la mort non, au mien espoir,
2190 Et si m'outra d'armes por uoir,
Ice ne puis ie pas noier.
Puis apres me fist fiancier,
Issi naures comme i'estoie,
Car en mains lieus plaies auoie,
2195 Que a uous en prison uenroie,
Et ie li dis que nou feroie;
Car se uous me poies tenir,
Por rien ki peust auenir
N'en prendries fors ke la teste.
2200 A ce mot desor moi s'arreste
Et dist ke il m'ociroit donques,
S'oi greignor paor ke n'oi onques,
Car trop ert au desus de moi;
Si li dis: „„Sire, et ie l'otroi,
2205 Car de moi aussi ne me chaut.
.I. iors de respit .c. mars uaut,
Mais ia du roi n'aurai merchi."" f. 13 c.
Biaus tres dous sire, tout issi

   Fis, quan k'il uaut, uausisse u non.
2210 Et puis li demandai son non
   Et il me dist k'il ne sauoit
   Pas son non, mais oi auoit,
   Quant il l'espee a la pucele
   Deschaint, dont ele a la capele
2215 Ot les renges si fort nouees,
   Ke cheualier as .ij. espees
   Kex li senescaus l'apiela,
   Et de par lui me commanda
   Ke ie ci en prison uenisse
2220 Et du tout en uous me mesisse."

   Qvant li rois l'ot ensi oi,
   Mout fu lies et mout s'esioi
   De ce ke c'estoit li rois Ris
   Ki tant auoit uers lui mespris
2225 Et li ot la honte mandee
   A Carduel u ot assamblee
   La plus noble gent de sa terre
   Et l'aatissoit si de guerre,
   Lors dist: „Grant boine auenture ait
2230 Cil qui si grant trauail a trait
   Por moi si haut present donner,
   Et dix doinst que guerredonner
   Li puis encore en aucun tans."
   La pucele est en grant porpens,
2235 Ki a cort aporta l'espee.
   Tout pensant est au roi alee
   Et dist: „Sire, ne uous aloing
   Plus uostre terre, ains uous semoing
   Du conuenant ke uous m'aues."
2240 „Ha! damoisele, uous saues

Ke uous m'aues respit donne
Tant k'a cort uoions retorne
Mon neueu et les conpaignons
Ki uenront par tans, ce cuidons,
2245 Lors si ferons uostre talent."
Et ele se taist erraument,
Si s'em part d'une part irie
De ce que li est eslongie
Cele cose dont point n'esploite,
2250 K'ele tant desire et counoite
Comme le uaillant cheualier. f. 13ᵈ.
Lie est de ce que, s'esplotier
Puet tant k'ele le puist auoir,
Ele saura tresbien de uoir
2255 K'ele aura le meillor ki soit.
Et coi k'ele issi se pensoit,
Li rois fait ses miles mander
Et dist: „Seignour, ales garder
Au roi et a ses cheualiers
2260 Et penses aussi uolentiers
D'aus tous comme de moi feries,
Se uous le besoing i ueies."
„Sire, a uostre commandement."
Lors font le roi mout doucement
2265 Porter en une cambre coie
En .i. destour ke on n'i oie
Cose qui li puisse greuer
Et il font les autres porter
En .ij. cambres auques secrees,
2270 Si ont les plaies regardees
As naures, et puis les lauerent
Mout tres bien et les atournerent
Issi con faire le sauoient

Mout uolentiers, et quant il uoient
2275 Ke li rois Ris garra, il uont
Au roi Artu et dit li ont
Ke li rois Ris escapera
Et des autres .ix. ne mourra
Ke doi ki sont a mort naure.
2280 „Penses ent, s'en aures bon gre,
Dist li rois, car mout me plaira
De ce que li rois garira
Et de ce sui ie mout dolens
Ke il en mourra nus ceens."

2285 SEurs fu de sa garison
Li rois Ris et fu en prison
Tele qui point ne li greuoit;
Car quan ke cuers puet dire, auoit
A son uoloir, que on seust,
2290 Ke a son bien estre deust.
Si fait son senescal mander
Por sa uolente commander
Et li a dit ke il en maine,
Ke ia nus seus n'en i remaingne
2295 Des cheualiers ki laiens erent,   f. 14ᵃ.
Ki les litieres amenerent,
Et ke il s'em partent mout tost
Et si en maint trestout son ost
Et gart sa terre tant c'auiegne,
2300 S'il plaist le roi, ke il reuiegne,
Et s'il auient ke garir doie.
Et li senescaus li otroie
Et fait tout si comme il a dit,
De lui se part sans nul respit;
2305 Et li rois Ris a cort remaint

Malades, et on ne se faint
De lui respasser a deuise.
Si ont si bien lor paine mise
Li mire, que dedens .i. mois
2310 Sont li cheualier et li rois
Gari mout bien, si comme il durent,
Fors seulement doi ki morurent.
S'en est mout lies li rois Artus
Et li rois Ris sans targier plus
2315 Vient deuant lui, si l'en merchie
Del honnour de la compaignie
K'il et li sien faite li ont.
Durement li pria adont
Ke il li die son plaisir,
2320 Car il est tous pres d'acomplir
Son bon et sa uolente toute.
Et li rois respont: „N'aies doute,
Sire rois, mal ne uous feroie
Por rien. Poure honneur porteroie
2325 Celui qui ca uous enuoia,
Se de rien uilonnie i a
Ore uers uous grant ne petit.
Et uous et uos compaignons quit
Tout por l'amour au cheualier."
2330 Lors se commence a merueillier
Li rois Ris de ce k'il ooit.
Or primes parcoit il et uoit
Ke c'est li mieudres rois du mont
Et uoirs est ce ke dit li ont,
2335 K'il oi parler en auoit,
Quant il la grant frankise uoit
Du roi, durement l'en mercie,
Et dist: „Ie ne cuidoie mie

Ke il fust nus rois plus poissans   f. 14ᵇ.
2340 Ne plus rices ne miex uaillans
Ne mieudres cheualiers de moi;
Mais ie ne sai plus uaillant roi
Ne nul plus preudomme de uous
Ne meillour, si uoel a estrous
2345 Vostre liges hon deuenir
Et uoel de uous mon fief tenir
Et ke mes auoes soies."
Quant li rois l'ot, s'en est mout lies,
Sel prent a homme et li rois Ris
2350 Dist: „Sire, s'il uous ert auis
K'il fust raisons, ie m'en iroie
Volentiers et si reuenroie
Et mes cheualiers et ma terre."
„Seurement poes requerre,
2355 Dist li rois, car ia ne uaurai
Rien se ce non, ke ie saurai
Ke uostre uolentes sera
. . . .
Sans muer et sans entreprendre."
2360 Et li rois Ris sans plus atendre
A la roine congiet prent
Et a toutes communement
Ki es chambres laiens estoient,
Et puis monte, si le conuoient
2365 Li rois Artus et cheualier
Bien .v.c. ki por conuoier
Estoient tout apareillie.
Si l'ont, ce m'est uis, conuoie
Tant k'il uienent a la forest
2370 Parlant, et ke le roi Ris plest,
Il ont tuit a lui congie pris —
Si s'en uait auant li rois Ris.

Departi a itant se furent
Li roi, si con faire le durent,
2375 A boin gre de chascune part,
Et en ce que li rois se part
Du roi Ris, il remest arriere
Ses gens et fu de grant maniere
Pensis, et en ce k'il pensoit,
2380 Il ot si com uis li estoit
Vn cheual uers la mer fronchier,
S'esgarde et uoit un cheualier
Arme de toute s'armeure
Et cheuaucoit grant aleure   f. 14 c.
2385 Vers lui. Il s'est arresteus
Et esgarde que ses escus
Ert si desfaicies et destains,
K'il ne sot de quoi il fu tains,
Tant ot cop d'espee et de lance.
2390 Li cheualiers tous dis s'auanche,
S'a li rois le cheual ueu
Et l'a tantost reconneu,
Et sot bien ne point ne doutoit
Ke cil cheuaus por uoir estoit
2395 Son neueu mon seigneur Gauuain,
Lors ot le cuer d'ire mout plain,
Bien quide, ce soit, si s'en crient,
Aucuns cheualiers ki la uient
A cort, qui par son uasselage
2400 Ait mort son neueu et d'outrage
Li mueue, ke por soi uanter
Viegne a cort et uiegne moustrer
Son cheual en reconnissance.
Et koi k'il est en tel doutance,

2405 Mes sire Gauuains aproca
Et uoit ces gens, si s'apensa
Que ces gens a son oncle estoient,
Ki si ensamble se tenoient.
Tant uint que son oncle connut
2410 Mes sire Gauuains, lors s'esmut
Tant con cheuaus rendre li pot
Comme cil ki mout grant ioie ot.
Droit a lui uint grant aleure
Et li rois lores s'asseure,
2415 Quant il le connoist, si est lies,
Lors fu li baisiers commencies
D'aus .ij. et fu la ioie grans.
Passe auoit ne sai quans ans
Ke li rois n'ot si grant eue.
2420 Quant li cheualier ont ueue
La ioie, si s'esmerueillierent,
Tantost cele part s'adrecierent
Por connoistre ki cil estoit.
Et quant mes sire Yuains le uoit,
2425 A merueille s'en esioi,
Et Kex et tuit li autre aussi,
Maintenant ke conneu sunt,
Et grant ioie et grant feste font   f. 14ᵈ.
Et tuit communement l'enclinent.
2430 Entre lui et le roi ne finent
De parler de lor uolente;
Il demande ou il a este
Et u il a demoure tant,
Et il li uait trestout contant
2435 Quan k'il li est puis auenu.
„Vous seroit il puis souuenu
D'un uallet que uous me laissastes,

Dist li rois, don uous me priastes
Ke ie cheualier le fesisse
2440 Toutes les fois que ie oisse
Que il requerre m'en uauroit.
Il m'en requist et ie lues droit
Le fis, si con faire le dui.
Car ainc ne ui ne ne connu
2445 Nul plus biel uallet a deuise."
Lors conte comment il ot prise
L'espee et tout son errement,
Comment s'en ala et comment
Il li enuoia le roi Ris.
2450 „Sire, dist il, mout monte en pris
Cil cheualiers dont uous parles,
En maint pais est ia ales
Li contes et la renommee
De lui, maint le m'ont ia contee,
2455 Ki ne quident k'ainc mais nasquist
Si preudom ne onques ne fist
Autant d'armes nus cheualiers
En tant de tans, et uolentiers
Le ueisse, s'estre peust
2460 Et ie quic bien ke remes fust
A la cort, se lores i fusce."
„Biaus mies, mout grant ioie en eusce."

Qvoi k'ensi lor paroles tienent,
Nouueles a Clamorgan uienent
2465 Ke mes sire Gauuains uenoit.
La roine qui la estoit,
Quant ele a la nouuele oie,
A merueilles s'est esioie;
Et dames ki o li estoient

2470 Et damoiseles en faisoient
Itel ioie con greignor sorent,
Tantost monterent con ainc porent. f. 15ª.
La roine ki fu montee
Sans nuli atendre est alee
2475 Encontre mon seignor Gauuain
Por cui le cuer de ioie a plain.
Et cil qui aler le ueoient
Si seule, si li demandoient
V ele auoit tel oirre enpris,
2480 Car il n'auoient mie apris
K'ele deust si seule aler.
„Si n'en aues oi parler
Nului? Mes sire Gauuains uient."
Et quant il l'oent, si li tient
2485 Compaignie cil ki ains puet,
Trestoute la uille s'esmuet
Tantost, a cheual et a pie.
Car comunement sunt si lie
K'il n'orent tel ioie onques mais.
2490 Il issent de la uile apres
La roine, et tel ioie font
Ki merueillies ot ki ces gens sunt
Li rois ki du castel issirent;
Et on li dist ke il oirent
2495 Dire de son neueu nouueles;
N'i remaint uallet ne fumeles
Ki dire nouuele en oie.
„Biaus nies, mout poes auoir ioie,
Dist il, car tous li mons uous aime
2500 De bon cuer et seignour uous claime
Et tient si chier, la diu merchi.
Vees ke la roine ci

Vient contre uous o ses grans gens;
Et s'a cascun fuisies parens
2505 V freres u cousins germains,
Si ne uous font il mie mains
D'onnor, laiens ne remest nus."
Mes sire Gauuains n'atent plus
Puis ke ueue a la roine,
2510 Contre li de haster ne fine
Et dist: „Ma dame, bien uiegnies."
„Et uous boine auenture aies,
Biaus nies, uous soies bien uenans."
Lors fu la ioie entre aus si grans,
2515 Comme faire le seurent miex,
Bouces s'entrebaissent et iex   f. 15 b.
Et s'entracolent mout souuent
Et tous li communs de la gent
Li encline et li salue.
2520 Ki n'i pot auenir, s'i rue,
Si a entor lui si grant presse
Ke a grant paine aler le laisse
Et k'a grant paine d'eus se part,
Si cheuaucoit a une part
2525 Il et la roine parlerent
Et tant c'a Clamorgan entrerent.
Et en ce k'il furent uenu
Ou castel, et il ont ueu
D'autre part Tor le fil Ares,
2530 Ki uenoit, et uoient apres
Le fil Do de Carduel, Gerflet.
Ichou le roi en son cuer met
Grant ioie, ke tuit uenu sont,
Bien dist, deuant ce k'il seront
2535 Bien repose, ne se mouura

Du castel, ains seiornera
.VIII. iors u plus, se mestiers iert;
Ce plot forment as cheualiers.

2540 ORe seiorne a Clamorgan,
La dame de Caradigan
Vient au roi et li amentoit
Et dist: „Sire rois, or seroit
Droit que conuent me tenissies
Et ke uous querre enuoissies
2545 Le cheualier que doi auoir."
„Damoisele, uous dites uoir,
Dist il, mais souffres un petit
Par conuens que ia mais respit
Ne uoel auoir, puis ke seront
2550 Repose cil qui uenu sont,
Ki sont las et traueillie tant.
.VIII. iors sans plus respit demant
Et puis uostre plaisir ferai."
„Mout uolentiers le uous donrai,
2555 Dist ele, et uilaine seroie,
Se en cest point le uous ueoie,
Mais por diu, plus ne m'alongies."
Li rois seiorne et est mout lies
Et mout tres grant ioie demaine
2560 O ses gens toute la semaine   f. 15 c.
Et ont tout quanque lor cuers ueut.
Li rois Artus si comme seut
Se sist encore apries mangier
Au dois et n'i ot cheualier
2565 Ke mon seigneur Gauuain sans plus
Et auec aus .ij. ne sist nus
Ke la roine seulement,

Et li rois mout priueement
Commenca a dire: „Biaus nies,
2570 Vns afaires mout grans et gries
Vous sourt, et ne puis en auant
Targier; car i'ai en conuenant
Ke uous deues le cheualier
As .ij. espees porcacier;
2575 Si conuient ke uous i aillies
Et ke uous tant uous traueillies
Ke uous l'amenies auec uous,
Car i'ai creante a estrous
La dame de Caradigan,
2580 Ki seiorne a cort des oan,
Ke iel li donrai a seignour,
Et il aura toute l'onnour
Et les fies a li apendans.
Et ele si est atendans
2585 Et m'en tient mout cort toute ior.
Ore si soies a seior
Et uous respasses auant bien."
„Biaus oncles, ia ne uauries rien
Que ie ne faice sans doutance.
2590 Aues uous nule connissance,
De lui?" Dist li rois: „Naie uoir,
N'onques son non ne poi sauoir
Ne dont il est, mais il disoit
Ke la u nes este auoit,
2595 Le biau ualet l'apeloit on.
Or a aqueilli tel renon
K'il n'est nus mieudres cheualiers
Ne nus plus biaus ne plus entiers
En quan k'a preudomme conuient."
2600 Li rois plus parole n'en tient

Et mes sire Gauuains s'en ua
A son ostel et s'en mena
Et Keu et mon seigneur Yuain
Et Perceual le fil Alain,
2605 Le gros Desuaus de Kamelot
Et Dodinel u maint bien ot,
Et si furent Tors et Gerfles,
Lanselos et Gaheries,
Et si fu Gaus de Galefroi
2610 Et Blidoblidas li fils le roi
De Galoee. Icist i uont
Tuit et Taulas de Rogemont,
Et font mout grant feste a l'ostel
Et parolent et d'un et d'el,
2615 S'est mout lies mes sire Gauuains.
Et il ont lauees lor mains
Et puis apres mengierent fruit,
Si chantent et enuoisent tuit
Tant k'il fu saisons de couchier.
2620 Et on fist lis apareillier,
V la nuit tuit couchier alerent
Et dusques au ior reposerent.

LI cheualier en lor lis iurent,
Ki lasse et traueillie furent,
2625 Si en auoient grant mestier.
S'ot a coustume k'esueillier
Mes sire Gauuains se soloit
Tres le ior quant il aiornoit,
Et il uoit du ior la clarte
2630 Par les fenestres, s'a giete
En son dos au plus tost qu'il pot
D'un drap de soie .i. grant sercot

6*

Foure de uair a releuer;
.I. huis est ales desfremer
2635 D'une loge sur .i. uergier,
Lors uait as estres apoier
Et uit le soleil ki leuoit
Mout clers et ou uergier auoit,
Ce li sambloit, oiseles tans
2640 En tantes manieres cantans
Ke tous li cuers l'en esioist
Et souslieue tant ke il dist
A soi meisme ke dormir
Ne deuoit nus hon ne gesir
2645 Par tel tans tant k'il fust haities.
Lors est arriere repairies
A la chambre et a esueillie
Vn uallet cui trouua choucie
Ilueques as pies de son lit
2650 Et li a tout coiement dit   f. 16ª.
Ke il se liet. Et il si fait
Maintenant et deuant lui uait
A son lit et si li demande
K'il li plaist, et il li commande
2655 Que tout coiement se hastast
Et ke braies li aportast
Blances bien et cemisse blance,
Et cil si fist sans demourance.
Il les prent et puis les chauca
2660 Tantost, ke plus ne s'arresta.
D'un blanc diapre ki mout uaut
Vesti en son dos .i. bliaut,
Ouure a or durement riche,
D'un fremail d'or son col afice
2665 A pieres, asses grant et le

Et a meruelles bien ouure.
De soi acesmer ne se faint,
D'une chainture apres se chaint
A menbres d'or sor soie blance,
2670 Et puis apres sans demourance
.I. mantelet de noir cende
Et de uermeil dedens fourre,
Entor son col mout tost le mist
Ke harles mal ne li fesist.
2675 Nul sercot uestir ne uoloit,
Car point de froit, ce dist, n'auoit.
Tout maintenant sans plus targier
Commanda a son escuier
Le blanc iocor atorner,
2680 Et cil le uait tost amener
Desques il fu bien harneskies.
Lors li a li ualles chaucies
En ses .ij. pies uns esporons
A or et i ot uns corions
2685 D'un dur tissu de noire soie.
Et mes sire Gauuains l'enuoie
Querre son escu et sa lance
Et s'espee; sans demourance
Li aporte tost, et il chaint
2690 L'espee, et puis point ne remaint
K'il ne mont, et prent son escu,
Et li ualles li a tendu
Sa lance, et adonques s'en part
Et si li commande k'il gart
2695 Que nus n'en sace mot, s'il puet, f. 16ᵇ.
Et se a dire li estuet,
Si die bien k'il est ales
Por soi esbanoier es pres

Et ke d'iluec ne se remeuue.
2700 Puis se part d'iluec et si treuue
L'uis du gardin tout desferme,
Si s'en ist et passe le gue,
S'entre es pres plains d'erbe et de flors,
Formians de maintes colours,
2705 Si uoit la forest et ua la
Tout son pas et il esgarda
Enmi une lande petite
Vne place le plus eslite
Por deduire et la plus plaisant,
2710 K'il ueist ainc en son uiuant,
Et en mi liu un fou auoit,
Dont il nul plus biel ne sauoit,
S'ert par desous uers les praiaus,
Mais nul ki de loing fust si biaus
2715 Ne uit nus ainc ne frans ne sers.
Et li fous estoit tous couuers
De tantes manieres d'oisiaus
Que c'estoit deduis et auiaus
D'oir la ioie k'il faisoient,
2720 Car en lor langage cantoient
Chascuns endroit soi si tres bel
Et por l'amor du tans nouuel
Et por la douce matinee,
Ke nule riens de mere nee
2725 Onques mais tel ioie ne fist.
Mes sire Gauuains s'esioist
De la ioie k'il a oie
Si k'a peu k'il ne s'entroublie
Et il a regarde ses pies,
2730 En ses gambes s'est aficies
Si fort k'il a fait alongier

Les estriers et les fait brisier
Tout outre, mout petit en faut,
Et il tent ses .ij. mains en haut.
2735 „Biax sire dix, ie uous merci,
Dist il, ke uous m'aues issi
Fait biel et issi gracieus
Et issi bien auentureus
Que tous li mondes m'en cerist
2740 Plus ke il onques mais ne fist."   f. 16ᶜ.

Mout estoit haities et ioians
Mes sire Gauuains, et fu grans
Li iors, et li solaus hauca
Et fu clers et il adrecha
2745 Son uis uers la forest aual
Et coisist un homme a cheual,
Ki uenoit mout grant aleure,
Si samble bien que d'armeure
Est atornes au miex k'il puet
2750 De quan k'a cheualier estuet
Por soi deffendre uers autrui
V por faire a un autre anui;
S'est k'il est cheualiers certains.
Lors fu lies mes sire Gauuains,
2755 Et en son cuer dist: „Diex, aie!
Cil ua querre cheualerie,
Icil nouueles me dira,
Ia de rien ne m'escondira,
Que ie li sace demander.
2760 Et s'a la cort le puis mener
Du roi, mout boin gre en aurai,
Et ie mout bien efforcerai,
Car il enquiert mout uolentiers

Nouueles a ces cheualiers
2765 Ki uont aussi comme cil fait."
Et ke ainsi uantant se uait,
Icil aproce demanois
Sour .i. grant cheual espaignois
Con cil qui de rien ne prent garde;
2770 Et mes sire Gauuains l'esgarde,
Sel loe en son cuer mout et prise,
Lors a son frain sa main a mise,
Si a hurte l'escu du coute
Et uait con cil ki ne se doute
2775 De rien vers lui mout liement,
Salue l'a mout boinement
Et dist: „Biaus sire, bien ueignies!"
Cil ki ne ueut estre engignies
Du saluer et uient pensant,
2780 Lieue la teste et uait auant,
S'a mon seigneur Gauuain ueu,
Mais il ne l'a pas conneu,
Si dist: „Ie ne uous salu mie."
„Moi? por coi? ai ie dont folie f. 16ᵈ.
2785 Faite, dont hair me doies
Ne dont par mal uers moi soies?
Certes, se querele i auoit,
Ie seroie pres or endroit
De l'amender mout uolentiers."
2790 „Certes, fait ce li cheualiers,
Rien ne m'aues mesfait encore
Ke ie sace." — „Et ke ce fu ore
Ke mon salu ne me rendistes
Et por k'ensi me respondistes,
2795 Ki ne me senc mesfait de rien?"
„Ce uous dirai ie mout tres bien,

LI CHEVALIERS AS .II. ESPEES. 89

  Dist il, et por coi cha m'esmui.
  Du roiaume des Illes sui
  Cheualiers, fix d'un uauasor,
2800 Si n'i a ne roi ne seignour
  En cest pais fors une dame,
  Mais c'est la plus biele, par m'ame.
  Ki onques fust de mere nee,
  La plus rice et la plus senee
2805 Et la plus haute de cest mont.
  Maint haut homme requisse l'ont
  Plus bas de li et d'endroit soi;
  Ie ne sai mie le por coi,
  Mais ele les a refuses.
2810 Et ie sui tant osses
  Ke ie uoeil estre ses amis
  Et tant que mon cuer en li mis
  Et si dolereus con i'estoie
  Li uoeil dire que ie l'amoie,
2815 Si li priai ke ele eust
  Par francise, se li pleust,
  Et pitie et merchi de moi,
  Et ele demanda por quoi,
  Et tant con le uoir li gehis
2820 Trestout, ele embroncha le uis,
  Quant oi m'ot et si ot honte
  Et s'esmerueilla de quel conte
  I'auoie enpense tel outrage;
  Car ie n'ere pas du lignage
2825 Ke ie si haut penser deuse,
  Et dist: „„Se ie ne uous eusce
  Fait cheualier, ie uous fesisse
  Coper le chief, ia n'en presisse   f. 17ᵃ.
  Autre gage, ki m'aues dite

2830 Si tres grant honte et si despite,
Ki sui de cest mont li plus bele
Et la plus haute damoisele
Fors la roine d'Yselande
Ma seror, et si me demande
2835 Fils a .i. poure uauasor.
Ia n'amerai fors le mellor
Et le plus biel ki el mont soit."“
„„Certes, dame, uous aues droit
Et itels sui ie con uous dites."“
2840 „„Certes, fait ele, uous mesdites.
Si estes uous .i. des mellors
Ki soit ne ici ne aillors
Et des plus biax, ie le sai bien.
Mais tout ice ne monte rien,
2845 Car mout plus biel de uous i a
Et mellor."“ — „„Ce n'auenra ia
Fors por ce que uous dit l'aues.
Vous ne autres ne le saues,
Nou sot onques ne cil ne cele."“
2850 „„Et ie le uous dirai, dist ele,
Tuit le dient et ie l'otroi.
Mes sire Gauuains ki au roi
Artu est nies, asses miex uaut
N'a grignor biaute pas ne faut
2855 Ke la uostre, ains le passe asses;
Et por ce ke il a passes
Tous cels que ie onques connui
Et tous les autres, et ie sui
La plus biele et la miex uaillans
2860 Du monde et por ce a mon tans
N'ert ia par moi autres ames."“
„„Vous dires ce que uous uaures,

Dame, ce respondi ie lors,
Mais ie sui plus biax et plus fors
2865 Et mieldres de cheualerie
De lui."" — „„Ie ne uous en croi mie,
Dist ele, ke uous tes soies.""
„„Dame, et comment m'en poriies
Vous croire?"" — „„Bien dirai, comment.
2870 Se tant auies de hardement
Ke uous tous seus le quesissies
. . . .
Et uous peuissies tant prouuer   f. 17 b.
Que uous le peuissies trouuer
2875 En bien, con bien il uous fust grief,
Que uous li copisies le chief
V uous l'outrissies en bataille,
Ie uous en kerroie sans faille
Et uous feroie tant d'onnor
2880 Ke uous feroie roi et seignor
De toute ma terre et de moi.""
„„Grans mercis, dame, et ie l'otroi
Ne ie miex mie ne uous kier
Ne ie ne quit mais herbregier
2885 En un ostel plus d'une nuit,
Con bien ke li trauaus m'anuit,
Por tant k'en ma poeste soie,
Deuant ce que le truise et uoie
Et ke l'aie d'armes outre,
2890 Ce sacies uous de uerite,
A tels armes con il aura.""
Lors pris congie, si mui de la
Ne ainc puis ne finai d'errer;
Trois mois a et ne poi trouuer
2895 Encore ce que uois querant,

Et si me dient li auquant
Que mes sire Gauuains ne dist
Ainc son non, s'on ne li enquist,
Ne onques ne le uaut celer,
2900 Se on li uausist demander,
Por paour k'il eust de mort;
Si ne quic pas ke i'aie tort
Ne ne fais pas grant uilonie,
Se cheualier ne salu mie,
2905 Cui i'encontre, si sace bien
Sans deceuance et sans engien,
Comment il apeler se font;
Et lors quant ie sai ki il sont,
Ke ce n'est mes sire Gauuains,
2910 Si ne sui ne fols ne uillains
Du resaluer uolentiers,
Car ne hac nul des cheualiers
Autrui ke mon seigneur Gauuain.
Or aues oi tout de plain,
2915 Por quoi a uous ne uoel parler,
Car lors me poroit apieler
Mes sire Gauuains par raison,   f. 17 c.
Se il uoloit, de traison,
Se ie resalue l'auoie
2920 Et puis a lui me combatoie.
Or uous ai dit, por coi ie lais
A saluer et biax et lais
Et si uous pri ie et requier
Ke uous ne me ueullies cangier
2925 Vostre non, ains le me dies."
Mes sire Gauuains n'est pas lies,
Ains est en mout grant soupecon
De ce ke cil enquiert son non,

Il s'en souffrist lores mout bien
2930 Ne il n'oi mais piech'a rien
Ki au cuer li anuiast tant.
Car il le uoit biel et seant
Et as armes si auenable,
Ke trop le cuide deffensable,
2935 Et il est desarmes et set
Ke cil si durement le het;
Si doute .i. peu, si a grant droit.
Lors dist ke ia ce ne feroit
Por paor que de mort eust,
2940 Ke ia son non or li teust,
Car onques ne l'auoit teu.
„Gauuains li nies le roi Artu
Sui, ce dist il, n'en doutes mie
Et fils le roi Loth d'Orcanie
2945 Et la roine Morgades."
Quant cil ot ce, si ot ades
Ioie ke mes sire Gauuains
Estoit, lors tent andeus ses mains
Au ciel et dist: „Ie uous merci,
2950 Biaus sire dix, ke m'aues ci
Amene ou liu u ie truis
Mon seigneur Gauuain et me puis
A lui combatre cors a cors."
Quant il a ce dit, si uint lors
2955 A mon seigneur Gauuain, s'a dit:
„Mes sire Gauuains, sans respit
Vous desfi, traies uous en la."
„Biax sire, dist il, ce n'ala
Onques mais si en nulle terre,
2960 Ke cheualiers qui alast querre
Autre, por soi combatre a lui,

f. 17ᵈ.

N'atendist tant ke ambedui
Fuissent arme, s'il auenist
Ke cil desarme le ueist,
2965 Se mortel guere n'i auoit
De uie entr'aus .ij.; mais or soit
Ke la dame des Isles die
Ke plus biaus sui, ne mesfais mie
Vers uous, car diex m'a itel fait;
2970 Et si m'est uis, bien pas ne uait,
Si est male partisseure,
Car uous aues toute armeure
K'estuet a cors de cheualier,
Et ie n'ai dont me puisse aidier
2975 Fors une lance et une espee
Et un escu." — „C'est cose alee,
Conuens fu, se ie uous trouuoie,
Que a uous me combateroie
Si arme con uous series;
2980 Et se par moi outres esties,
Bien auroie tenu conuent,
S'auroie sans encombrement
Ce ke m'est promis a auoir.
Si uous conuient par estauoir
2985 K'a moi la bataile empregnies,
Quel meschief que uous i aies."

Qvant mes sire Gauuains entent
Ke il ne puet estre autrement
Et k'il ne puet en lui trouuer
2990 Pitie, ne il n'en puet passer
Se parmi la bataille non,
Et il le uoit fier et felon,
Si le doute, de ce a droit,

Car son tres grant meschief i uoit;
2995 Ne por quant dist isnel le pas:
„Et ie ne uous asseur pas,
Cheualiers! traiies uous ariere."
Trait se sont en ceste maniere
Enmi le camp, lors s'apensa
3000 Mes sire Gauuains k'encor a
Boin loisir d'en uoies aler,
Car ne le poroit arriester
Cil ki est armes pesaument.
Mais de maintenant s'en repent,
3005 Quant ce pense a il ia nis,   f. 18ᵃ.
Bien dist ke ia ior k'il soit uis
Et soie soit la poestes,
Ne sera a la cort contes
Nus contes de sa couardise,
3010 Il n'a pas si chiere sa uie,
Que por paour ne por manece
De morir por nul besoig face
Cose, ki li torne a uiergoigne.
A icest mot le lance empoigne
3015 Et si a trait l'escu auant
Le pis, et il muet tout auant,
Et cil se muet de l'autre part.
Mestiers est ke chascuns se gart,
Car mout uienent ireement.
3020 Mes sire Gauuains droitement
Si tost comme il uint l'a feru
De sor la blouke de l'escu
Bien .i. doit, et la lance passe
Dusques au hauberc et lors quasse,
3025 Car ele l'a si fort troue,
Que rompu ne l'a ne troe,

Ancois est em pieces uolee.
Li autres de tel randonnee
Con cheuaus rendre puet le fiert,
3030 Car par grant air le requiert;
Le fort escu li a percie,
Le trenchant fier bien aguisie
Li a fait tout sans arrester
Tres parmi le uentre passer,
3035 Mais ce fu parmi le uuit bu;
Du boin destrier l'a abatu
Trestout souuin et tout enuers.
Descolores, pailes et pers
Se gist a terre issi naures
3040 Mes sire Gauuains tous pasmes
De la grant dolor ke il ot,
Que remouoir nis ne se pot,
Ains iut a la terre estendus;
Et cil est sor lui reuenus
3045 Et esgarde k'il ne se muet
Con cil ki mouuoir ne se puet,
Tres bien le cuide auoir ocis;
Car il a, ce li est auis,
Parmi le uentre plainement   f. 18ᵇ.
3050 Le fer trenchant ki cler resplent,
S'en est a demesure lies,
Or quide bien estre paiies
De ce k'il auoit en conuent;
Lors uient au cheual, si le prent,
3055 Si l'a a un arbre atacie
Et reuint la u ot laisie
Mon seignor Gauuain, ce quidoit,
Mort, quant en pamison gisoit
Ne ne se mouuoit tant ne quant.

3060 Et il a de la ioie grant
Dit en haut: „Diex, ie uous aor,
Car i'ai ocis tout le meillor
Et le plus biel de tout le monde,
Or ai de la table reonde
3065 Ocis la rose et le rubi,
Quant mes sire Gauuains gist chi,
D'or en auant ne douc ie mie
Desseurs estre de m'amie
Et que rois des Illes ne soie."
3070 Et dist puis: „Ie uous coperoie
La tieste, mes sire Gauuains,
Mais ic feroie ke uilains
Et trop me seroit reprochie,
Se puis uous auoie toucie,
3075 Ke ensi uous auroie ocis,
Car trop aues el monde amis
Et trop estes bien conneus
Ne uostre cheuaus n'ert meus
Par moi de ci, k'il me poroit
3080 Encombrer en aucun destroit,
S'en auroie males sodees."
Et il a ses resnes tirees
Apres cest mot, car arrester
Ne uaut, ains se prent a l'errer
3085 Vers la forest, paumes batant
De la ioie, dont il a tant,
Ke ainc nus n'ot greignor eue
Et dist ke li est auenue
A uolente et a droiture
3090 Toute la plus biele auenture
Ki a cheualier auenist
Onques mais ke on dire oist,

Ne rien nule plus ne uoloit, f. 18c.
Et en dementiers s'en aloit.

3095 Mon seigneur Gauuain a laissie
Durement naure et blecie
Cil qui s'en uait a si grant ioie;
Et quant il se fu mis en uoie,
Si reuint mes sire Gauuains
3100 De pasmisons mout mas et uains,
S'ot bien oi kan qu'il disoit,
Ke k'il en pasmisons gisoit,
Et il se prent a esforcier
Sauoir s'il se poroit drecier,
3105 Mais il ciet arriere tous plas
Por sa dolour isnel le pas;
Car malement l'ot cil blecie.
Por le sanc dont tant ot laissie
A forment perdue sa force
3110 Et toutes uoies il s'esforce
Et s'est leues en son seant
Mout floibletement et fait tant
A tant comme il ot de uertu
K'il oste de son col l'escu
3115 Et si a trait le troncon fors
A grans anguisses de son cors
Et s'est faissies a mout grant paine
Comme cil ki durement saine
Du mautalent, et quant il uoit
3120 Ke cil pas mene n'en auoit
Son cheual, si en est mout lies
Et uoit ke il est atacies
Au fou, et il se lieue drois
Et uait la et il si destrois

3125 Comme il est, monte a grant destrece,
Et si con sa uoie l'adrece,
Il uint a Clamorgan arriere
Et si fait a dieu sa proiere
Ke, s'il li plaist, li doinst tant uiure,
3130 K'il uiegne en son pooir deliure
Et ke il se puisse uengier
En aucun tans du cheualier
Ki si le cuide auoir ocis,
Et il cheuauce mout pensis
3135 Et dolereus, si a passe
La forest, les pres et l'iauue
Mout anguisseus et mout mal mis,   f. 18ᵈ.
Il entre parmi les postis
Ou iardin et le uallet uoit,
3140 Ke laissie illueques auoit
Et commande k'il l'atendist;
Et quant li ualles le coisist,
Il le uait lues a l'estrier prendre.
„Vien cha, si m'aide a descendre,
3145 Dist il, car blecies sui .i. poi
Ou cors, et si te tien tout coi
Ne ne fai onques nul samblant
A nului ki rien t'en demant,
Ke i'aie tant ne quant de mal
3150 Et si estuie mon cheual
Et puis si me reuien aidier
Tout coiement por moi coucier."
Et li ualles issi le fait,
Son cheual estuier li uait
3155 Tout coiement et puis retorne
A lui et son lit li atorne
Tres tout souef et apareille,

7*

Ke nus laiens ne s'en esueille;
S'est mes sire Gauuains coucies
3160 Mout foibles et mout dehaities.

LI iors fu esclarcis et grans
Et la matinee plaisans
Et cil oisiel s'esioissoient.
Li rois et la roine estoient
3165 Leue ia et apareillie
Et s'estoient esmerueillie
Ke mes sire Gauuains faisoit,
Car plus matin leuer soloit
Tous iors des autres cheualiers
3170 Et soloit uenir tous premiers
A cort, se dehaities ne fust
V se cheuaucier ne deust
Por aucune cose nouuele.
Maintenant la roine apiele
3175 Deuant li Lore de Branclant
Et Faukain de Mont Esperant
Ki furent illuec les a les.
„Damoiseles, dist ele, ales
A l'ostel mon seignor Gauuain
3180 Et li dites k'au daarrain   f. 19ª
Ne seut il pas estre a la cort;
Dites li k'il liet et atort,
Car ne deust pas tant gesir
Cheualiers ki bee a ioir
3185 Ne auoir l'amor de s'amie,
Dites li k'il ne demeurt mie,
Car ie et li rois li mandomes
Et ke grant piec'a leue sommes
Et uolons aler au moustier."

3190 Les damoiseles sans targier
Vont la, s'enquierent u il gist
As camberlans, et on lor dist.
Et eles tost la s'adrecierent,
Deuant le lit s'agenoillierent
3195 Et dient: „Dormes uous encore,
Biaux sire?" — „Damoisele Lore,
Bien ueignies et la compaignie,
Dist il, naie, ie ne dor mie
Ne ne fis tres k'il aiorna."
3200 „Sire, li rois est leues ia
Et ma dame, ce sacies uous,
Et si uous ont mande par nous
K'a eus uiegnies isnelement,
Et mes sire Yuains ensement;
3205 Ne le laissies por nule rien.
Piec'a n'auint, ce dient bien,
K'a ceste eure ainc mais geuissies
Et k'aincois ne uous leuisies
Ke cheualiers qui laiens fust.
3210 Ne nus hon dormir ne deust
Par si tres biele matinee,
Et il est grant eure passee
Et li rois a cort uous atent."
Quant mes sire Gauuains entent
3215 Ce ke la pucele li dist,
Si targa et .i. souspir fist,
Et puis respondi foiblement:
„Il ne puet ore estre autrement,
Damoisele, mais ore ales
3220 A la cort et dire poes
Mon oncle que dehaities sui
Et k'il ne li tort a anui

Ne a ma dame." Et eles uont
A cort et ensi conte ont   f. 19 ᵇ.
3225 Au roi comme il conte lor ot.
Et quant li rois entent et ot
Que ses nies est si deheties
Et malades, s'en est iries;
Car trop est l'amors enterine
3230 Entr'eus et dist a la roine:
„Dame, alons mon neueu ueoir,
Piec'a mais ne li ui auoir
Malage dont au lit geust
Bien quic, s'il mout grant mal n'eust
3235 Ke riens le peust detenir."
„Sire, ce puet bien auenir,
Dist ele, alons ueoir k'il fait."
Lors monte li rois, si s'en uait
Et la roine et cheualier
3240 Et dames, car mout l'orent chier
Communaument a cort trestuit;
Il n'i font ne noise ne bruit.
Et mes sire Yuains fu leues
Et autre cheualier asses,
3245 Ki auoient laiens geu,
Si s'esmerueillent c'ot eu
Li rois ki uint si matement.
Et il s'en uint mout erraument
Sans ce k'a nului ne parloit
3250 Au lit u ses nies se gesoit,
Et la roine, et il s'asist
Et une fenestre ouurir fist
Et a son neueu regarde,
Si le uit mout descolore,
3255 S'a dit: „Comment uous est, biaus nies?

Vous me sambles mout dehaities
Et uous le me deues bien dire."
Et il respont foiblement: „Sire,
Il i a asses uilaine oeure."
3260 Maintenant li rois le descueure,
Si uoit que mes sire Gauuains
Est naures et est ses lis plains
De sanc et que tous en sanc gist;
Et il demande ki li fist
3265 Si grant outrage et si grant honte.
Et mes sire Gauuains li conte
Tout issi com il li auint,
Et k'il ne sot ke cil deuint   f. 19 c.
Ainc puis que par mort le tenoit;
3270 Et la grant ioie k'il menoit,
Quant por mort l'ot issi laissie,
Li conte, et comment ot faissie
Son cors d'un mantel, et comment
Il reuint; et li rois se prent
3275 A soi pasmer et a duel faire
Et nus hon ne poroit retraire
Le duel ke la roine fait,
Ki ses cheueus ront et destraint,
Pries k'ele ne s'ocist de duel.
3280 Et tuit li cheualier lor uoel
Vaussisent morir de courous
Et les dames; s'ert si a tous
Communaument li duels partis,
Nus n'ert huiseus, ie uous pleuis,
3285 De duel faire ne de plourer.
„Ha, biaus oncles, laissies ester,
Dist mes sire Gauuains, laissies,
Nule cose n'i gaaignies

En tel duel faire, mais mandes
3290 Les mires, et lor commandes
Qu'il se pregnent garde de moi.
Nul meillor conseil ie n'i uoi
Ke seulement du conforter.
Si le laissies a tant ester
3295 Tant ke uous uees ke sera."
Li rois ki ne s'asseura
De rien, que si grant duel faisoit
Sans entrelaissier, quant il uoit
Ke ses nies conforter le ueut,
3300 Si dist con cil qui trop se deut
Et ne puet auoir nul confort:
„Biaus tres dous nies, et quel deport
Puis ie et quel restorement
Auoir de uous, et ie comment
3305 Tenrai terre, se uous moures?
Vous ki tout le mont honneres,
Vous ki portes les fais en tous,
Vous ki apaisies les courous,
Vous ki estes du mont escus,
3310 Vous ki estes tous iors uescus
Por poures dames soustenir,
Vous ki solies si maintenir   f. 19ᵈ.
Les puceles desiretees,
Vous ki aues tous iors gietees
3315 Les maluaistes arriere dos,
En cui aurai ie mais rados
Ne fiance de mon roiaume,
Ki portera escu ne heaume
Nul iour por l'onnour de Bretaigne?
3320 Ha, diex! uous doignies ke se plaigne
Encore cil ki che basti,

N'onques nul ior ne s'eati
Nus a uous, ki ne se plainsist.
Autresi li cuuers fesist,
3325 Ki ce uous fist, bien le sauons,
Se ne fust faite traisons
Par barat u par souspresure.
Diex doinst, ke de la mespresure
Ait encore son paiement
3330 Bien tost, sans lonc delaiement.
Si aura il, et ie le ueu."
Et quant il a si son neueu
Regrete comme uaillans sires,
Il a mandes tantost ses mires
3335 Cels cui plus creoit entresait,
Et si lor prie k'il i ait
A son neueu garder entente,
Et ke on de rien ne li mente
C'on ne li die uerite
3340 Et a bien et a loiaute
De quanques en lui troueront.
Et il dient k'il si feront,
Car c'est li hon tout sans le roi,
A cui il doiuent plus de foi
3345 Et cui il doiuent miex seruir.
„Mais or nous en laissies ceuir
Et uous traies un poi en sus."
Et li mire n'atargent plus,
Mais lues sa robe li osterent
3350 Et puis sa plaie li lauerent
D'iauue tieue et l'ont regardee,
Et quant il l'orent bien tentee,
Si dient: „Ne uous esmaies,
Biaus sire, et tous seurs soies

3355 D'estre dedens .i. mois tous sains."
Quant ce ot mes sire Gauuains,   f. 20ᵃ.
S'a dit: „Aores en soit diex,
Quant ie encore serai tex
Ke armes porai cheuaucier.
3360 Or ales le roi apaier,
Ki tel duel a son cuer maintient."
Et il si font; et quant la uient
La nouuele, si sont si lie
Ke ainc mais duel si tost cangie
3365 Ne uit nus en si tres grant ioie.
Mais li mire font tenir coie
La chambre et toutes les maisons,
Et dient au roi, ke saisons
Fust mout bien k'il se departissent
3370 Et ke auoec lui remainsissent
Deus puceles por soulagier,
K'il n'a d'autre cose mestier.

MOn seigneur Gauuain laissie ont
Li rois et la roine, et uont
3375 A lor osteus grant et menu.
Et li mire sont reuenu
Deuant lui et mout s'entremetent
De lui, et tout lor cuer i metent
Et tant ke dedens le semaine
3380 Est si aparissans lor paine
Et es .viij. iors amende tant
K'il se lieue et ua esbatant
Par son ostel, quant il li plaist,
Dont mout grans ioie au cuer li naist,
3385 Car eu ot de mort paor.
Deuant lui est uenus .i. ior

Li rois por ueoir k'il faisoit
Et tout maintenant ke il uoit
K'il amende si, s'a grant ioie
3390 Et li dist: „Biaus nies, ie sauroie
Mout uolentiers ki ce uous fist."
„Ie ne sai certes, mais il dist
Lors, quant il me cuida auoir
Ocis, c'or sauoit il de uoir
3395 K'a lui la plus biele cheuance
Ert auenue sans doutance,
Ki auenist a cheualier
Ainc mais; k'il seroit sans targier
Rois des Illes, s'auroit s'amie,
3400 De par cui muet la seignorie,   f. 20[b].
La plus biele dame du monde.
Et la cose ki plus m'afonde
De courous de quan k'il disoit,
C'est la grans ioie k'il faisoit
3405 De ce k'il me tenoit por mort.
Ce me grieue certes plus fort
Ke de ce ke ie sui naures."
„Biaus nies, laissies, uous en aures
Encore bien uostre ueniance,
3410 N'aies onques nule baiance
Fors a uous sans plus respasser
Ne n'i uoeillies onques penser."
„Biaus oncles, g'i pense petit"
Dist il, et la roine a dit
3415 Au roi et le trait d'une part:
„Sire, il est bien droit que on gart
Vostre neueu miex que deuant,
Car si se uait aperceuant
Qu'il garisse, il se leuera

3420 Ains son terme et s'en emblera.
Car trop est durement iries
Ne ia mais ior ne sera lies
Deuant ce ke la mespresure
Ament et se par auenture
3425 Auenoit, ke il soruenist
En liu, ou trouuer le peuist,
Et ensamble se combatoient
Et ses plaies li escreuoient,
S'il escaufoit par nul poir,
3430 Bien em poroit la mort auoir,
Si en ories dure nouuele."
„Vous dites uoir." Il en apele
Mon seigneur Yuain et Gerflet,
Garahet et Garahiet,
3435 Tor et Dodinel et Eslit
Por ce que deuant lui les uit,
Et auoec Carados Briebras
Et lor dist: „Seignor, ie uous fais
Garde de Gauuain et por diu,
3440 Se il auenoit k'en nul liu
Vausist aler, nel souffrisies
Deuant ke uous le m'eusies
Fait sauoir." „Sire, uolentiers."
Et li rois laist les cheualiers, f. 20c.
3445 Si prent a son neueu congie,
Si l'a auoeques cels laissie.

TAnt font, ke mes sire Gauuains
Est dedens .i. mois trestous sains,
Li mire qui en garde l'orent;
3450 Car il li firent kan qu'il sorent,
Ki a sa garison tornast.

Et ancois ke li mois passast,
Il uoit k'il est sains et garis,
S'en est au cuer mout esiois;
3455 Car mout se sent sain et legier,
S'a dit que trop poroit targier
D'ore en auant de son mouuoir
Ne il ne deut pas tant auoir
Atendu de querre ueniance
3460 De celui ki a tel uiutance
Le laissa tout por mort gisant;
Mais il ne ueut faire samblant
De cose k'il ait enpense.
Il ot ia tout son mois passe,
3465 A nule rien mais ne pensoient
Li cheualier qui le gardoient,
Et il fist douce matinee
Vn ior et fist mout grant rousee,
Et il ancois soleil leuant
3470 Se lieue, si k'aperceuant
Ne s'en uait nus ki laiens soit,
Et boute .i. uallet ki gisoit
A ses pies et mout coiement
Li dist, k'il uoist mout sagement
3475 Et ses armes aport laiens
Deuant son lit. Cil ne fu lens
De faire kan k'il li a dit.
Vn auqueton tout de samit
Met en son dos tout de premier,
3480 Et cil li aide a lacier
Vnes cauces de fresce maille,
Puis apres un hauberc li baille.
Et il s'en atorne mout bien
Et fait tant k'il ne li faut rien

3485 De quan k'estuet a cheualier,
Puis dist k'il uoist apareillier
Le blanc iocor et l'amaint
En cel iardin. Cil ne se faint   f. 20ᵈ.
De li faire ses volentes.
3490 Mes sire Gauuains est montes
Et pent a son col son escu
Et prent sa lance et quant il fu
Tous pres, si a dit ke fera.
Li ualles dit k'il n'osera
3495 Aler a court ne seiorner,
Car il n'en poroit pas torner,
K'il ne fust mors, por coi seust
Li rois, k'il a son mouuoir fust
Et ne li eust fait sauoir.
3500 „Valles, dist il, n'i pues auoir
Damage nul, car tu iras
A cel uauasor et diras
C'a lui t'enuoi et ke il mont
Et uoist a mon oncle et li cont
3505 Ke ie m'en uois por moi uengier,
Se onques puis, du cheualier
Ki si osa uers moi mesprendre,
Et ke grant tans me puet atendre.
Car ia mais ne uenrai a cort
3510 . . . .
Deuant ce ke uengies me soie
Et deuant ce ke truisse et uoie
Le cheualier as .ij. espees,
Dont nouueles sont tant alees,
3515 K'il est si tres boins cheualiers.
Il fu aussi mes escuiers,
Si l'en menrai, se ie le truis,

Auoec moi a court, se ie puis."
Mes sire Gauuains lors s'en torne
3520 Et cil apres lui ne seiorne
K'il puisse ne grant ne petit,
Au uauasor k'il li ot dit
Vient et li a trestout conte.
E uous le uauasor monte
3525 Et uait a court et si furnist
Son mes de quanques cil li dist
Ke mes sire Gauuains li mande.
Et li rois gaires ne demande,
Quant mut ne quel part il aloit,
3530 Fors k'il dist que de par diu soit.

CI lais du roi Artu ester,
Car ci auant m'estuet conter
Comment mes sire Gauuains oirre, f. 21ᵃ.
Ia n'en ferai mencoigne acroire.
3535 .VIII. iors tous entiers bien erra,
Par maint boscage trespassa
Et par maint destroit perilleus
Et a passer mout anieus.
De fors reces trouua asses,
3540 Boines uiles et grans cites
V souuent prist herbregerie.
Li contes ne raconte mie
Cose ki la li auenist,
Tant ua ke il de Bretaigne ist,
3545 S'est en une forest entres,
S'oirre a iornee et n'a trouues
Castiaus ne reces nule part,
Et il estoit ia aukes tart,
Si ne sot u aler peust.

3550 La nuit li conuint k'il geust
En la forest ki mout biele est,
Et ses cheuaus, k'il n'ot pas prest
Ilueques auaine ne fain,
Peut l'erbe et il li ot le frain
3555 Oste, por bien deliurement
Paistre; et droit a l'aiornement
Mes sire Gauuains se leua,
Son frain met et monte et s'en ua,
Car tex ostex pas ne li plot.
3560 Si ceuaucha, et quant il ot
Dusques vers tierce ceuauchie
L'ambleure, il a adrecie
Son uis et a en loing ueue
Vne lande et a la tenue
3565 Sa uoie et de la forest ist
Et entre en la lande et coisist
Vn arbre enmi et une mule
Dont il n'estoit plus bele nule.
Cele part uait isnelement,
3570 Car il pense a son ensient
Ke seule n'i est par nul plait
Et k'atacie ne l'i ait
V sire u dame u damoisele
Que li sara dire nouuele
3575 Aucune; et il uint la esrant
Et il uoit un pelerin grant
Ki estoit de chaines melles
Et estoit assis de deles
Vne fontaine et mout paroit
3580 Estre preudom, ce li sambloit,
Tant comme on connoist de ueue,
S'ot une touaille estendue

f. 21ᵇ.

Deuant lui, blance comme lis,
Et si auoit par desour mis
3585 Hanap de fresce doreure
A menue pineteure
Et uoloit au digner mengier.
Et quant uers lui uit aprocier
Mon seigneur Gauuain, s'est drecies
3590 Et dist: „Biaus sire, bien ueignies!
Vesci le mengier trestout prest.
Descendes, se il bel uous est,
Car uolentiers uous en donrai."
„Et ie liement le prendrai
3595 A grans merchis et uolentiers;
Car il m'est ausi grans mestiers."

Lors descent mes sire Gauuains
Et puis a desarme ses mains
Et sa teste et leue et s'asist
3600 Et puis menga, ke mout li sist,
D'un paste de gheline froit
Et d'un uin but, ke cil auoit
Vermeil aporte en bouchiaus,
Ki clers ert et sades et biaus.
3605 Mengie orent a lor plaisir
Con de cel digner a loisir,
Et li pelerins li enquist
Dont il estoit; et il li dist,
Car pas celer ne li uoloit.
3610 Et quant cil ot ke cil estoit
De Bretaigne, lors ne se faint
De biel prier k'il li ensaint,
Quel part mes sire Gauuains gist.
„Gist? dist il, comment?" Et cil dist:

3615 „Mors." — „Mors n'est il encore pas,
Dist mes sire Gauuains, c'est gas."
„Si est, car tout ueraiement
Le sai." — „Et uous, sire, comment?
Dites dont, comment ce auint?"
3620 „Cil ki l'ocist, lues le me uint
Dire." — „Certes, menti uous a,   f. 21 c.
N'onques puis .I. iors ne passa
Ke ie sain le ui et haitie,
Ne onques mais de la moitie
3625 Ne fu si sains ior de sa uie."
Quant li pelerins a oie
Cele nouuele ke li dist
Mes sire Gauuains, il norcist
De courous et dist: „Vous ki estes,
3630 Ki ces nouueles tant rubestes
M'aues aportees ici?"
Quant mes sire Gauuains oi
Que cil son non li demandoit,
Se li a dit, ke il estoit
3635 Cil Gauuains, k'il tient por ocis.
Adonques li mua li uis,
Quant ot ce que tant li dessiet,
Si se pasme et arriere chiet.
Si s'esmerueille, dont ce uient,
3640 Mes sire Gauuains, et quant uient
Li pelerins de pasmisons,
S'est si enfles et si embrons
Ke il puet parler a grant paine
Et dist: „Gauuains, la male estraine
3645 Te doinst diex et tres grant dolor
En ton cuer, ki en tel tristor
As mis a tous iors mais ma uie."

Mes sire Gauuains ne set mie,
Dont ce uient, si s'est merueillies
3650 Ke li pelerins est iries
Si durement, que mors n'estoit,
Et por k'ainsi le maudisoit,
Car mesfait n'i cuidoit auoir.
Et dist: „Mout uauroie sauoir,
3655 Dont uous estes iries uers moi."
„Ie ne le uous dirai, par foi."
Dist li cil: „A dire l'estuet
Par mon cief." Et cil ki ne puet
Ne n'oise muer, sans targier
3660 Dist: „Mes fils est, que i'ai mout chier,
Cil ki uous deuoit auoir mort.
Et se dolens sui, n'ai pas tort,
Quant il en deuoit estre rois
Des Illes. Or est a gabois
3665 Tournes, si con moi est auis,   f. 21 d.
Car tu es encore tous uis.
Et ie qui sui .i. uauasors
Poures, fuisse mais a tous iors
A honneur, mais or n'ai nient.
3670 Si ne quic a mon ensient
Ke tu icil Gauuains ne soies.
Mais or me di, u tu aloies
Or ains, quant tu tornas par cha?"
„Querre uois celui qui uous a
3675 Dit k'il m'a mort, ne ia mais ior
N'aurai ne ioie ne seior
Deuant ce ke uengies m'en soie.
Car la cose ki plus m'anoie
Mon cuer, est de ce k'il auoit
3680 Tel ioie por ce k'il deuoit

8*

Moi en tel guise auoir ocis,
Si m'en uengerai, se tant uis
Sui et poissance ne me faut."
„De tout ce, dist il, ne m'en caut,
3685 Car c'est si loing, s'a entre deus
Tans encombriers si perilleus
Et tans si felones trespas
Ke dusques la ne poras pas
Por paine ki auiegne aler.
3690 Ne ie ne finerai d'esrer
Deuant k'en Bretaigne enterai
Et la uerite enquerrai
De Gauuain, s'il est uis encore."
„De par diu, car me dites ore,
3695 Dist il, u hebregier poroie
Hui mais, car mestier en aroie
Mout grant." — „De ce aues uous droit,
Dist li uiellars, car or endroit
Vauroie ke ocis fuissies.
3700 Si me demandes, u puissies
En ceste nuit estel auoir.
Et se ie le sauoie uoir
Tel u on honte uous fesist,
Et dont damages uous uenist
3705 Ne pesance ne enconbriers,
Iel uous diroie uolentiers."

A Ces mos departi se furent
Et si tinrent, si comme il durent,
La uoie k'il sorent plus droite. f. 22ª.
3710 Et mes sire Gauuains s'esploite
De cheuauchier tant ke il ist
Du bos et mout li enbelist

De ce k'il uoit une maison
En une lande et enuiron
3715 Ert d'un palis close mout uies.
Il est cele part aprocies,
K'il cuide bien ke hebregier
I puist, car il uoit .i. clochier
Et une capele dedens,
3720 Si cuide bien k'il i ait gens.
Et il est uenus la tout droit
Au postis et il i auoit
Vne grant platine pendue
De coiure, et il l'a bien ueue
3725 Et .i. martel qui deles pent.
Et mes sire Gauuains le prent,
Si fiert .iij. cops, et uns hermites
Ki auoit ia ses uespres dites
Est uenus ouurir le postis.
3730 Et il estoit grans et furnis
Et kenus, s'ot plaies ou uis,
S'ert mout preudon, ce li est uis.
Et il en uient la sans targier
Et dist: „Sire, ie uous rekier
3735 L'ostel hui mais par carite
Tel con dius le uous a preste."
„S'il uous siet, de par diu l'aies."
„Biaus sire, ie suis bien paies
Ore, n'autre ne quier ie mie."
3740 Et cil ki uoit la cortoisie
En lui, l'a en la cort mene.
Si descent, et il s'a pene
Au miex k'il pot a lui aidier
Desarmer et fait estoier
3745 Son cheual a un grant uilain,

Noir cenu et de noir pelain,
Ki en l'estable le mena
Et le frain tantost li osta
Et la siele, et le dos li frote
3750 De l'erbe et apres de sa cote.
Cil se met paistre, et li hermites
Mena en ses maisons petites
Mon seigneur Gauuain; il s'asist   f. 22ᵇ.
Sor .i. fais d'erbe et lors li dist
3755 Li boins hom, se mangie auoit.
Et il dist ke il mengeroit,
S'il auoit quoi, mout uolentiers.
Cil auoit este cheualiers
Et sot bien de quel pie clocoient
3760 Cil ki ensi errant aloient,
Car d'eus meismes ot este.
Vait, si li aporte un paste
Froit de gheline k'il auoit
Porcacie, quant on li donnoit
3765 Por diu, lors prent une touaille
Blance et li dist que lauer aille.
Il leue et s'asist et menga
Et li hermites li trencha.
Et mes sire Gauuains mengue
3770 Tout le paste et a beue
Asses de l'iaue, k'il n'a garde
D'enyurer. Li boins hom l'esgarde
Et auise mout durement
Et si pensa mout longement
3775 En parfont, ke k'il l'auisoit;
Et a soi meisme disoit
Trestout coiement li hermites,
Quels coses ke on li a dites,

K'il n'oi onques mais parler
3780 D'omme ki si deust sambler
Mon seigneur Gauuain, si a dit:
„Sire, ne uous tort a despit,
Se ie uous demanc uostre non.
Car cil est de si grant renon,
3785 Cui uous sanles, ke ie seroie
Mout lies, se uostre non sauoie
V se uous li apartenes."
Et il li dist: „Quant uous uoles,
Biaus ostes, que mon non uous die,
3790 Ie ne le uous celerai mie.
Gauuains nies le roi Artu sui."
Et quant cil ot son grant anui,
La tieste bronce et est iries.
„Ha, diex, or est bien eslongies
3795 Li tres grans biens c'auoir deuoit
Mes nies ki auantier disoit
K'il auoit cest preudomme ocis   f. 22 c.
Et il est encore tous uis.
Noiens est et noient a fait."
3800 Adonc se lieue et si s'en uait
Et d'ire et de mautalent plains.
Lors s'en uait mes sire Gauuains
A un torsiel d'erbe apoier
Et si commence a sommeillier.
3805 Et li hermites le uoit bien
Et dist a son uilain: „Cha uien!
Si pren cele quignie la."
Il le prent et uient a tout la.
Et li hermites .i. pel tint,
3810 Vers mon seigneur Gauuain s'en uint
Tous mautalentis et iries.

Et li uilains fu hericies
Et kenus et noirs a outrage.
„Garde que tu aies corage,
3815 Dist il, si ne te faille mie,
Si chier comme tu as ta uie.
Car se nous tes .c. estions,
Vers lui duree n'arions,
Que trestous ne nous ocesist
3820 Sans arriest." Et li uilains dist:
„Ie n'ai pas paour de falir."
Et il uienent por mal baillir
Mon seigneur Gauuain entr'aus deus.
Et li uilains ki fu hideus
3825 Empuigna mout fort la quignie,
Si l'a, au plus k'il puet, haucie.
Si fait li hermites son pel,
Ki li ot fait si biel ostel,
Et amaine le cop aual.
3830 Lors se porpense k'il fait mal,
Si retient son cop et dist: „Fui!
Ne fai mie au preudomme anui,
Ki se dort; et ie sui rendus,
Si seroie a tous iors perdus,
3835 S'a mal faire recommencoie.
Ne la cose n'est mie moie:
Se mes nies ment, tant uaut il mains.
Se uis est mes sire Gauuains,
A il por ce mort deseruie?
3840 Ie ne quic k'il soit hom en uie,
Ki n'aint et lui et sa maniere." f. 22ᵈ.
„Fuies, laissies ke ie le fiere,
Il seroit ia tantost tues
Ains ke uous fuissies remues

3845 Plain pas." — „Fui toi, ic n'en ai cure,
Ia par moi n'aura mais laidure
Ne pis ke nous li auons fait."
Li uilains arriere se trait,
Quant ses sire l'ot commande;
3850 S'ot mout bien trestout escoute
Mes sire Gauuains, quan k'il dient.
Et quant il l'ot que il l'afient
Ke plus de mal ne li feront,
Si s'endort et cil lors s'en uont.
3855 Et li hermites aporta
.I. mantel, et si le gieta
Sour son oste tout souauet,
Si le couuri et puis se met
A la uoie, et li ber dort tant
3860 Ke la nuis uait ia anuitant,
Ki ne li a pas corte este,
S'estoit ele des nuis d'este.

A V matin quant il aiorna,
Mes sire Gauuains s'atorna
3865 De ses armes, et li uilains
Li dist ke la siele et li frains
Erent ia mis en son cheual.
Se li eust il fait mout mal
Le soir, se ses sire uausist.
3870 Mes sire Gauuains monte et prist
Congie a son oste et ne fine
D'errer tous seus par la gaudine
Et tant k'eure de prime fu.
Et il esgarde, s'a ueu
3875 Vn uallet ki mout se hastoit,
Ki un chaceor cheuauchoit,

Le greignor ke piech'a ueist.
Et mes sire Gauuains li dist:
„Vallet, bien ueignies!" Cil a honte
3880 Et s'esmerueille de quel conte
Il l'auoit salue auant,
Se le respont de maintenant:
„Sire, boine auenture aies!"
„Valles, dist il, u alies,
3885 Ke si uous hasties iuhui?"   f. 23ᵃ.
„Sire, dist il, enuoies sui
A cel hermite de laiens.
Si m'i enuoie uns siens parens
Ki n'est pas ore en maus loiens,
3890 C'est des Illes li rois Briens
Ki de grant ioie est ore plains."
„Comment? dist mes sire Gauuains,
Li rois Briens? onques mais dire
Ne l'oi." — „Vous dites uoir, sire.
3895 Ie mespris, encor ne l'est mie.
Mais en conuent li a s'amie,
K'il l'ert, por ce ke il ocist
Mon seigneur Gauuain, ce li dist,
Et ele l'en croit mout tres bien."
3900 Quant entendu a de Brien
Mes sire Gauuains, k'il ert rois,
Si en fu durement destrois
Et mout iries et mout pensans,
Et dist que s'il n'est mesceans,
3905 Et sa uoie n'est encombree,
K'il uiegne ains k'il l'ait espousee
La les noeces contredira.
Et cil dist: „Il ne remanra,
Sire, dame ne cheualiers

3910	Dusque en la forest de Moriers
	Ne nule biele damoisele
	Ki oie ait ceste nouiele,
	Ki de la uenir ne s'esploit.
	Car nus ki d'ilueques ne soit,
3915	Ne le pot onques mais ueoir.
	Et ore le uerra por uoir,
	Ki uenra au couronnement,
	A loisir, et par un conuent
	K'il onques mais ne uit si biele
3920	Ne si tres uaillant damoisele
	Ne si riche ne si proisie
	Ne nule si bien entechie
	De boines meurs ke il conuient
	A feme; et por ce en i uient
3925	Tant, que nus conter nel saura.
	Et li cheualiers i sera
	As .ij. espees, k'a deschaint
	L'espee, u essaierent maint
	A Carduel, u li grans cors fu.
3930	Et se rien en aues seu
	Et uous i plaisoit a uenir,
	Il ne uous poroit auenir
	Si bien de nule conpaignie.
	Ne le tenes a uilonnie,
3935	Car ie sai mout tres bien la uoie,
	Se uous tant que renenus soie
	Me uoeillies ci .i. poi atendre.
	A uous seruir nauroie entendre,
	Si uous menroie loiaument."
3940	Quant mes sire Gauuains entent
	Ke cil as .ij. espees ert
	Au couronement, il i ert,

f. 23ᵇ

Et ke cil bien le conduira,
Si se pensa k'il l'atendra;
3945 Se li dist: „Valles, uous ires
A l'ermite et ne demoures,
Et ie uous atendrai ici."
„Biau sire, la uostre merci"
Dist li ualles et lors s'em part,
3950 Car du reuenir li est tart;
Et uait a le maison l'ermite
Et fait son message et s'acuite
De quanques li fu encarchie,
Puis prent de l'ermite congie
3955 Et se met au retour a plain
Et uient a mon seigneur Gauuain
Ki tous seus atendu l'auoit.
Quant mes sire Gauuains le uoit
Reuenir, si en est mout lies,
3960 Et cil li dist: „Or me baillies
Vostre escu, si le porterai
Et le glaiue et ie uous menrai
Par uoie mout boine et mout droite."
Et il li baille et cil s'esploite
3965 D'aler auant, ki sait la uoie,
Et mes sire Gauuains s'auoie
Apres et cheuauchierent tant
Que li solaus aloit baissant;
S'ert eure de nonne passee,
3970 Ne il n'orent ame encontree
En la forest de nule part,
Et il sambloit estre mout tart
Mon seigneur Gauuain, et lors dist: f. 20ᶜ.
„Valles, cist sentiers u guencist?
3975 Menra il nous a nul repaire?"

„Oil, sire, n'auons a faire
Mais ke .ij. lies, si istrons
De la forest, lors si uerons
Vn castiel dedens .i. plasie
3980 Mout plaisant et mout aaisie,
Ki est .i. parent mon seignor;
Ilueques uous fera honnor
A grant plente encore anuit,
Car la miedre dame, ie quit,
3985 Ki soit feme au seignor, i maint."
Et la parole a tant remaint,
Si cheuauchent tant k'il issirent
De la forest, et lores uirent
Le castel ke cil auoit dit.
3990 „Or uenes uostre pas petit,
Sire, dist il lors, et g'irai
Auant, et si atornerai
L'ostel, s'ert grande cortoisie,
Et lores ne sorprendrons mie
3995 La dame de l'ostel de rien
Par souruenir." — „Vous dites bien.
Il est biens, ke uous i aillies,
Et cortoisie. Or me baillies
Mon escu et puis i ales."
4000 Cil li baille et s'en est tornes
Et uient au castel maintenant
Et trueue la dame seant,
Si le salue, et puis enquist,
V li sire ert et ele dist
4005 Ke ele noient n'en sauoit,
Car rien dite ne li auoit
De l'aler ne du repairier.
„Dame, faites apareillier

L'ostel au miex que uous poes,
4010 Dist il, c'anuit a oste ares
Mout preudomme mien ensient,
Et si ua au coronement
Mon seigneur, por uoir le uous di."
Et la dame li respondi:
4015 „Bien soit il uenus, biaus amis!
Chaiens ara, ie uous pleuis,
Ostel et quan qu'il li conuient." f. 23ᵈ.
A tant mes sire Gauuains uient
En l'ostel et ma dame ua
4020 Encontre lui, quant ueu l'a,
Si dist: „Bien soies uous uenus,
Biaus sire," et il est descendus.
„Et uous aies boine auenture"
Dist il et uait grant aleure
4025 Por li par les flans acoler.
Et la dame li fait oster
S'armeure et puis li bailla
.I. mantel dont il s'afubla.

A Tant sont au mangier assis
4030 Et orent de mes plus de .vi.
A deuise et a uolente,
Et apres mangier ont laue
Et sisent por esbanoier
Tant k'il fu saisons de couchier.
4035 On a les lis apareillies,
Mes sire Gauuains s'est couchies
Et reposa tant que iors fu;
Et lues k'il l'a aperceu,
Il se lieue et ses armes prent;
4040 Et li ualles ki ne mesprent

De lui seruir quankes il pot
Son cheual amene li ot
Tout atorne et harnesie.
Et il monte et a pris congie
4045 De la dame et dist au uallet
K'il uoist auant et cil se met
Grant aleure de deuant,
Et il uait apres cheuauchant
Tout bielement et a loisir,
4050 Si encontre droit a l'issir
Du castel celui cui estoit
La seignorie et il auoit
Auoeques lui .x. cheualiers;
Si le salue tous premiers
4055 Lues ke le uoit li castalains,
Et puis lui mes sire Gauuains
Et tous ses compaignons ausi,
Et se sont departi issi.
Et li sire a son ostel uient
4060 Et s'esmerueille dont cha uient,
Que sa feme ert si main leuee.   f. 24ª.
Ele est encontre lui alee
Et li dist: „Sire, bien uenies."
„Dame, quel besoig auiies,
4065 Dist il, de si matin leuer?"
„Vous peustes bien encontrer,
Dist ele, .i. cheualier ci pres,
Ki chaiens iut, mais onques mes
Ne ui si tres bel, ce m'est uis.
4070 Biel ostel et honneur li fis
De ce ke chaiens poi auoir."
„Comment a non?" — „Ie ne sai uoir,
Mais mout sambloit que preudom fust."

„Onques mais n'auint que geust
4075 En nul ostel nus cheualiers,
Que n'en quesise de premiers,
Ma dame, son non et son estre."
„Il ne puet ore autrement estre,
Dist ele, ne m'en souuint mie."
4080 „Tant feis gregnor uilonnie."

Mout est li castelains dolens
De ce k'il a geu laiens
Cheualiers ne il ne set pas
Qui il est, s'a isnel le pas
4085 Faites ses armes aporter,
Et il s'arme sans demourer
Et se met tantost a la uoie,
Car il li est tart ke il uoie
Et sace ki ses ostes fu;
4090 Et sont apres lui esmeu
Dusqu'a .x. cheualier nomme,
Mais nus d'eus tous n'i a porte
Ke son escu et une lance.
Li chastelains tous dis s'auance,
4095 Ki mon seignor Gauuain siuoit
Tant k'il l'a ataint. Et quant uoit
Mes sire Gauuains, k'il l'aproce,
Son cheual ki mie ne cloce
A retenu tout a .i. fais,
4100 Et cil ki ert uenus apres
Li demande ki il estoit
Et comment il a non auoit.
Et il respont: „Quant uous sauoir
Le uoles, s'ores tout le uoir,
4105 Car ainc mon non celer ne soi,

f. 24ᵇ.

„Ie sui Gauuains, li nies le roi
Artu." Et quant cil l'a oi,
Si fu iries et li fui
Li sans, et quant a entendu
4110 Que ce mes sire Gauuains fu,
Ke Briens dut auoir ocis,
Ses chiers cousins et ses amis,
Que on doit a roi couroner
Si par tans, si ne pot parler
4115 De grant piece et tant que il dist:
„Gauuains, cil sire qui te fist
Te doinst et honte et encombrier!
Tant preudomme et tant cheualier
Aura abaisie tes orghiex
4120 Et auielli; mais par mes iex,
Or as tu trop ale auant,
Tu es mors sans aler auant;
Ne rescousse rien n'i uauroit."
Et quant mes sire Gauuains uoit,
4125 Que cil ne het tant rien du mont,
Si comme lui, si li respont
Mout bielement: „Se ie seusce,
Sire, ke mesfait uous eusce,
Pres seroie de l'amender."
4130 „Ie m'en saurai mout bien garder,
Tu es mors et ie te desfi."
„Ne ie de rien ne uous affi,
Quant en uous nule amor ne truis."
Il s'entreslongierent et puis
4135 Hurtent cheuaus et s'entrefierent
Des lances, ke grans et fors tienent,
Grans cops es escus s'entredonent;
Mais les lances pas ne tronconent

Andeus fors la le castelain;
4140 S'auint si mon seignor Gauuain
Ke a son iouster pas ne faut,
Ancois l'assene droit en haut
Desor la blouque de l'escu,
S'a tout en .i. mont abatu,
4145 Le cheual si tres fort ensamble
Et lui, et li a tout ensamble
La canole et le brac brisie.
Et il guencist, si l'a laissie
Gisant ne n'i uaut arrester.   f. 24ᶜ.
4150 Et cil ne finent de hurter,
Ki apres lor seignor uenoient,
Et quant issi ceu le uoient,
Si descendent et grant duel font,
Qu'il cuident bient que perdu ont
4155 Lor seignor et qu'il soit ocis.
Et cil ki si estoit malmis
Lor dist: „Seignor, mout sui blecies,
Bien sai ke li bras m'est brisies
Et s'ai brisie la canole."
4160 Et quant cil orent la parole,
Si sont lie et uont as cheuaus
Et s'aficent mout que cil maus
Reuenra mout prochainement
Sor celui ki si laidement
4165 Auoit lor seignor atorne.
Et ains k'il s'en soient torne,
Li castelains les apiela
Et lor dist: „Seignour, d'aler la
Ne uous melles ne tant ne quant;
4170 Car se uous esties autant,
Si seroies ia mort trestuit;

K'el monde n'a meillor, ie cuit,
Que il est, et s'est armes bien,
Ne n'i pories ualoir rien
4175 Vers lui, si le laissies ester;
Mais faites moi tost aprester
Por moi porter une litiere."
Et il le font en tel maniere,
Ke onques n'i ont areste,
4180 Si l'en ont tuit plorant porte.

AV castalain ensi auint,
Et mes sire Gauuains reuint
A son uallet, ki s'en aloit,
Si con commande li auoit,
4185 Se li a baillie son escu
Et sa glaiue, et cil a ueu
Le cop en l'escu frescement.
Li cuir et les ais ensement
Sont enpiries, lors a dit
4190 A soi meisme k'il ne uit
Ces pertruis pas le ior deuant,
Mais il n'en fait point de samblant;
Si cheuauchierent sans arrest f. 24ᵈ.
Tant k'il issent de la forest,
4195 S'est eure de prime passee
Et plus, et lors a esgardee
Vne yawe mes sire Gauuains
Mout parfonde, et a tout le mains
Ot bien une archie de le.
4200 Et par decha si ot ferme
Desus la riuiere .i. castel
Mout tres bien seant et mout bel
A toureles et a murs haus

9*

De pierres dures et de chaus,
4205 Et auoit entour grans fosses
Plains d'yawe, mout parfons et les;
Et estoit mout fors a deuise
Que de murs que de fort assise.
Et mes sire Gauuains enquiert,
4210 Comment a a non, et cui iert
Cil castiaus qui si bien seoit.
Et li ualles dist k'il estoit
Li castel du port apieles,
Et li sires estoit nommes
4215 Mes sire du castel du port,
Mais il auoit guerre si fort,
K'il n'auoit mais de remanant
Que cel castiel illuec deuant
De .iiij., et se par la pooient
4220 Passer, mout bien s'adreceroient
.IIII. grans iornees de terre."
„Nous irons le seignor requerre
De ce, dist mes sire Gauuains,
la se diu plaist, n'ert si uilains,
4225 K'il ne nous en doinst le congie."
A itant se sont adrecie
Mout grant aleure au castel,
Sil trueuent mout seant et bel,
Mais les terres erent gastees,
4230 S'erent arses et arasees
Toutes les maisons tout entor.
Et il uienent a une tor
Grant, u une porte trouuerent,
Par cele porte s'en entrerent
4235 Et trueuent mout beles les rues
Et de nobles maisons uestues,

Couuertes de tieule et de plon, f. 25ᵃ.
Ainc plus bieles ne uit nus hon
En tel castel dusqu'a Sesile.
4240 Et bien sacies que par la uile
Gent de mainte manire auoit.
Et il s'en trespassent tout droit
Si con la uoie les comporte
Tant k'il uienent a la grant porte
4245 Des murs qui les palais clooient
A grans houdeis, et il uoient
Grans fosses plains d'yawe et palis,
Si passent le pont leueis,
Tant k'il sont en la cort entre,
4250 Si trueuent a tres grant plente
Laiens maisons, s'ot un praiel
En la cort et .i. ormetiel,
Et li praiaus enclos estoit
D'un muret bas et si seoit
4255 Li sire du castiel dedens
Ne n'auoit auoec lui de gens
Fors seul la fille et sa moullier,
Ki de biaute fist a prisier
Durement con dame d'eage,
4260 Et estoit mout courtoise et sage,
Et ot bien entor .l. ans.
Et li sire ert et biaus et grans
Et pot bien .lx. ans auoir,
Noblement ert uestus por uoir
4265 De chiere escalate uermelle.
Lor fille ki ert a merueille
Tele con nature le fist,
Deuant aus .ij. au premier sist,
D'eage de .xvij. ans,

4270 Si n'a pas plus et si est grans
Et simple et auenans et coie
Et lisoit d'un romans de Troie,
K'ele auoit tantost commencie;
Si ot un chainse deliie
4275 Et une mout blance chemise,
Et estoit bien faite a deuise,
Si con nature i mist s'entente.
Graile estoit par les flans et gente
Et ot les rains un poi grossetes
4280 Et hances seans et bassetes,
Et ot un peu grosset le pis.   f. 25 b.
Et estoit a ueoir delis
Des mameletes ki poignoient,
Ki dures et rampans estoient
4285 Et le chainse li souleuerent,
Et la gorge et li corps passerent
De blanchor noif nouuiel cheue.
Ou col n'ot fronce ne berrue,
Que ele auoit et lonc et droit.
4290 Cheueus crespes et lons auoit,
Ors requis n'i feroit noient,
Dont on dore hanas d'argent,
Tant en fust fine la coulors.
Et ele ot un capel de flours
4295 En sa tieste, ki li tenoit
Ses cheueus et li auenoit;
S'ot le front plain sans fronche, et grant.
Vair et cler, fendu et riant
Furent si oiel et deboinaire,
4300 Con cil qui a tous durent plaire.
S'ot le nes lonc, traitis et droit
Et bien seant; la bouce estoit

Petite, les leures uermeilles
Et espessetes; et merueilles
4305 Li auint k'eles sourioient
.I. peu, ke mout l'embelissoient.
Et ele ot la coulor ou vis
Si fresche ke rose ne lis
N'i fesist nient de deles.
4310 Dens blans comme yuoires planes
Ot et bien assis a nature.
Ainc mais si biele creature
N'esgarda mes sire Gauuains;
Et il ki estoit ia tous plains
4315 Du fu d'amors, l'esgarde et dist
K'il ne cuide k'ainc mais ueist
.III. si beles puis k'il fu nes,
Ki presist toutes lor biautes
Et en une les asseist,
4320 Ke pas si biele estre peuist
Con cele damoisele estoit.
Et il ki ia en li metoit
Son cuer tout entierement,
Se trait auant tout uraiement
4325 Si con miels a faire li sanble   f. 25 c.
Et dist: „Diex uous gart tous ensamble
Et doinst ce que uous uauries."
Li sire s'est esmerueillies
Et la dame et la damoisele,
4330 Car n'orent oie nouuiele
Lonc tans mais de nul baceler
Ki tant s'osast en soi fier
Ke par iluec uosist passer.
Si n'est pas du resaluer
4335 Courtoisement li castelains

Esbahis ne fols ne uilains,
Ains dist: „Biaus sire, bien uengnies!
S'il uous plaist que uous remaignies
O nous, li ostes uous est pres,
4340 Ce sacies, et courtois et nes.
Car boin et biel le uous ferons
Si con miex faire le porons
Et c'ert asses encore dont."
Et mes sire Gauuains respont:
4345 „Biaus dous sire, mout grans mercis.
Ne prisisse pas a enuis
L'ostel, mais ne puis herbregier,
Ce sacies, ne gaires targier;
Car trop ai grant afaire empris.
4350 Cheualiers d'estraigne pais
Du roiaume de Logres sui,
Por moi adrecier cha m'esmui,
Si uous pri ke uous me faicies
Passer outre, se uous daignies,
4355 Car durement m'adreceroie.
I'entenc ke passer ne poroie
Fors par uostre commandement."
Et quant li castelains entent,
Ke il le requiert de passer,
4360 Si commence mout a penser
Et si tint mout le chief baissie.
Puis a a plourer commencie
Et des .ij. iex a larmoier.
Entre sa fille et sa mouillier
4365 Maintenant que plourer le uoient,
De l'autre part se ratenroient
Et pleurent mais ke c'est asses.
Et lors fu forment trespenses

    Mes sire Gauuains, quant il uoit
4370 K'il pleurent, por ce k'il auoit
    Au seignor passage requis.
    Mout durement en fu pensis,
    Mais il ne soit pas la querele.
    Dolens ert por la damoisele
4375 A cui il ert ia si amis,
    Que tout son cuer ot en li mis
    A uolente sans contredit.
    Lors uient au castelain, s'a dit
    Comme piteus et de boin aire:
4380 „Biaus sire, et ice k'est a faire,
    Ke passage uous requeroie
    Ne rien mesfait ne uous auoie
    Que ie seuse, et uous ploures
    Et encore me demores,
4385 Que ne me uoles neis respondre?
    He, damediex puisce confondre
    Icelui ki ce uous a fait.
    Et s'on uous a honte ne lait
    Fait, con ie peusce amender,
4390 Ia n'i queroie demander
    Respit, por la force k'eusse,
    Deuant que uengier uous peusse,
    Ains le feroie uolentiers."
    „Grans mercis, sire cheualiers,
4395 Diex uous doinst et ioie et honnor!
    Ie uous dirai, por quoi ie plor,
    Car il i a raison asses.
    Aaisies, riches, assases
    Et posteis estre soloie,
4400 .IIII. riches castiaus auoie,
    Fors et bateillies et assis

Bien dedens .v. lieues u sis,
Si ne quidai douter noient;
Car ames de toute ma gent
4405 Ere, sans quidier bien le sai;
Mais de ma feme nul oir n'ai
Ke seulement ceste pucele.
N'a, ie cuic, u monde si biele
Ne si plaisant, ne miex asses
4410 Vaut ses sauoirs ke sa biautes
Ki encor dont est si tres grande.
Germenans de Norhombellande
Oi dire ke on contoit f. 26ᵃ.
Ke ma fille si bele estoit
4415 Tant que paroles me manda
Maintes fois, et le demanda
Que ie a feme li donnaisse.
Et ie mout bien m'i acordaisse
Ke il a feme le presist;
4420 Mais ele nel prendroit, ce dist,
Por rien ki peust auenir.
Ie n'en uoeil parole tenir
Plus, quant sa uolente n'i ui,
Car ie n'aim rien tant comme li,
4425 Si le laissai ester a tant.
Et il le tint a despit grant
Et a orguel et a desroi,
Car il est plus haus hom de moi.
Lors m'aqueilli tantost de guerre,
4430 Si m'a si gastee ma terre
Et a mes manoirs les plus biaus,
Ke ie n'ai de .iiij. castiaus
De remanant ke cestui ci,
Et si le tien en sa merci

1435 Tele k'il me donna respit
. . . .
Que il .i. an me souffreroit
Ne que plus mal ne me feroit
Que fait m'auoit, par .i. conuent
4440 Que se me fille auoit parent
Ne ami, ki tant l'eust chiere
K'il osast en nule maniere
Vers lui emprendre la bataille
Et l'eutrast d'armes, que sans faille
4445 Me rendroit quan k'il m'a toloit;
Et se ele ne le trouuoit
Dedens l'an, que ie li rendroie
Mon castel et li bailleroie
Ma fille, a faire son plaisir;
4450 Et il fera a li gesir,
Ce dist, tous ses plus uiex garcons.
Ie et ma fille li auons
Ice creante a tenir.
N'a mais que .viij. iors a uenir
4455 A ce que li ans soit passes,
Et si sont il uenu asses
Ici maint preudomme uaillant,
Dont i'ai dolor et pite grant; f. 26ᵇ.
Car por ma fille uenu sunt
4460 Ici et l'afaire empris ont
Con cil ki erent de haut pris,
Mais tuit sont outre et ocis.
Or n'i a mais que .viij. iors d'ui
De trieues entre moi et lui."

4465 Qvant mes sire Gauuains oi
Cel outrage, si li fui

Tous li sans, si en a pitie
Et a son uis tost adrecie
Vers celi, por cui tout mouuoit,
1470 Ki son cuer an prison auoit,
Et li cuers ou uentre li lieue;
Si dist: „Biaus sire, mout me grieue
Que on uous fait issi grant honte,
Et de tant ke a mon cors monte,
1475 Vous di, se s'amor me donnoit
Vostre fille et m'en rauestoit,
Ie me combatroie por uous
Et por li trestout a estrous.
A tort uous a desirete,
1480 Issi con uous m'aues conte,
Gernemans." — „C'est uoirs, biaus dous sire,
Et mout tres grans mercis du dire.
Mais grans damages et pities
Seroit, se uous i alies,
1485 Que si preudom estre sanles,
Et se uous esties asambles
A lui, et uous pooit outrer."
„Tout ce, dist il, laissies ester,
Car deffendre rien n'i uauroit.
1490 Diex est mout grans et ie ai droit
Et si m'a dusques ci garde."
Et la pucele a esgarde
Son pere et puis sa mere apres,
Et set que li termes est pres
1495 Ke il perdent le remanant
De tant peu con il sont tenant
Enuers ce que perdu auoient,
Et esgarde qu'ancois auoient;
S'a anguisse et pite au cuer,

4500 Quant il ont por li ruer puer
Honnor et tierres a mal mis
Outreement, si li est uis f. 26c.
Qu'ele redoit bien por eus faire;
N'a piour chief n'en puet pas traire,
4505 Ne uenir a nul piour point,
S'il auient que s'amour li doint;
Car se Gernemans celui uaint,
Tout en autretel point remaint,
Con estre soloit de deuant;
4510 Et se il outre Gernemant,
Dont a ele bien esploitie,
Et il aura bien gaaignie
Son cuer tout entierement,
Ke ce mie ne li deffent
4515 K'ele maintenant sans targier
S'amor ne mete ou cheualier.
Mout l'esgarde ententieuement,
C'ainc ne uiut a son ensient
Cheualier, ke ele seust,
4520 Si biel arme, ne qui deust
Estre si preudom par samblant.
Et dist: „Sire, se Gernemant
Par armes outrer le poiies
Et la tieste hors li copies,
4525 Bien uous otroi tout sans respit,
Vostre amie sans contredit
Seroie a uostre uolente."
Et cil ki tout ot escoute
Ce ki li plaisoit a oir,
4530 Ne se peust pas esioir
Tant de cose ke il oist,
Que la damoisele li dist

K'ele s'amie deuenroit,
Se tant uers Gernemant pooit
4535 Faire k'il li tausist la uie.
Si descent lies et le merchie
Et dist: „Damoisele, or m'ostes
Mon hiaume et si me reuiestes
Par .i. baissier de uostre amour,
4540 Si en uaurai miex en l'estor,
Quant il de ce me souuenra"
. . . .
„Ce ferai ie mout uolentiers."
Cele li oste endementiers
4545 Le hiaume et li a abatue
La uentaille et li a tolue
Sa coiffe, si k'a plain le uoit   f. 26ᵈ
Cele. Et lors dist k'ele ainc n'auoit
Nul homme si tres biel d'asses
4550 Veu et k'il auoit passes
De biaute trestous ceaus du mont.
Et il li lieue contremont
Le menton mout doucetement,
Si le baisse en rauiestement
4555 De ce k'ele deuient s'amie.
Et ele ne li uea mie,
Mais mout bien uolentiers le fist.
Et mes sire Gauuains li dist,
Con cil ki est ioians et lies:
4560 „Damoisele, or me relacies
Ma coiffe et mon heaume metes."
Cele si fist et il montes
Est et puis dist tout erranment
Au seignor: „Biaus sire, comment
4565 „Saura or Gernemans mais hui

Que ie me uoel combatre a lui,
Car ie ne sai, kel part il est."
Cil dist: „Sire, tost l'aures prest.
Ia pores ueoir de ces pres
4570 La defors, si con uous ires,
Vne roche, u Gernemans a
Forme .i. castel grant piech'a
Por cest castiel ci iusticier,
Et sans uous gaires eslongier
4575 Enmi uoies uerres un pre,
D'un fosse clos parfont et le,
Et en mi liu a .i. biel arbre,
S'a desous .i. piler de marbre,
Et a ce piler a un cor
4580 D'iuoyre, et est a bendes d'or
Bendes en maint liu et i pent
A une chaaine d'argent.
Et tantost con uous la uenres,
Le cor a la bouce metres
4585 Por corner et lores saura
Gernemans ke sans faille aura
Bataille a aucun cheualier,
Car li cors n'a autre mestier."

ENsi a li sire du port
4590 Le chemin de uie u de mort
Mon seignor Gauuain enseignie.   f. 27a.
Et il prent a eus tous congie
Et dist son uallet k'il remaigne
Auoec cele biele compaigne
4595 Tant k'il sace con de lui iert.
Cil escondire ne le quiert
Et mes sire Gauuains s'em part

Mout tost con icil cui est tart
Ke le pre truise et le cor uoie;
4600 Mais n'ot ale gaires de uoie,
Quant le riche cor trouue ot,
Et il lors au plus tost k'il pot
Vient au cor et le met a bouce,
Car la cose au cuer mout li touce,
4605 Si l'a si durement sonne
K'il a tout entour estonne
Le pais bien .ij. liues loins.
Lors entent bien ke c'est besoins
Gernemans, ki ot au digner
4610 Mengie, s'ert assis por iuer
A .i. cheualier as eschics,
Ne il n'entendi onques mais
Si cler ne si tres fort l'oie
Du cor; lors rist par felonnie
4615 Et de desdain et puis si dist:
„Cil cheualiers la m'aatist
De bataille; faites uenir
Mes armes, bien se puet tenir
Por fol, quant il me quiert bataille."
4620 .I. sergans ses armes li baille
Mout tost, et il s'en atorna.
Mes sire Gauuains recorna
Le cor et le fist miex sonner
Ke deuant, si k'il fait trambler
4625 Le castiel et toute la terre.
„Oes, con m'aatist de guerre
Et me haste cil cheualiers!
Dist Gernemans, il est mout fiers;
Mais a tans i uenrai, ie cuit."
4630 Adonques li aidierent tuit

A lui armer, car mout se paine
De haster, et on li amaine
.I. mout grant cheual espaignois,
Couuert d'un chier paile griiois,
4635 Et il deliurement i monte.
Ke uous feroie plus lonc conte?
Tant a ale k'il au canp fu,
S'a mon seigneur Gauuain ueu
Enmi le pre, ki l'atendoit,
4640 Et il s'en uient a lui tout droit
Et dist: „Vous m'aues mout corne!
Vous m'aues a paines laissie,
Sire uassaus, mon hiaume metre.
Ne uous peuissies entremetre,
4645 Ce cuic ie, de greignor folie."
„De ce ne uous merueillies mie,
Dist il, se ie uous ai haste,
Car uous aues desirete
A desraison et a grant tort
4650 Le seigneur du castiel du Port
Por sa fille ki ne uous prent;
Si me poise, quant si mesprent
Cheualiers, ki rien ualoir doie.
Por ce requerre uous uauroie,
4655 Que uous a lui pais fesissies
Et sa tierre li rendisies
Et clamisies sa fille quite."
„Vous aues grant folie dite,
Si en seres por fol tenus,
4660 Quant por tel cose estes uenus.
Il a en uous de sens mout poi,
Se uous uoles combatre a moi.
I'en ferai aussi con i'ai fait

Des autres, ki a mort sont trait,
4665 Ki a moi sunt uenu combatre.
Vees la ia .xliiij.
De lor testes aual ces pex."
"Si m'ait dix, sire cruex,
Cui on deuroit tout uif larder!
4670 De ce me puet bien dix garder,
S'il uielt, dist mes sire Gauuains,
Et de ce soies uous certains
Ke por el ne sui uenus ci.
Gardes uous, car ie uous desfi."

4675 PArle orent en tel maniere
Entr'els, puis se traisent arriere
Et ont les cheuaus adrecies,
S'ont les escus auant sacies
Et mueuent li uns contre l'autre,   f. 27c.
4680 Si metent les lances sus fautre
Et de fautre sus les aissieles,
Andeus les missent en astieles
Si tost comme il s'entrencontrerent.
Li cheual de pooir alerent
4685 Si tost k'entrehurte se sunt
Des pis si k'a la terre uont
Tout .iiij. en .i. mont roidement.
Li uassal iurent longement
Desous les cheuaus estordi,
4690 Puis sont isnelement salli
En pies, et les escus osterent
De lor cols, puis enuoleperent
Des guinches lor senestres mains.
Lors li uint mes sire Gauuains
4695 A l'espee nue et il lui,

Et caplerent tant ambedui
Ke eure de nonne passa.
Mes sire Gauuains s'apensa
Lors de s'amie et li cort sus,
4700 Tant le haste comme il pot plus,
Si le decace et li taut tierre
Con cil ki bee a lui conquerre.
Ataignant le uient et le fiert
Du puing et dou pont ki gros iert
4705 De l'espee si durement
K'il canciele et il le sousprent
A hurter, a genous le met,
Puis li refist .i. regambet,
K'il chei a tiere tous plas,
4710 Sour lui saut, si le prent a las
Du hiaume, et si li esracha
De la tieste, et si deslacha
La uentaille, et dist: „Cheualiers!
Que iehui esties si fiers,
4715 Mors estes, se ne requeres
Tel merci, k'en prison seres
Au pere a la biele puciele
Et li quiteres la querele
Dont destruit l'aues." Cil a dit:
4720 „Ia diex en eure ne m'ait,
Ke ie en sa prison serai."
„Par foi, et ie uous couperai
La tieste, et le metrai ou pel,   f. 27ᵈ.
Car aussi n'en doi ie faire el,
4725 Ke uous deuisies iehui
De la moie." — „Puis ke ie sui
Vaincus, il ne m'en caut
En auant comment de moi aut,

Faites ent trestout uo talent."
4730 Et mes sire Gauuains en prent
Tantost la tieste, ke mise a
Ou pel, ke cil li deuisa,
Ki deuoit parfaire le conte
De .xlv.; et puis monte,
4735 S'a le cor a son col pendu,
Ne n'a plus iluec atendu,
Ains s'est au chastiel adrecies
Arriere, mout ioians et lies.

ENsi fu ocis Gernemans,
4740 Et la ioie est a la cort grans
V li sire et sa fille estoient
Et ses gens ki ueu auoient
Et la fin et la commencaille
Outre en outre de la bataille
4745 Et orent ueu de la cort
Mon seigneur Gauuain, ou recourt
De uenir au castel tout droit.
Si orent ioie, et a bon droit,
La greignour k'il onques eussent,
4750 De nulle cose il ne seussent,
Dont deussent estre si lie;
Car ore estoient essillie
Et or sont du tout au desus.
Et il descendent tantost ius,
4755 Si ke laiens ne remaint ame
Ne ou castiel sire ne dame,
Ki ait sens ne discresion,
Et uont a grant porcession
Encontre mon seigneur Gauuain.
4760 Et il perchoit le castelain

LI CHEVALIERS AS .II. ESPEES. 149

Et sa fille ki s'entretienent
Par les mains et contre lui uienent
Et si li font le greignour ioie
Ensamble, que nus ia mais oie,
4765 Et dient: „Bien ueignies, biaus sire!
Ki nous a de courous et d'ire
Et de seruage fors getes.   f. 28 a.
Tous nous auoit desiretes
Gernemans, et tu l'as ocis.
4770 Sire, l'eure que tu nasquis
Soit beneoite et tu si soies!"
Et il desarme toutes uoies
Sa tieste et si descent a pie,
Si a le seignor embracie
4775 Et puis sa fille, et si le baise.
Ne cuidies pas ke il desplaise
A la pucele ce k'il fait,
Car ausi uolentiers li lait
A faire, comme il le faisoit.
4780 Mout li ert boin, mout li plaisoit,
Si s'entretenoient mout pres,
Tant font k'il uienent ou pales
Faisant ioie, et le desarmerent,
Yawe caude li aporterent,
4785 Si leue ses mains et son uis
Et son col. La pucele a pris
Braies blances auoec cemise,
Ki sont delies a deuise,
Si les aporte a lui uiestir.
4790 Reube d'un bloi paile de Tyr
A roses d'or toute entierine,
Cote et mantel fourre d'ermine
A sebelin chenu et noir,

.I. peu gascort por miex seoir,
4795 Li a fait li sire aporter.
La pucele au paratorner
Celui k'ele si prist en cure
Donna une rice chainture
D'or et de pierres, il le prent
4800 Et un fermal d'or ensement,
Dont il a sa cote aficie.
Et ele ki ne mesprent mie
De cose nule ki i faille,
Si a puis mis une touaille
4805 As espaules, et puis le pigne;
Et il ki tant ne quant n'i signe
De l'oiel, ains l'esgardoit tous dis,
L'a bien par .ix. fies u .x.,
Ke k'ele le pignoit, baisie.
4810 Puis li a sa grieue drecie
Et li met ou chief .i. capel,   f. 28ᵇ.
Et quant fu atornes si bel,
Si fu si biaus, comme il disoient,
K'il onques mais ueu n'auoient
4815 Si bel, ainc mais nus ne le uit.
Et li pere a sa fille dist:
„Mout aues faite biele atente,
Biele fille, ki ki s'en sente,
Qui bien plort ne cui que anoit,
4820 Au meillor cheualier ki soit
Et au plus biel estes amie.
Diex ne uous a oublie mie,
Que si bien nous a deliures.
Sire, diex en soit aores,
4825 De cui tuit li bien sont et uienent."
Et ke k'ensi parole tienent,

Tables metent endementiers
Seriant, car pres fu li mengiers,
S'ont mon seigneur Gauuain assis.
4830 Il fait seoir enmi son uis
La pucele por miex ueoir
Et li sire s'ala seoir
Entre lui et sa fame apres.
Et li seriant seruent ades
4835 Du mengier, comme il seuent miex.
Si li plaist bien, mais a ses iex
Ne puet mie mesure faire
Nule fois ne les puet retraire
De la damoisele esgarder.
4840 Et quant miex s'en cuide garder,
Il s'esbahist et s'entroublie,
Si ke il ne li membroit mie,
Ke a la table as mes se sist,
Ne laisa k'il ne le presist
4845 Par le menton et le baisast
Maintes fois, ki ki l'esgardast;
Et si en sont il tuit mout lie.
Et quant issi orent mengie,
Cambelinc les napes osterent
4850 Et les tables, et puis lauerent;
Mais iluec ne remaisent mie
Mes sire Gauuains et s'amie,
Ains sont en une cambre ale,
Si ont baisie et acole
4855 A plente, ce poes sauoir,   f. 28°.
Sot de folie u de sauoir
Parlent, con lor uint a plaisir
Tant k'il fu tans d'aler gesir.
Et la dame ot fait un lit faire

4860 Comme courtoise et deboinaire
En une cambre et le uint dire
Mon seigneur Gauuain: „Biaus dous sire,
Vous couceres, quant uous plaira.
Commandes et on le fera,
4865 Car cil doi uallet ci seront
Auoec uous et uous seruiront
De quanques uous sera mestiers.
Et nous irons endementiers
Et ie et ma fille laiens.
4870 Et quant seront toutes ces gens
Departies, nous uenrons ci."
„Dame, la uostre grant merci,
Dist il, ci a haute pramesse."
Lors s'en uont la fille et l'ostesse
4875 Sa mere; et li uallet remainent,
Ki de lui seruir mout se painent
Et coucier andoi li aidierent
Et puis la cambre tost widierent
Et s'en uont. Ne demoura mie
4880 Ke la castelaine et l'amie
Mon seigneur Gauuain sont issues
D'une cambrete et sont uenues
Tout droit au lit ou il gesoit.
La pucele uestu auoit
4885 Sans plus une blance chemise,
S'ot sor son cief l'atace mise
Du mantiel trestout sainglement.
Et la dame tout coiement
A boute mon seigneur Gauuain
4890 Et dist: „Sire, ie uous amain
Vostre amie ne ie ne quit
Ke ia de nul autre deduit

Me seussies tel gre ia mais.
Ie m'en uois et si le uous lais,
4895 Si en faites ce k'il uous siet,
Si uous proi, k'ele ne s'en liet
Pas tele ke i couchera."
„Grans mercis, dame, ele n'aura
Par moi cose qui li dessie
4900 Et diex me doinst ceste nuitie
Vers li encore deseruir
Et uers uous a uostre plaisir,
Et tant me doinst vie et me gart."
Et la dame a itant s'en part,
4905 Ke presse ne cuiure n'i fait
Et si a l'uis apres lui trait.

SEul a seul en la cambre furent
Li amant ki penser ne deurent
De rien nule ki soit, fors une.
4910 Car lor uolentes ert commune
A faire l'un l'autre solas.
Et il l'ot prise entre ses bras
Et li fait oster sa cemise.
Puis a toute le reube prise,
4915 Si l'a ruee aual ses pies,
Puis s'est en son seant drecies,
Si l'a tout contreual ueue,
Et uoit k'ele est plus bele nue
Ke a toute sa uiesteure,
4920 S'est la plus biele creature,
Ce dist, k'il onques mais ueist.
Et puis apries le reube prist,
Si le recueure et si l'embrace,
Ne ie ne quit k'ele li face

4925 Mie mains ioie k'il faisoit.
Les iex, la bouce li baisoit,
Si ne s'en pooit soeler
Ne de baisier ne d'acoler.
Et ont tant mene cel deduit
4930 Ke il fu pres de mie nuit,
N'ainc ne fisent nule autre cose.
Et il ki point ne se repose,
Ancois em bee a .i. chief traire,
Se porpense ke du plus faire
4935 Est bien saisons des ore mes.
A tant se trait un peu plus pres,
Que il n'i ueut atendre plus,
Et li uielt faire le sourplus
Con cil qui ne puet demourer.
4940 Et ele commence a plourer
Mout fort, si ke toute moulla
Sa face, si s'en merueilla
Mes sire Gauuains, ce ke doit.   f. 29ᵃ.
Car il faire ore li cuidoit
4945 Grant ioie et solas a deuise,
Et si s'estoit au plourer mise,
Et ce point ne li embeli.
Et si se recouche uers li
Et dist: „K'est ce, ma douce amie?
4950 Ainc mais tant de rien en ma uie
Ne m'en merueillai, ce sachies.
Ie cuidai que uous m'amissies
Plus que rien qui ou monde fust,
Et ke riens estre ne deust,
4955 Ki entre nous mesist courous.
Si est ore si tost desrous
Cil boins uoloirs?" — „Ha, dous amis!

Ains por nul mal ainc ne le fis,
Ne rien nule n'aim autretant
4960 Con uostre cors, ce uous creant,
Ne de ce ne uous doutes mie."
„Or me dites, ma douce amie,
Donques por coi uous plories?"
„Volentiers, quant uous gesies
4965 Or ains sor moi, si me menbra
D'une nouuiele ki uint ia
En cest pais du roi Artu,
Que il n'estoit n'onques ne fu
Ou monde nus si uaillans rois,
4970 Et ot un neueu si cortois
Ke il pasoit de cortoisie,
De biaute, de cheualerie
Trestous les cheualiers ki sont,
Ne ke tuit cil ki soient n'ont
4975 De boines teches autretant;
Si oi parler de lui tant
Ici ionete con i'estoie,
.XV. ans encore pas n'auoie,
Que ie l'enamai par amors
4980 Et uoiai ke, se ie tous iors
Deuoie auoir mon pucelage,
Tant ne fusse de mariage
Requisse d'omme, tant haus soit,
Ia mon pucelage n'auroit
4985 Nus, se mes sire Gauuains non,
Issi ot il, ie cuit, a non.
Or si est ma ioie passee,   f. 29ᵇ.
Car une nouuiele est alee
Par cest pais, ki dist por uoir
4990 Ke Briens ki tost doit auoir

La dame des Illes, l'ocist;
Dont mes cuers en grant dolor gist
Ne ia mais ior ne sera lies;
Et or ains quant uous uoliies
4995 A moi gesir, si m'en souuint,
Et por ce plorer me conuint.
Et certes, grans merueille fust,
Se mes cuers pite n'en eust.
Et se i'en plor, c'est mes confors.
5000 Nonpourquant puis ke il est mors
Plus uous ain ke homme ki uiue."
Quant ele a ce dit, si auiue
En mon seigneur Gauuain li feus
D'amors asses plus angousseus.
5005 Et por s'amor plus se doloit
Que deuant faire ne soloit,
Quant ele ot por s'amor ploure,
Et dist: „Dont me sachies boin gre,
Mes dous cuers, ie uous di nouuieles
5010 Ki mout uous doiuent estre bieles,
K'encor est tous haities et sains
Li nies le roi Artu, Gauuains,
K'il n'a gaires, que ie le ui."
Et quant la damoisele oi
5015 Ke mes sire Gauuains est uis,
Si est lie et li est auis
Qu'ele a ore kan k'ele ueut
. . . .
Ne que riens ne puet desconfire
5020 Son cuer ia mais; lors dist: „Biau sire,
Vous ki estes, qui dit m'aues
Tels nouueles? comment saues
K'il est uis, et le uostre non

Me dites sans arrestison,
5025 Ki issi l'afermes por uoir."
Quant il uit k'ele uielt sauoir
Son non, si en ot mout grant ioie
Et dist: „Ie sui, se diex me uoie,
Icil Gauuains, dont uous dissies."
5030 „Ha, por noient uous le diries,
Dist la pucele, rien ne uaut,
Ia n'aura nus, se diex me saut,   f. 29 c.
Mais a nul iour men pucelage
Se il non, cui i'en fis hommage
5035 En mon cuer." — „Sacies boinement
Que ce sui ie." — „Ne uaut nient,
Ie ne uous en querroie mie."
„N'en puis mais, dist il, douce amie,
Et comment dont m'en kerries uous?"
5040 „Ie uous di, dist ele, a estrous,
Ke ie nul homme n'en querroie
Deuant ce ke a la cort soie
Le bon roi par tout renomme
Et ke li aie demande,
5045 Se uous ce estes; si mouurai
Demain, ia plus n'i atendrai,
Car n'i uoel metre alongement."
„Puis k'estre ne puet autrement,
Dist il, si soit tout issi fait;
5050 Mais kel fin ke ceste cose ait,
Ie uous pri que quant uous saures,
K'il est uis, ke uous ne metes
En autrui amer uostre cuer."
„Si ne ferai ie a nul fuer,
5055 Dist ele, ains uauroie estre morte."
Et cil ki mout se desconforte

De la ioie ki li tresua,
Dist: „Pucele, puis k'ensi ua,
K'il ne uous plaist, que uous faicies
5060 Mon uoloir, donques me baisies
Vne seule fois." — „Non ferai,
Entierement garderai
Et le pucelage et la bouce
A celui ki au cuer m'atouce.
5065 Ne ia se diex plaist, cheualier
Ne soufferai mais a touchier
A ma bouche dusques ie uoie
Celui dont tel dolor auoie
Et cui tant a ueoir desir.
5070 Cil aura tout a son plaisir
Et le cors et le uolente.
Et nonporquant par uerite
Sacies, que ie a boine foi
Nului fors le neueu le roi
5075 N'aim tant comme le uostre cors,
Car uous m'aues gietee fors   f. 29ᵈ.
Et deliuree de grant honte."
„Issi quant la cose a ce monte,
Ie uoeil, dist mes sire Gauuains,
5080 Ia n'en serai uers uous uilains,
K'il ne soit a uostre deuise."
Atant afuble sa chemise
La pucele et son mantel prent
Et s'en part, que plus n'i atent
5085 Si k'il n'en a plus de delit,
Et s'en uait gesir en son lit.

PEnsis et destrois et ires
Est mes sire Gauuains remes

Dedens la cambre trestous seus,
5090 Mout escauffes et angousseus
Et se retorne toute nuit.
S'est bien raisons, qu'il li anuit,
Quant il a tel ioie perdue.
Ne puet dormir, tant se remue,
5095 Si s'endort il au deerain
A grant paine, et quant uint au main,
Ains ke solaus fust esclaries
Gaires, se fu il esueillies,
Car tous iors tel constume auoit,
5100 S'esgarde par la chambre et uoit
.II. ualles, si les apela,
Et li uallet s'en uinrent la,
Si li aident a leuer,
Si se lieue sans demorer.
5105 Et li sire et la dame i sont
Venu et demande li ont:
„Sire, por quoi estes leues
Si matin? quel besoing aues?"
„Ke diex uous doinst beneoit ior!
5110 Ie ne puis faire ici seior,
Certes, ne n'i puis demourer,
Ains m'estuet a besoinge esrer,
La grignour ke onques eusse,
Et se ie demourer peusse,
5115 Mout tres uolentiers demorasse."
„Ha, dous sire, ie ne quidaisse,
Dist li sire, pas de legier,
Que si tost uosissies laissier
Ma fille, uostre amie, et nous,
5120 Ki de nouuiel aues rescous
Et trais d'escil et de seruage

Et ramenes a iretage
Et trestout nous aues rendu.
Or vous trestost auons perdu,
5125 Ne rien n'i puet ualoir priere."
„Ie ne puis en nule maniere
Remanoir, ains m'estuet haster,
Faites mes armes aporter."
Et lors si fisent li uallet.
5130 Il s'arme, ke delai n'i met,
Et quant apareillies se fu,
Il monte et baille son escu
A son uallet, et congie prent.
Lors s'em part, ke plus n'i atent,
5135 S'ont andui lor uoie tenue.
Et la damoisele est uenue
A son pere, se li a dit:
„Biaus dous sire, sans contredit
Con bien ke il greuer me doie,
5140 Me conuient ke a la cort uoie
Le roi Artu, comme ains porai;
Et con plus ci arresterai,
Tant serai ie plus a malaise."
Et il ki rien ki li desplaise
5145 Ne uielt faire en nes une guise,
Li dist tost: „A uostre deuise,
Ma douce fille, uoel k'il aut."
Ele s'atorne d'un bliaut
De porpre noire trainant,
5150 A menue oeure d'or mout grant,
Et mout bien furni et pennu,
S'ot mantel sable a chenu
Noir comme chor, et si auoit
Penne d'ermine et si estoit

5155 De cele meisme faicon,
S'ot palefroi petit breton,
Blanc comme nois qui est cheue
De nouuiel, et s'auoit sambue
D'un dyapre a or et une sielle
5160 D'yuore et d'or toute nouuiele,
S'ert d'or et de pierres li frains
Et d'itel oeure auoit lorains.
Et il ert crenus dusqu'en terre,
Si peust on lors bien loing querre f. 30 b.
5165 Palefroi meillor ne plus biel.
Ele monte et met .i. capiel
En son chief, s'a une corgie
De soie, et si apareillie
Prent congie et si s'achemine
5170 Vers la cort, et d'esrer ne fine
Par ses gistes tant k'ele uint
A Garahes, u li rois tint
Sa cort, et entre en la cite,
Et se sont a li arreste
5175 Por ueoir li plus de la gent,
Et dient tuit communaument,
C'aine mais de si biele pucele
N'oirent il dire nouuiele
Ne de si tres bien atornee.
5180 Ele s'en est outre passee
Tant k'ele est a la cort entree,
Ne ele n'est pas retournee,
S'entre en la sale et ele uoit
Le roi, ki au disner auoit
5185 Mengie et sist encore au dois;
Si uient la et dist: „Sire rois,
Diex uous saut et le miex uallant

Ki soit ne ait este auant
Ne ki ia mais portst corone."
5190 Il uoit celi ki l'araisonne
Et dist: „Diex doinst boine auenture
La plus tres biele creature
De toutes autres damoiseles."
„Rois Artus, dites moi nouieles,
5195 Dist ele, de uostre neueu,
Le biel, le cortois et le preu,
Mon seignor Gauuain; car ie mui
Cha por oir parler de lui
Sans plus." — „Certes, mout uolentiers.
5200 Il n'a pas .xv. iors passes,
Que il se departi de moi."
Et quant la pucele ot le roi,
Ki dist que ses nies est tous vis,
Si li monte li sans ou uis,
5205 S'embieli mout et fu mout lie,
Si se tint el por engignie,
K'ele sot bien par uerite
Que ce ot il sans faille este, f. 30 c.
Ki dut auoir son pucelage.
5210 Lors commence a conter con sage
Le roi l'afaire tout de chief,
Comment ses nies copa le chief
Gernemant par cheualerie,
Comment ele deuint s'amie
5215 Et comment son pere ot rendue
Sa terre k'il auoit perdue,
Dont cil l'auoit desirete,
Et comment ele auoit doute
De lui, car por mort le quidoit,
5220 Et dist qu'ele ne se mouuroit

De cort deuant ce k'il uenist.
Et li rois maintenant le prist
Entre ses bras, si le descent
Mout souauet et puis le prent
5225 Il meismes et l'a mence
Es cambres u estoit alee
La roine et iut en un lit.
Leua soi et li rois a dit:
„Dame, uees! ie vous amain
5230 L'amie mon seignor Gauuain."
Et la roine en est mout lie,
Si l'acole et si l'a baissie
Et li dist que bien soit uenue,
De li sera chiere tenue
5235 Por la courtoisie de li
Et por l'amor de son ami.

A Cort remaint en tel maniere,
Que de tous est tenue chiere
La fille au castelain du port.
5240 Cil qui ne met en nul deport
La honte ke Briens li fist,
D'esploitier en paine se mist
Entre lui et son escuier,
S'orent sans boire et sans mengier
5245 Vn ior esre mout longement,
Et li iors a anuitement
Torna. Et mes sire Gauuains,
K'il n'ert encore pas certains
D'ostel auoir, s'a apiele
5250 Son uallet et a demande
U poroient gesir la nuit.
„Sire, dist li cil, ie uous quit

Faire en Neuois mout bon ostel,
K'il i a asses d'un et d'el
5255 Pour faire a un preudomme honnor,
N'en l'ostel n'a point de seignor
Fors une dame, et ma mere est,
Et demain quant nous serons prest,
Si uenrons au couronement.
5260 Car Briens ert rois uoirement
Demain, s'ert feste saint Iehan
Et a demain sunt mis li ban
Par tout la u ele a pooir."
„Ie cuit bien que uous dites uoir,
5265 Dist il, et mout bien aues dit."
Ne demeure que mout petit
Ke il sont a l'ostel uenu.
Il ont la nuit le boin eu,
Con cascuns mestier en auoit.
5270 Au matin lues que le ior uoit,
Mes sire Gauuains s'est leues
Et apareillies, s'est montes,
Et li ualles son escu prist
Et sa glaiue, et deuant se mist
5275 Tant ke de la forest issirent.
De maintenant la cite uirent
De Rades, ki mout biel paroit,
Car mout biaus moustiers i auoit
A haus clochiers de plon couuers,
5280 Si ne seoit pas en desers,
Mais en boine terre et mout chiere;
Foriest i auoit et riuiere
Et uingnes, u croissoit li uins,
Gaagnages, pres et iardins,
5285 Et iert, de ce soies seurs,

Auironnee de boins murs,
V hautes tours auoit asses,
Et s'ot entour mout lons fosses;
Et sacies du maistre castel
5290 K'en tout le monde n'ot plus bel
Ne miex seant en nule terre
Ne nul plus fort encontre guerre.

MEs sire Gauuains l'esgarda
A grant merueille l'esgarda
5295 Et apres la esgarde,
Quant en un pre furent entre,   f. 31ᵃ.
Mes sire Gauuains, et uoit tans
Tres et paueillons haus et grans,
Ke plaine en ert la praerie.
5300 Lors dist au uallet k'il li die
Quels cites est et queles gens
Et ki est sire de laiens.
Et cil dist: „Ce est la cites
De Rades, ke uous la uees.
5305 S'a tant de gens laiens uenues,
Ke par force sunt fors issues
De la cite por els logier,
Et sont ci uenu hebregier
Et seront au coronement."
5310 Quant mes sire Gauuains l'entent,
Trestout maintenant li respont:
„Frere, et u sont les illes dont?"
Et li ualles commence a rire
Et en riant li respont: „Sire,
5315 Es illes, si ne le saues,
Estes uous, quart ior a, entres,
Ne ie ne uous en uoeil de rien

Mentir. Les illes, ce sacies uous bien,
Claime on le pais enuiron,
5320 Et la cites Rades a non,
Ki de tout le roiaume est chies,
Et si est rice arceueschies;
Et sacies que li archeuesques
A sous lui .iiij. grans euesques,
5325 La roine en tient les cites,
S'en ert mes sire rois clames."
Quant mes sire Gauuains l'oi,
De ce durement s'esioi,
K'il la uile et le liu ueoit,
5330 V il Brien trouuer cuidoit.
Lors s'est du uallet aprocies
Et li dist: „Frere, or me baillies
Mon escu, car ie remanrai
Ici un peu, si atendrai
5335 Tant que les gens ensamble soient
Et que la dame et Briens doient
Venir por sacrer au moustier."
Et li ualles li uait baillier
Et li dist ke laiens ira
5340 Et son mesage redira   f. 31 ᵇ.
Son seignor ki doit estre rois.
„Valles, dist il, tu me connois
Mout bien, et m'as mout bien serui,
Et sans mencoigne ainc mais ne ui
5345 Nul uallet ki miex me seruist.
Et s'il estoit k'il auenist
K'el pais de Logres uenisses
Et cheualiers estre uossises,
Mout uolentiers t'adouberoie."
5350 „Diex me doinst k'encore uous uoie,

Dist il, en liu dont miex me soit."
Et li ualles s'em part lues droit,
Ke il a pris de lui congie,
Si l'a iluec tout coi laissie.

5355 ATant a sa uoie aqueillie
Li ualles par la praierie,
Ki de tost aler ne se faint.
Et mes sire Gauuains remaint
Iluec tous seus et descendi
5360 A pie et grant piece atendi
Tant k'eure de prime passa,
Et lores si se pourpensa,
K'il poroit trop illuec ester,
Si monte sans plus arrester
5365 Et se met au chemin mout tost
Et il trespasse parmi l'ost
Et passe tres et paueillons,
Se li est mout li chemins lons,
Car mout en i ot grant plente,
5370 Et tant k'il uient en la cite,
S'entre ens, si esgarde les rues
Grans et larges et pourtendues
De pailles et d'aornemens
Mout nobles et de garnimens
5375 De guises, mout rices et ciers;
Et sont plaines de cheualiers
Et de dames melleement
Et de puceles et de gent
De maint lieu et de mainte guise.
5380 La cite loe mout et prise
Tant k'a soi meismes a dit
Que il mais si biele ne uit

Ne si rice, ke il seust,
V tel plente de gent eust;
5385 Si s'en passe et d'esrer ne fine
Et tant k'as maisons la roine
Est uenus et la arresta
De deuant, et si esgarda
Vne place toute ionchie
5390 D'erbe, et duroit bien une archie
De lonc et de le autretant.
Et li moustiers saint Moysant,
V li arceuesques seoit,
Droit au chief de la place estoit.
5395 Et il s'est a une part mis
Si que tres par deuant son uis
Par estauoir passer deuoient
Tuit cil qui au moustier uenoient,
Et s'est apoies sus sa lance.
5400 Et n'i fait pas grant demourance,
K'il uoit a grant plente uenir
Cheualiers et lor uoit tenir
Cierges, et estoient a pie,
Vestu et bien apareillie
5405 De reubes auenans et chieres
De soie a colors de manieres,
Et de chels en i ot sans conte.
Apries uienent et duc et conte,
Que castelain, c'autre baron,
5410 Que haut homme de grant renon,
Bien .v.c., et apres uenoit
La roine, et li auenoit
Vne reube de noir samit
A merueilles, car on ne uit
5415 Onques samit si bien broude

f. 31ᶜ.

A biestes, a oisiaus ouure
De mainte guise, et mout delie
Fu et si estoit bien trechie
A une treche de fil d'or
5420 Et ot sor le chief crespe et sor
Vn capel d'or et de rubis,
Et estoit a ueoir delis
De li, ke bele est a merueille;
Il n'ot ou monde sa pareille,
5425 Car toutes les biautes ki soient
Enuers la siue se taisoient;
Et estoit gente et simple et grans
Ne n'auoit pas .xviij. ans.   f. 31 d.
Et l'arceuesques l'adestroit
5430 D'une part, et uns dus estoit
De l'autre, ki au frain le tient.
Et apres uoit Brien ki uient,
Ki mout estoit nobles et fiers
Et ot bien .ij.c. cheualiers
5435 Auoec lui contremont la rue;
Et ot une reube uestue
De samit bloi a oiseles
D'or, et si fu ses capeles
D'or et de pierres flamboians.
5440 Et il fu biaus et auenans
Et gens et parans a deuise.
Et la roine fu assise
Ilueques sor .j. faudestuef
D'yuoire a esmail riche et nuef.
5445 Et l'archeuesques les li sist
En un autre et asseoir fist
Les .iiij. euesques les a les.
Et cascuns en estoit mitres

Et bien atornes a deuise
5450 D'aornemens de sainte eglise;
Cascuns sor .i. faudestuef sist
Des euesques. Et lors se dist
Mes sire Gauuains, k'en sa uie
Ne uit mais, ki la seignorie
5455 Par raison de biaute eust,
N'onques mais en liu u il fust,
N'esgarda si tres biel adroit;
Et dist ke n'auoient pas droit
Cil ki Brien tant honneroient,
5460 Car se la uerite sauoient,
Autrement iroit li afaires.
Et quant c'a dit, ne targa gaires
K'ilueques uint .i. cheualiers
Armes, si comme il est mestiers
5465 A cheualier por assalir
Autrui et por son cors garir,
Et si a chaintes .ij. espees.
Toutes les routes a passees
Et si en uient trestout de plain
5470 Ester les mon seignor Gauuain,
Ki l'esgarde et le connoist bien,
Mais ne l'en fait samblant de rien, f. 32ᵃ.
Ne cil ne connoist mie lui;
Si sunt iluec issi andui.

5475 Venu furent communement
De maint lieu au couronement
Tuit cil ki parler en oirent.
Li un ki lor fies deseruirent
Par ban et par semonse uinrent,
5480 Car de la dame lor fies tinrent.

  Et tex i ot ki la uenoient
  Por ce ke oi dire auoient
  Que c'ert la plus biele a deuise,
  V biautes lors se fust assise,
5485 Et si l'ot on par tout mande.
  Et la roine a commande
  L'arceuesque ki les li siet
  Sour .i. faudestuef, k'il se liet
  Et si die les couuenances
5490 Et la cose tout en oiances,
  Comme entre Brien et li ua.
  L'arceuesques lors se leua
  Et si dist: „Oies la deuise,
  Seignor, tele ke ele est mise
5495 Entre Brien et la roine.
  Ele dist, c'est uerites fine,
  K'ele le prendroit a seignor
  Por ce k'il disoit ke mellor
  Cheualier u monde n'auoit,
5500 Et ele dist, k'ele sauoit
  Mout plus tres bel et mains uilain
  Et meillor, mon seigneur Gauuain,
  Ki estoit nies le roi Artu.
  Et Briens dist k'il ains ne fu
5505 Plus biaus de lui ne miex uaillans,
  Si fu entre aus .ij. li creans
  Au daarain k'ele li dist
  K'il alast et tant le quesist,
  Ke en camp cors a cors l'outrast
5510 D'armes, u il li aportast
  Le cief, et ele le prendroit
  A seignor et roi le feroit.
  Et il li dist k'il a tant quis

C'outre l'a d'armes et ocis.
5515 Por ce que proece en lui naist
Plus k'en autrui, ma dame plaist   f. 32ᵇ.
K'il soit ses sire et ses barons.
Et nous issi le uous disons,
K'ele uielt que uous le sacies."
5520 A cest mot se leua en pies
Briens et dist apertement:
„Gauuains est ocis uoirement.
Ie sui cil ki l'ocist sans faille,
Si n'a cheualier ki me uaille
5525 En tout le mont, sage ne sot."
Quant cil as .ij. espees ot,
Que Briens a tant fort mespris,
Que il a le preudomme ocis
Et k'il s'en uait ensi uantant,
5530 Le cheual hurte maintenant
Des esporons et si ne fine,
Tant k'il uient deuant la roine,
Et dist: „Ki est li cheualiers
Ki est si outrageus et fiers,
5535 Ki dist k'il a ocis a droit
Le meillor cheualier ki soit,
Et s'ose si de se bonte
Aloser et de sa biaute?"   [„C'est tors.
„Ie" dist Briens. — „Vous?" — „Voir." —
5540 Si mes sire Gauuains est mors,
Si con uous dites, apres lui
Di ie ke li cheualiers sui
Mieudres et li plus biaus du mont
Et par cui auentures ont
5545 Este plus quises et trouuees
Et ki plus en aurai outrees

Puis ce ke ie fui adoubes.
Et se uous ce noier uoles,
Ice sui ie pres de moustrer
5550 Contre uous sans point d'arester
Voiant trestoute ceste gent."
Quant mes sire Gauuains entent
La ou il estoit apoies,
Que cil se uante, s'est iries,
5555 Et uient la sans plus de respit
Et dist: „K'est ce ke aues dit?"
„Sire cheualiers, ie disoie
Ke puis ke nouueles sauoie
Que mors mes sire Gauuains fust,
5560 Que cheualier meillor n'eust   f. 32 c.
Ne nul plus bel de moi u mont."
Et mes sire Gauuains respont:
„Ausi boin u meillor i a."
„Non a, dist il, ne ce n'ert ia!
5565 Et se uous en uoles deffendre,
Pres sui de la bataille enprendre
Contre uous et de moustrer ci
Ke ie itex sui con ie di."

Grans fu la noise de la gent
5570 De ce que si tres durement
Voiant tous s'entraatissoient
Cil cheualier ki la estoient
Et de ce ke kascuns disoit
Que mieudre de Brien estoit
5575 Et de proece et de biaute.
La dame a l'afaire arreste
Et a dit k'ele n'en fera
Plus deuant ce k'ele uera

Et la fin et la commenchaille
5580 Tout outre de ceste bataille
De cels qui si s'entraatirent.
Et il dui gaires n'atendirent,
Ains s'est l'uns de l'autre eslongies
Et ont lor cheuals adrecies
5585 Et des esporons les hurterent,
Les escus des coutes bouterent,
Si les ont amene auant;
Et il uienent lances baissant
Tant con ceual puent randir
5590 Et se fierent en lor uenir
Si durement ke il pecoient
Andoi lor lances, ses enuoient
En pieces, puis traient espees
Et s'entredonnent grans colees
5595 Et se combatent tant forment
Que tuit dient communaument
Que ainc mais de .ij. cheualiers
Ne fu estors tex ne si fiers,
Ne ki si fust partis a droit.
5600 Et ke ke la bataille estoit
Issi tres fors de tel maniere,
Mes sire Gauuains s'est arriere
Retrais et se tint a estal
Et se porpense k'il fait mal, f. 32 d.
5605 Quant il se combat a celui;
Car s'il auenoit ke anui
Li fesist, il est ses amis,
Et s'il auenoit que mespris
Eust uers lui, ou k'il seust
5610 Por quoi amender le peust,
Il l'amenderoit uolentiers.

Et ke k'ainsi s'est trais arriers,
Cil as .ij. espees a dit:
„Sire, dist il, se diex m'ait,
5615 Puis ice ior que m'adouba
Li rois Artus et me donna
Le don ke i'alaisse deschaindre
L'espee, dont maint oi plaindre,
La dame de Caradigan,
5620 Et ie parti de Clamorgan
V li rois cheualier me fist,
Ne trouuai ie, ki me fesist
Si dur estor ne si destroit.
Et s'il a talent uous uenoit,
5625 Biaus sire, si uous nommissies."
Mes sire Gauuains est mout lies,
Quant il ot ke cil uaut sauoir
Son non, et dist: „Ie sui por uoir
Gauuains, li nies le roi Artu."
5630 Quant cil a le uoir entendu,
Si est mout lies et a grant ioie.
Ki k'en parolt ne ki le uoie,
Il descent s'espee en sa main
Et uint a mon seignor Gauuain
5635 Et si li dist: „Sire, merchi
De ce k'a uous me sui ichi
Combatus, dont trop sui foles;
Car ie sui li uostres ualles,
Cil cui uous a la cort laissastes,
5640 Dont uous le roi Artu proiastes
Ke il cheualier me fesist,
Ne ia por rien ki auenist
A uous combatus ne me fusse,
Por que la uerite seusce,

5645 Biaus sire, ke ce uous fuisies.
Si proi que le me pardoignies,
Car coupables uers uous me rent."
Et mes sire Gauuains descent, f. 33ᵃ.
Si s'entracolent et font pes;
5650 Ne demora gaires apres
Que cil as espees li chiet
Au pie et dist k'il ne li uiet
.I. don k'il li demandera.
Et mes sire Gauuains fera,
5655 Ce li dist, sans nul contremant
Son uoloir, mais k'il ne demant
La bataille encontre Brien.
„Merci, sire, nule autre rien
Ne sai ke ie uous demandaisse."
5660 „N'est drois ke tel don uous donnaisse,
Dist il, car la querele est moie
Ne a nul homme ke ie uoie
N'est ceste cose tant a cuer.
Si n'otrieroie a nul fuer
5665 Que nus la bataille fesist
Se mes cors non." Et cil li dist:
„Biaus sire, quant il ne uous plaist,
Ie sui cil ki donkes s'en taist
Mout boinement." Et lors s'en uienent,
5670 Que plus parole n'en i tienent,
Deuant la roine en la place
A pie. Briens ne set k'il face,
Quant uoit les cheualiers uenir.
Ne uienent pas por lui tenir
5675 Compaignie, ce pense bien,
K'il ne heent tant nule rien
Con lui et bien hair le durent.

Quant deuant la roine furent,
Si a mes sire Gauuains dit:
5680 „Dame, entendes moi .i. petit!
Se diex m'ait, li rois poissans,
Briens est fols et mesdisans,
Coi ke il uous faice entendant.
Por noient sont ci atendant
5685 Cist haut homme, k'il uous espoust.
Ie cuic uoir k'il ancois mout coust,
Se raisons ne faut et droiture.
Mout a faite grant mespresure
Et si a de ce mout grant tort,
5690 Quant il uous dit, ke il a mort
Mon seigneur Gauuain et ocis,
Et k'il dist ke il a le pris   f. 33 b.
Et de proece et de biaute.
Et ke k'il a dit et conte,
5695 Ie di k'encore est uis et sains
Li nies le roi Artu, Gauuains,
Si sui pres de ce moustrer ci."
„Brien, aues uous ore oi,
Dist la biele, ke cil a dit?
5700 C'est grans hontes, se diex m'ait,
Quant par mencoigne faire entendre
M'aues tel cose fait emprendre,
Dont ia mais ior n'aurai honnor,
Quant prendre uous dui a seignor,
5705 K'issi m'alies deceuant."
Briens est lors uenus auant
Et dist: „Dame, c'est uoirs sans faille
Que i'outrai d'armes en bataille
Et ocis mon seigneur Gauuain."
5710 „Dame, por diu le souuerain,

Mes sire Gauuains lors respont,
Puis k'il ce dist, dites li dont
Que il trestout le uoir uous die,
S'ores, par quel cheualerie
5715 Il l'ocist, et lors entendres
De quoi il s'est itant uantes
Et quel honnor il i aura."
Et la roine regarda
Brien et dist ke il li cont
5720 Trestout l'afaire, si l'oront
Si baron et si cheualier.
„Dame, ne deues pas quidier,
Dist il, ke ie soie mentans.
Ie m'ai esprouue en lius tans
5725 Et sui par tout si conneus,
Que ie doi estre bien creus;
Car c'est uoirs et por uoir le di."
„Certes, et ie uous en desdi
Et uoel que la uerites fine
5730 En sace or endroit la roine
D'ensi comme enuers lui esrastes.
C'est bien uoirs, ke uous le trouuastes
Desarme, ainc ne pot auoir
Respit nul, mais par estauoir
5735 Couint ke il se combatist
A uous, ains k'il s'en partesist;
Si peust il bien escaper,
Mais il n'en uaut ia rien penser,
Ains iousta et si fu naures
5740 Por ce k'il estoit desarmes.
Grant proece pas ne feistes!
Et se par tierre le ueistes
Et en sanc, n'est il mie mors.

f. 33 c.

Vous ne fesistes autre esfors,
5745 Par cel diu ki tout bien consent,
Si sacies bien certainement,
K'encor est tous uis et tous sains
Li nies le roi Artu, Gauuains;
Et ce sui ie pres de moustrer
5750 Vers uostre cors sans arrester
Or endroit uoiant cest barnage,
Dame, si uous en bail mon gage."

HOnteus fu Briens et dolens
Por la roine et por ses gens
5755 Et s'esmerueille k'estre puet,
Et dont a cel cheualier muet,
Ki l'aatist si durement
Et afferme ueraiement
Que mes sire Gauuains est uis,
5760 S'a le sens cangie et le uis
Mue, et il uient en auant
Et dist: „Dame, tout maintenant,
Que on ia despit n'i atende,
Sui pres ke uers lui me desfende,
5765 Que ie ne fis ceste laidure,
Que i'ocesisse a souspresure
Gauuain." Son gage a lors tendu,
Tantost, k'il n'i a atendu,
S'em part, si s'arme et si s'atorne,
5770 Tous montes, ke point n'i seiorne,
Atornes en la place uient
De quan qu'a cheualier conuient
Por desfendre et por assalir.
Et en ce le uoit ca uenir
5775 Mes sire Gauuains et il monte.

12*

Que uous feroie plus lonc conte?
La place fu grans et ygaus,
Et il adrecent les cheuals,
Que souuent et menu hurterent,
5780 Les escus des keutes bouterent   f. 33ᵈ
Et deuant les pis mis les ont
Et si tost con cheual lor uont,
Lances baissies s'entrefierent
Si fort, c'ambe .ij. pechoierent
5785 Et sont en astieles uolees,
Puis metent les mains as espees
Ki pendoient a lor costes,
Des cols ont les escus ostes,
S'entortelent entor lor mains
5790 Les coroies por greuer mains,
C'andui sauoient d'escremie;
Et il ne s'entrespargnent mie
Con cil ki point ne s'entramoient;
Tant comme alaines lor duroient,
5795 S'entreferoient sans respit.
Mes sire Gauuains a lors dit
A Brien, k'a pie descendissent,
Car asses miex se combatissent
Et plus biel c'a ceual ne font.
5800 Briens nule rien ne respont,
Ains coite mon seigneur Gauuain.
Mes sire Gauuains met le main
Au ban du frain, si le recule
Si ke ne li uaut force nule,
5805 K'il ne kiece tout en .i. mont
O Brien; et quant cheu sont,
Mes sire Gauuains descendi
Et tant longement atendi,

LI CHEVALIERS AS .II. ESPEES. 181

    Que cil se leua par loisir;
5810 Mais en ce k'il le uit gesir,
    Li menbra de la uilonnie
    K'il ne le uaut esparnier mie,
    Quant desarme trouue l'auoit,
    Et de la ioie k'il faisoit,
5815 Quant por mort le cuida laissier,
    Et il li ua sans delaier
    Por assalir. Et cil l'atent
    Tous pres et mout estor li rent,
    Car cheualiers ert fors et durs
5820 Et preus et de son cors seurs,
    Et sacies k'il n'ert gaires mains
    Menre, ke mes sire Gauuains,
    Si s'entresont mout damagie.
    Mes sire Gauuains ki coitie   f. 34ᵃ.
5825 L'ot plus k'il lui, le uait hastant
    Et tolt terre et le maine tant
    Que d'air et de force toute
    Si de cors et d'escu le boute,
    C'a genous uenir le conuient,
5830 Lors le rehurte, et Briens uient
    A terre, et lors sor lui s'arreste,
    Tantost li desarme la tieste.
    Et cil li a merchi requise
    Oiant tous, ke par sa frankisse
5835 Ait pitie et merchi de lui.
    Mes sire Gauuains ki l'anui
    Et la honte celui entent,
    S'il uit, ke asses plus torment
    Auroit, ke se il l'ocioit;
5840 Car tous iors li ramenberoit
    De l'onnor ke si ot perdue

Et de ce ke si ot ueue
S'amie sa desconfiture,
Merci li fait, si l'aseure
5845 Par ci k'il li fiancera,
Que si tost com il plus pora,
Sans querre alonge n'ocoison,
S'en ira por metre en prison
A la cort le boin roi Artu.
5850 „Ha, frans cheualiers, or m'as tu
Le pis fait ke penser sauoies.
Se meismes li rois estoies,
Ne m'i poroies tu tenser
Por rien ke cuers peust penser.
5855 Si m'i het on, ce n'est pas tors.
Bien seuent ke par moi est mors
Cil en cui trestous ert li biens,
S'il seuent ke soie Briens
Ki en la cort ai tel duel mis.
5860 Cascuns sera mes anemis
Et cascuns le uaura uengier."
„Ia ne uous estuet il targier,
Dist il, ne paor n'en aies,
En mon conduit uoel ke soies,
5865 Et iceste ensaigne prenes,
Ke uous dires ke uous uenes
En prison, et uous i enuoie
Cil ki a enprise la uoie   f. 34ᵇ.
D'aler querre le cheualier
5870 Ki sot l'espee deslacier,
V cil de la cort s'essaierent,
Mais por noient se trauaillierent,
Car n'en porent uenir a chief.
Or a tant puis par maint pas grief

5875 Le boin et le mal esproue,
Ce sacent, ke il l'a trouue
Et c'acompaignie sont andui."
A tant se lieue desour lui,
Car cil li otroie et fiance
5880 Son boin, et puis sans demourance
Est mes sire Gauuains montes,
Apres ce ne s'est arrestes
Cil as .ij. espees, ains monte,
Et la roine enuoie .i. conte
5885 Por demander ki il estoient;
Et cil ki point n'i atendoient
Sans parler a nului s'en uont,
Dont tres tuit merueillie se sont,
S'en est irie la roine,
5890 D'enquerre et d'encerkier ne fine
Qui il sont, mais nus n'en set rien
Tant k'ele dist ke tuit li sien
Voissent grant aleure apres,
K'encore sunt il asses pres,
5895 Por aconsiure isnelement.
Et il uont monter erranment
Bien dusc'a .x., tuit cheualier,
Ne ne finent de cheuaucier
Tant que de la cite issirent,
5900 Les cheualiers deuant eus uirent,
K'il s'estoient pris a l'esrer,
Et il se prendent a haster
Tant k'il sont a meismes d'aus.
Et quant cil oent des cheuaus
5905 La friente apres eus, il se tienent,
Et li cheualier auant uienent,
Ses saluent et puis parla

Premiers uns d'eus ki bien sanla
Mout preudom et d'eage estoit
5910 Et dist: „Seignour, s'il uous plaisoit
Que uous retornissies arriers,   f. 34 c.
La roine mout uolentiers
Vous feroit et honnor et ioie,
Et por ce apres uous enuoie,
5915 S'il uous plaisoit a reuenir."
„Biaus sire, ne puet auenir,
Ce respont mes sire Gauuains,
Mais dites k'ele croie mains
Autre fois quan c'on li dira."
5920 „Biax sire chiers, comment sera
Ma dame de uous uerite,
Ki si aues Brien outre,
Ki Gauuain dut auoir ocis?
De uous dont ele a mout enquis
5925 Ne li set nus le uoir a dire,
Si uous mande par nous, biaus sire,
Que uous uostre non nous dies."
„Ie uoel bien que uous le sacies.
Certes, biaus sire, Gauuains sui
5930 Et sui nies le roi Artu." — „Cui?
Vous estes Gauuains?" — „Ce sui mon,
Issi por uoir m'apele on,
Et cil meismes Gauuains sui,
Dont Briens se uantoit si hui,
5935 Ki en a ore ses saudees.
Li cheualiers as .ij. espees
Si est cil c'auoec moi uees."
„Ha, biaus sire, car retornes
Par francisse et par courtoisie!"
5940 „Nous ne retornerons ia mie

Por cose ke nous desist nus,
Biaus sire, si n'en parles plus."

A Tant s'en uont sans plus atendre
Li doi compaignon, ke plus prendre
5945 N'i porent par lor biel proier
Li preudom ne li cheualier
Ki uenu querre les estoient.
Tost reuienent la u il uoient
La roine, u grans tierre afiert,
5950 Et ele tantost lor enquiert
Des cheualiers, s'il reuenront.
„Certes, dame, ia n'en prendront
Conseil ore du reuenir,
N'en uaurent parole tenir,
5955 Dist li preudon, du repairier."   f. 34ᵈ.
„Et ki sont il, li cheualier,
Ki issi s'en uont maugre mien?"
„Dame, ce uous dirai ie bien.
Li uns est mes sire Gauuains,
5960 Dont Briens a dit ke uilains,
Ki de sa mort s'aloit uantant."
Quant il ot ce dit, tout esrant
Chiet ius pasmee la roine,
Qu'ele l'amoit plus d'amor fine
5965 Que nul homme ki ainc fust uis.
On li giete yaue sor le uis,
S'est de maintenant reuenue,
Por entreprise s'est tenue
Mout por ses gens k'ilueques sont.
5970 Li un s'em partent et s'en uont,
Et li cors a itant remaint.
La dame dist ke on l'en maint,

Et on si fait. Puis fait uenir
Deuant li cels a cui tenir
5975 Se seut de conseil et de los,
Et lor dist: „Seignor, se ie l'os
Dire, ke blasmee n'en soie,
Volentiers enuoier feroie
A la cort le roi por sauoir,
5980 Se cist cheualier dient uoir
Du boin Gauuain, ke il uis soit
Encor, car se on le disoit,
Ia mais n'auroie autre seignor.
Car il n'a plus biel ne meillor
5985 Ou mont, et si est fiex de roi
Et de roine, et quic et croi
K'encor n'a pas feme espousee.
Ice me plaist; si uous agree,
Si m'en dites ce k'il uous siet,
5990 V il me plaise u il me griet."

Ainsi ot la roine dit
Ice que sans nul contredit
Vausist que cil li conseillaissent,
Se a son conseil en alaissent,
5995 Et il a une part s'en uont.
Tex i a d'els qui parent sont
Brien, si pert au conseil prendre,
Car onques ne uaurent entendre
A ce que la dame fesist
6000 Rien de cose qu'ele desist,
S'en moustrent raison par samblant;
Car trop seroit desauenant
Et lecherie sambleroit,
Se ele issi le requerroit

f. 35ᵃ.

6005 Ne il n'em prenroit espoir mie.
Estre ne puet k'il n'ait amie
Cheualiers ki si est esrans,
Si biaus, si preus et si uaillans.
D'autre part espoir il le het
6010 Por ce ke certainement set,
Que por lui ocirre enuoia
Cheualier, u tant se fia,
Ki deust miex de lui ualoir.
Et se il auoit le uoloir
6015 Vers li tel k'il ne l'espousast
Et que por ce le refusast,
Trop en seroit a uilonie;
S'est mout plus biel que on li die
Que ele n'i enuoit noient.
6020 A tant rompent lor parlement,
S'en sont a ce tuit acorde,
S'en uienent, et a recorde
Li uns d'aus ce que dit auoient
Et dist que il li deslooient
6025 A faire ce que dit auoit,
Car nus d'eus s'onnor n'i sauoit,
Si l'en mespriseroient maint.
Et la cose a itant remaint,
Que ele ne il n'en parlerent
6030 Adonc plus, et cil s'en alerent,
A cui ele ne sot nul gre,
Ke il li orent desloe
A faire ce k'ele uoloit.
S'en est irie et s'en doloit
6035 Ne n'ert mie mains a malaise;
Et ia soit ce k'ele s'en taise
Ne samblant n'en faice noient,

Ele a cose faire en talent,
Dont ia ne se conseillera
6040 A eus, ne ia n'en parlera;
Si le laisse ore ester a tant.
Briens ki eut eue tant
De honte ne s'est arrestes,   f. 35 ᵇ.
Au plus tost k'il pot est montes
6045 Et si se fu mis a la uoie,
Et plus lonc conte ke feroie?
Tant a de ior en ior esre
Que le roi Artu a trouue
Seiornant a Gamalaot,
6050 Ki au digner ia mengie ot.
E uous ke li rois uoit entrer
En la sale le baceler
Brien laiens a grant esploit,
Ki toute s'armeure auoit,
6055 Si comme il du camp se parti.
En la sale a pie descendi,
Si a son heaume deslacie,
La u il uit le roi, a pie
Au dois s'en uient tout maintenant,
6060 Si le salue tout auant
A genous et dist: „Prisons sui,
Sire, a uous; s'a mout ke ie mui
De mon pais por uenir ci,
Si me mec en uostre merci;
6065 Et sacies ke m'enuoie cha
Cil ki de cort se mut piech'a
Por celui querre as .ij. espees
Dont nouuieles sont tant alees.
Et puis k'il m'ot d'armes outre
6070 Me dist ke il l'auoit trouue

Et bien sai, que ies ui ensamble.
Sire, tout ce ke boin uous sanble
Et quanques li cuers uous dira,
Faites de moi, biel m'en sera,
6075 Mais por diu, me donnes .i. don,
Que nus ne me demant mon non,
Ne ki ie sui, ne m'encerkies."
Li rois ki fu ioians et lies
Des nouieles qu'il li conta,
6080 Legierement li creanta,
Si dist: „Legierement aures
Le don, mais ke uous remanres
De cort et de maisnie a moi."
Toute la uolente le roi
6085 Fait cil, ia soit ke mout li grieue,
Briens deuant le roi se lieue,   f. 35 c.
Ki mout durement le mercie.
Mout fu ki li tint compaignie,
Si l'en ont chambelenc mene,
6090 Desarme l'ont et atorne
Et li font uiestir reube neuue,
Et quant fu uiestus, on ne treuue
Laiens nul plus biel cheualier,
Si l'aime li rois et tient chier
6095 Et est lies de sa demourance,
Mais mout a de ce grant pesance
Que il ne set ki il estoit,
Mais demander ne li uoloit,
Et cil de court ne se remue.
6100 Et la nouiele est espandue
Par la cort, ke par tans uenra
Mes sire Gauuains, s'amenra
Le cheualier as .ij. espees,

S'en sont les nouieles alees
6105 Tant ke la roine le set,
La biele, ki pas ne le het,
Cele qui l'espee aporta
A la cort, si grant ioie en a
Con de celui cui tant atent.
6110 Quant Briens c'ot dire et entent
As cheualiers, ce li est uis
Que mes sire Gauuains est uis,
Si est un peu plus sans freor,
N'ot pas tort, se ne ot paor.

6115 EN itel maniere remaint
A cort et s'esmerueillent maint,
Qui li biaus cheualiers estoit,
Mais nus d'aus ne s'entremetoit
Du demander, car bien sauoient
6120 Son conuenant, si s'en taisoient,
Si l'apielent le biel prison
Por ce k'il ne seuent son non,
S'en ot grant honte mainte fois.
Or redisons, car il est drois,
6125 Con li doi compaignon le font,
Ki entrecompaignie se sont,
Et sont en la forest entre
Et s'orent ia grant piece esre
Que onques nului n'encontrerent,
6130 De mainte auenture parlerent
Entr'aus .ij. et de mainte cose.   f. 35ᵈ.
Mes sire Gauuains ki li ose
Dire, quanques au cuer li uient,
A ce s'arreste, a ce se tient
6135 Que il li creant k'il uenra

Auoec lui a cort et sera
Entr'aus .ij. loiaus compaignie.
Et ke k'ensi de cuer l'en prie,
Il sont de la forest issu
6140 En une lande et ont ueu
.I. ronchi ki ert atacies
A un pin, s'ert tous dehacies
Ne n'ot cuir as esperonaus,
Et il ert grailles, lons et haus
6145 Et ot perchies les enclumes
Et ot toutes les enquetumes,
K'il fu camores tout por uoir
. . . .
S'ot le col lonc et grosse tieste,
6150 S'ert si hideus que nule bieste
Ne fu onques de tel laidure,
Et toute le hanaskeure
Ki sus estoit ne ualoit mie
Le montant d'une nois pourie.
6155 Si uait son frain forment roungant,
Et en ce k'il uont aprochant,
Il keusissent .i. escuier
Ki s'ert coucies por soumeillier
Pres d'iluec les une fontaine,
6160 Ki n'ot pas d'escalate engraine
Reube, ains fu mout mal atillies,
K'il ot un capulaire uies
D'un brun roie, uilain et gros
Esres, la cote de son dos
6165 N'ot par .i. peu nule mance
Ne n'i ot pas dusc'a la hance
De cele part u pent l'espee
Et ert toute haligotee

Et des ronches et de vilte,
6170 Et ot hueses d'antiquite
Au ploi de nicoles pelees
Et dures et ensanglentees
Dusques uers les quises a mont
Du sanc du ronchi, et en sont
6175 Rout li auanpie en ses pies
Et les semeles, s'ot chaucies f. 36ª.
Esporons, dont routes estoient
Les bous, si s'aprocent et uoient
K'il ot apoie un escu
6180 A l'abre et quant il l'ont ueu,
Si s'en esmerueillent et uienent
La tout droit, ke resne n'i tienent,
K'il uoelent sauoir le souplus.
Cil s'esueille et est salis sus,
6185 Ki oi les cheuaus hennir,
Et dist: „Bien puissies uous uenir,
Seignor, por diu, car me dies,
Se il uous plaist, se uous sauies,
V ie poroie oir nouuiele
6190 D'un cheualier que on apele
As .ij. espees." — Lors respont
Il meismes et enquiert, dont
Il est uenus et ki l'enuoie.
Et cil dist: „Ie ne le diroie,
6195 Sire, c'a lui tant seulement
A conseil." Et il esranment
D'une part o celui se met
Et li dist: „Or me di, uallet,
Que tu uiels, ke cil cheualiers
6200 Sui sans doutance, ke tu quiers,
Et comme cheualiers le di."

Et quant cil l'ot, si li fui
Li sans et commence a plorer
Si fort k'il l'estuet demourer
6205 Grant piece ancois k'il puist mot dire,
Et de porpiece dist: „Biaus sire,
Dures nouieles uous aport
Et laides, teles con de mort,
Car uostre ciers pere est ocis.
6210 Vostre sire et li uostre amis
A este dusques au ior d'ui
Cil qui tel honte et tel anui
Vous a fait, s'en soies certains;
Car c'a fait mes sire Gauuains.
9215 Vees la l'escu uostre pere,
Que uous enuoie uostre mere
Ki est morte de duel, ie cuit,
Si uous mande et uostre ami tuit,
Que se onques l'eustes cier,
6220 Vous traueillies de lui vengier; f. 36b.
Car autrement honnis series."
Et quant il ot ce, s'est iries
Durement, ne set ke il faice;
Car s'ore endroit en cele place
6225 Se combat a lui, ke seroit?
Trestous li mons en parleroit.
Et si l'en laisse ensi aler,
A droit le pora apieler
Cil ki l'ora dire coart.
6230 Issi li deffent d'une part
La bataille la compaignie
Ki estoit entr'aus .ij. pleuie,
D'autre part li dist et enorte
Ce k'il ot ke se mere est morte

| | De duel, ke ses pere est ocis,
6235
| | S'est de .ij. pars si entrepris
| | Du quel faire u du quel laissier.
| | Et il en uient a l'escuier
| | Et dist: „Valles, tu t'en iras,
6240 | Cest mien escu en porteras,
| | Et le mien pere en porterai
| | Ne ia mais ior ne finerai
| | Tant ke mon seigneur Gauuain truise
| | En liu, u combatre me puisse
6245 | Puis cest ior a lui cors a cors."
| | Et li escuiers s'en part lors,
| | Ki mout foiblement s'en ala.
| | Mes sire Gauuains en uient la,
| | Ki de ce ne se garda pas,
6250 | Et cil uait encontre le pas
| | Tout embrons et dist esranment:
| | „Sire Gauuains, uilainement
| | Aues erre, ce poise moi,
| | Vers moi ki si a boine foi
6255 | Ere li uostre boins amis.
| | Mout ai mal emploie et mis
| | Mon grant trauail et ma grant paine,
| | Que uous ai serui en tel guise,
| | Que ie cuidai k'il uous pleust.
6260 | Li gres pas estre ne deust
| | Itex, miex deserui auoie.
| | Ne sai por quoi ie celeroie!
| | Se ie uous haic, ie n'ai pas tort,
| | Car uous m'aues mon pere mort,   f. 36ᶜ.
6265 | Ki ne l'auoie deserui.
| | Puis icest ior d'ui uous desfi,
| | Ce sacies."   A itant s'en part

De lui, que respons ne regart
N'en puet mes sire Gauuains traire
6270 Por proiere k'il saice faire,
S'en est dolens et anguisseus
Et a uoe que ia mais seus
Ne sans lui ne uenra a cort,
A quel chief que la cose tort.

6275 ENsi depart et est finie
L'amors et la grans compaignie
Des .ij. cheualiers en poi d'eure.
Et li cheualiers ne demeure
As .ij. espees, s'est entres
6280 En la forest et est tornes
Par autre uoie ke la droite.
Et mes sire Gauuains s'esploite
Et uait apres grant aleure
Et uient a une forcheure
6285 De uoies, si en entre en une
K'il tenoit a la plus commune
Et k'il cuidoit a droite uoie,
Mais mout durement se desuoie;
Car il n'a pas celi coisie,
6290 S'erre maint ior et ne dist mie
Li contes, la quel uoie il tiegne
Ne c'auenture li auiegne,
Mais dolens est et droit en a.
Cil as .ij. espees ala
6295 Son chemin u entres estoit,
S'erra con cil ki n'arriestoit
Nul liu por noient bien .ij. iors.
Vn ior a coisies .ij. tors
En une lande, et sont pareilles

13*

6300 Et grans et hautes a merueilles
Et sont bateillies a mont,
Et il a un lai mout parfont
Enuiron et si estoit les
Bien .ij. arcies, ne deles
6305 Ne uoit nule nef u passer
Peust; il commence a penser
Mout fort, ice k'estre pooit,
Car entor ces tors ne ueoit   f. 36ᵈ.
Cha ne la maison ne buiron,
6310 Et li lais lor bat enuiron,
Ne nacele ne gues n'i treuue;
Si n'a talent ke il se mueue
Dusques adont ke il uera
Homme u feme ki s'aparra
6315 V istra fors d'aucune tor.
Lors s'en uait cheuauchant entor
Le pais et esbanoiant,
Et ains k'il uoist auques auant,
Il a ens enmi un uauciel
6320 Trouue le plus plaisant praiel
Et le plus biel k'il ainc ueist,
Et uoit k'une fontaine en ist
En mi liu, trop plaisans et biele,
Et sort en trop biele grauiele
6325 Et couroit uers le lai tout droit.
Et quant li cheualiers ce uoit,
Il est uenus la por descendre,
K'iluec pora plus biel atendre
Auenture, ke a cheual.
6330 Tantost deslaice le poitrail
Au cheual et l'a eslacie,
S'oste le frain et l'a laissie

Paistre, c'asses herbe i auoit.
Il entre ou praiel et si uoit
6335 Deles la fontaine une espee,
La plus noblement atornee,
K'il ainc mais espee ueist.
Il ala la et si le prist
Et si l'a lues du feurre traite
6340 Et dist k'il ainc mains si bien faite
N'esgarda ne nule si biele;
Et si auoit en la semiele
D'or noele d'ambes .ij. pars
Trois croisetes et .ij. lupars.
6345 Mais ce li uint a grant merueille
Que ele estoit toute uermeille
De fres sanc de la pointe a mont
Dusqu'anmi, et seust adont
De coi uint et ke ce estoit
6350 Volentiers, et li desplaisoit
Et blasmoit celui ki le mist
Ou fuerre, quant ne s'entremist   f. 37ᵃ.
Du terdre, por le sanc oster.
Au pan de sa cote a armer
6355 Le commence a froter forment,
Mais ke plus frote durement,
Et tant plus s'esclarcist li sans
En l'espee, dont tous li sans
Li fuit, et est tous trespenses
6360 Et si a resaie asses
A terdre, mais ne ualut rien;
Si laisse a tant, k'il entent bien,
Que grans cose est de cele espee.
Lors l'a ou feure reboutee,
6365 Si le remet ius en la place,

S'oste son heaume et deslace
Sa uentaille et si est assis
Et est mout durement pensis
Por l'espee, et ke k'il pensoit,
6370 Il s'endort, car greues estoit
De iuner et de cheuaucier.
Et ke k'il dort, il ot hucier
Les lui a la riue mout haut
Et il s'est esueillies et saut
6375 En pies plus tost k'il onques pot,
Por esgarder ki hucie ot
Si pres de lui, ce li fu uis.
Lors regarde deuant son uis
Et uoit ke c'est une puciele
6380 Ki souuent et en haut apiele
Aussi que se besoing eust;
Et il ki uolentiers seust,
Ki ele ert et qu'ele queroit,
Vint uers li, et ele lues droit
6385 S'en est encontre lui uenue,
Si s'auancist et le salue,
Por ce c'a son col a ueu
L'escu k'ele a bien conneu
Et dist: „Biaus sire, bien ueignies,
6390 Se uous atendre me uoillies
Vn peu, bien uous hebergeroie
Anuit et passer uous feroie
Cel lai dusques dedens ces tors;
Mais si grans plors et tex dolors
6395 Si font cascune nuit laiens,
Que de tous les diels est noiens,   f. 37ᵇ.
Ki fuissent ne ki ia mais soient.
Et se cil ki le font uous uoient,

Sacies que li deus doublera,
6400 Non porquant on uous i fera
Mout honnor." — „Et ie remanrai,
Puciele, et boin gre uous en sai
De tout ce que uous m'aues dit."
Cele retorne sans respit
6405 Vers la forest toute eslaissie,
Et cil u il auoit laissie
L'espee s'en est retornes,
Rapareillies et ratornes
S'est de ses armes et si prist
6410 L'espee ki a son col mist,
Car chaindre mie ne l'osoit,
K'il cuide que grans cosc soit,
Et monte, k'il ne targe mie.
Il ert grant piece apres complie
6415 Et tornoit a anuitement,
Ne demeure pas longement
Ke il ot mout cheuaus hennir,
Et il esgarde et uoit uenir
Deuers la forest mout grans gens,
6420 Par samblant iries et dolens,
K'auis li est ke il ploroient,
Et ke k'ensi tel duel faisoient,
La pucele d'eus se depart
Et s'en uient tout droit cele part
6425 V laissie ot le cheualier;
Et quant il le uoit aprocier,
Il ua uers li, cele s'escrie
Et dist k'il ne s'apere mie,
Que on ne saice ki il soit.
6430 Et cele ki bien connissoit
Et les reches et les destrois,

Et en uient dusc'a lui destrois,
Et l'a mene hors de la uoie
Et li dist: "Se ie uous auoie,
6435 Biaus sire, a ces gens fait ueoir,
Ia feries uous tel duel mouuoir,
K'ainc mais ne ueistes si grant.
Or si laisons passer auant
Toutes ces gens, s'irons apries
6440 Tout par loisir et plus en pes,   f. 37 c.
Ne uous uoel a aus descouurir."
Et a tant i uoient ouurir
Vne porte et issir en uoient
Vne nef u passer deuoient
6445 Cil qui uenoient apres aus.
Descendu furent des cheuaus,
Et entrerent communaument
En la nef, mais tout coiement
Et sans faire noise ne bruit,
6450 Et quant il furent entre tuit,
Li cheualiers dist: "Ke sera,
Puciele, ki nous passera?
Remanrons nous donques ici?"
"Ha, sire cheualiers, merci,
6455 Dist ele, un seul petit souffres
Tant k'il passent; uous passeres
Asses a tans, et ie auoecques."
Issi l'a retenu illueques,
Et la nes est tous dis alee,
6460 Dusqu'a a la tor s'en est entree,
S'a on refremee la porte.
Li cheualiers se desconforte
Et ot au cuer mout grant corous
Et dist: "De ce tout fuissons nous,

LI CHEVALIERS AS .II. ESPEES.

6465 Se uous uausissies. Ors de paines
Estre i porons .ij. semaines
V seiorner .i. mois entier,
N'i a pas aise sentier
A passer la nef de dela."
6470 Et quant la damoisele l'a
Oi k'il ensi se gramoie,
Si dist: „Metons nous a la uoie,
„Sire, k'encor i passerons
A tans, que ia n'i delairons."

6475 A Tant s'en issent du destor.
Es uous k'il uoient de la tor
Issir la nef grant aleure,
Et li cheualiers s'aseure,
K'il cuide c'on les uiegne querre.
6480 De maintenant met pie a terre,
Et ua la pucele descendre,
En la nef entre sans atendre
Rien nule, et outre s'en passerent.
Et cil ki bien les esgarderent   f. 37ᵈ.
6485 A passer des crenaus a mont,
Lues ke l'escu conneu ont,
K'il auoit a son col pendu,
Communaument sont descendu
Contre lui faisant mate chiere;
6490 Merueille soi de grant maniere
Li cheualiers, quant uoit ces gens,
De la nef ist, sel mainnent ens
Et tant k'il ont la nef passee,
Il l'ont mene dusc'a l'entree
6495 D'un plus deliteus praiel,
Du plus plaisant et du plus biel

K'il ainc en sa uie ueist.
Adonques asseoir le fist
Vns uies hon, n'ainc ne demanda
6500 Ki il ert, mais il commanda
As serians k'il le desarmaissent.
Et cil ki enuis le laissaissent,
Le desarment a tel honnor,
Comme il onques porent grignor,
6505 Et il le seuffre uolentiers.
Et puis dist li uies cheualiers
Que on li aport reube nueue.
Mout s'esmerueille, quant il trueue
Gens ki si se painent de lui,
6510 Si dist: „Sire preudon, mais hui
Vauroie uolentiers sauoir,
Ki est sire de cest manoir,
V dame, u comment on l'apiele."
„Ia par moi n'en ores nouiele,
6515 Dist il, ne pas ne demourra,
C'asses ert ki le uous dira."

A Tant laissent l'afaire ester,
Ke plus ne uoloit enquester,
Quant par lui ne puet plus sauoir,
6520 Ne d'iluec ne se uielt mouuoir,
Ains siet auoec aus et atent.
Ne demeure pas k'il entent
Et uoit ke parmi cel uergier
Vienent dusc'a .vi. cheuvalier
6525 Et portent tortins gros et grans,
Bien alumes et bien ardans,
Et s'en uienent tout droit uers lui.
Li preudom ki li ot iehui   f. 38ᵃ.

LI CHEVALIERS AS .II. E PEES.

  Fait tant d'onnor, lors se leua,
6530 Le cheualier semonrre ua
  K'il se liet; adonques s'en uont
  Contre cels ki si bel les ont
  Comme il porent plus receus.
  Ne si n'est pas cil conneus
6535 De nul de cels, si le faisoient
  Por ce ke si biel le ueoient,
  Si grant et si fort par samblant,
  Si l'en mainent de maintenant,
  Tant uont que le uergier passerent,
6540 Dou uergier en la tour entrerent,
  Car autre rechet n'i auoit,
  Non porquant asses grans estoit
  Por .c. cheualiers herbegier
  V plus. Et li .vi. cheualier
6545 Qui compaignie li faisoient
  L'en mainnent droit la u il uoient
  Que siet la dame de laiens,
  Mais ce fu de leuer noiens
  Contre lui, k'ele ne pooit;
6550 Car ele si biel le ueoit,
  Que tous ses deus li renouuiele,
  Biau seignor et biau fil l'apiele,
  Car ele ne set le quel dire
  . . . .
6555 Por sen seigneur ki n'ert en uie,
  Que autresi comme esbahie
  Et comme dolente parloit;
  Si ueoit ke il resambloit
  Son seignor de tout si tres bien,
6560 Qu'ele ne uit onques mais rien
  Que si bien fust a lui samblant.

Ele le fait uenir auant
Et le fait deles li seoir
Por miex esgarder et ueoir,
6565 Ne il n'est de rien entrepris.
„Ki estes uous, biaus dous amis,
Ki estes uenus hebregier
La u estrainge cheualier,
Dist ele, sont de mort hai;
6570 N'il n'est pas tors, k'il ont trai
Et mort le seignor de cheans.
De uostre issir est ce noiens
Ia mais, car coustume est pleuie   f. 38ᵇ.
Ici que tuit perdront la uie
6575 Li estrange ki ci uenront."
„Ha, dame! et por quoi i perdront
Trestuit li estrange ki soient?
Se tuit li estrange moroient
Por lui, grans dameges seroit.
6580 Mais se cil sans plus en moroit,
Ki l'ocist, ce seroit asses."
„Il a ia .iiij. iors passes,
Dist ele, u plus k'il est ocis.
Par diu le roi de paradis,
6585 Ki d'Adan fist Eue la biele!
Onques mais n'oimes nouuiele
Du seriant que nous enuoiames
Par la tierre et li encarchames
Que l'escu mon seigneur portast
6590 Auocc lui et tant se penast
K'il peust nouieles sauoir
D'un mien fil ke ie doi auoir,
Que li rois Artus adouba,
Ce me dist on, et lui donna

6595 Caradigan et quant qu'apent
A la cite par tel conuent,
S'il pooit deschaindre l'espee
Ke la roine ot aportee
A cort, et il pas n'i failli.
6600 Or si sommes trop mal bailli,
C'ainc puis nouuieles n'en oimes
Ne nule cose n'apresimes
De lui, puis k'il parti de cort
Fors tant, si con nouuiele cort,
6605 K'il n'est nus cheualiers esrans
Ne si biaus ne si emprenans,
Ne qui de tant besoins ait trait
A boin chief et nommer se fait
Le cheualier as .ij. espees;
6610 Ne sai por qu'en a .ij. torsees,
K'en celi asses en eust,
Se la bonte de li seust,
Ke la roine chainte auoit,
Ne ele aussi ne le sauoit
6615 Meisme, et si le prist la biele
Por uoir a la gaste capiele *f. 38 c.*
Du preudomme, ki l'auoit chainte,
Enfoui, dont bataile mainte
Et maint camp outra en sa uie
6620 Cil ki auoit la seignorie
De sens, de biaute, de proece,
De cortoisie et de larguece
Sour tous les cheualiers du monde.
Dieu! por qu'est mors? Et diex confonde
6625 Celui qui si m'a abaissie,
Ki l'ocist. Diex m'a tant laissie
Triste a tous iors outreement.

Diex, por qu'ai cuer ki me consent,
Que cheualier puisse ueoir,
6630 Ne uous qui resambles por uoir
Celui meisme que ie di?
Mal de l'eure que ie uous ui
Onques nul ior chaiens uenir,
Ce fu por moi plus parhonnir."
6635 Et coi ke ele ensi se blasme,
Ses paumes bat et si se pasme,
S'est li deus laiens commencies.
Li cheualiers s'est mout iries,
Quant ce uoit, si pleure forment,
6610 Le mantel oste isnelement,
Et ua la dame redrecier.
Adont ueissies commencier
Duel laiens tout communement;
Mais ne demeure pas granment,
6645 Qu'ele de pasmison reuient,
Et li cheualiers ki le tient
Entre ses bras le reconforte.
Ele ki uausist estre morte
Dist ke ne l'apaiseroit mie
6650 Creature ki fust en uie,
Tant ert ses dels nouuiaus souuent.
Et non porquant se en couuent
Li metoit comme cheualiers,
Et de boin cuer et uolentiers,
6655 Que amender li aideroit
Sa honte, ele s'enforceroit
Por lui, ce k'ele ainc puis ne fist,
Que li cheualiers li ocist
Son seignor par son grant orguel.
6660 „Dame, dist il, et ie le uoeil

Et tout issi le uous creant,   f. 38ᵈ.
Et puis icest ior en auant
Nel trouuerai n'en liu n'en place,
Ke ie tant uers son cors ne face,
6665 K'il n'i muire u il m'ocira."
En tel maniere asseura
La dame por li apaier.
Lors se prent a esleecier
La dame au miex k'ele onques puet,
6670 Et non porquant mout li estuet
D'eures en autres souspirer,
K'a paines puet ele endurer
Que le cheualier ueoir puisse.
Peu s'en faut k'il ne li estuisse
6675 A pasmer, quant ele le uoit,
Mais por ce ke cil li auoit
En conuenant, se faisoit force,
Resbaudist soi et si s'enforce
Et commande tables a metre.
6680 Cil ki s'en durent entremetre
Le fisent, k'il ert apreste.
Ne s'i sont gaires arrieste,
Que il leuent et sont assis
Et si orent .v. mes u .vi.,
6685 A ce ne pens ie pas granment,
Mais serui furent noblement
Et sisent grant piece au mengier.
Quant tans fu des napes sacier,
Ostees furent; puis lauerent,
6690 Mais d'iluec ne se remuerent
La dame ne li cheualiers.
Lors uint iluec uns escuiers
Et dist qu'a la riue apieloit

Vns ualles ki passer uoloit
6695 Et se haste mout d'apeler.
La dame i fait tantost aler
Et kemande ke on l'amaint.
Apres ce gaires ne remaint
K'il ne past et lors uint auant.
6700 Conneus fu de maintenant,
Car des serians de laiens fu.
C'est icil ki porta l'escu
Et ala le cheualier querre
As .ij. espees par la terre,
6705 Si est a la dame uenus,   f. 39ᵃ.
Ki de nului n'est retenus,
Et dist: „Dame, salus uous mande
Li uostre fix ki mout demande
De uous, et est iries forment
6710 De ce k'il est si laidement
Mescheu a lui et a uous,
Et si sacies tout a estrous,
Que mon seigneur Gauuain en place
Ne trouera ke il n'en face
6715 Tant ke il l'ocie u il lui."
„Quant le ueis tu?" — „Il a hui,
Dame, .iij. iors et si uenoit
Des Illes et si amenoit
Auoeques lui .i. cheualier
6720 Tout seul a seul sans escuier,
Et cil mout preudomme sambloit;
Mais ie ne sai, se il auoit
Entr'aus .ij. point de mautalent,
Bien sai k'il ne furent pas lent
6725 De faire entr'eus lor departie,
Lues ke uostre fiex ot oie

La nouuiele ke li contai.
Entalente mout le laissai
Et par parole et par samblant
6730 De faire tout uostre talant
Et mout l'a de boin cuer enpris."
Ke k'il conte, il est entrepris,
Car il esgarde deuant soi,
S'a ueu pendre a la paroi
6735 L'escu ke il auoit baillie
Au cheualier, si a laissie
A parler; et la dame enquiert
De maintenant, por coi ce iert
K'il ot la parole laissie.
6740 Et cil tient la tieste baissie
Et douta, lors a apres dit:
„Merci, dame! se diex m'ait,
Onques mais en tout mon uiuant
Ne ui escu si tres samblant
6745 A celui ki fu mon seignor.
De le faiture et del grandour
Est il, pour uoir, ce saicies bien,
Ne n'oi paor de nule rien
Fors por ce ke ne cuidissies   f. 39ᵇ.
6750 Que, quant cel escu ueissies,
C'a lui n'eusse pas este.
Mais cheens ki l'a aporte
Ice feroit il boin sauoir,
Car se cil nous uielt dire uoir,
6755 Ki l'aporta ci sans mesprendre,
Bien pores nouuieles aprendre
De uostre fil, u ke il soit
N'en quel lieu on le trouueroit."

Qvant la dame ot ensi oi
6760 L'escuier, li sans li fui,
Quant de son fil oi parler,
A paines se tint de pasmer,
Se ne fust por le cheualier,
Mais ele sans point delaier
6765 Fait ses gens deuant li uenir,
K'ele uielt parole tenir
De l'escu dont cil ot parle.
Et quant il furent assamble,
Si dist: „Ie uauroie sauoir,
6770 S'il pooit auenir, le voir,
Comment cis escus la reuint."
Et uns cheualiers auant uint
Et dist: „Dame, legierement
Pories uous aprendre et comment,
6775 Se uos ostes le uoloit dire."
Ele l'esgarde et dist: „Biaus sire!
Par francisse nous desissies,
Se uous cel escu connissies
Et se uous chaiens l'aportastes,
6780 Et comment issi assenastes
Et ki estes et dont uenes,
N'a mal por diu ne le tenes,
Se ie uostre non uous demant."
Et li cheualiers maintenant
6785 Li dist, k'il l'aporta sans faille,
Mais onques ne l'ot en bataille,
Ne ne l'ot pas .v. iors eu
Ne onques mais n'auoit ueu
L'escuier ki porter li fist
6790 Par la parole k'il li dist

Que il auoit este son pere,
Et par lui li mandoit sa mere
K'il ert mors a tort et a honte.   f. 39c.
Et puis apres tres tout li conte,
6795 Comment est uenus et ales
Et que il estoit apieles
Cil as .ij. espees par tout.
La dame ki prist bien escout
A quan que li cheualiers dist,
6800 Grant demorance pas ne fist,
Ains li saut et l'acole et baise,
Mout est lie et mout est a aise,
Qu'ele ot cose ki li plaisoit
Et faisoit ioie et si ploroit,
6805 Mais li plors ert por son seignor,
Du fil ot ioie la greignor,
Qu'ele eust mais en son eage.
Ceste ioie li assouage
Par eures toute sa pesence,
6810 Son duel en met en oubliance
Et dist: „Fiex, ie sui uostre mere,
Ne m'est remes de uostre pere
Que uous et une uostre seur,
Por cui ai eu a mon cuer
6815 Maint duel, ains ke uous uenissies,
Mes uous men duel parabaissies
Et mon corous outreement.
Biaus fils, uous ne saues comment
Vous soies apieles encore,
6820 Sire des Vaus de Blanquemore
Estes et du Lac de Iumeles.
Maintes dames, maintes puceles

14*

Et mains haus cheualiers prosies
Aues, qui de uous tienent fies,
6825 Biaus et rices et de haut pris.
Vostre pere ot non Bleheris,
Mais uous n'en poes rien sauoir,
Quel non doies encore auoir;
Ne ie ne sai quels il sera.
6830 Vostre pere me coniura
Ancois ke il partist de uie
Que non ne uous mesise mie
Tant con Briens de la Gastine
Fust mors, ki tient en uil saisine
6835 Vostre serour et .x. puceles,
Hautes femes, gentes et bieles,
Ki compaignes uo suer estoient   f. 39ᵈ.
Et toutes li apartenoient,
S'en est trechieres et mentere
6840 Li fel, li traite, li lerre;
Car il le dut a feme prendre
. . . .
Vers moi et uers uous et uers li,
Car il a de couuent failli.
6845 Si nous torne uoir a grant honte
De nos amis; por roi ne conte
Ne le uaut onques amender,
Tant ne li seust on mander.
Et non porquant il ne poroit,
6850 Car ki le uoir dire en uauroit,
Li siens mesfais et li siens tors
Est si grans, ke par lui est mors
Vostre pere." — „Par lui? comment?
On me dist a commencement,
6855 Que mes sire Gauuains l'ocist."

„Voirs est, mais cil le murdre fist,
K'il porchaca sa mort por uoir,
Et ce uous conuient il sauoir."

6860 SAiuement et en souspirant
Parole la mere a l'enfant
Et dist: „Biaus fils, or entendes,
Con uostre pere fu menes.
Voirs est ke il ot lonc tans guerre
Vers Brien et gasta sa terre.
6865 Tant le mena, k'a merci uint,
Por ce ke faire li conuint,
Et lors sa terre li rendi
Con cil ki mal n'i entendi
Par si k'il li fianceroit
6870 Que sa fille a femme prendroit
Et tenroit sa terre de lui;
Se li torna a grant anui,
Quel samblant ke lors en fesist.
Oies ke li traite fist,
6875 Li maus cuiuers, li deputaire!
Il parfurni tout son afaire,
Nostre fille prent, si l'en mainne,
Ne taria pas tierce semaine
K'il regarnist ses fermetes,
6880 S'a ses cheualiers rasambles
Et ses gens mout celeement,
Et s'en entre enforciement   f. 40ª.
En nostre terre et art et proie;
Et plus lonc conte ke feroie?
6885 Guerre commence de rechief,
Car mes sire cui mout fu grief,
Ne fu mauuais ne perecous,

Tost fist assambler trestous ceus
Qui de lui nule rien tenoient,
6890 Et tous ceus ki prendre uoloient
Grans guerredons et grans saudees.
Et quant si furent assamblees
Toutes lor gens d'anbes .ij. pars,
Cil ki fu maluais et couars
6895 Douta et n'osa assambler,
Ains fist mon seignor apeler
Et metre a raison d'une cose,
Car se il combatre a lui s'ose
Cors a cors, si faille la guerre,
6900 S'ait cil et l'une et l'autre terre,
Qui son compaignon outerra,
Et de ce ior li asserra,
S'il uielt, sans plus respit donner.
Et quant mes sire oi parler
6905 De ce, si fist la gregnor ioie
Que nus crestiens ia mais oie.
Quan que cil requist, otria,
K'auoir conquisse bien quida
La terre Brien sans doutance.
6910 Lo ior assist sans demorance,
A demi an li termes fu;
Cil qui la estoient uenu
De par Brien tel le requisent.
A tant u repaire se misent
6915 Les gens et fu l'os departie.
Et Briens ne s'oublie mie,
Ne demeure ne tant ne quant,
Ains monte seus et oire tant,
C'a Karehes en .ix. iors uint,
6920 V li rois Artus sa cort tint,

Et li ua .i. don demander
Et dist k'il ne li doit ueer
K'il est ses hon et tient de lui,
Tout a genous et a anui
6925 Demande, ne ne se moura,
Ce dist, deuant k'il li aura   f. 40 ᵇ.
Otroie tout entierement.
Li rois ne pensa pas granment
Au don et dist ke il l'auroit.
6930 Briens dist k'il li bailleroit
Mon seigneur Gauuain son neueu,
Le boin cheualier et le preu,
Ki par tout se fait renommer,
Por o lui en tel liu mener,
6935 Qu'il onques son conseil vauroit,
Et auoec li creanteroit
A faire kan que uauroit dire
Sans muer et sans escondire;
Et li rois tout ce li otroie.
6940 Tantost se metent a la uoie
Mes sire Gauuains et Briens
Lies, quant il a en ses liens
A son uoloir tout sans quidier
Trestout le meillor cheualier
6945 Ki soit, et tout le plus preudomme,
Et le maine tant k'en la somme
L'en maine en prison et le tient
Tant ke li iors aproce et uient
K'il doit son conuenant tenir.
6950 Et il refont lor gens uenir
De toutes pars a grant fuison.
Briens amaine son prison
Trestout arme auoeques lui

Ne ce ne seuent ke il dui,
6955 K'il i soit mes sire Gauuains.
Mes sire ki de ioie ert plains
Et la bataille mout couuoite,
Vient en la plaice et tant esploite
D'armer, ke il li est mout tart;
6960 Et Briens uient de l'autre part
Armes fors de hiaume, et si mande
Mon seigneur ke il li demande
Sa bataille et li fait sauoir
Quels conuenans i doit auoir
6965 Entr'els et facent seurte;
S'ont a ce l'afaire ahurte,
K'il sont de toutes pars seur.
Quant ce ont fait a mal eur,
Si dist Briens ke il iroit
6970 A son tref et si laceroit   f. 40ᵉ.
Son hiaume et uenroit tous montes.
A tant est en son tref entres
Et semont trestout esraument
Mon seignor Gauuain de conuent
6975 Et ueut k'il faice la bataille.
Il li otroie, et il li baille
Mout tost toutes ses armeures,
Son cheual et ses couertures
Por desconistre et il monta.
6980 Mes sire ki point ne douta
Brien et mist en non caloir,
D'arme ki rien deust ualoir
Ne se daigna onques armer,
Mes tes comme il les sielt porter,
6985 Por aler auentures querre
Par les fories et par la terre,

Desrompues et desmaillies,
Itels les i ot on baillies;
Car il ne uaut autres auoir,
6990 Que il cuidoit trestout por uoir
Que ce fust Briens, et il uint
En la place. Et ensi auint
K'il ont les cheuaus adrecies,
Les escus ont auant sacies
6995 Et mueuent por iouster ensamble.
Et en ce ke mes sire assamble,
En astieles a enuoie
Sa lance; mais n'est pas brisie
La lance mon seigneur Gauuain,
7000 Ancois assene tout de plain
Haut en la pene de l'escu
Et l'a pechie et desrompue
Et s'en passa outre li fers,
Ne ne fu pas tels li haubers
7005 C'au fer duree auoir peust,
Se li met le fer et le fust
De la lance bien une toise
Ou cors ausi con parmi gloise,
Et mes sire chiet de l'angoisse
7010 Et adonques sa lance froisse
Et remest li troncons u cors.
Et mes sire se pasme lors,
Ki l'angoisse de la mort sent,
Et mes sire Gauuains descent f. 40ᵈ.
7015 Sor lui, le hiaume li deslaice,
Puis se tint et ne set k'il faice.
Et mes dous sire oeure les iex
Mout tres foibletement au miex
K'il puet et dist: „„Tant mar fu nes,

7020 Diex, quant issi sui atornes
Et muir a tres grant deshonnor
Par la main a tout le pior
Cheualier ki onques s'armast.
Ie ne cuit k'il ainc mais osast
7025 Nul cheualier arme ueoir
En place."" — „„Ne dites pas uoir,
Dist il, et se uous ne fuissies
Si atornes, uous perdissies
La tieste por ceste folie.""
7030 Et quant mes sires a oie
La uois, et uoit ke ce n'est pas
Briens, si dist isnel le pas:
„„Por dieu ki trestoute rien paist,
Sire cheualiers, s'il uous plaist,
7035 Me dites, u uous fustes nes
Et comment iestes apeles;
Car mout plus a aise moroie,
Se ie certainement sauoie,
Que uns preudom m'eust ocis.
7040 La parole ke ie or dis,
Dis ie, car ie cuidai sans faille
Que Briens eust la bataille
Outree, et ke il m'eust mort.
Et se i'ai uers uous eu tort,
7045 Por dieu, si le me pardonnes.
Et s'a uostre non m'assenes,
La moie mort ie uous pardoing
Et dieu uous en doins a tiesmoing,
Ki de la moie ame ait merci.""
7050 Quant mes sire Gauuains oi,
K'il si humlement se contint,
De grant courtoisie li uint,

K'il li dist: „„Tous soies certains
Que ie sui apieles Gauuains,
7055 Li ainsnes des fiex le roi Loth
D'Orchanie."" Quant oi ot
Mes sire, si fu plus a aise
Et li dist ke, se il li plaise,
K'il faice de lui son deuis,
7060 Et k'il se rent a lui conquis,
C'ausi ne se puet il desfendre.
Mes sire Gauuains sans atendre
Se lieue et li bruis commenca,
Et il le cheual adreca
7065 Vers le tref Brien, et descent,
S'oste ses armes et reprent
Les sieues, et congie lors prent.
Et Briens dist ke il atent
Tant ke la tierre eust saisie.
7070 Mais il par grant losengerie
Toutes uoies de lui se part.
Nostre chealier d'autre part
Keurent et prendent mon seignor,
Faisant duel trestout le grignor,
7075 Que cheualier ainc mais fesissent,
Tant c'a droite force s'en issent
D'iluec et uienent au camp frait,
Mais auant porter ne se lait
Por ce k'il se moroit, ce dist,
7080 Deuant lui apieler nous fist,
Et dist k'il uoloit k'il geust
En la gaste capele et fust
Iluec tous armes enteres,
Et dist k'encor seroit trouues,
7085 Et li osteroit on l'espee,

f. 41ᵃ.

Ne ia ne seroit recouuree
Sa tiere por homme uiuant,
Tant soit posteis, dusqu'a tant
Que tels cheualiers le chainsist,
7090 Ki sa uolente en fesist
Et le peust chaindre et deschaindre.
Et a ce ne porroit ataindre
Fors uns seus, nus tant soit prisies,
Et nous dist que quant uous uenries,
7095 C'on uous fesist tout ce sauoir,
Et quel non uous deues auoir
Ne seuissies por rien ki fust,
Et ke par uous Briens eust
De la traison sa saudee,
7100 Et por ce k'a enprisonnee
Vostre sereur et m'a tolues
Mes uilles et a abatues f. 41ᵇ.
Mes maisons et mes fremetes,
Et est en tel orgueil entres,
7105 K'il ua cheuaucant par la terre
Et ua les auentures querre
Con s'il fust nouuiaus cheualiers,
Si a este tous iors croupiers,
N'onques mais ne fist en sa uie
7110 Rien d'armes." — „Il fait uilonie,
Ki tient ma serour en prison,
Dist il, et fait grant traison,
Quant il ensi mon pere ocist."
„Issi, dist ele, le nous dist
7115 Vostre pere et uous le sacies."
„Diex doinst, encor en soit uengies,
Dist il, deuant ce ke ie muire
Et se ie li puis de rien nuire,

Ne cuit ke gaires longes maint."
7120 Et la parole a tant remaint.

PArle orent a grant loisir
Et quant uint la dame a plaisir,
S'a commande ke on fesist
Lis et ke on s'entremesist
7125 De faire son fil tant d'onnor
Comme on poroit onques grignor.
On le fait si comme ele a dit,
Et quant furent tout prest li lit,
Si uienent por le cheualier,
7130 Car il est bien tans de couchier,
Et en une cambre le mainent,
De lui honnerer mout se painent.
Et la mere ki est auoeques
Ne se uaut remuer d'ilueques,
7135 Ki de l esgarder ne recroit
Ne ia son uoeil ne fineroit,
Tant l'aime, n'ele n'a pas tort.
Et il dist ke on li aport
Laiens trestoute s'armeure,
7140 Que il n'a de seiorner cure
Puis ce k'il sera aiorne.
"Biax fix, ains ares seiorne
.I. mois u .ij. u trois chaiens."
"Merchi, dame, ce est noiens
7145 De mon seior a ceste fois
Ne il n'est ne raisons ne drois
Que ie doie ore seiorner,
On le me deuroit atorner
A mauuaiste toute ma uie."
7150 Et quant on uoit k'il ne ueut mie

Remanoir, si uait aporter
Ses armes sans point demorer
Trestoutes cil ki les li garde
Et uient; et quant la dame esgarde
7155 .III. espees, si s'esmerueille,
K'ele uoit l'espee uermeille,
Ce li samble et mout bien l'auise,
Et li demande u il l'ot prise
Et k'il ne guencise de rien.
7160 Dist il: „Ce uous dirai ie bien."
Lors conte tout son errement,
Comment ert uenus et comment
Deles la fontaine l'auoit
Trouuee et uolentiers sauroit,
7165 S'il estoit ki rien en seust,
Dont ele uient et ki l'eust
Iluec aportee et laissie,
Car mainte bien apareillie
En ot ueu et mainte biele,
7170 Mais de fuere ne d'alimele
Onques mais si riche ne tint.
„Nous ne sauons dont ele uint,
Biax fils, mais uoirs est d'une cose
Que nus hom ki uiue ne l'ose
7175 Traire du feurre ne ueoir,
Ne ie ne tieng mie a sauoir
Ice que uous prise l'aues.
Plus a ia de .iij. mois passes
Que les la fontaine a geu
7180 Ne nus ne nule n'a ueu
Quele ele est por ce k'il n'oserent,
Car auoec l'espee trouerent
Vnes lettres ki deuisoient

Que cil ki l'espee trairoient,
7185 S'il la portoient en bataille,
Ens el ior meisme sans faille
Seroient ocis fors uns seus.
Por ce est mes cuers anguisseus
Et dolens, quant uous l'aues prise,
7190 Car en grant dolor m'auries mise,   f. 41ᵈ.
Se uous tele enfance auies faite,
Que du fuerre l'euissies traite."
„Et por coi? Cil dont ki sera,
Ki seurement le traira?"
7195 „Tost le saures, si con disoit
La lettre ki tout deuisoit:
„„A tout le plus auentureus,
A tout le plus cheualereus,
Au plus biel ki soit et sans non,
7200 De ceste espee faison don,
Et rois ert. Et ki la chaindra,
S'il non, sace k'il se plaindra,
Car il ert de meisme ocis.""
Quant ce oismes, dous amis,
7205 Si laissames a tant l'espee,
Qu'ele ainc puis ne fu regardee
Se par uous non, ce poise moi."
„Dame, uoir, ie n'ai nul effroi
De ce, ne ia por rien que i'oie
7210 N'ert que ne le tiegne por moie
Ne ia por ce nul mal n'aurai
Ne n'ere mais lies, si saurai
Con bien que doie auoir de paine,
Ki l'aporta a la fontaine,
7215 Se paine i puet auoir mestier."
Quant ele uoit ke por proier

N'i puet rien faire, si se taist
Et coi k'il die, se li plaist,
Con bien ke d'autre part se deut,
7220 Si li otroie quan k'il ueut,
A dieu le commande et s'en torne,
Et il de l'autre part s'atorne
De couchier et s'est endormis,
Car ne fu pas trop durs ses lis.

7225 LI cheualiers dormi et iut
Par loisir et quant il parchut
Le ior, il lieue et apareille,
L'espee demie uermeille
A par desus son hauberc chainte,
7230 Et puis celi k'il ot deschainte
A Carduel, la tierce laissa,
Dont li rois Artus l'adouba,
K'il n'en uoloit pas trois porter.
Puis monte sans point d'arrester   f. 42ᵃ.
7235 Et si prent congie a sa mere
Ki mout dolante et mout amere
Laisse et mout mal deconseillie
D'aide, k'ele est escillie
Et si ne le ueut retenir,
7240 Et se li puet il miex uenir
De l'aler que du remanoir,
Et si uoit ke par estauoir
Conuient ke congie lors li doint.
Et il le riche destrier point,
7245 Puis k'il a a tous pris congie
Communement et a proie
A sa mere ke on li gart
S'espee, et a tant se depart;

Si li fist on passer le lai.
7250 Et il s'en entre sans delai
En la foriest, s'oirre a iornee,
K'il auenture n'a trouuee
Ne rechet, et il anuita
Et il s'areste et escouta
7255 Vne uois faire trop grant duel.
Et il ua auant, car son uoel
Seust, por coi tel duel faissoit
La uois, car point ne se taisoit,
Ains samble ke tous iours enforce,
7260 Et il d'aler auant s'enforce.
Et la nuis ert clere et serie,
Tant uait ke de la uois ki crie
Aproce mout, ce li est uis,
Lors esgarde deuant son uis
7265 En un plain les une fontaine
Vne dame ki i demaine
Tel duel, k'il en a grant pitie.
Il a le cheual adrecie
Cele part et uint la tout droit
7270 Et uoit k'el giron se gisoit
A cele dame uns cheualiers
Tous armes, et uns escuiers
Se gesoit tous plas deles lui,
Mais ne disent mot ambedui
7275 Ne ne se murent tant ne quant.
Et la dame de maintenant
S'escrie et dist: „Sire, merci!
Cis cheualiers ki est ici   f. 42ᵇ.
Et cis escuiers si sont mort,
7280 Si n'ai aide ne confort,
Comment ie les puisse enfouir,

Et se ie deuoie morir,
N'en poroie ie pas tant faire
Que de ce peuisse a chief traire,
7285 Dont il me pria a sa uie."
„Por rien or nel me celes mie,
Dist il, ke tout ne me dies."
„Volentiers, se tout me uolies
Aidier." — „Et ie uoir si ferai
7290 Et ie trestout uous aiderai."
„Mot a mot, — si saicies deuant
Que ie sui la suer Melyant
De Melyadel, et Melye
Ai non et sui feme et amie
7295 Cest cheualier ke ci uees,
Ki malement est conrees.
Briens lui et son escuier...
Si n'auoit itel cheualier
Comme il estoit en son pais
7300 Et auoit non Menelais,
Sire du Castiel Paorous,
Du castel plus auenturous,
Ki en toute Bretaigne sie,
Et si ert il de la maisnie
7305 Brien, mais i'estoie cousine
Bleheri, si mist en saisine
Tantost ke Bleheris fu mors
Nostre terre et fist tous les tors,
K'il nous mist auoec en prison
7310 Li fel par sa grant traison;
Et mes sire si s'en gieta
Et moi, puis itant esploita
K'il s'en uaut a tout moi fuir,
Briens s'esmut por nous suir,

7315 Ains c'alissons gaires de uoie,
Toute seule auoec cels estoie
Et furent andoi endormi.
Moi ne touca ne ne feri,
Et si ne dormoie ie mie,
7320 Mais ces .ij. il n'espargna mie,
Ki les ocist tout en dormant
Et s'en torna de maintenant   f. 42 c.
Si tost ke tout le bos froissa.
Et cil cui la mors anguissa
7325 S'escria et ie me paismai,
Car nule rien ainc tant n'amai
En cest siecle, et quant ie reuing,
Son chief desor mon gieron ting
Et il me dist ke il moroit,
7330 Mais s'onques ior eue auoit
Amor entre nous, ie fesisse
Tant por lui ke ie l'enfouisse
Por diu a la gaste capiele;
Mais ie n'ai seriant ne pucele
7335 Ne nului ki me puisse aidier.
Ia sont passe .ij. ior entier,
K'il est mors ne ainc puis ne mui,
Et ior et nuit ci seule sui
Ne par moi rien faire ne puis,
7340 Ne de braire ne finai puis,
Car a faire le me conuint
De paor, n'ainques puis ne uint
Ci nus hon fors uous seulement.
Or saues tout mon errement,
7345 Por dieu, si i metes conseil."
„Mout uolentiers m'en apareil,
Dame, et uees me ia tout prest.

Mais ie ne sai quel part ce est
Ne n'i fui nul ior de ma uie.
7350 Se le sauoie, a peu d'aie
Poriemes a chief de ce traire.
Ia ne uauries dire ne faire
Ne atirer nes une rien
Que ie ne faice." — „Et ie sai bien
7355 La uoie a la gaste capiele
Miex ke dame ne damoisele."
„C'est boin, et ces mors tourserons
Sour ces cheuaus et nous irons
A piet." Et il issi le font
7360 Et ke k'ensi entr'aus s'en uont,
Cil a enquis par grant amor
Comment il ert a sa seror
Et se li faisoit nule honte
Briens; et la dame li conte
7365 Qu'ele n'est de rien a malaise
Ne n'a cose ki li desplaise   f. 42ᵈ.
Ne de rien plus ne se doloit
Fors k'espouser ne le uoloit.
Et si est en prison sans faille,
7370 Mais pas ne prise une maaille
Tout ce n'ele n'i pense mie,
K'enfes est, si a compaignie
A grant plente et a fuison
Puceles ki sont de haut non,
7375 Ki toute ior le reconfortent."
Et ke k'ensi les mors em portent
Et ont grant piece cheuaucie,
Et la dame ra commencie
A plorer et fait si grant duel
7380 Que par samblant uausist son uoel

Asses miex morir k'estre uiue,
Et disoit: „Ha, lasse chaitiue!
Tant sui de haut en bas cheue,
Tant ai ioie et honnor perdue
7385 Et tant serai ore auillie!"
Et quant issi a commencie
Sa plainte, si s'esmerueilla
Li cheualiers et demanda
Por k'ele si grant duel faisoit,
7390 Car ele deuant se taisoit.
Or a commencie duel a faire:
„Ha, gentix hon, ne me puis taire,
Car du Castel me resouuient
Paorous, por ce me conuient
7395 Plorer, car nous passons deles."
„Et por coi est si apeles?"
„Por ce ke nus ne tient sa uoie
Ici par nuit ke il ne uoie
V n'oie cose dont paor
7400 Ait, mais ie sui tout sans freor
Ne ie por ce ne le di pas,
K'eusce paor du trespas,
Mais perdue ai la signorie
Du castel, car ie n'aurai mie
7405 Celui ki le seut iusticier.
Or uerrai mout amenuisier
Mon pooir, kel ior ke g'i uiengne,
Ne trouuerai mais ki me tiegne
Por castelaine ne por dame
7410 Ia mais a nes .i. ior par m'ame, f. 43ᵃ.
Tant con Briens li fel soit uis,
Ki a tout saisi et conquis,
Cui dix doinst deshonnor et honte!"

Et ke k'ensi la dame conte,
7415 Il oient un esfroi si grant
Parmi le bos, ke dieu tonnant
N'i peust on pas bien oir.
Cil ki n'ot talent de fuir
Vait auant sans nul samblant faire,
7420 Puis oent ours et lions braire,
S'oient espartir et tonner
Si fort, k'il samble ke uerser
Doiue li bos et esracier,
Et il se painent d'esploitier
7425 Et uont toutes uoies auant.
A la capele tout errant
Vienent, ki estoit grande et uies.
Lors est li cheualiers mout lies
Et la dame, et lors detourserent
7430 Les mors et si les em porterent
Dedens; et cil as .ij. espees
A tantost ses mains desarmees,
S'oste son heaume et s'agenoulle,
De ses larmes sa faice moulle,
7435 Vers la fosse, u ses peres gist,
Droit au cauec et puis si dist:
„Biaus peres, issi uraiement
Con c'est uoirs au dit de la gent
Que uous plus de biaute eustes
7440 Et li miudre cheualiers fustes
Et u plus ot de courtoisie,
K'en homme ki lors fust en uie,
Ait diex de nostre ame merchi,
Dont li cors est enfouis ci."

7445 Qvant il ot ce dit, si se lieue,
Et la dame cui pas ne grieue
Ce k'ele oi, se rapareille,
Ne dist mot et mout s'esmerueille
Et a fors l'espee sacie
7450 Son seignor et ont commencie
Entr'aus .ij. une fosse a faire
Et enfueent sans plus retraire
Trestout arme le cheualier
Et enfueent fors du moustier   f. 43ᵇ.
7455 Tout droit deuant l'uis le uallet.
Et puis tantost son hiaume met
Et arme ses mains et s'en uient
Au cheual, et lors li souuient
Des pastures ke on disoit
7460 Que sur l'autel mises auoit
La pucele, quant ele prist
L'espee son pere, et guencist
En arriere et les a trouuees,
Ses prent et si les a boutees
7465 En son sain et puis si s'en torne,
Et monte la dame et s'atorne
Et sont en la forest entre.
Et quant une piece ont esre,
Que l'uns l'autre rien ne demande,
7470 Il uoient enmi une lande
Vn arbre grant et espandu
Et uont, k'il n'i ont atendu,
Cele part et ert mienuis
Et il lor estoit grans anuis,
7475 Que il auoient tant ueillie,
Car las erent et traueillie,

Si descendent et alaschierent
Lor cheuaus ke paistre laissierent,
Car andeus lor frains lor osterent,
7480 Et puis d'eus meismes penserent,
Si font chouches de ce k'il orent,
Et dormirent si con miex porent.

La nuis fu courte et tost passee
Et fist mout biele matinee
7485 Et fu ia li solaus bien haus
Et fu li tans sieris et chaus.
Et li cheualiers s'esueilla
Et la dame encor sommeilla,
Ki por mal soustenir est tendre.
7490 Et li cheualiers sans atendre
Restraint les cheuaus et frains mist.
La dame ki encor se gist
S'est endementiers esueillie,
Esbahie et desconseillie
7495 S'est leuee et ne set ke dire,
Qu'ele pense ke trop enpire
Ses afaires, se il le laisse;
Mais ne l'encauce ne l'enpresse   f. 43 c.
De nule rien ne ne semont.
7500 Et il uient et dist k'ele mont
Tant ke recet puissent trouuer.
Ele monte et il ua monter,
Puis sont uers le bos adrechie
Et ont grant piece cheuauchie
7505 Tant k'eure de prime passa,
Et la dame se porpensa
Qu'ele enquerroit de ses nouieles,
Car as dames n'as damoiseles

N'afiert k'eles ne demandaissent,
7510 Se o franc homme cheuauchaissent,
De ses nouieles et son non.
Et dist: „Biaus sire, a mesproison
Ne le tenes, oir uauroie,
Ki uous iestes et cha quels uoie
7515 Vous amena; car nus ne uient
Ici, se sa uoie ne tient
Par deuant le Lac as Iumeles,
Et mout conuient dures nouieles
Oir celui ki tant lasser
7520 Se uielt k'il i uoele passer.
Car on ocist les trespassans
Trestous, s'on n'est d'aus connissans,
Por un estrange ki ocist
Bleheri." Et lores li dist
7525 Li cheualiers, k'il i auoit
Geu, et ke sa mere estoit
La dame et il fils Bleheri.
Et quant ces nouieles oi
La dame, si en est mout lie.
7530 „Ne sui pas trop desconseillie,
Dist ele, quant auoec uous sui,
Biax cousins, onques mais ne fui
Si lie nul ior de ma uie;
Car en cest pais n'auoit mie
7535 .II. gens ki uerite seussent
De uous, ne onques uous eussent
Veu, mais tuit por uoir quidoient
Qne mors fuissies, et si disoient
Li un, k'il estre ne pooit;
7540 Car cis pais estre deuoit
Rescous par uous et par l'espee

Qui uostre pere fu seree   f. 43ᵈ.
Au coste, quant enfouis fu."
Et il n'a rien lors respondu,
7545 Ancois cheuaucha mout pensis,
Et resgarde deuant son uis
Pres de uoie en une grant place
Tentes, et pert bien c'on i faice
Duel le grignor, ki ainc fu fais;
7550 Maintenant s'est cele part trais
Tout le grant pas. Quant il uint la,
La dame ki auoec ala,
Ki perchut bien ke ce estoit,
Li dist, ke se il le creoit,
7555 K'il s'en retorneroit arriere
Mout tost, car en nule maniere
Ne poroit il pas destorner
Ce mal, et de son retorner
Seroit il en grant auenture;
7560 Mais il ne se desaseure
Por rien ke la dame li die,
A sa paor ne pense mie;
Car au cuer noient ne l'en tient.
Tant ala qu'il as tentes uient
7565 Et descent tantost de deuant
Et la dame, et ne uient auant
Nus ki son cheual li tenist,
Et tant ke por piece s'en ist
Vne dame ki d'un ore
7570 Ot son chief couuert, s'ot plore
Et li dist: „Bien ueignans soies,
Biaus sire, mais ke uous n'aies
Mal enuers nous, car asses sommes
Dolentes et tant honte auommes,

7575 Con dames puent plus auoir."
„Ce uauroie ie bien sauoir,
Dist il, et ki cest mal uous fait."
Et la dame laiens se trait
Et il en trueue iusc'a .vi.
7580 Toutes plorans, il s'est assis
Et les fait seoir entor lui.
Lors li commencent lor anui
A dire et dient ke Briens
Les tient issi en ses liens
7585 Et lor a ocis lor seignors,
Que castelains ke uauasors, f. 44ᵃ.
Ses fait as cheualiers garder,
Si ke n'en puet nule escaper,
Et ueillent illuec a grant honte.
7590 Que k'il ot ce ke on li conte,
Le lait et le mesauenture,
I uoit uenir grant aleure
Vn cheualier arme et maine
Vne dame ki a grant paine
7595 Le siut, et fait trop male fin,
Car ele cheuauce .i. ronchin
Tout deshacie et recreant,
Et il le uait mesaemant
Et le coite mout ke tost uoise.
7600 Et quant il ot ce, mout l'en poise
Et se lieue et ist de la tente
Mout tost, et monte sans atente
Et uient au cheualier, s'a dit:
„Que uous a meffait ne mesdit
7605 La dame, ke si la menes
Laidement, et de cui tenes
Tel seignorie et tel pooir?"

,,Or le uos conuient il sauoir,
Dist il, k'il en est grans mestiers."
7610 ,,Ce fait mon, sire cheualiers,
V autrement ie cuit ira."
,,Dehes ait ki le uous dira!"
Et dist il: ,,Ie uous desfi donques."
,,La menre paor k'eusce onques,
7615 Dist il, c'est uoire ceste ci,
Et ie autresi uous desfi
Ne nule paour de uous n'ai."
Lors s'entreslongent sans delai
Et ont les cheuaus adrecies,
7620 S'ont les escus auant sacies
Et mueuent sans alonge faire
Tant con des cheuaus puent traire,
Lances basses, et s'entrefierent
Si c'ans .ij. les escus percierent.
7625 Si fait cil sa lance brisier,
Car l'auberc ne pot desmaillier,
Et cil le fiert as .ij. espees,
Que les mailles li a fausees
Del hauberc, l'acier li enuoie
7630 Parmi le cors et li pechoie   f. 44ᵇ.
L'arcon de la siele deriers
Si fort ke il et ses destriers
Chient en .i. mont et si brise
Cil la canole, et il a mise
7635 Main a l'espee et puis reuient
Sour li. Et cil cui il ne tient
De mellee, merchi rekiert.
Et cil dist, amendes dont iert
Li mesfais si comme il dira,
7640 Et k'en tele prison ira,

Comme il dira, s'il a merci.
„Sire, dist il, et ie sui ci
Tous pres ke ic le uous creans
Ne ia n'en serai defuians
7645 Ne ne m'en ores enteprendre."
Et il descent por la foi prendre
Du cheualier, et il li baille.
Et quant si fu cele bataille
Finee, il uoit uers la forest
7650 Tel cose ki point ne li plest,
K'il uoit cheualiers dusc'a .vi.
Tous armes, ce li est auis,
Ki uers les tentes s'adrecoient.
Et quant li .vi. cheualier uoient,
7655 K'il ot lor compaignon outre,
Il se sont tuit sis arreste
Et prendent conseil ke feront
Et dient k'il enuoieront
.I. d'eus et se combate a lui,
7660 Et puis .i. autre, et se cil dui
Sont uaincu, si uoisent il .iiij.
Ensamble por a lui combatre,
Et tuit .iiij. li keurent sus,
Sel prengnent a force; et sans plus
7665 Deuiser li uns d'eus s'en part.
Cil as espees d'autre part
Monte et esgarde ce ke iert.
Cil coite le cheual et fiert
Et d'eures en autres s'escrie
7670 Au cheualier, k'il le desfie.
Et cil as espees se muet
Tant con cheuaus rendre li puet,
Et en ce k'il uienent ensamble,

Cil as espees li assamble
7675 L'escu au brac, le brac au cors
Durement, et le giete fors
Des archons et le fait uenir
A terre, si k'en son keir
Le brac li brise et le canole,
7680 Car la terre n'est pas trop mole,
Et il fu roidement empains.
Il retorne sor lui a l'ains
K'il puet et a l'espee traite,
Dont mainte proece auoit faite,
7685 Mais cil n'a mestier de greuer
Plus k'il est; car pas releuer
Ne puet, ancois merci requiert
V faice cil ki boin li iert
De lui. Et il merci li donne.
7690 A tant li autres esperonne,
Qui la seconde iouste auoit.
Cil as .ij. espees le uoit
Et muet tantost encontre lui;
S'a talent de lui faire anui,
7695 Ne uous esmerueillies uous mie.
Et cil cui ses grans orguiels guie
Assamble a lui, et il si fait;
Et ceste iouste a itant uait
Et monte, k'en lor assamblees
7700 L'abat si cil as .ij. espees,
Qu'il enuoie tout en .i. mont
Lui et le cheual si que ront
Le col, et est outre passes.
Et en ce il s'est apenses
7705 De l'assambler au remanant
Et uait son frain esperonnant

Tant c'auques est aprocies d'aus,
Et il adrecent les cheuaus
Vers lui, et il lor lait aler
7710 Si ke le premier fait uerser
Et est as autres retornes
Et a les .iij. si atornes
K'il sont tuit a merci uenu
Et sont as autres reuenu
7715 Et li ont tuit .vi. fiancie
Que par lui et par son congie,
A quel anui ke il lor tort,
En prison iront a la cort   f. 44ᵈ.
Le roi Artu, et se rendront
7720 A lui de par lui et diront
Que cil as .ij. espees fait
Cel present a lui, con mesfait
Que cil de la cort uers lui soient.
Et il trestout ce li otroient
7725 Et s'en partent si con ie di.
Et il ert ia pres de midi,
Ke il n'ot mengie ne beu.
Les dames ki orent ueu
La grant meruelle encontre alerent
7730 Et ki ains ains pot l'acolerent
Et le semonnent de mengier;
Et cil cui mout plot, sans dangier
L'otroie et une dame a mise
Par terre une nape et a prise
7735 L'yauue et li donne et il s'asiet
Et mengue et ains k'il se liet
Sot il bien, ki cascune estoit,
S'ot cose ki mout li greuoit
D'eles, dont tout li uait tramblant
7740 Li cuers, mais n'en fait nul samblant.

MEngie ot et a grant loisir
Cose ki li uint a plaisir,
Car longement auoit iune
Et eles li orent donne
7745 Vin porri, pain noir et lardes
De cerf en pain, c'orent gardes
Issi comme lor enuoioient
Les dames ki entor manoient,
Car n'orent autre garison.
7750 Tel mes li donent a fuison
Et il en est bien conrees.
Et quant du mengier fu leues,
Si demande quel le feront.
Eles dient k'eles iront,
7755 Si li plaist, uolentiers o lui;
Car ou remanoir grant anui
Aroient et honte a tous iors
Et ia mais n'aroient secors,
Si s'en metront en auenture.
7760 Quant il ot ce, ses asseure
Et si ueut mout lor compaignie,
Ce dist. Mais entr'els tous n'ont mie   f. 45ª.
Cheuaus, sor qui aillent, fors .iij.,
Cil porteront tout lor harnois,
7765 Et il iront trestuit a pie.
A ce se sont tuit apoie
Et le font si comme il deuise
Et ont a tant lor uoie enprise
Et se sont en la forest mis.
7770 D'autre part se sont entrepris
Li prison d'eus enharneschier
Et se prisent au cheuauchier

Et orent lor mort enterre
Et de ior en ior chemine,
7775 Que ainc n'i ot seior tenu
Tant c'a Carahes sont uenu,
V li rois Artus sciornoit;
Mengic apries la messe auoit
Et sist au dois. Cil ki uenoient,
7780 Ki .iij. litieres aportoient,
Descendent ius et mises ont
Les litieres et uenu sont
Ou palais, ainc n'i atendirent,
Et la u le roi Artu uirent
7785 Vont tout droit et le saluerent,
Eus et les naures presenterent
Et dient: „Cest present uous fait,
Coi ke on li ait ci mesfait,
Li cheualiers as .ij. espees.
7790 Ces .vj. batailles a outrees
De nous .vj., por uoir le sacies."
Quant li rois ot ce, s'est mout lies
Et dist que „boine auenture ait
Cil ki si traueillier se fait
7795 De moi tel present enuoier.
Certes onques n'oi cheualier
Ki me fesist tant biel present.
Et de ce k'il est malement
D'aucun de chaiens, moi en poise,
7800 Ne il ne remanra sans noise,
Certes, se sauoir le pooie."
Lors se taist et si fu sans ioie,
K'il ne set, le quel i manece,
Puis a dit que on mener faice
7805 Les naures por eus regarder,

Si les fist on aussi garder f. 45ᵇ.
Comme son cors demainement.
Lors uint au roi tout prestement
La dame de Caradigan
7810 Et si dist: „Plus a demi an,
Sire, c'a uostre cort seior
Et nouieles sont chascun ior
A la court de cest cheualier
Ne uous ne poes esploitier
7815 Ne faire tant ke uiegne a cort.
Ne cuidies pas k'il ne uous tort
A honte et a toutes uos gens,
Dont on dist k'il a tant chaiens
De preus? Certes, ie ne uous doing
7820 Plus respit ne ne uous aloing,
Ains rekier que uous i aillies,
Vous meismes uous traueillies
A ce k'il soit miens et ie soie.
Tous iors atendre ci poroie,
7825 Que ie n'esploiteroie rien."
„Damoisele, uous dites bien,
Et ie uous tenrai uostre don.
Ne gerai mais s'en tentes non,
Tant ke i'aie fait mon pooir
7830 V de lui perdre u de l'auoir
Et si mourai dedens tierc ior."
Lors dist Keu ke tout son ator
Et son harnas faice aprester,
K'il uielt cascun ior mais esrer
7835 Sans gesir n'en borc n'en cite.
Et si comme il a commande,
A fait Kex le commant le roi.
Cascuns s'atorne endroit de soi,

De lor esrer mout grant ioie ont,
7840 Dedens .iij. iors atorne sont,
Si muet li rois et la roine
Et la pucele ki ne fine
De la cose mout esploitier,
Et se sont pris au cheuauchier
7845 Tant k'en la forest cascuns est
Et sont trestuit cascun ior prest
D'aus desfendre et d'autre assalir,
N'a ce ne puent il faillir,
C'au cief de fois ainsi auoient
7850 Conuent ke tous les iors iroient
Querre auentures et la nuit
As tentes reuenroient tuit,
Por ke ne lor fust destorne
D'aucun et isi atorne,
7855 Et changent place cascun ior,
Font en la forest lor seior
Et maint ior et mainte semaine.
Et cil ki les dames amaine
D'autre part non s'oublie mie,
7860 Ains oirre a tout sa compaignie
Con cil ki trop ke cortois fait
Et tant ke la nouiele uait
Par la terre, k'ensi estoit
Vns seus cheualiers et menoit
7865 Asses dames auoeques lui
Et ke mout trauail et anui
Souffroit por eles honnerer,
Et tant ke Briens ot parler
De cel cheualier, si l'en grieue
7870 De ce k'a son pooir relieue
Les dames qu'ot desiretees,

Et dist ke mar se sont gietees
De la u mises les auoit,
Et ke cil gaires ne sauoit,
7875 Ki les ot prises en conduit,
Ne ia n'en uerront c'autre nuit
Passer, c'asses aront a faire
De soi. Et sans plus lonc plait faire
Il s'arme ne ne finera
7880 D'esrer, ce dist, ains trouuera,
S'il puet, celui as .ij. espees.
Femes si chieres achetees
Ne furent, puis ke diex fu nes,
Ce dit; puis muet tous atornes
7885 Et s'en est entres en la queste,
De seiorner pas ne s'arreste,
Ains ne fine d'esrer tous seus
Tant ke du Castel Paoureus
.I. ior bien matin s'aprocha
7890 Et en ce ke il cheuaucha,
Il esgarde les un coron
Du bos et uoit .i. pauellon
Tendu, ce li est uis, deseure,   f. 45ᵈ.
Et uoit cheuaus; il ne demeure,
7895 Ains s'est cele part adrechies,
Bien par tans cuide estre auoies
Et de ce k'il aloit querant
S'aproce. Leues s'est errant
Li cheualiers as .ij. espees
7900 Et les dames se sont leuees
Et s'atornoient por esrer,
Et estoit issus por tourser
Du pauellon endementiers
Et il uoit ke uns cheualiers

7905 Tous armes cele part uenoit
Apareillies, ce li sambloit,
De conbatre, et il s'aresta,
Son cheual restraint et monta
Et prist son escu et sa lance,
7910 Le cheual hurte et il se lance
Et tant k'en la lande se met
Et se tient. Cil ki s'entremet
De folie uient tout le pas
Vers lui, et dist: „Vous n'estes pas
7915 Tres bien sages, ce m'est auis,
Cheualiers, ki en mon pais
Estes uenus et en ma terre
Por moi honnir et mouuoir guerre
Et faites solas et confort
7920 A celes cui ie hee de mort
Et uous metes en lor aie,
Empris aues mout grant folie
Et uous le comperes mout cier."
„Vous me tenes mout por berchier
7925 Et mout soupris, dans cheualiers,
Si saroie mout uolentiers,
Ki uous estes." — „Ki? Briens sui
De la Gastine." — „Ainc mais ne fui
Nul ior de ma uie si lies.
7930 N'iestes uous cil ki escillies
Les dames et si lor toles
Lor seignors?" — „Et uous k'en uoles
De ce? Ce sui ie uoirement."
„Voire? Et ie sans arrestement
7935 Et sans alonge uous desfi."   f. 46ᵃ.
„Et ie uous, ce sacies de fi,
Ne ne uing ci por autre afaire."

A cest mot se sont pris a traire,
Si s'eslongent li uns de l'autre
7940 Et si mettent lances sor fautre
Et il hurtent des esperons
Cheuaus et traient les blasons
Deuant lor pis et s'entreuienent
Des lances ke baissies tienent,
7945 S'entredonerent si grans cops
C'andeus les escus de lor cols
Depicierent et estrouerent
Et lances en pieces uolerent.
Et auint si ke en lor poindre
7950 Les conuint assambler et ioindre
Pis a pis des cheuaus ki sont
Ambedui cheu en .i. mont,
Et relieuent ki ains ains pot.
Cil as .ij. espees ki sot
7955 De l'escremie, oste l'escu
De son col et trait le bran nu
Et uient a celui assambler,
Sel hurte si ke canceler
Le fait, et cil se trait arriere,
7960 Et le doute de grant maniere,
Car mout le seut roit et poissant.
Il ne le uait entrelaissant,
Por ce l'encaus de l'assalir
Et paine de lui malbaillir.
7965 Cil au plus k'il puet se desfent,
Son escu li rooigne et fent,
Car il ne puet faire autre cose.
Cil as espees ne repose,
Ains le coite et si le recule
7970 Et le haste, ke force nule

Ne li uaut k'il ne uoist a tiere;
Et il li saut et il desserre
Les las del hiaume et li abat,
Le uis li desfroisse et debat
7975 Du puing de s'espee et demaille,
Et li depece sa uentaille
Ki ert toute tainte et uermeille
Du sanc et lores s'esmerueille
Cil as espees, ke ce iert   f. 46ᵇ.
7980 Et por coi merci ne requiert
Cheualiers ki si est atains.
Et cil se taist, ki d'ire est plains
Ne ne uielt nule cose dire.
Cil as .ij. espees s'aire
7985 Et pense ke mout peu le prise
Cil cui si a en sa iustise,
K'il li puet la tieste coper,
S'il ueut, ne ne li ueut crier
Merci. Si dist: „Vous n'aues mie,
7990 Ce m'est uis, ceste auoerie
A mon seigneur Gauuain donnee,
Trop aues uostre main menee
Laidement enuers Bleheri.
Il uous sera par tans meri
7995 Issi ke la teste en perdres,
Ia mais bataille n'enprendres
Vers autrui por traison faire,
Ie uous ferai a tous iors traire,
Si m'ait diex." — „Ne moi n'en caut,
8000 Ce dist Briens, car riens ne uaut
A cheualier uiure uaincu;
Et i'ai uoir aussi trop uescu,
Quant a honte m'estuet morir.

Ie ne uauroie pas garir,
8005 K'a honte mais tous iors uiuroie."
„Et ie, si m'ait diex, seroie
Mauuais, si uous si m'escapies.
Bien est raisons, que uous aies
Vostre loier." Lors n'i arreste
8010 Tant ne quant, ains li tolt la tieste
Et puis se lieue et uait monter.
Ne conuient mie a raconter
La ioie ke les dames font,
Si lies encontre lui uont,
8015 Que ne seuent ke faire doient,
Lui et son cheual acoloient
Si fort, tant lor seust desfendre,
C'a grant paine puet il descendre,
Et ua a pie dusc'a la tente,
8020 Et eles metent grant entente
A lui, son heaume li osterent
Et puis l'yawe li aporterent,   f. 46 c.
Si leue ses mains et son uis,
Et li font ce ki lor est uis
8025 Que li plaist, si comme eles sorent,
Et puis mengierent ce k'il orent.

Mengie ont et se sont asses
Repose et fu ia passes
Midis, s'ont deuise entr'eus
8030 Que droit au Castel Peureus
En tel maniere s'en iroient
Con cascun ior esrer soloient,
Lors se sont a la uoie mis.
Cil as .ij. espees ot pris
8035 Le chief Brien et si le mist

Ou heaume Brien et si dist
C'a sa dame l'enuoieroit
Si tost comme il onques poroit,
Car de rien n'aroit si grant ioie.
8040 Et il tienent tout droit lor uoie
Tant ke du castel aprocierent
Mout pres, c'ainc ne les deslaierent
Auentures ne encombrier.
Lors encontrent un cheualier
8045 Droit a l'entree du castel,
Preudome par samblant et bel
De son eage, car uiels fu.
Enquist lor apries le salu
Dont il uienent et ki il sont.
8050 La dame du castel respont,
Ki ert auoec els, ke bien fust
Raisons, ke il le conneust;
Tante fois l'auoit il ueue.
„Iu perdu de bille perdue,
8055 Dist la dame, et quant muert Sansons,
Dist li uilains, si muert ses nons,
Si ne set on, ki li sien furent.
Tel me norirent et connurent,
Ki mout me torneront le col;
8060 Mais tenir s'en pora por fol
Aucune fois tous li plus fiers."
Et quant ot ce li cheualiers,
A plorer commence et descent,
As pies li chiet mout humlement
8065 Et pardon li kiert et li prie
Et dist k'il ne le connissoit mie   f. 46ᵈ.
Et k'ele faice son plaisir.
La dame n'a pas grant loisir

De prendre iluec adrecement,
8070 Ains demanda isnelement,
Ki baillieus de laiens estoit.
Cil li dist, ke il le gardoit
Vns cheualiers ki si les tient
Viex laiens, ke merueille auient
8075 Que .c. fois le ior ne l'ocient,
Tant le heent il et si dient
K'il s'en fuiront hors du pais.
„Cil baillius, set il, biaus amis,
Que mors soit et ocis Briens?"
8080 „Ha, dame! nus hon terriens
Ne fu onques si conrees
Comme il seroit." — „Voire? uees
Ci la tieste k'il a copee."
„Ki li copa?" — „Cil a l'espee,
8085 De cui fief cist castiaus est ci."
Quant li preudon ce entendi,
S'est si lies ke il li estuet
Plorer de ioie ne ne puet
De mout grant piece dire mot;
8090 Et quant grant piece plore ot,
Si dist: „Dame, se uous quidies
Ke bien soit, tout issi allies
Laiens, et bien sai ke uenra
Li baillius, et si uous prendra
8095 Et uous uaura metre en prison.
Et ie uois metre en garnison
Cheualiers ki le uenront prendre,
Si le pores ardoir u pendre
V destruire, se uous uoles."
8100 „Bien dites, or uous en ales
Auant, et nous irons apres."

Il estoient du castel pres,
S'entre cil ens grant aleure
Comme cil ki mout s'asseure
8105 Por la nouiele k'il sauoit.
Cheualiers parens k'il auoit
Laiens assambla et lor dist:
„Biau seignor, s'il est ki m'ait,
Asses poons legierement
8110 Honnir celui ki si uilment   f. 47ª.
Nous tient. Vees ma dame a la porte
De cest castel, ki nous aporte
La teste Brien ke mort a
Vns cheualiers ki o li ua,
8115 Ki merueilles preudomme samble.
Or nous tenommes tous ensamble,
Car ele uient ci tout a pie."
Quant il l'oent, si sont mout lie
Et si comme il dist, li otroient.
8120 Ne demeure gaires k'il uoient
Les dames et le cheualier.
Home et femes sans atargier
S'esmueuent, quant il l'ont ueue.
Et trestoute la gente menue
8125 Saut encontre et dist: „Bien ueignies!"
„Et uous bonne auenture aies,
Seignor!" dist la dame senee.
Quant oi ot et escoutee
La noise ke cascuns faisoit
8130 Li baillius ki as plais estoit,
Si a demande, de quel conte
Ces gens font tel noise, on li conte
Tel cose ki ne li agree,
Que tantost en la uile entree

8135 Estoit la dame du castiel;
Et il saut lors et si bediel
Et s'en uienent maintenant la.
Et li cheualiers ki ala
Auoeques li, a pie s'estut.
8140 Et li baillius i acorut
Apenseement por li prendre.
L'espee prent por li desfendre
Cil as .ij. espees et fiert
Vn des bediaus, ki les requiert,
8145 Que dusqu'el pis tout le porfent;
Lors s'esmouske si et desfent,
Que nus ne puet main metre a lui.
Et li cheualiers ki iui
Ot fait armer les cheualiers
8150 Con cil ki le fist uolentiers,
Vint a la melee et si prist
Le castelain au frain et dist
Que cheuaucie auoit asses;
Et li communs s'est amasses f. 47ᵇ.
8155 Entor eus por la fin ueoir.
Et il conuient par estauoir
Le castelain descendre a pie,
En la place sont repairie,
V on soloit les plais tenir,
8160 Et li cheualier font uenir
Toutes les gens en cele place;
Li castelains mout les manece
Et dist ke mar li ont fait honte.
Et li uies cheualiers s'en monte
8165 En haut, et dist ke tuit se taisent.
Tuit se tienent coi et apaisent,
Et il dist: „Seignor, bien sacies,

Que tous cis pais est uengies
De Brien, la teste a copee,
8170 Et si le nous a aportee
Ma dame que uous ci uees
Ester, et se ne m'en crees,
Vees le la!" Lors le fait fors traire
Por grignor connissance faire
8175 Et lor moustre et il le connoissent
Et sont si tres lie k'il angoissent
De courre seure au castelain,
Lies est ki i puet metre main.
Tuit sans demander iugement
8180 L'ont pris et demene uielment
Et lui et toute sa maisnie.
Tost fu lor mors aparellie,
Fors du castiel les trainerent,
Dusques la u les fourches erent,
8185 Tantost, ke plus n'i atendirent,
Trestous ensamble les pendirent.
Puis s'en tornerent a grant ioie,
Cascuns desire ke il uoie
Lor dame et lor boin cheualier.
8190 Et on ot fait apareillier
Toutes les maisons entrestant,
Si fierent fieste et ioie grant
Et seiorna .iij. iors entiers
En la uile li cheualiers,
8195 Et se li fist la dame hommage
Tout .. ge et il par .i. mesage
Sa mere a la teste enuoie
De Brien, dont ele ert mout lie. f. 47ᶜ.

SEiorne ont a grant loisir,
8200   Et la dame on fait resaisir
Tous ses reces et ses manoirs.
Et cil a cui li remanoirs
Ne plot plus, a congie requis
A celes a cui ert amis,
8205 K'en la forest auoit conquises;
Mais eles se sont entremises
Con celes qui femes estoient,
Qu'eles requerre li uauroient
Vn don, et il fu atornes
8210 De ses armes et amenes
Fu ses cheuaus, et uaut monter.
Et sans plus dire ne conter
Les dames ki furent enprises
Se sont toutes a genous mises
8215 Et fu auoec la castelaine
Et dient ke lui ne soit paine,
Que il un don ne lor otroit
Tel u sa honte pas ne soit
Ne ses damages. Il li grieue
8220 C'a genous les uoit, ses relieue
Et si lor dist k'eles poront
Demander quan k'eles uoront
Et ke tout lor otriera.
Et quant il les asseura
8225 Issi, la castelaine a dit:
„Vous nous aues sans contredit
Otrie k'a la court ires
Le roi Artu et nous menres
Sans rien plus faire dusque la
8230 Por conduit faire." Et quant il a

Oi ce, si dist: „Mout m'en poise,
Quant il me conuient ke ie uoise
A la cort le roi; et g'irai,
Ja de rien ne uous mentirai
8235 Au mien ensient ke ie puisse.
Or conuient il ke ie uous truisse
De mon boin faire entalentees,
Quant ie uous aurai presentees
A la cort, u soit u n'i soit
8240 Li rois, ke ie puisse lues droit
Reuenir et uous remaignies
Ne de tout le ior ne dies,   f. 47ᵈ.
Ki ie sui, ki ki le demant."
„Nous ferons tout uostre commant,
8245 Font eles, et mout grans mercis."
Ne metent pas mout lons respis
A haneschier, la dame monte
Et .viij. dames auoec par conte.
Aussi fait cil as .ij. espees
8250 Et quant toutes furent montees,
S'issent du Castel Paorous
Et li cheualiers coraious
Sans garcons et sans escuier
Muet o eles sans delaier
8255 En la forest et cheuauchierent
Tout le ior, ke ainc n'i mengierent
Dusque uers eure de complie,
Adont ont une tour coisie
D'un moustier de relegion
8260 Loing d'iluec ne n'auoit maison
Nule par defors la closture;
Et il uont la grant aleure
Dusc'a la porte ki ert close.

Cil as espees ne repose
8265 De hurter et forment apele,
Mais laiens malles ne fumele
Ne respont; et il rehurta
Durement et ne demora
C'une feme de grant eage
8270 Vint a l'uis, boine dame et sage
Par samblant, et habit auoit
De nonnain; et quant ele uoit
Les dames et le cheualier,
Si dist: „Plaist uous a herbregier?
8275 Entres, uous uees l'ostel prest
Par carite." — „Bel nous en est
Et grans mercis, font se il tuit,
Car il est aussi pres de nuit,
Ne nous n'auriemes u gesir
8280 En autre liu." Lors ua ourir
La dame la porte et entrerent
Dedens, et dames les menerent
A l'ostel, et lors descendi
Li cheualiers, et s'entendi
8285 En apres as dames aidier.
N'il n'i ot seriant ne bouier   f. 48ᵃ.
Neis .i. en toute le maison
N'omme, se le cheualier non,
Ki de lor cheuaus s'entremist
8290 Mout bien, et tous lor drois lor fist
De frains oster et d'alaschier.
Et on ot fait apareillier
L'ostel laiens mout boinement,
Et les dames communement
8295 Le cheualier desarme orent,
De ce l'afublent k'eles orent,

D'un lor mantiel sor son porpoint,
Car d'autre reube n'auoit point.
S'ert grans et biaus, se li seoit
8300 Ce ke il camoisies estoit
Du fier. Et furent napes mises,
Du seruir se sont entremises
Les dames ki l'ostel gardoient,
Laiens asses lor aportoient
8305 Poissons dont a plente auoient
Et tel ceruoise lor donnoient,
Con li conuens laiens buuoit.
La dedens une dame auoit
Auques ione, maistre osteliere,
8310 Ki se prist garde de la ciere
Au cheualier ententement,
Lors commenca si durement
A plorer k'aseoir l'estut.
Et quant li cheualiers parchut
8315 Qu'ele ploroit, si l'en greua,
Et une des nonnains li ua
Demander, por k'ele ploroit.
Ele a dit: „Certes, s'or endroit
Moroie, ainc mais ne fui si lie,
8320 Car de la rien dont plus irie
Ai este m'est resouuenu,
Por ce ke i'ai chaiens ueu
Celui ki si samble mon frere
Germain et de pere et de mere,
8325 Bleheri ke Briens ocist
Ha! con fel, et tant por uoir cist
Le samble ke n'en douteroit
Nus ne nule ki ne saroit
K'il fust mors. Por ce de pitie

8330 M'estuet plorer por l'amistie
Que uers lui ai tous iors euc."
Et quant la dame a entendue
Li cheualiers, si ne se puet
Tenir, c'a plorer li estuet,
8335 Saut de la table, et si plorerent
Les dames ki bien l'auiserent
Et pleurent por le cheualier.
Et il s'en ua por apaier
La dame k'il assist les lui
8340 Et dist: „Dame, de uostre anui
Sui ie dolans u tant u plus
Con uous estes, ne n'i a nus
Tel damage con ie seus ai.
Et quant issi est que ie sai
8345 Ki uous estes, sauoir deues
Ki ie sui, k'encor ne l'aues,
Ie cuit, ne seu ne enquis.
Mes peres si fu Bleheris
Et sui fix sa femme por uoir,
8350 Et si uous uoeil faire sauoir
Que i'ocis Brien auant ier
Et si m'apelent cheualier
Le cheualier as .ij. espees."
Et ancois k'eust bien contees
8355 Ces nouieles, ele l'acole
Tant lie k'ele ne parole
De grant piece, et il aussi li;
Et quant cis acolers fali,
La dame dist: „Biaus tres dous nies!
8360 Tant ne fu et pesans et gries
Ma uie, puis ce ke ie soi
La mort uostre pere et ie n'oi

De uous nule certainete.
Car on uous ot desirete
8365 Et la uostre mere escillie,
Ne ele n'estoit conseillie
Par nul homme ki fust en uie;
Car Briens par sa trecherie
Li ot tous ses hommes ocis
8370 Et auoec ce ot tant mespris
De uostre seror k'il deuoit
Prendre a feme, ke il l'auoit
De nouiel chaiens amenee,
Et si deuoit estre uelee   f. 48 c.
8375 Par tans con cele qui ne quide
Auoir ne secours ne aide
De nul homme ki soit uiuans."
„Ma seur, est ele dont chaiens?"
„Oil uoir." — „Et uerai ie la?"
8380 „Oil." — De maintenant ala
Querre sa niece et ele uient.
Et se de pitie les conuient
Plorer entr'eus, n'est pas merueille,
Car a celi ne s'apareille
8385 Pities, ke on ueist ilueques;
Car les dames ki sont auoeques
Sunt issi de plorer ataintes
Por lor regres et por lor plaintes,
Que plus ne porent endurer.
8390 Il commence a rasseurer
Et a conforter sa serour,
Et dist ke ne penst a dolour
N'a rien nule ki li desplaise,
Ains uiue a ioie et soit a aise
8395 Ne n'ait de nule rien paor.

Quant confortee ot sa seror,
Ele s'esleece, s'a droit;
Car auoec li son frere auoit,
Qu'ele onques mais n'auoit ueu.
8400 Et quant ce solas ont eu
Entr'aus, cui ne fu pas anuis,
Bien ert passee mienuis
Et il est bien tans de couchier.
On fait laiens apareillier
8405 Lis mos de kieutes et bien haus
De fain ne n'est pas du nouiaus,
Que desus a dras de .ij. les
Bien delies et graeles,
Que les dames lor enuoioient
8410 De laiens, ki mout s'efforcoient
Et de lor couuertoirs prester
Et lor faisoient aporter
Orcilliers biaus de mainte guise.
Et quant si furent a deuise
8415 Li lit fait et apareillie,
Il se sont par laiens couchie
Cascuns par soi si comme il dut;
Et la puicele laiens iut   f. 48ᵈ.
Pres du lit son frere en .i. lit,
8420 Non pas por nul uilain delit,
Mais por enquerre et por parler,
Car bien s'en pooit soeler.

COurte fu la nuis, et ueilla
  Ki uaut, et ki uaut someilla,
8425 Et l'aube aparut biele et clere.
Entre la seror et le frere
Orent dormi, et petit fu.

Tantost k'il a aparceu
Le ior, il se lieue a premier.
8430 Et quant uoient le cheualier
Leuer, si sont toutes leuees,
Mout tost se furent atornees
Sans faire grans delaiemens,
Et l'osteliere uient laiens
8435 Et dames, et li a greue
De ce ke sont si tost leue;
Mais ore autre estre ne pooit.
Et il dist ke il paleroit
A l'abeesse et au conuent
8440 Mout uolentiers, et esraument
Le fait on oir l'abeesse,
Et li conuens ot oi messe,
Et fist on capitre sonner
Et font le cheualier mander.
8445 Et il en uient et uenir fist
Toutes les dames, et l'asist
L'abeesse les son coste;
Et il auoit son heaume oste
Et si dist: „Dame, ie merci
8450 Vous et ces dames ki sont ci
De l'onnor ke portee aues
Ma seror ki s'en loe asses
Plus ke ie ne di ci endroit,
Et se nus besoins uous sordoit,
8455 Dont ie rien uous peusse aidier
Par le cors d'un seul cheualier,
Sacies ke trestous uostre sui.
Et si ne uous tort a anui
De ce ke ma seror en main.
8460 N'en uoeil ore faire nonnain

A ceste fois. Asses a terre,   f. 49ª.
Se il est, ki le puist conquerre
Por soi hautement marier."
„Sire, bien l'en poes mener,
8465 Dist l'abeesse, mais forment
Nous en grieue et trop longement
Peuissies ci metre au uenir,
Ia mais nul ior sans li honnir
Ne le reuscies de chaiens.
8470 Pres est ses apareillemens
Trestous por li faire nonnain
V encor enqui u demain,
K'il nous ert ensi commande.
Mais quant issi aues oure,
8475 Menes ent bien uostre seror.
Mout sommes lies de s'onnor,
Et uous soiies li bien uenus."
Ne fu pas longement tenus
Cis plais, k'il s'entrecommanderent
8480 A dieu, et au partir plorerent,
Car de la puchiele lor poise.
L'abeesse fist ke cortoise,
K'ele a la pucele baillie
Biele mule et apareillie
8485 Noblement. Et a tant s'en uont
As boins congies et entre sont
En la forest et si esrerent
Dusques uers nonne et n'encontrerent
Nului et uont tous iors auant;
8490 Et en che k'il uont cheuauchant,
Li cheualiers esgarde et uoit
.I. cheualier loing et n'auoit
O lui compaignon n'escuier

Et sambloit mout bien cheualier
8495 Ki uenist de desconfiture.
Et il auance s'aleure
Apries lui; en ce k'il s'auance,
Il esgarde k'il est sans lance
Et samble k'il soit mout atains
8500 Et est ses escus tous estains
Des cops nouuiaus et si tressue
Ses cheuaus; car il ot eue
Mout paine, ne gaires n'auoit.
A son archon mout s'apoioit
8505 De sa siele par de deuant,   f. 49ᵇ.
Et aloit trestous tramoiant
Sour le cheual et ert embrons
Et samble ke mout li soit lons
Cis chemins et mout li greuoit.
8510 Et quant tel atorne le uoit,
Il l'aconsuit et le salue;
Et quant cil a bien entendue
La parole, tantost s'areste,
A grant paine lieue la teste
8515 Et dist: „Biaus sire, bien uegnies
Et ces dames! car m'enseignies
Les tentes u li rois seiorne."
„Par foi, a merueille me torne
Mout grant, dist il, car ie cuidoie
8520 Ke uous m'ensegnissies la uoie
A cort et uous le demandes!
Dont uenes uous, de cui aues
Vostre cheual si deshascie
Et uostre escu si desfacie
8525 De nouiaus cops?" — „Icl uous dirai,
Mais ia au dire honor n'aurai.

Vns cheualiers de Gales sui
Et pour auentures m'esmui
Querre par ces fores ramees,
8530 Si les ai mout dures trouuees;
Qu'ai un cheualier encontre,
Ki m'a hui tost d'armes outre
Et m'a fait prison fiancier,
Ne ne finai de cheuauchier
8535 Des hui matin ke ce m'auint,
Car acreanter me conuint
Ke les tentes le roi querroie
En la forest et me rendroie
A lui de par lui en prison."
8540 „Et comment auoit il a non?"
„Garehes dist ke non auoit
Et autresi querant aloit
Auentures, con ie faisoie.
Mais as tentes ne sai la uoie
8545 Ne ne puis sauoir u ie uois."
„Comment? dites uous que li rois
Voist par ceste forest esrant?"
„Oil voir, car il ua querant
Le cheualier as .ij. espees,   f. 49 c.
8550 S'a toutes ses gens assamblees
Et sunt en la forest trestuit,
Si oirrent le iour, et la nuit
Reuienent tuit as paueillons."
„Sire cheualiers, or alons
8555 Auant, aussi le uois ie querre."
„Volentiers, mais uous de quel terre
Estes, sire, et quel non aues?"
Quant il ot ce, s'en est ires
Et pense k'il nel saura hui.

8560 „Li cheualiers as dames sui,
Dist il, et si uieng le roi querre."
Et cil ne li uaut plus enquerre,
Car la lasse ne li laissoit
Et li solaus auques baissoit
8565 N'il ne sorent u herbregier.
A tant encontrent le bregier
D'un uauasour illuec dales
Et cil as dames est ales
A lui, et li dist: „Car me di,
8570 Vallet, se il a pres de ci
Recet ne uille ne manoir
V nous geussiens." — „Oil uoir,
.I. uauasour ki uolentiers
Hebrege tous les cheualiers,
8575 Mout preudomme et mout aaisie,
Et si maint dedens cel plaisie,
Tout droit uers cele soif de pex."
„O damedieu soit tex ostex,
Frere" dist il. A tant s'em part
8580 De lui, et ua droit cele part
Il et sa compaignie toute
Et en ce k'il uont, il escoute
Que gens u placeis auoit.
Lors pense ke uoir li disoit
8585 Li bregiers et il entrent ens,
Le seignour trouerent et gens
Qui seoient a un perron
Deuant la court de la maison,
Par terre, de fust bele et grant.
8590 Et en ce k'il uienent auant,
Li uauasours se lieue et ua
Encontre eus et les salua

Tous ensamble et il aussi lui.   f. 19ᵈ.
„Bieles gens, bien est tans mais hui
8595 De descendre, uees l'ostel
Tout prest auoeques uous itel
Con faire le porrai meillour."
Et quant il uoient le seignor
Si preudomme, grant ioie en ont,
8600 De biau samblant mercie l'ont
Et descendent. Mout fu ki prist
Tous lor cheuaus et ki lor fist
Tout ice dont mestier auoient.
Li sire et ses gens se penoient
8605 D'eus atorner et aaisier
Et choucierent le cheualier
Malade, ki mestier en ot,
Et se hastent ki ains ains pot
De faire le mengier haster,
8610 Et il entendent de gaster
Par parole le remanant
Du ior. Et fu pres entrestant
Tous li mengiers et misses tables,
Et li mengiers fu delitables
8615 Et nes; car tartes auant orent
De gayn, ki mout bien lor plorent,
Et puis apres porciaus farsis
Et pigons en paste et rostis;
S'en furent mout bien conree.
8620 Et quant furent esree,
On osta napes et lauerent,
Puis sisent asses et parlerent
De ce ki lor uint a plaisir,
Et parla premiers de gesir
8625 Li uauasors, car bien sauoit

Que de teles en i auoit,
Ki de l'errer lasses estoient.
Et seriant ki laiens seruoient
A lis faire plus n'atendirent,
8630 Lors se couchierent et dormirent.

EN ce ke li iors aparut
Cil as .ij. espees ne iut
Pas longement, ains s'est leues,
Apareillies et atornes
8635 S'est de ce ke mestiers li fu.
Et quant les dames ont ueu
K'il fu leues, si se leuerent,
L'autre a armer aidier alerent,
Ki du ior deuant se doloit
8640 Si fort k'a grant paine souffroit
Que on li aidast a armer;
Puis uont as cheuaus por monter,
Ki tout apareillie estoient
Ens enmi la cort, et il uoient
8645 Le uauasor ki leues fu
En sa chemise et ot uiestu
Desor la chemise .j. sercot
De Renebors, et ce k'il pot
Les a de remanoir priies
8650 Tant ke lor fust apareilies
Li mengiers por desieuner;
Mais il ne s'en set tant pener
K'il li uoiellent otroier.
Et il monte por conuoier
8655 Sor son palefroi, ses conuoie,
Et quant entre sont en la uoie
Et ont cheuauchie un petit,

Cil as .ij. espees a dit:
„Biax ostes, car nous desissies
8660 Nouieles, se uous seusies,
Quel part puet estre Artus li rois?"
„Sire, il esre parmi le bois
Et si cange cascun ior place
Et tel eure est k'il ua en cace
8665 Por lui deduire et soulachier,
Et tel eure est k'il ua cherchier
Les auentures tous armes
Et auoec lui a amenes
Ses cheualiers par compaignie,
8670 Ki tuit uont en cheualerie
Trestout seul tous les iors ki sunt,
Et si dist on que querant uont
Le cheualier as .ij. espees.
Auentures ont mout trouuees,
8675 Mais il ne pueent pas trouuer
Celui, tant se saicent pener,
S'en sont entr'eus mout entrepris,
Et il ont si l'afaire empris
Que deuant ce ke il le truissent,
8680 De la forest n'istront, k'il puissent,   f. 50ᵇ.
Neis se tuit morir en deuoient;
Mais ie ne sai, quel part il soient,
Ne nus ne le uous porroit dire."
„Ce poise moi, dist il, biaus sire!
8685 Or retournes hui mais ariere!
Grans merchis de la biele chiere
K'en uostre ostel nous aues faite,
Bien doit l'onors estre retraite;
Dix doinst ke le uous puissions rendre."
8690 Lors les commande au congie prendre

Trestous a dieu li uauasors.
Cler fist et escaufa li iors,
Si cheuaucent tant k'il entrerent
En la forest, et si esrerent
8695 Tant k'eure de prime ert passee,
Et ont une lande trouuee,
Ki demie liue duroit
Bien par samblant, ne pas n'auoit
De le plus d'une grant archie.
8700 Et il ont lor uoie adrechie
Par mi et en ce qu'il alerent
Vn petit auant, il trouerent
Vne trop plaisant fontenele
Et une riuiere mout biele,
8705 Que sor grauele corre uirent;
Entor la fontaine coisirent
De cheuaus un pesteleis
Mout grant et escopeleis
D'escus et mout sanc espandu
8710 Par la terre. Et quant ch'a ueu
Cil as espees, il se tient,
Et pense bien ke cis sans uient
Des cheualiers ki la auoient
Este et combatu s'estoient
8715 N'a gaires. Et que k'il pensoit,
Il esgarde auant lui et uoit
Vn cheualier mout biel et grant
Et desfensable par samblant,
S'est armes con por soi desfendre
8720 Et pensoit; et sans plus atendre
Cil as .ij. espees s'esmuet
Au plus souauet ke il puet
Trestout le pas et s'en ua la;

Et cil ki si pensis ala,
8725 Vient encontre et l'a parceu,   f. 50ᶜ.
Et tantost ke il l'a ueu
Ou grant pas a le cheual mis,
Si s'est mout tres bien ademis
Sor le cheual et afichies
8730 Et cil se rest apareillies;
Car cil li ueut mal, ce li samble.
Et en ce k'il uienent ensamble,
Sel met cil as dames premiers
A raison: „Sire cheualiers,
8735 Dist il, s'il uous plaist, dites moi,
Ki uous estes." — „Ie sui au roi
Artu ki tant est renommes."
„Et comment estes uous nommes?"
„Gerfles, li fils Do de Cardueil,
8740 Et quier auentures. Or uoeil
Que uous me dites uostre non."
„Aussi ce me samble raison.
Li cheualiers as dames sui."
„As dames? onques uoir ne fui
8745 En liu u on en desist bien.
Tel cheualier ne ualent rien,
De femes ont et cuers et ames."
„Ie sui li cheualiers as dames
Sans faile. Et se uous uolies,
8750 Par tans assaier porriies,
Ques ie sui." — „Ne ie ne demant
Miels," dist Gerfles, et maintenant
S'entreslongent et adrechierent
Cheuaus et les escus sachierent
8755 Deuant lor pis, lance sor fautre,
Et mueuent li uns contre l'autre

Et mettent lances sous asselles
Et ioustent; et met en asteles
Gerfles la soie a l'assambler.
8760 Cil tant con cheuaus puet aler
De force haut et droit l'assene
Et le fiert en mont en la pene
De l'escu, et si fort l'empaint
Que li cheuaus pas ne remaint
8765 En pies; la siele a cil uuidie
Si ke par poi il n'a brisie
L'espaule. Il est outre passes
De son poindre et s'est apenses
K'a lui ne se combatra plus,   f. 50 d.
8770 Et il li retorne desus
Et dist: „Ie ne uous toucherai
Ne plus de mal ne uous ferai,
Sire cheualiers. Tant d'onneur
Porterai ie uostre seigneur,
8775 Le roi Artu, et uous aussi."
De lui se part, itant uous di,
Ke plus n'i fait ne ne seiorne;
Et Gerfles entrestant s'atorne
De monter; car mout est blecies,
8780 Et s'est as tentes radrecies
Con miex puet la uoie plus droite.
Et cil as dames se resploite
D'esrer et ne set tenir uoie,
S'est mout pensis et mout s'esfroie
8785 Por les dames d'ostel auoir,
C'asses l'eust en non caloir
Por endroit de lui, se seus fust.
Ne pour quant se uiande eust
Por les dames, bien fust paies.

8790	Et li solaus fu abaissies
	Et tornoit a auiesprement,
	Si pensa mout et lors entent
	.I. cor, ce li samble, mout loing
	Ne ne corne d'autre besoing
8795	Que de prise, ce li est uis.
	Il torne cele part son uis
	Et tient sa uoie uers le son
	O ses gens sans demorison
	Tant k'a anuitier commencha
8800	Et fist espes, si depicha
	Li bos toute la uiesteure
	As dames, car grant aleure
	Apries le cheualier aloient
	Sans uoie connoistre et lors uoient
8805	Clarte de fu, si orent ioie.
	Tenu ont cele part lor uoie,
	Si l'aprocierent et trouerent
	Fu et ueneors ki ullerent
	Venison, ke il orent prise,
8810	De saison et crasse a deuise.
	Et cil as dames les salue,
	Et cil tantost comme ont ueue
	La compaignie, encontre eus uont, f. 51ᵃ.
	Si grant ioie d'els trestuit font,
8815	Con se cascun fuissent en chief
	Et dient ke ne lor soit grief
	De descendre, k'il ne porroient
	Trouer ostel, se il esroient
	Toute nuit et le ior entier.
8820	Ce plot forment au cheualier
	Et fist ses dames tost descendre;
	Et ueneor uont cheuaus prendre

Et font tant de bien comme il porent;
Et quant apareillies les orent,
8825 Il depecent lor uenison
Et font hastes a grant fuison,
Et d'autre part font lor dainties.
Li cheualiers s'est traueillies
As loges faire endementiers.
8830 Et quant tous pres fu li mengiers,
Tout sans metre napes s'assisent
Trestuit, ne pain ne uin ne quisent
Fors que bouchiaus ont, ne sai quans,
De ceruoise et .vij. dainties grans
8835 Ne il ne demanderent el
Ne il n'orent sauor de sel
A tous lor mes. Issi uesquirent
Cele nuit, mais pas n'atendirent
De faire chouces et haus lis,
8840 Mais sor faisiaus, ce m'est auis,
De mousse et de menus rainsiaus
Dorment tant ke li iors fu biaus
Les dames o le cheualier
Sans rien oster et despoulier.

8845 AV matin ains soleil leuant
Li cheualiers se lieue auant,
Ki conuoiteus ert de l'errer,
Et les dames sans demourer
Se lieuent et aparillierent,
8850 Et ueneor aharnescierent
Lor cheuaus et il sont monte.
Cil as dames a demande,
Quel part le roi trouuer porroient;
Et il dient k'il ne sauoient,

8855 Car cascun ior se remuoit,
Tele eure est, witainne passoit
Que ia nouiele n'en oissent. f. 51ᵇ.
Lors prendent congie et s'en issent
Des loges et si uont querrant
8860 Voie et entrent en un bos grant.
Itant con cis clers bos lor dure
Et cler, s'oirrent en auenture,
Et tant k'il trueuent uoie usee
Et grant, ne l'ont pas refusee,
8865 Ains entrent ens et sont mout lie,
Et il ont ia tant cheuaucie
Dusques uers tierche, et ont ueu
.I. escuier ki mout bien fu
Montes et en deduit aloit,
8870 Vn garcon auoec lui auoit
A pie, ki menoit .ij. leuriers,
Et maintenant li cheualiers
Pensoit bien k'il ne uenoit pas
De loing, s'en agrandi son pas
8875 Vers l'escuier et li a dit:
„Valles, di moi, se dix t'ait,
Se tu ses, u ie trouueroie
Le roi?" — „Sire, ie uous menroie,
Dist cil, mout bien, se uous uolies
8880 Et tant atendre me poies,
Que ie fusse uenus arriere;
Car ma dame de grant maniere
Me hasta de tost reuenir,
Qu'ele uieut nouieles oir
8885 De Gerflet ki ier fu blecies."
„Grans mercis! Or uous esploities
Du reuenir, ie remanrai

Ici et si uous atendrai
Et toute ceste compaignie."
8890 Et li ualles ne targe mie,
Ains se met tantost au chemin,
Ou grant troton met le roncin
Por son mesaige tost parfaire.
Et quant il l'a fait, si repaire
8895 A cels ki au bois l'atendoient,
Et sont mout lie, quant il le uoient,
Et sont tuit ensamble esmeu.
Cil as dames, ki ot seu
K'il ot fait a Gerflet tel lait,
8900 Vient a lui et li dist: „Que fait
Li cheualiers? Est il blecies   f. 51 c.
Durement?" — „Il ert tost haities
Dedens demain et bien pora
Armes porter, quant lui plaira,
8905 Se tant ne quant l'en est besoins."
„Vallet, sunt les tentes mout loins?"
„Nenil, sire, tost i seres;
Mais li rois est au bos ales
Cachier et si compaignon tuit,
8910 N'as tentes n'a remes, ie cuit,
Fors la roine et ses pucieles,
Dont il i a asses de bieles.
Des cheualiers a ne sai quans
O li, de preus et de uaillans,
8915 Et sont ci pres en une lande."
Et cil as dames ne demande
Plus a l'escuier et deuient
Mout pensis. Entrestant auient
K'il sunt en la lande uenu,
8920 Dusqu'as tentes n'a frain tenu

Ne ne se faint d'esrer nus d'aus,
Descendre uont de lor cheuaus
Deuant le tref le roi tout droit;
Et li ualles qui les menoit
8925 Dist qu'il uenissent apres lui,
Car la roine estoit iehui
Alee au bos por ombroier.
Et il uont apres l'escuier,
Pres d'ilueques si ont trouue
8930 Vn lieu mout biel et out un pre
Desous arbres et si sordoit
La fontaine en mi ne n'auoit
Soleil par tout, ne k'il eust
En un celier ki parfons fust
8935 Et eust uers galerne l'uis;
Ne n'ot de feurre ne de gluis
Iluec siege ne couchelete,
Mais l'erbe fresche, uerde et nete
Croissoit par tout, et si estoient
8940 Li siege ki mout auenoient
Tout enuiron de la fontaine,
Tele u nature mist sa paine.
Et la roine ert apoiie
Iluec, mout bien apareillie   f. 51 d.
8945 De reube c'a este conuint.
Vestu ot, que mout li auint,
Vne simple porpre forree
D'un cendal uert, s'ert afublee
D'un surcot, tout d'un, et ot mise
8950 Vne mance blanche a deuise
Desous son chief, et si tenoit
Vn romant dont ele lisoit
As cheualiers et as pucieles.

Cil qui aporta la nouieles
8955 De Gerflet, s'est agenoillies
Et dist: „Dame, tost ert haities
Gerfles, ce uous mande par moi;
Par tans et sans point greuer soi
Porroit bien ses armes porter,
8960 Mais encor ne se ueut leuer,
Que mire li ont desfendu."
Et quant son message ot rendu,
Il se lieue et se trait arriere,
Si est lie de grant maniere
8965 La roine de ces nouieles,
Si sont cheualier et pucieles
Ki auoec la roine estoient,
Mais sor tous ceus ki en faisoient
Lor ioie, en est ioians et lie
8970 Cele por cui est commencie
Cele queste ki tels estoit,
Qu'ele a maint cheualier greuoit;
Car Gerfles ki n'ert pas maluais
En estoit par dis et par fais
8975 Plus caus que tuit li cheualier
De la cose faire esploitier;
S'en estoit lie et li plaisoit
Et auoec ce k'ele faisoit
Tel ioie, ele estoit gente et grans,
8980 Ionc et aperte et acesmans
Et de si tres grant biaute plaine
Que Polixena ne Helaine
Par cui biaute fu Troie en cendre
Ne se peuissent a li prendre,
8985 Et la ioie tant amendoit
Sa grant biaute, ke n'entendoit

Cil as dames c'a meruellier   f. 52ᵃ.
De sa biaute; sans delaier
Oste son heaume et uient auant,
8990 Agenoille soi maintenant
Deuant la roine et si dist:
„Ma dame, cil dix ki uous fist
Vous saut et uostre compaignie
Et uous doinst secors et aie
8995 De uos pensers en cest ior d'ui!
Et tous iors uos cheualiers sui
Et de loing uous ai amenees
Ces dames ki desiretees
Sunt, c'est grans pechies et grans tors;
9000 Et non por quant s'en est cil mors,
Ki en fist la grant uilonie;
N'ont garde que mais en lor uie
Les puisse de rien mal mener.
Por garandir et assener
9005 Les uous amain, car ie ne dout
Que uous uostre pooir trestout
Ne facies a honnerer eles,
. . . .
Ki or endroit ci o uous sunt.
9010 Se diu plaist, eles lor feront
Honor, et ie mout lor en pri
Et cheste dame ki est ci,
A cui Garadigans apent;
Bien set ele ne se repent.
9015 K'est a dame ki n'a pas tout
Quan qu'ele ueut. En sor ke tout
De cesti uous pri par desus,
Ki est ma seur, ie n'en ai plus
Ne ele n'a frere ke moi.

9020 Et si sacies ke ie le roi
 Ne demanc pas a ceste fois."
 Que k'il parole, il est destrois
 Si ke sa parole a laisie
 Et s'arreste et a mout cangie
9025 Color, si s'en est garde prise
 La roine ki mout l'auise
 Volentiers, k'ele le ueoit
 Trop biel, mais ne sauoit ke deuoit,
 K'il ert estranges cheualiers
9030 Et esgardoit si uolentiers
 La puciele, si s'en merueille,   f. 52^b.
 Ne ses cuers si ne li conseille,
 Que ce sans plus par estauoir
 Ki l'aint, et dist: „Dites me uoir,
9035 Sire cheualiers, sans celer,
 Comment uous faites apeler,
 Car au sauoir a grant conquest."
 „Li cheualiers as dames est
 Mes nons ore; or uous reuauroie
9040 Querre un don, s'auoir le pooie,
 Dont mout uous sauroie bon gre."
 „Ie ferai uostre uolente
 Mout uolentiers, biaus dous amis."
 „Ma douce dame, grans mercis!
9045 Et ie uous pri mout et requier
 Que ne me ueuillies encierkier
 En auant non." — „Ce poise moi,
 Dist ele, or atendes le roi."
 „Non ferai, a diu uous commanc."
9050 Lors s'en ua monter maintenant
 Et uient tous remontes arriere,
 Espris d'amors en tel maniere,

K'a peu ke merci ne demande.
La roine a diu recommande
9055 Du chief et dist a la puciele:
„Dix uous doinst oir tel nouiele
Dont uostre cuers soit plus a aise,
Et dix doinst tel cose ki plaise
Celui qui por uous entre en paine!"
9060 Et quant a ce dit, il se paine
Du departir au plus k'il puet,
Mais a grant paine se remuet.

DEstrois d'amours d'iluec se part
Icil a cui amors depart
9065 Sa liurison mout plenteiue,
Mout claime sa uie chetiue
De ce que tant a meserre
Vers celi ki si enserre
Tient son cuer et si l'a assis;
9070 Et il cheuauce mout pensis
Et dist que mais ne finera
D'errer deuant k'il trouera,
Ki uoire nouele li die
De l'espee ki est partie
9075 De sanc dusqu'en mi liu est tainte,
Que il auoit au coste chainte,
Se nus en pooit plus sauoir.
Et li estuet par estauoir,
Ce pense, ke s'il s'entremist
9080 Nul ior d'armes ne paine mist
As dames aidier ne ualoir,
Or li estuet croistre uoloir
Et estre plus courtois et preu,
Et il en fait hommage et ueu

f. 52c.

9085 A amor, k'il i metra paine;
Et en ce k'il pense, il se paine
Mout des paueillons eslongier.
Entrestant reuient de cachier
Li rois et si compaignon tuit
9090 A grant ioie et a grant deduit
Et descendirent a lor tentes.
Li prisons ki ert en atentes,
Que Garehes auoit conquis,
Vient au roi et si se rent pris,
9095 Et li rois en fait mout grant ioie;
Et la roine akiut sa uoie
Et si s'en uient au tref le roi
Et si amaine auoeques soi
Les dames que li ot laissies
9100 Li cheualiers. Eles sunt lies
Mout entr'eles, quant le roi uirent,
Auant uont et si li cheirent
Au pie. Et li rois les redrece,
Et la roine en cui pereche
9105 Ne fu pas, commence esraument,
Lor parole et dist: „Cest present
Vous a hui uns cheualiers fait,
Preudon par samblant, et s'en uait,
Que por moi ne uaut demorer.
9005 Le cheualier se fait nommer
As dames et il i pert bien,
Car ie ne ui onques mais rien
Ki autant dames honerast,
Et si cuit, se il demorast
9110 K'il uous peust asses aprendre
Noueles, mais ne uaut atendre
Vostre uenue tant ne quant

Et si proia il non porquant
Mout diu, que oir uous fesist
9120 Tels noueles dont s'esioist
La dame de Garadigan.
Tant con ie puis, par .s. Auban,
Connoistre home, il le connissoit
V uoire nouele sauoit
9125 Du cheualier ke uous queres."
Et li rois est tous trespenses,
Quant il ot ce, si li pesa
De ce k'ales s'en estoit ia
Et si n'auoit a lui parle.
9130 Lors a as dames demande
Ki il est, mais pas ne li porent
Dire, car en conuent li orent,
Que cel ior n'en diroient mot.
Se disent que pas ne li ot
9135 L'une d'eles en conuent mis,
A cui il estoit plus amis,
Car ses freres germains estoit.
Lors uint li rois a li tout droit
Et dist: „Dites moi, damoisele,
9140 Se il uous plaist, uraie nouele
De uostre frere." — „Volentiers,
Sire, il a non li cheualiers
As .ij. espees, ce sacies."
Et quant li rois l'ot, s'est iries,
9145 Merueille a, k'ensi s'en ala,
Et non por quant il acola
Mout la pucele et li enquist
De son afaire. Ele li dist
Trestout. Lors sot la uerite,
9150 Comment il auoit aquite

Le Castel Paorous, n'ot gaires,
Et sot la guerre et les afaires
De Brien et de Bleheri,
Et comment Briens l'ot trahi,
9155 Quant mes sire Gauuains l'ocist.
Ceste nouiele mout mal fist
Au roi et le mist en paor:
Car bien sot k'au premerain ior,   f. 53ᵃ.
De quel eure k'il s'entretruisent,
9160 En ce liu, u assambler puissent
Cil as espees et ses nies,
Li departirs en sera gries
K'il ne s'entrocient andui;
Si l'en poise et l'en fait anui,
9165 Mais il ne s'en set conseillier
Et on ot fait apareillier
Le souper et s'ont napes mises
Par tout et la roine a prises
Les dames, ses maine a sa tente
9170 Et se paine et met grant entente
De faire a la puciele honor.
Et cele ki uelt a seignor
Son frere auoir sor eles toutes
L'onneure, mais mout est en doutes
9175 Qu'ele ia a seignor ne l'ait,
Et s'ele l'a, qu'il li delait
Por ce k'il s'en parti or ains.
Issi si soupire et fait plains
Mainte fois mout celeement
9180 Et ua la nouiele erraument
Par tout, si s'en sont merueillie.
Et quant on ot a court mengie,
Des nouieles entr'eus parlerent

Et li rois, et mout affremerent
9185 C'or a primes s'esforceroient
De querre ne ne fineroient
Deuant ce ke troue l'euissent.
Et li rois lors dist k'il i fuissent
Ami si comme il conuenoit
9190 De haster, car mout se doutoit
K'il et ses nies ne se trouaissent
En tel liu, ou il se mellaissent.
Quant uint au main, il atornerent
Tout lor harnois et si entrerent
9195 En la forest et uont auant
Tous iors et uont place cangant,
Car miex en cuident esploitier.
Or redisons du cheualier
Ki s'en ua la grant aleure
9200 Con cil qui de trouuer n'a cure   f. 53ᵇ.
Cels de la court, k'il onques puisse,
Ne ne ueut ke nus d'aus le truisse;
S'ert passee eure de complie
Mout grant piece et il ne sot mie,
9205 V il geust n'u il aloit;
Non por quant il ne l'en caloit
N'il n'en pensoit mie granment.
Et il tourne a anuitement
Ne n'auoit beu ne mengie
9210 Et uoit de loing et s'est drecies
Clarte de fu, ce li est uis,
Mais ne set u, ce uous pleuis,
Ne ne sauoit uoie coisir
Por ce k'il li conuint issir
9215 Du chemin et siuir l'espoisse
Du bos k'il auant lui defroisse,

Ki fait mout anui et mout mal
Et a lui et a son cheual,
Mais a souffrir ce li estuet
9220 Por ce k'amender ne le puet.
Et il toudis ua cheuauchant
Mout tost et si ua aprochant
Du fu, si s'i traist uolentiers,
Lors trouua .iiij. carborniers
9225 Ki ou bos lor fosses faisoient,
S'orent fait fu et si mengoient
Lor pain et tantost ke il uirent
Le cheualier, il s'en fuirent
De la paor cui de lui orent
9230 Et ca et la, u il miex porent,
Aussi con si fuissent derue,
S'en a au cheualier greue,
Ki apres ua grant aleure
Et les apele et asseure
9235 Et dist k'il n'ont garde de lui.
Tantost en uinrent a lui dui
Et li dient: „Sire, merchi,
Car or endroit passent par ci
Gens ki nous ont tel paor faite
9240 C'a peu ke il ne nous ont traite
La uie du cors." — „Et ki sunt?"
„Nous ne sauons uoir, mais il font   f. 53 c.
Si grant duel et si se demainent
Et si de regreter se painent
9245 K'il samble que fors du sens soient."
„Et cil qui si grant duel faisoient
Erent il arme u comment?"
„Nenil, c'estoient sainglement
Dames, mais mout en i auoit;

9250 Et uns seus cheualiers gisoit
Entre eles en une litiere,
Rice et noble de grant maniere,
Sour .ij. blans petis palefrois
Si dolereus et si destrois
9255 Et s'aloit si forment plainant
Que il sambloit, de maintenant
Morir deust, c'est grans anuis;
K'ensi sont il le plus de nuis
Et nous font tel paor auoir,
9260 Que nous n'auons sans ne sauoir
Et ke tuit li cuer nous en tramblent
De la paor." — „Et u assamblent
Entr'els ne quel part s'en uont il,
Saues le uous?" — „Biaus sire, oil;
9265 A la fontaine des Merueilles
Et si font illueques lor ueilles
Et mainte fois le ior i sunt
En tentes ki mout bieles sunt;
Car li lius, il est mout plaisans
9270 Et la lande entor bele et grans."
„Et quel part est ce?" — „C'est mout loins
Et se ne uous estoit besoins,
Mout bien uous porries consirrer,
S'il uous plaisoit, de la aler;
9275 Ne uous n'i uenries pas hui mes
Ne il n'a nul recet ci pres,
V ous hui mes puissies gesir."
„D'ostel n'ai ie pas grant desir,
Dist il, mais uolentiers alaisse,
9280 S'estre peust, ke ies trouuaisse;
Mais quant ne puis, ie remanrai
Auoec uous et boin gre uous sai

De ce que uous aues ce dit."
"Biel nous est, mais nous n'auons lit
9285 Certes, u uous uous geuissies   f. 53ᵈ.
Ne cose que uous mengissies
Que pain et iaue." — "C'est asses,
Onques de mon lit ne penses,
Ie gerrai bien sur la feuchiere."
9290 Et il remaint en tel maniere
Et descent illuec maintenant.
Li autre doi uienent auant,
Quant il furent asseure,
Et il ont lues pain aporte
9295 Et fruit de bos, dont il mengue,
Et si a de l'eue beue
Grans trais. Et cil li aporterent
Feuchiere, dont asses trouerent
Et mouse et l'en ont .i. lit fait
9300 Et il a tant couchier s'en uait
Sour la couche ki n'est pas dure
Et dort tant comme la nuis dure.

AV matin quant il aiorna
Leues se fu et atorna
9305 Li cheualiers et fu montes
Et il a a diu commandes
Ses hostes et il ot enquise
La uoie et il l'a lors emprise,
La quele ia ne finera
9310 D'esrer, ce pense, ains trouera
Et les dames et la fontaine;
Mais il ne set mie, en quel paine
Il est entres n'en quele uoie
Ne il ne l'a mie a .ij. doie,

9315 S'oirre mout ne il ne dit mie,
S'il truist nule cheualerie
Ne cose ki faice a conter.
Mais sa mere a cui fist porter
Le chief Brien fist mout grant feste
9320 Et mout grant ioie et n'i areste
Que ses gens ne faice semonrre
Toutes par tout et sans respondre
Fors son uoloir. Tout prest i uienent
Trestuit cil qui de li rien tienent
9325 A son boin et a son plaisir,
Et ele se refait saisir
De ses castiaus ce k'ele puet   f. 54ᵃ.
Et garnir, et bien li estuet;
Car li fix Brien, Galiens,
9330 Trestous les castiaus que Briens
Tint a sa uie uaut tenir,
Si ot fait semonrre et uenir
Tous les cheualiers de sa terre
Et a son mal et fu grans guerre
9335 Et si fissent ce ke il sorent
De quan k'entregreuer se porent
De uiles ardoir et de proies
Tolir; s'auint tant toutes uoies
Que Galiens .i. ior uainqui
9340 La gent la dame et desconfi,
Ses mist a force par destroit
En Tygan, u la dame estoit,
K'auoec aus a dedens assise
A tel pooir k'en nule guise
9345 N'en quide issir, se prise non;
Car il ot gent a grant fuisson
Et le castel si assegie

Et furent si espes logie
Que nule riens issir n'en pot.
9350 Mes sire Gauuains ki tant ot
Longement poursiui et quis
Et par fories et par pais
Le cheualier as .ij. espees
Et tantes batailles otrees
9355 Ne ne sot que faire deust
Ne comment uerite seust
Du cheualier, si fu iries
Por ce que tant lius ot cherkies,
Ainc ne troua qui li desist
9360 Nouieles, ke on le ueist,
Ne rien ne l'en sot on a dire,
Si se commenche a desconfire;
Car onques mais, ke li menbrast,
N'emprist cose k'il n'aceuast,
9365 Si pense k'il uenra arriere
Trestout en itele maniere
Cele uoie k'alee auoit
Droit la u li chemins forchoit,
V le quidoit auoir perdu.
9370 Il a a l'esrer entendu   f. 54ᵇ.
Con cil ki durement se haste
Et cui il poise que tant gaste
Son tans sans rien nule esplotier,
Et tant ke sans uoie cangier
9375 Vient tout droit a la fourcheure
Des uoies, s'est grant aleure
Entres ens et s'en rebaudi,
S'ot le ior dusques uers midi
Cheuauchie et fu mout pensis
9380 Et escoute, ce li est uis,

Gens ki apres lui cheuauchoient,
Et il esgarde k'il menoient
Et sommiers et cheuaus en destre;
Si se merueille ke puet estre
9385 Et u il uont, et il se tient
Et lor demande dont ce uient
Et quel part cel harnas menront.
Et il dient k'il s'en iront
A Tygan, s'il pueent, tout droit
9390 A secours, se on i pooit
Entrer. — „Et ki l'a assegie?"
„Galiens, et sont si logie
Si homme entour et enuiron,
Que nus hom, se n'est a laron,
9395 N'en puet issir n'entrer dedens."
„Et cui a il assegie ens?"
„La dame du Lac as Iumeles."
Et quant il oi ces nouieles,
Il fu lies, et coi k'il parloient,
9400 Icil qui apres eus uenoient
Dusc'a .I. cheualier
S'aprocent d'aus et escuier
Et seriant a cheual auoeques,
Et en ce k'il uienent ilueques,
9405 Il les salue maintenant:
„Et uous soies li bien uenant,
Seignor, tuit! Se ma compaignie
Vous plaisoit, i'iroie en l'aie
A cele dame u uous ales.
9410 Et s'il uous plaist et uous uoles,
Par courtoisie uous rekier,
Que ne me ueuillies encherkier
Mon non tant ke durt ceste guerre   f. 54 c.

Et deuant ait toute sa terre
9415 La dame tout a son plaisir,
Se dix le nous uielt consentir,
Ne uous n'i poes perdre rien."
„Biaus sire, nous le uolons bien,
Font il trestuit, or de l'esrer!"
9420 A tant s'en uont sans demorer
Et ont esre par lor iournees
Et ont .i. ior gens encontrees
Bien .l. ki s'en fuioient
De Sandic ke guerpi auoient,
9425 Et il demandent ki il sont
Et dont uienent et u il uont
Et queles nouieles de l'ost.
Et il respondent au plus tost
K'il porent, con gens esfraces,
9430 Que Galiens a si reubees
Les uiles, ke riens n'i remaint,
K'il ne pregne tout et amaint
Et abate tous les castiaus,
Les meillours et tous les plus biaus,
9435 Si c'ame remanoir n'i ose;
Et encore est plus dure cose,
K'il a si Tygan damagie,
Que longement a assegie,
K'il ne se tenra pas .iij. iours,
9440 Se ne li uient aucuns secours,
K'il a le premier baille pris;
Et s'il le prent, tous li pais
Ert tous a son commandement
Sans nule deffense. — „Et comment
9445 Va ce dont? n'a il gent laiens?"
„Oïl, asses; mais c'est noiens,

19*

K'il n'ont point de seigneurs entr'eus
Ne n'en uielt issir neis uns seus
A nul besoing ki i auiegne;
9450 Si doutons mout ke il ne tieigne
Par tans, cui k'en poist ne soit biel,
La dame. Et por ce le castiel
Dont sommes ne guerpi auommes,
Car a meismes d'iluec sommes,
9455 Si n'auriemes point de garant."
„Seignour, or n'ales en auant.
Ains retournes auoecques nous   f. 54ᵈ.
Et nous uous disons a estrous
La tel chief comme uous tenres,
9460 Ne ia par nous rien n'i perdres,
Ains uous aiderons loiaument."
Cil otroient legierement
La uolente as cheualiers,
Ensamble retournent ariers
9465 Tant ke pres de lor castiel furent,
Les tres et les tentes connurent
De l'ost qui au castiel seoit,
Car entr'els .ij. mout peu auoit,
Si ert biaus et honis li plains;
9470 Et lors dist mes sire Gauuains,
Que des lors armer se deuissent,
Et k'a l'ost nouieles seuissent
De lor uenue, et ce lor plot.
Cascuns s'arme au plus tost k'il pot
9475 Et puis sour lor cheuaus monterent,
Si ke mout peu i demorerent,
Et misent en conroi lor gens,
Car serians auoient .ij. cens
A cheual, s'orent escuiers

9480 Autant, s'ont mis .xx. cheualiers
En l'eschiele et .c. ke serians
K'escuiers preus et bien aidans,
Et en l'autre eschiele en ot .xx.
Et autant serians, et auint
9485 Que li .x. .ijc. en auoient,
S'ont esgarde k'il s'en iroient
Auant a Sandic li bougois
Por regarnir tout lor harnois,
Et si prendroient garde d'eus,
9490 Ke besoins poroit estre teus
K'il les recheuroient dedens
Et sel feroient a lor gens
Sauoir. Issi ont departi
Et deuise orent ensi
9495 Que li dis ensi s'en iroient
Droit a l'ost et s'i forseroient
Et il lor uenroient arriere.
Il se partent en tel maniere,
S'ont o els mon seigneur Gauuain,
9500 Galopant uienent tout de plain
Dusc'a l'ost et lors les escrient, f. 55ᵃ.
Si en mehaignent et ocient,
Car desarmes les ont troues.
Et li cris est par l'ost ales,
9505 Si s'armerent, ki ains ains pot,
Et mes sire Gauuains ki sot
Mout de guerre les fist retraire
Tout bielement por els atraire.
Et cil de l'ost lor uont apres,
9510 Cruel et felon et engres,
Et se painent de l'encaucier,
Et li .xi. dou hardoier

Et du retraire se penoient
Et lor eschieles ki uenoient
9515 Apres els lor laissent aler.
Et lors se paine du mesler
A certes mes sire Gauuains,
Et est li estours si greuains
Que li premier se desconfisent
9520 De cels de l'ost, et lors s'en issent]
Escieles bien aparillies,
Et se sont lor gens raliies,
Si se sont uers lor castiel trait;
Car li solaus abaissir uait.
9525 Et cil de l'ost mout les cachoient
Et mout durement espessoient,
Car nule riens ne les destourne;
Et mes sire Gauuains retourne,
Ki sans cop ne s'en uaut aler,
9530 Et fait les autres retourner
Trestous et descharce sor aus,
S'abat cheualiers et cheuaus,
Tant k'a force terre lor taut
Et gaaigna, ki prendre uaut,
9535 Asses cheuaus et cheualiers.
Et recoumence tous plainiers
Et la bataille et li estours,
Et lors lor uienent a secours
.XXX. cheualier ki gardoient
9540 Sandic et qui tout frec estoient,
Si lor ont fait mout tres grant bien;
Car cil de l'ost de nule rien
Ne se doutoient d'assaillie;
Et les senescaus ki les guie
9545 S'adrece a mon seigneur Gauuain   f. 55ᵇ

Et li laist aler tout de plain,
Et mes sire Gauuains a lui,
Et s'entrefierent si andui
Que cil lues sa lance pechoie,
9550 Et mes sire Gauuains l'enuoie
Par sus la crupe du cheual.
Lors uienent d'amont et d'aual
Gens mout espes por lui aidier,
Mais li .xxx. frec cheualier
9555 Les delaient a quel ke paine;
Et mes sire Gauuains l'en maine
Maugre els tous hors de la plaice
A sauuete et puis lor laisse
Aler et si tres bien le fait
9560 K'a tous a merueilles lor uait,
Que uns hon a tant de pooir,
Tant que la nuis par estauoir
A quel ke paine les depart.
Lors s'en uont, et cil d'autre part
9565 S'en sunt dedens Sandic entre,
S'en ont le senescal mene
Et asses autres cheualiers,
Serians, cheuaus et escuiers
Prisons et sont laiens mout lie,
9570 Quant il ont si bien commencie
Cel premerain ior lor afaire,
Si se painent de ioie faire
Ou castiel, ne n'ont pas paour
De nes une rien ne freour.

9575 GRans fu la noise et grans li bruis
Par le castiel et li deduis
Et furent lie du grant secours,

Et l'endemain quant uint li iours,
Li cheualier se rassamblerent
9580 Tuit au palais et si parlerent
Entre aus, comment il le feront,
Sauoir mon, se il isteront
V il se tenront la dedens,
S'en disent entr'els lor talens
9585 Ce ke cascuns dire en sauoit.
Mes sire Gauuains ki auoit
En lui et sens et hardement
Lor dist: „Trop iroit laidement,
Seignour, s'aliemes reponant,   f. 55ᶜ.
9590 Mais tous les iours en faisons tant
Que ia ne soient a seiour;
Nous ne deuons auoir paour,
Puis k'auommes rechet ci pres,
V recourer porons ades,
9595 Ne nul de nos perdu n'auons,
Et s'il uous plaist, si deuisons
Que la moitie de nos remaigne
Chaiens, et l'autre moitie empregne
L'afaire, et uoisent cascun ior
9600 Forcoier l'ost, si k'en freor
Soient et le ior et le nuit,
Et a ce se traueillent tuit
K'en Tygan se puissent ficier,
Comment k'il soit, por enhicier
9605 Cels qui laiens si maluais sunt.
Et quant cil de Sandic oront
K'il soient ens, adonques uienent
Cascun ior et l'estour maigtienent,
Et cil de l'autre part resaillent
9610 De Tygan et si les rasaillent

Et se painent d'aus forcoier;
Issi les poront esmaier
Et damagier, se lor perece
Ne lor taut, k'il n'ont fotrecce,
9615 S'auront paor d'ambes .ij. pars."
Ceste deuise et cis esgars
Plot mout a tous les cheualiers
Et feront tuit mout uolentiers,
Ce dient, quan k'il deuisoit,
9620 Et si dient ke sor lui soit
Et si soit sire et connestables;
Et cis consaus est auenables
Et adroit les a conseillies.
Et mes sire Gauuains est lies,
9625 Ne riens tant ne li pooit plaire,
Quant il ont mis sor lui l'afaire,
S'en prent .xl. qu'il sauoit,
V plus sens et deffense auoit,
Et les fait armer esraument,
9630 Et s'en issent mout sagement
Et celeement du castel
Trestout le couuert d'un uaucel,
Et si ont fait d'aus .ij. conrois. f. 55d.
Quant saisons fu, li tres cortois
9635 Mes sire Gauuains les depart,
S'en uont li .xx. droit cele part,
V il oront forriers ueus.
Et adont s'est arresteus
Mes sire Gauuains et li uint
9640 K'auoec lui ot, et si auint
As autres ke il desconfirent
Tous les forriers, si ke les uirent
Cil de l'ost. Lors s'apareillierent,

S'issent des lices et cachierent
9645 Dusc'a Sandic ki ains ains porent.
Et quant ueus issi les orent
Mes sire Gauuains et li sien,
Mout lor plast et mout lor est bien,
Et se sont au deriere mis
9650 Si k'il orent lor anemis
D'une part, d'autre le castel,
Et s'en uienent a .i. poncel
D'une posterne leueis.
Que k'iert si grans li poigneis
9655 Des cachans et si anguisseus,
Si auint si k'auoecques eus
Vns nies a cele dame estoit,
Cheualiers ki tous connissoit
Cels ki laiens pooir auoient,
9660 Et trestuit bien le connissoient,
K'il ert ales le secours querre,
Et ert senescaus de la terre
A la dame; et il fait ouurir
La porte et en fait fors issir
9665 Cheualiers a mout grant plente,
Ki tuit erent entalente
De bien faire. Adont ne seiourne
Mes sire Gauuains, ains retourne
Sor cels ki aloient cachant,
9670 Si compaignon le uont siuant,
Et cil qui du castiel issirent
Issi durement se ferirent
En cels qui font l'arieregarde,
Que li uns l'autre ne regarde,
9675 Ains s'en uont fuiant par le plain.
Cil de l'ost retournent a plain,

Quant il uirent cele assaillie.
Et mes sire Gauuains les guie
Vers la porterne tout de gre,
9680 Et cil ki furent esfrae
Lors uont esperonnant apres
Et les uont siuant si de pres
Que lues les cuident auoir pris.
Et Galiens ki fu espris
9685 D'ire tous les autres passoit
D'aler, pour ce k'il connissoit
As armes mon seigneur Gauuain,
K'il li uit prendre de sa main
Son seneschal le ior deuant.
9690 Et en ce k'il le ua siuant,
Mes sire Gauuains se retourne
Et le uoit uenir et retorne
La teste du cheual tantost
Et muet a lui tres deuant l'ost
9695 A iouster et li fait widier
La siele et uienent cheualier
A rescourre de toutes pars,
Et fu illuec tels li depars
De cheualiers et de cheuaus
9700 Si grans, c'a paines se part d'aus
Mes sire Gauuains maugre lor.
Cil entendent a lor seignor,
Et mes sire Gauuains en maine
Le destrier, dont il ot grant paine,
9705 Dont cil de l'ost tuit irie furent,
Asses a uaillant le connurent
De toutes pars a cele fois.
Et quant il uirent k'il fu drois
Ne que plus souffrir ne pooient,

9710 Maugre tous cels qui les siuoient
S'en sont dedens Tygan entre,
S'ont baillies ou palais paue
A la dame les prisoniers
Qu'ele rechut mout uolentiers
9715 Et les merchioit mout souuent.
Et ses nies ki le hardement
Et le grant pooir ot ueu
Et le grant paine qu'ot eu
Mes sire Gauuains ces .ij. iurs,
9720 Il dist: „Dame, ne mes secours
Ne mes pooirs ne uous uausist,
Se cis cheualiers uous uausist
Autretant nuire comme aidier.   f. 56ᵇ.
Il s'acompaigna deuant ier
9725 Tout de son bon gre auoec nous
Et uenoit por secourre uous,
Ce dist, et il i pert mout bien,
Mais nous ne sauons nule rien
De lui ne son non ne sauons;
9730 Car acreante li auons
Que rien nus ne l'en demandra
Tant con ceste guerre durra,
N'il ne se mouura, ains raures
Tout arriere, si l'o mieres
9735 Plus ke nul homme terrien;
Car le senescal Galien
Vous a ia pris et retenu
Et a peu k'il n'est auenu,
Que il n'a hui Galien pris,
9740 S'il ne fust si tost entrepris
De toute l'ost ki sor lui uint;
Ne por quant si ne lor auint

Bien, k'il n'ait pris des miex uanes.
Or, bele ante, si uous penes
9745 De l'onnerer, car ie le ueil.
A son conseil tout sans orgueil
Faites, et quan k'il uaura dire,
A estrous." — „Grans mercis, biaus sire,
Dist ele, et dix me doinst auoir,
9750 Se lui plaist, encor le pooir
Que les mercis l'en puise rendre."
A tant se paine sans atendre
Du desarmer et le uiestirent,
Et quant uiestus fu, il ne uirent
9755 Nul si biel homme, ce disoient,
Onques mais et il li faisoient
Honnor. Lors fu grande des gens
La ioie et la feste laiens,
Si que toute la vile en bruit
9760 Et font ioie toutes et tuit,
Et calorent par le castel
Espessement, dont point n'est bel
A cels de l'ost, ki fors estoient,
A peu ke de duel ne mouroient.

9765 MOut furent dedens Tygan lie,
Et cil de l'ost furent irie
Et abaubi si durement
Et se tienent si coiement
Et sans noise toute la nuit,   f. 56ᶜ.
9770 Que ou castiel cuidoient tuit
K'il se fussent tuit departi.
Et le matin quant esclarci,
Galiens fist crier par l'ost
Que il s'armaissent tuit tantost

9775 Por aler as murs assalir;
Et cil font les portes ouurir
Pour aus miex faire abandonner
Et refont lor gens atorner
Et metent as murs les serians
9780 Et commence li estours grans;
Car mout durement assaloient
Cil defors, et se desfendoient
Mout tres bien cil qui dedens furent,
Et tant que li premier recrurent
9785 De cels defors et uinrent fres,
Mais ia aront un autre mes;
Car li cheualier sunt arme
Laiens et si furent esme,
Ce saciés bien, bien a .iij. c.,
9790 Et orent fait entr'els laiens
De mon seigneur Gauuain seignor;
Car ne plus sage ne meillor
Ne seurent il entr'els eslire.
Et la dame li o fait dire
9795 Et meisme mout l'en auoit
Proie, et il mout se penoit
Des batailles apareillier;
Si sunt li .ccc. cheualier
En .iij. conrois et il ont mis
9800 .II.c. serians montes de pris
A cascun conroi et boin fu
Et sunt tuit preu et esleu
Li escuier et li seriant.
Mes sire Gauuains tout auant
9805 S'en ist se uentaille fremee,
Et il orent bien atornee
Lor gent en l'ost, si les recoiuent

Mout bien tantost k'il l'apercoiuent,
Et mes sire Gauuains lor uient
9810 Si durement ke il conuient
Percier les rens tout premerain,
Et treuuent mon seignor Gauuain
Si remuant et si felon   f. 56 d.
Que ce n'est se merueille non,
9815 Comment nus l'ose a cop atendre,
Si se painent cil de desfendre
Mout durement; car plus estoient,
Car por .i. bien .ij. en auoient.
S'aloient auques resortant
9820 Cil du castel; es uous batant
La seconde eschiele deles,
Bien encoragie et engres
Estoient, ses ront mout laidis.
Lors commence li poigneis
9825 Mout fors et est grans li estours,
Et mes sire Gauuains tous iours
Se met au plus fres, et endure
Trestout l'estour tant comm'il dure,
S'abat et ocist et mehaigne,
9830 Que il toute keuure la plaigne
De l'essart k'il fait a s'espec.
Et Galiens ot atornee
S'eschiele et il lor lait aler
Si k'a force fait reculer
9835 Tous les premiers et desconfist.
E uous ke la tierce eschiele ist
Du castel et fait mout grant bruit,
Ione et hardi estoient tuit
Et entalente de bien faire,
9840 Si se painent mout de sorfaire

Sour els, mais trop en i auoit.
Quant mes sire Gauuains les uoit
Si bien uenir, et il requeurc
Et li sien, et se met a l'euure
9845 Plus ke il n'auoit fait deuant,
Si ke tuit s'en uont merueillant,
Comment uns tous seus hom pooit
Auoir tel pooir k'il sambloit
K'il en i eust bien .iiij. c.,
9850 Si souuent estoit en presens
Par tout et souuent et menu.
Et quant se furent tant tenu
Cil du castel et endure,
Cil du castel uienent serre
9855 Dusc'a .l. cheualiers
De Sandic, et s'ont escuiers
Et serians asses auoec aus,   f. 57ᵃ.
Bien .ij.c., trestous a cheuaus,
Bien montes tous en .i. conroi;
9860 Et tantost con li nies le roi
Les uoit, il s'est auoec els mis
Et s'est de rechief entremis
D'els conduire, dont lie sunt tuit,
Et il se fierent a un bruit
9865 En cels de l'ost et a .i. fais,
Et est li estors si aigrais
Con cascuns plus souffrir le puet.
Et mes sire Gauuains s'esmuet
Et Galiens ke quis auoit
9870 Tant longement, ke trais estoit
A une part por refroidier,
Et rot son hiaume lacbie
Et s'en reuenoit a l'estor.

Et cil qui tant ot fait le ior
9875 D'armes uint por iouster a lui,
Et s'encontrerent ambedui
As lances que grans et fors ont,
C'ambes .ij. pechoier les font
Et se prendent au capleis.
9880 A tant reuient li poigneis
Et la bataille desor eus
Si k'il les conuient ambes .ij.
Deseurer, kel talent k'il aient,
Et non por quant il se retraient
9885 Li uns vers l'autre mout souuent,
Et tant ke li iors durement
Va abaissant, s'ont triues prises
Dusc'au demain et si sont mises
Lor gens ou retor et s'en partent.
9890 Et en ce ke il se departent,
Galiens ki tant este ot
Laidement menes, ne se sot
Du cheualier ki il estoit,
Si fu ires et li tornoit
9895 A desdaing, car mout ert engres
Et orgueilleus, et uait apres
Mon seigneur Gauuain et a dit
Que, s'il ose, sans contredit
Aura la bataille demain
9900 Cors a cors et li tent le main
Et dist que toute la querrele
I tort. Quant oi la nouele
Mes sire Gauuains, il li tent
Le main, et Galiens li prent
9905 La foi et il aussi de lui,
K'il n'en ot ire ne anui,

Car mout hautement l'en mercie.
La cose est a tant departie,
Et s'en sunt ou castel entre
9910 Trestuit en pais et tout serre
Et ont perdu et gaaignie,
Et se sunt laiens merueillie
De ce ke si en pais retornent.
Li un a lor ostel s'en tornent
9915 Et li autre ou palais s'en uont.
Et quant apareillie se sunt,
On met napes et sunt assis,
Si ne fu ne mas ne pensis
Mes sire Gauuains ne nus d'aus,
9920 Et tant ke dist li senescaus
Les nouielles de la bataille
A s'antain, ke sans nule faille
Estoit au matinet emprise
Par fiance, s'est entreprise
9925 La dame mout et se douta
Et li senescaus li conta
Trestout, et ki empris l'auoit.
Et dist la dame: „Et dix i soit
Au droit, biaus nies, et si conseut
9930 Celui ki si aidier me ueut."

Par tout est la nouiele alee
Ke se doit a la matinee
Combatre mes sire Gauuains,
Si en est li castiaus tous plains,
9935 Et cil de l'ost le sorent tuit,
Si passent ensi cele nuit
Dusc'au matin k'il aiorna.
Mes sire Gauuains s'atorna

Mout bien con por son cors garder,
9940 Et li senescaus fait mander
K'il s'arment tuit et il si font.
Et quant trestuit atorne sont,
Mes sire Gauuains lor a dit
Que il se tienent .i. petit
9945 Tant c'ait a la dame parle t. 57°.
Et a els; si sunt assamble.
Il n'ot pas son hiaume lacie
Encore, et la dame est a pie
Deuant le palais; il uint la
9950 Et tuit li autre et il parla
Et dist: „Dame, comment ke soit
De cest camp, se il uous plaisoit
Et a tous ces cheualiers ci,
Vous uaurroie, uostre merci,
9955 Querre .i. don ke uous proissies
Por moi et me pardonnissies,
Se rien uous auoie mesfait."
„Si fai ie uoir, et diex si fait.
Ausi uoirement con droit ai
9960 Et ke onques ior n'esploitai
Vers Galien en uilonie,
Vous soit hui dix en uostre aie,
Ne ie n'en douc certes de rien."
„Certes, dame, ie le cuit bien,
9965 Et dix m'i doinst uostre preu faire."
Et il s'en part sans plus retraire,
K'il n'ot pas ce dit por doutance
K'il eust, mais por la fiance
De ce ke quant il retornast,
9970 Que son mal cuer li pardonast
De son seignor k'il li ocist.

20*

.A tant li senescaus s'en ist
Et li cheualier tuit rengie,
S'a li senescaus enuoie
9975 Auant a Galien et mande
Que lor cheualiers li demande
La bataille, et il en fu lies.
Et cil se rest apareillies
Et cil de l'ost communement,
9980 Et font lor asseurement
Tel entr'els k'il ne se mouront
Por nule rien et k'il seront
Au uoloir celui ki uaintra
Sans guencir. Il ne demoura
9985 K'il fissent place et se rengierent,
Li doi les cheuaus adrecierent
Li uns contre l'autre et s'esmueuent
A tant de pooir comme il treuuent
Es cheuaus ke grans et fors orent, f. 57 d.
9990 Et si trestost con uenir porent
Il ont lor lanches peschoies,
Puis ont les espees sachies,
S'entorteillent entour lor mains
Les coroies, por greuer mains,
9995 Des escus k'il ont a lor cols,
Si uienent au caple et as cops,
Car andui seuent d'escremie;
Et il ne s'entrespargnent mie,
Car seur et fort sont andui
10000 Ne ne se font gaires d'anui
Fors ke d'escus escopeler.
Mes sire Gauuains lait aler,
Quant .i. petit se fu retrait,
Et si tost con li cheuaus uait,

10005 Du pis le hurte et le mesmaine
Et le recule a quel ke paine
Tant ke trestous se desatire,
Et mes sire Gauuains le tire
Tant k'il a les archons laissies.
10010 Et quant il est descheuauchies,
Mes sire Gauuains lors descent
Et li passe, et cil se desfent,
V il auoit desfense asses,
Tant ke Galiens est lasses;
10015 Car mes sire Gauuains estoit
Mout engres et mout le coitoit
Et tant c'a force li taut terre
Et l'abat et puis li desserre
Le heaume, et a la tieste prise,
10020 Car il n'a pas merci requise.
Et cil ont bien tout ce ueu,
Ne se sont crolle ne meu
Por le conuent ke mis auoient,
Et con bien ke il dolent soient
10025 Merci requirent et pardon
Et il dient k'en tel prison
Iront con il k'onques uaura.
„Seignor, dist il, ce ke dira
La dame, faire uous conuient
10030 Tout outre, et ensi comme auient
Que uous me proies ke ie proie
Por uous, certes bien uous otroie
Que i'en ferai tout mon pooir."   f. 58ᵃ.
Et sans plus parole mouuoir
10035 Communement descendu sunt
Les gens Galien et s'en uont
Ou castel, et orent ostees,

Ains k'il meussent, lor espees;
Et cil du castiel les sieuoient,
10040 Ki as paueillons pris auoient
Quan k'il orent dedens trouue.
Et en ce ke il sunt entre
Ou castiel, si se met auant
Mes sire Gauuains maintenant
10045 Et ot sa uentaille abatue,
Et la dame fu descendue
Du palais, et uint contre lui,
Et en ce k'il uienent andui
Ensamble, si l'acole et baise
10050 La dame, que si est a aise
Et lie, ke ne le sot dire
Nus hom, lors dist: „Biaus tres dous sire,
Grans mercis de si grant bonte,
Ki m'aues de caitiuete
10055 Gietee et ostee du tout."
„Dame, dist il, i'aim mout
Vos mercis et ie uous requier
Itant que uostre prisonnier
Ne soient de lor cors laidi,
10060 Et si saicies que ie le di
Por uous, ke laidure seroit,
Se nus mals puis lor auenoit,
K'ensi s'en seroient uenu.
Non por quant bien soient tenu
10065 Et garde tant ke uous raies
Toute uo terre, et si soies
Bien a seur sans doute auoir."
„Et ie le uoel bien issi uoir,
Biaus sire, et tout issi ira
10070 Con uostre bouce le dira;

Mais ne uous remouues de ci,
Biaus sire, la uostre merci,
Tant con du tout saisie soie,
K'il m'est auis que ie perdroie
10075 Trestout, se uous n'i esties."
„Dame, puis ke uous m'en pries,
Ie le uoel bien." Ensi remaint,   f. 58ᵇ.
De lui seruir nus ne se faint
Laiens, et volentiers le font.
10080 Et li prison fiancie ont
Au senescal communaument
K'il feront tout outreement
Son bon, puis seiornent a aise
Ne n'ont cose ki lor desplaise.

10085 TOut fu seu par la contree
Ke la uie estoit afinee
Galien par .i. saudoier
Et se prendent a esmaier
Castelain et gens ki tenoient
10090 Des castiaus ke tolus auoient
A la dame por cele guerre,
Si a tels ki por merci querre
Vienent a cort, si ra de teus
Ki sont felon et orgueilleus
10095 Et se quident contretenir.
Mais bien en set a chief uenir
Mes sire Gauuains ki afine
La guerre et est toute enterine
La pais par tout en peu de tens
10100 Par sa parole et par son sens,
Car bien auoit tel cose aprise;
Si l'aime bien la dame et prise

Et ses gens toutes, k'il n'est riens
K'il lor desist, fu maus u biens,
10105 K'il ne fesissent uolentiers;
Mais il est tous iors si entiers
En bien et en grant courtoisie
Que rien ki tourt a uilonnie
Nule fois ne treuuent en lui,
10110 Mais ce lor torne a grant anui,
Quant si longes son non lor taist,
Tant c'a mon seignor Gauuain plaist
K'il prengne congie, car il uoit
Que rien a faire n'i auoit.

10115 VN ior deuant la dame uient
Et dist: „Dame, aler m'en conuient,
Si uous en demanc le congie,
Car auques aues esploitie,
Ce m'est auis, de uostre afaire,
10120 Et i'ai en autre liu a faire
Cose dont ie sui mout cargies,   f. 58 c.
Si uous pri ke uous me doignies
Congie d'aler." Et quant ele ot
Ce ke tant forment li desplot,
10125 Si est dolente et dist: „Biaus sire,
Trop nous uoles tost desconfire,
Que si tost nous uoles laissier.
Et s'il i puet auoir mestier
Proiere nule, ie uous proi
10130 Que uous soies encore o moi,
Par uostre merci, une piece."
Il n'ot pas cose ki li siece
Et dist ke ne puet auenir
N'onques ne penst au retenir,

10135 K'il se mesfait k'il tant demeure
Ilueques. Et la dame pleure,
Quant uoit ke n'i uaut rien proiere,
S'est dolente de grant maniere
Et ses gens, et est esbahie
10140 De ce k'ele ne connoist mie
Celui ki tant li a bien fait
Et quide ke mout ait mesfait
Et que mout li sace maugre,
Quant de son pais demande
10145 Ne li auoit ne de son non,
Si repense du guerredon,
Quels ert; car s'ele li donnoit,
Quankes restore li auoit,
Ne quideroit mie paier
10150 A gre si tres boin cheualier
Et si preudomme, et non por quant
Conuient il que cose auenant
Et ki doie plaire li die;
Car autrement seroit honnie
10155 Par tout la u on l'oroit dire.
Ele li dist: „Biaus tres dous sire,
Quant a remanoir ne uous siet,
Ne quidies pas ke ne me griet
Et a tous cels ki o moi sunt,
10160 Quant issi preudomme perdront
Et si haut conseil con de uous;
Si uous abandoing a estrous
Toute ma terre et en prenes
Par tout, u uous onques uoles;
10165 Car uous l'aues bien deserui.   f. 58ᵈ.
Et por dieu, ie uos pri merci
Que ne tenes a uilonnie

        Ce ke ie ne uous enquis mie
        Ki uous esties ne uostre non.
10170 Car mes gens et tuit mi baron
        Me dissent que ie m'en teusse
        Tant ke tout aferme eusse;
        Car tous requis les en auies.
        Or si uous pri ke me diies
10175 Et uostre non et uostre terre,
        Si saurons miels, ki ceste guerre
        Et cest afaire a trait a chief."
        Ce fu mon seignor Gauuain grief,
        Quant son non demander oi,
10180 Non por quant pas ne s'esbahi,
        Ains dist: „Dame, lies sui por uoir,
        Quant il est a uostre uoloir,
        Et de ce ke gre me saues
        Que toute uostre terre aues
10185 Arriers. Dix en soit mercies,
        Et i'en doi par droit estre lies
        Plus ke nus; car mesfait auoie
        Vers uous tant ke ia ne quidoie
        Venir en liu de l'amender,
10190 Ne por uostre guerredonner
        Ne uing pas, ce sacies de uoir,
        Mais por uostre bon gre auoir
        Sans plus, s'il pooit auenir,
        Car de uostre terre tenir
10195 N'ai ie talent, ie le uous quit;
        Mais por ce uoir ke on ne quit
        Que ie choile par couardie
        Mon non, mais nel celerai mie,
        Ne ne dirai por uanter moi:
10200 Ie sui Gauuains, li nies le roi

Artu, ce sacies uous sans doute."
Et en ce ke la dame escoute
Ce k'il dist, et ele tressaut
Si c'a peu li cuers ne li faut
10205 Et ke pasmee n'est cheue,
Et s'est a grant paine tenue
Por ses gens k'ilueques ueoit,
Et d'autre part ele sauoit
Que sa mort li ot pardonnee   f. 59ᵃ.
10210 Ses sire, et s'estoit racordee
Auant ke il se combastist,
Auant ier quant ele li dist
Que de boin cuer li pardonnoit
Tout ce que mesfait li auoit
10215 Et tuit si cheualier aussi;
Par tant s'apaise, si uous di,
Coi k'il li griet, lors se porpense
Que mout fust poure la desfense
De ses gens, ne mais ne reust
10220 Sa terre, se par lui ne fust,
Si se passe au miels k'ele puet
Et dist: „Sire, quant il estuet
Et uous plaist ke uous en aillies,
Il est bien drois ke uous aies
10225 Tel guerredon, con uous querres,
Ne ia escondis n'en seres.
Deboinairement uous pardoing
Tout mon mautalent a tiesmoing
De ces cheualiers ki sunt ci,
10230 Car nous auons ausi oi
Dire, ke mes sire si fist,
Ains ke de uie departist,
Et le fist sauoir a nous tous."

Et lores se mist a genous
10235 Mes sire Gauuains et mercie
La dame et la cheualerie
Ki iluec ert, et l'en leua
La dame, et adonques roua
Mes sire Gauuains aporter
10240 Ses armes et se fait armer
Et monte, et la dame si fist
Et tuit li autre, k'ele dist
Que ele le conuoieroit
Et ausi reueoir iroit
10245 Sa terre; et lors sunt tuit monte
Et s'en issent tuit arroute
Et orent esre longement
Ensamble. Et cil ki en torment
Estoit por l'amor de s'amie
10250 Et ot tante cheualerie
Faite puis ce k'il l'ot ueue,
S'ot un ior sa uoie tenue
Si comme a la fontaine aloit   f. 59 b.
Des merueilles ke tant auoit
10255 Quises ne trouuer ne les pot,
.I. messagier uit ki le trot
Venoit a pie grant aleure
Et engrandi mout s'ambleure
Apres lui et dist k'il l'atende
10260 Vn petit et raison li rende,
Quel part il uait et dont il uient
Et k'il quiert. Li ualles se tient
Et dist: „Sire, a la dame sui
Du Lac a Iumeles et mui
10265 Por querre secors et aide,
Car Galiens tolir li quide

Toute se terre et l'a emprise
La greignor part et l'a assise
Dedens Tygan a tel pooir
10270 K'il li conuient par estauoir
Que par tans rende le castel
V se rende, ce n'est pas bel."
„Vallet, dist il, dix le sequeure!
Et ua a diu." Lors ne demeure
10275 Et laisse sa queste premiere
Et oirre tant de tel maniere,
Por ce ke il uoloit uenir
Au secors, s'il puet auenir,
Si ot bien .iiij. iours esre
10280 Tant ke cel ior a encontre,
Que de Tygan issu estoient,
Cheualiers ki laissie auoient
Sa dame et ses gens maintenant;
Il les salue tout auant
10285 Et demande, quel part il uont
Et dont il uienent; et il ont
Tout de chief en autre conte,
Con grant amour, con grant bonte
Mes sire Gauuains auoit faite
10290 Sa mere, et comment il ot traite
Sa guerre a fin et tout rendu.
Et quant l'afaire a entendu
Tout outre, mout pensis deuint
Et s'esmerueille, dont ce uint
10295 N'en quel maniere il ot ce fait,
K'il ot a sa dame mesfait
Si laidement, et si estoit   f. 59 c.
Li hom cui ele plus haoit
De tous ceus ki fuscent en uie,

10300 Et a bon droit; si ne croit mie
Que uoirs soit, si a demande,
Quel part il estoient torne
Et s'il les trouueroit hui mes.
„Oil, font il, il sont ci pres,
10305 Se uous uoles .i. poi haster."
Et il ne ueut son tans gaster,
Ses commande a dieu et akieut
Sa uoie apres con cil ki uieut
Sauoir, s'il puet, la uerite,
10310 Et il a tant esperonne
Que il les a de pres ueus.
Et adont s'est arresteus
Mes sire Gauuains ki le uoit,
Car a l'escu le connissoit,
10315 Et s'est departis de la route
Con cil qui tant ne quant ne doute
K'il n'ait la bataille esraument,
Et se remaint tout coiement,
Que nus ne se parcoit deriers;
10320 Et aproece li cheualiers
As .ij. espees entrestant
Et en ce k'il uenoit auant,
Il connoist mon seignor Gauuain,
Lors li lait corre tout de plain
10325 Ireement et li escrie
Et li dist ke il le desfie.
Et ia soi ce k'il soit dolens
De ce, ne il ne rest pas lens,
Ains remuet por iouster a lui
10330 Et s'entreuienent ambedui
Tant con cheual lor porent rendre,
Si k'en lor uenir font porfendre

Escus et lances pechoier,
Puis ont as espees d'achier
10335 Commencie le caple si fort,
Que bien ooient le resort
Des fers cil ki deuant aloient,
Et quant se regardent, il uoient
La mellee et tornent arriere.
10340 Et la dame de grant maniere   f. 59 d.
S'esmerueille, ki cil doi sont
Et si cheualier dit li ont
Que c'estoit mes sire Gauuains
Et ses fils. Lors sacierent frains
10345 Et sunt ki miex miex retorne.
Par tans se fuissent atorne
Malement, se uenu n'i fuissent,
Que ie ne cuit pas k'il euissent
Que les boucles et les coroies
10350 De lor escus, et toutes uoies
S'entredamagent et empirent;
Et quant la dame uenir uirent,
Se sunt un peu arriere trait.
Et ele tant ke cheuaus uait
10355 Vient a son fil et si l'embrace
En plorant et dist k'il ne face
Plus, ke uers lui se mesferoit
Et trop grant laidure feroit,
Se cil qui li a afinee
10360 Sa guerre et si a restoree
Sa terre et faite tant d'onnor,
Comme il puet ou siecle gregnor,
Et mis son cors en auenture
De mort, por li auoit laidure
10365 Ne uilonnie en son conduit;

Et d'autre part bien seuent tuit
Que ses sire li pardonna
Sa mort, le ior k'il defina,
Et il et tuit si cheualier.
10370 „Biaus fils, si uous uoel ie priier
Que uous aussi li pardonnes
Et que boin ami remanes
Entre uous des ore en auant."
Et ele descent en plorant
10375 Et est son fil au pie cheue,
Et quant li autre l'ont ueue,
Il se sunt tuit a genous mis.
Quant il ce uoit, il li est uis
K'il doit faire lor uolente,
10380 Si l'a mout conquis et donte
Ce ke la mere dit li ot,
Et quant plus soffrir ne le pot,
Il descent et dist que fera
Volentiers quan k'il li plaira
10385 Outreement, coi ke ce soit,
N'onques mais requis ne l'auoit
De nule cose en son uiuant,
Et por ce ke se loe tant
De la bonte k'il li ot faite,
10390 Ice les acorde et afaite
La dame, et sont entrebaisie
Et sunt arriere repairie,
Et la dame ans .ij. les en maine
Auoec li, ki mout en demaine
10395 Grant ioie et li cheualier tuit,
Et hiebregierent cele nuit
En .i. sien castiel et parlerent
Entre aus .ij. et mout deuiserent

f. 60ᵃ.

De lor uoloirs a grant loisir,
10400 Et furent serui a plaisir,
Et s'ot la dame les noueles
Que sa fille estoit des puceles
A la roine de Bretaigne,
Et ce sa ioie mout engraigne.
10405 Mout fu ioians la dame et lie
De ce ke fu recommencie
La compaignie de ces .ij.,
Dont li deus fu grans et greueus
De ce k'il ains s'entrehairent.
10410 Et il tantost ke le ior uirent,
Il se lieuent et arme sunt,
A la dame congie quis ont
Et dient k'esrer les estuet.
La dame retenir nes puet,
10415 Si lor donne, mais mout l'en poise;
Ele monte comme courtoise
Et ses gens et si les conuoie
Grant piece; il aqueillent lor uoie,
S'ont la dame a diu commandee
10420 Ne il n'ont voie demandee,
Ains se mettent en auenture
En la forest grant aleure
Et si ont entre aus .ij. pleuie
A tous iors loial compaignie,
10425 Dont il sont entr'aus .ij. mout lie;
S'orent grant piece cheuacie   f. 60ᵇ.
Et parle de ce ki lor plot.
Mes sire Gauuains ki bel sot
Parler dist: „Ie uous prieroie,
10430 Biaus compain, se ie ne quidoie
K'il uous pesast, ke fesissies

Tant por moi ke uous uenissies
A cort; car certes uoe ai
Que deuant lors n'i entrerai,
10435 Que uous i ueignies auoec moi.
Grant tans a, que ne ui le roi,
Por uous querre, ne la roine;
Et se l'amors est enterine
Entre nous, faites ma proiere."
10440 „Merci, sire, en nule maniere,
Dist il, a cort ore n'iroie
Deuant k'a la fontaine soie,
V il auient tante merueille,
Et de ceste espee uermeille
10445 Saice toute la uerite.
Et lues ke i'aurai la este,
G'irai a court, ce uous creant."
„Certes, dist il, ie ne demant
Miex et uous pri, se ne uous poise,
10450 K'en ceste queste auoec uous uoise
Et la conuenance itels soit
Entre nous, ke s'il auenoit
Ke bataille nous escheist
A faire, ke cil le fesist,
10455 Ki le demanderoit premiers."
„Certes, ie uoel ce uolentiers."
„Et grans mercis." A tant s'en uont,
Car lor afaire atorne ont,
Et ont esre mainte iornee,
10460 K'il n'ont auenture trouuee
Ne cose ke on conter doie.
.I. ior ont tenue lor uoie
Toute ior dusques uers complie
Ne entr'aus .ij. ne seurent mie,

10465 V il peussent herbregier;
Il commenca a anuitier
Mout, et il uont tous iors auant,
Mais ne seuent ne tant ne quant,
V il uont, et espes faisoit,   f. 60ᶜ.
10470 Serie et em pais se tenoit
La nuis, n'il n'oent nule rien,
Ce lor samble, et si uont mout bien
Tant k'il est pres de mie nuit,
Et de porpiece oient un bruit
10475 Si grant en la forest pres d'aus,
K'il fait tous fremir lor cheuaus
K'il font a mout grant paine aler
Auant, et commence mout cler
La lune a luire; et il entrerent
10480 En une lande et esgarderent
Biestes uenir a grant plente,
Qu'en toute la crestiente
N'en auoit pas tant, ce quidoient,
De tel guise, et toutes uenoient
10485 D'abreuer a une fontaine
En cele lande, et si les mainne
.I. nains petis a desmesure,
S'ert uiestus d'une uiesteure
De soie, cote et caperon,
10490 Dont les pierres et li caston
Valoient plus de .v.c. mars,
Ne n'i erent mie a escars,
Mais tel plente en i auoit
Que la lande en refflambissoit
10495 Tout entor lui bien une arcie;
S'ot baston de biaune et corgie
Et panetiere tout de soie,

21*

S'ot un cercle qui reflamboie;
En son chief .i. rubis auoit
10500 Si tres cler ke il en guioit
Ses bestes trestoutes les nuis,
Si ke ia ne li fust anuis,
V fust la nuis espesse u clere;
Et si con conte la matere
10505 Ki a enuis en mentiroit,
.I. grant kien en laise menoit
De soie, bien plus haut de lui
Plaine paume grant. Quant li dui
Cheualier ont le pastourel
10510 Veu si tres bien et si bel
Et si noblement atorne,
Tantost sunt cele part torne
Tout contreual le praerie,   f. 60ᵈ.
Et li pastourials les escrie
10515 K'il uoisent fors de sa pasture.
Il uont toudis grant aleure
Auant et akiut li pastouriaus
Ausi comme autrestant d'aigniaus
Toutes ses bestes et s'en fuit
10520 Si tost k'il en perdent le bruit
Et l'oie de maintenant;
Et ce uient a merueille grant
As cheualiers, quant perdu l'ont,
Tant c'a une part trait se sont,
10525 S'a cil as .ij. espees dit
Que li carbonier ke il uit
Ou bos tout ce dit li auoient
Que merueilles i auenoient
Toutes les nuis. Et il atendent
10530 Tout coi et de porpiece entendent

Son de cors a mout grant plente
Et ont auecques escoute
Cri de chiens si con de ueue
De cerf ki sa uoie a tenue
10535 Parmi le lande uoiant eus,
Si uous di k'il n'aloit pas seus,
Ains ot de ueneors grant route
Et de chiens, et il passe toute
La lande, et il le uont siuant,
10540 S'en perdent ausi con deuant
Du pastourel tantost l'oie.
Li cheualier ne targent mie
Longement, k'il oent hennir
Cheuaus, et font en lor uenir
10545 Merueillous bruit parmi le bois,
S'entrent en la lande manois
Escuier et garchon a pie
A grant plente, et ont fichie
Tres et ont tendus paueillons
10550 Et commandent a lor garchons
Cil escuier et en haut rueuent
K'il faicent fu; mais ne se mueuent
Li cheualier por rien k'il uirent,
Ne targa gaires k'il oirent
10555 Gens uenir et font si grant duel
K'il estoit auis ke lor uoeil
Vausissent morir maintenant,   f. 61ª.
Et lors s'en uait aperceuant
Cil as espees ke c'estoit
10560 Li dels que on dit li auoit
Du cheualier ki ert naures,
S'en ert lies et reconfortes,
Car or saura ce k'estre puet,

S'il puet, et toudis ne se muet
10565 Et atent. Et lors s'en entrerent
Dames en la lande et menerent
Vne litiere duel faisant
Et si s'aloit souuent plaignant
Li cheualiers, si ert pities
10570 A oir, car trop ert blecies,
Et sont as paueillons uenu,
Communement sont descendu
Et le cheualier en porterent
En une tente et n'aresterent,
10575 C'un biel lit li apareillierent,
V ens mout souef le coucierent,
K'il n'ot d'autre cose mestier.
Lors s'entremetent escuier
De faire haster le uiande.
10580 Et mes sire Gauuains demande
A son compaignon, k'il feroient;
Et il li respont k'il iroient
As paueillons, se li plaisoit,
Car grans courtoisie seroit
10585 De sauoir k'il sont et dont uienent.
„Bien dites" fait il, et il tienent
Andui uers les tentes lor uoie.
Et li ueneor dont i'auoie
Parlet un petitet deuant
10590 S'en uienent ariere corant,
Car il auoient le cerf pris,
Vers le fu ki ert grans espris
Vont lor uenison decarchier
Maintenant; et li cheualier
10595 S'esmerueillent et auant uont
Toutes uoies et uenu sont

A la tente, u cil coucies fu.
Andoi sunt a pie descendu
Et uont auant tout souauet.
10600 Vne dame encontre els se met,
Ki les uoit, et si les salue   f. 61ᵇ.
Et si dist: „De uostre uenue
Ne nous puet il, seignor, uenir
Se bien non; or puet auenir,
10605 Se dieu plaist, ce ke nous auons
Tant quis. Por quant nous ne sauons
K'il en sera certes encore,
Mais certes, s'il ne uous plaist ore
A remanoir, rien ne nous uaut
10610 Vostre uenue, et ne nous faut
Paine ne trauail, tant k'il auiegne
. . . .
Ice ke nous auons tant quis."
Mes sire Gauuains a enquis
10615 Adonques, k'ele uoloit dire,
Et ele dist: „Biaus tres dous sire!
Par diu, car remanes ici
Hui mais, la grant uostre merci,
Andoi, et on uous contera
10620 Tout ensi con la cose ua;
Car il nous seroit grans mestiers
D'un grant secours." — „Mout uolentiers
Anuit mais, dame, remanrommes."
„Grans mercis, sire! Et nous en sommes
10625 Si lies con nous poons plus."
A donc se lieuent dames sus
Et s'agenoullent deuant eus,
Desarmes les ont ambes .ij..
Ses afublent et apareillent

10630 Et entr'eles mout s'esmerueillent
De ce ke sont si biel andui.
Et lors fist seoir deles lui
La dame mes sire Gauuains,
A cui il parla premerains,
10635 Si li a dit: „Or nous contes,
Dame, quels preus et quels bontes
Vous ert de nostre remanance?"
„Volentiers, car i'ai grant fiance
En diu, k'il nous en sera miex."
10640 Adont commence de ses iex
A plourer mout tres doucement
Et les autres communement,
Ki assises entour estoient.
Non por quant eles se penoient
10645 Por les cheualiers un petit
A grant paine et la dame dit: f. 61 c.
„Seignor, cis cheualiers naures,
Ki laiens gist, se fu tornes
.I. ior de cort tous desirans
10650 De querre par ces fores grans
Ausi con li preudomme font
Les auentures ki i sont,
Et ot erre grant piece .i. ior
Con cil ki ne metoit seior
10655 A trouer cose k'il seust,
V honnor conquerre peust,
Et il fu auques anuitie
Et ot son chemin adrecie
Vers ceste fontaine et trouua
10660 Vn cheualier ki li ala
Lues a l'encontre; et il estoit
Armes et preudomme sambloit,

K'il ert bien a cheual et grans.
Et il ki estoit desirans
10665 De la bataille, li requist
Que son afaire li desist
Et c'il uoloit combatre a lui.
„Oil, dist il, car ie ne sui
Por el uenus encontre uous;
10670 Mais uous seres plus fols de nous
De la bataille, ce sacies,
Et se uous laissier le uolies,
Ic m'en souffreroie endroit moi."
Cil dist: „Ie sui tout sans effroi,
10675 Faites du miex ke uous porois."
„Si ferai ie, car il est drois;
Et uous uous gardes autresi!"
Lors iousterent, s'auint issi
K'ambedui lor lances brisierent,
10680 As espees recommencierent
Le caple mout dur et mout grant,
Et monta la bataille tant
Et fu li estours issi fiers,
Que li estranges cheualiers
10685 Naura celui ki laiens gist
Mout mal; car tel plaie li fist,
Dont onques puis garir ne pot.
Et quant li estranges le sot
K'il fu naures, si se retraist
10690 Et li dist: „Sire, s'il uous plaist,
Or est pis, uous estes naures,
Si sacies bien ke uous n'aures
De ceste plaie garison
Deuant ice ke cil sans non
10695 Vous refierce de ceste espee

Arriere; de ce s'est enurimee
Dusqu'en mi liu, et est escris
En l'espee naeleys
D'or ses nons et si i para
10700 Li sans tant ke uous referra
Cil ke ie di. Et faes sui
Et por ce que cheualiers fui
Le boin roi Artu de Bretaigne,
Vous proi ke la cose remaigne
10705 A itant, car uous i mouries,
S'or endroit referus esties
De ceste espee. Et ie m'en uois,
Et sacies ke li plus cortois
Est et li plus biaus cheualiers,
10710 Ki soit et tous li plus entiers
En tous les biens, et si uenra
Ici aluec, quant ce sera,
Et mout aura ains endure.
Ie m'en uois, trop ai demore,
10715 Des or plus n'i atenderai;
Mais sacies ke ie uous lairai
L'espee et l'en faites porter
En liu ou uous oies conter
Que cheualier passent souuent,
10720 Et le uous lai par .i. conuent,
Que ne le chaindra cheualiers,
Quels ke il soit, ne escuiers
Ki de l'espee ocis ne soit,
Se ce n'est cil c'auoir le doit.
10725 Or en penses, k'il l'estuet bien."
Lor s'em part sans plus dire rien,
Et cil remaint si mal blecies
K'a paines fu apareillies

Que il a nul recet uenist
10730 Et a grant mesaise tant fist
Que il uint la u nous estimes;
Et por ce ke le connissimes   f. 62ᵃ.
Nous conta il tout son afaire,
Et nous fesimes lettres faire
10735 Et pendre au feurre de l'espee
Et fu tout maintenant portee
La u disoient ke passoient
Souuent cheualier ki aloient
Querre auentures; et auons
10740 Mout esre, n'encor ne sauons
Nouieles dont nous soions lies
Et sommes toutes les nuities
Atendans a ceste fontaine,
Si auons tant traual et paine
10745 Souffert, ke nus nel quideroit.
Et grans courtoisie seroit,
Seignor, ke uous nous desissies
Vos nons; car espoir bien pories
Auoir nostre ioie aportee,
10750 Se nus de uous auoit l'espee
Vermeille." Et lors au premerain
Demande a mon seignor Gauuain
Que, si li plaist, son non li die.
„Certes, celer ne le uoeil mie,
10755 Dame, Gauuains sui apeles,
Mais de moi aide n'ares,
Ce poise moi." — „Si fait il nous,
Biaus dous sire, dist ele; et uous,
Comment estes uous apeles,
10760 Biaus sire qui sees deles,
Ki tant nous aues escoutees?"

„Li cheualiers as .ij. espees
Sui apeles." — „C'est uns sornons,
Biaus sire, mais uostre drois nons,
10765 Ki est il?" — „Certes, ie ne sai
Fors tant c'apeler oi m'ai
Le cheualier as dames." — „Sire,
Mais uostre non nous uoeillies dire
Tel con uous l'aues de parrain."
10770 „Si m'ait diux, au premerain
Quant a la court ualles estoie,
Tous iors apeler me faisoie
Le biel uallet, ne autre non
Ne sai ie uoir ke i'aie mon."
10775 „Non, biaus sire? Et saues uous rien   f. 62ᵇ.
De cele espee?" — „Oil uoir, bien;
Ie l'aportai chaiens or ains."
Quant ce ot dit, si fist uns plains
Si grans li cheualiers blechies,
10780 Que ce fu a oir pities,
Et tantost se sont mises toutes
A tiere a genols et a coutes
Et li prient, ke ne li griet
Que le cheualier fors ne giet
10785 De la grant dolor, u il gist,
Si fera amosne. Et lors dist
Cil as espees k'il fera
Volentiers ce k'il quidera
Ke tourt celui a deliurance.
10790 Il ua prendre sans demorance
L'espee, et l'a uoiant tous traite,
Si ne fu si grans ioie faite
A nul ior onques mais d'espee.
Et la dame s'en est alee

LI CHEVALIERS AS .II. ESPEES. 333

10795 Auant, s'a au cheualier dit
Nouuieles de ce k'ele uit.
Et quant il l'ot, si en est lies,
S'est au miex k'il pot esforcies
Tant k'il se lieue en son seant.
10800 Et li cheualier uont auant
Et les dames i uont apries.
Et quant il uienent auques pries,
Mes sire Gauuains le connoist
Et ne se targe k'il ne uoist
10805 Deuant tous et l'acole et baise,
Ia soit ce ke mout grant mesaise
Li faice la puors k'il sent;
Car il puoit si tres forment
Que nus aprocier nel pooit;
10810 Sel regretoit et si plouroit
Si fort ke pitie en auoient
Les dames ki apries uenoient;
Et ploroit cil as .ij. espees.
Et quant ces larmes sont passees,
10815 Cil as espees li enquist,
Si comme preus et uaillans fist,
Se les dames li ont uoir dit.
„Oil, sire, se diex m'ait,   f. 62ᶜ.
Et uous soies li bien uenus!
10820 Se de rechief ne sui ferus,
Ne garrai par nule maniere."
„Puis k'il conuient que ie uous fiere,
Ie ferai; mais ne m'en sacies
Maugre." — „Se uous mort m'en auies,
10825 Iel uous pardoins de maintenant."
Et il hauce, iel uous creant,
L'espee, et fiert tout bielement.

  Et li uenins tout erraument
  Chiet de la plaie et si blanchist,
10830 Et l'espee lues desrougist,
  S'est biele et nete et esclarcie,
  Ne li cheualiers ne sent mie
  Dolour dont plaindre se deust,
  Si ne li plot que plus geust,
10835 Ains bende sa plaie et se lieue
  Auoec els, que point ne li grieue,
  Ne ne se deut pas, ce li samble;
  Si font ioie la nuit ensamble
  Et meniuent et esbanoient;
10840 Car tuit troi compaignon estoient
  De le maison le roi Artu.
  Et cil cheualiers por uoir fu
  Gaus, li fils le roi de Norual,
  Vns des mellors, ki sor cheual
10845 En cel ior en sante montast
  Ne escu ne lance portast.

  MOut fu mes sire Gauuains lies
   De ce k'il fu asouagies
  Li cheualiers. Quant mengie orent,
10850 Si parlerent de ce k'il sorent,
  Dont il fu mestiers de parler.
  Et Gaus fist une dame aler
  Por aporter l'espee et dist
  C'ancois ke de lui departist
10855 Li cheualiers ki l'ot naure,
  Dist ke un non d'or naele
  Auoit en l'espee, et seroit
  Ausi cil ki le referroit
  Nommes. „Et por ce le demant

10860 Dist il, ke des or en auant
Est il bien drois, ke uous saciés   f. 62ᵈ.
Vostre non." Et il en est liés,
Et on l'a tantost aportee
Et uoit on escrit en l'espee
10865 D'ambes .ij. pars Meriadues.
Et cil as espees dist lues
K'ainsi fu ses taions nommes;
Et ont de ce parle asses
Et d'autres coses, et puis uont
10870 Couchier; car grant mestier en ont,
Car mout estoient traueillie.
Au matin se sunt esueillie
Et leua mes sire Gauuains
Si comme il seut as premerains
10875 Et se leua cil as espees
Et furent les dames leuees
Et Gaus, et furent monte tuit;
Et Gaus tint l'esrer a deduit,
Car il ne se doloit de rien,
10880 Se li plot mout et li fist bien.
Et li autre souef aloient
Por lui, et deuise auoient
Que Gaus a la cort en iroit
Por seiorner et se metroit
10885 Iluee en la main d'aucun mire
Et bien porroit a la cort dire
K'il uenroient par tans a cort,
Issi le uoelent k'il sen tort.
Et il si fait et si en maine
10890 Les dames ki tante grant paine
Auoient soufferte por lui.
Et li compaignon ambedui

Se metent ou bos plus parfont,
Et entr'els .ij. tel esgart font,
10895 K'il n'iront a la cort, k'il puissent,
Deuant ce k'auenture truissent,
Cascuns la soie, kels que soit,
S'aucuns ensoingnes n'auenoit,
Qui ceste queste lor tausist.
10900 C'est deuise et mout lor sist
Et dient k'a la cort iront
Tantost apres ne n'atendront
Respit nul ne delaiement.
Mais la cose aloit autrement   f. 63 a.
10905 De cels de cort, k'il ne pensoient;
Car nouuieles coses aloient
Du roi Artu par le pais,
Ki s'estoit en la forest mis
De Sardic et si cheualier
10910 A armes, por aler cerchier
Le cheualier as .ij. espees,
Et furent en tans lieus alees
Les nouuieles, ke cil le sorent,
Qui aucune uies haine orent
10915 Vers lui u uers ses compaignons;
Car mout en i a de felons
Par le monde et mout d'enuieus.
Et li Rous du Val Perilleus
Ot assemblees mout grans gens
10920 A armes et il ert parens
Le roi Artu, et si beoit
Tous les iors de quan k'il pooit
A forcoier et faire anui
Lui et cels ki erent a lui,
10925 Car trop auoit seure terre

Et ferme, k'il ne cremoit guerre
De siege ne de cheuaucie;
Et ot sa gent apareillie,
Et fu en la forest entres,
10930 Tous cels prist, k'il ot encontres,
Ki de la gent le roi estoient
Cheualier, si comme il aloient
Cascuns par soi, et en ot pris
Dusc'a .ij. cens, tous de haut pris,
10935 Et ot enuoies en prison;
Car ne puet pas auoir fuison
Vns cheualiers contre .ij. mille.
Et ot serui de cele ghille
Grant tans et ot apetisie
10940 Laidement et amenuisie
La compaignie, dont li rois
S'esmerueilloit mout du descrois
De ses gens sans nouiele oir.
Et cil qui pensoit de trahir
10945 Et ahonnir outreement
Pensoit ke mout legierement
En la terre le roi poroit   f. 63ᵇ.
Entrer, ke ia ne le saroit,
Ains en auroit pris grant partie
10950 A son uoloir et si garnie,
Que ia mais ne l'aroit arriere.
Issi s'en part en tel maniere
De la forest et ses gens toutes,
Grans compaignies et grans routes,
10955 Car mout en i ot amenes;
Et il est cele part tornes,
V il quide mains de deffense
Au commencier; car par ce pense

Auoir plus tost le remanant
10960 Par paor, et cheuauca tant
A armes et entre en la terre
De Caradigan et muet guerre
Mout grant et durement forfait
Et laidist la terre et tant fait,
10965 Car il ne treuue, ki li griet,
Il prent .ij. castiaus et assiet
Dysnadaron et ua ardant
Entor; car ne s'en uont gardant
Gens qui quident estre asseur.
10970 Et fait souuent aler au mur
Por mal metre et por assalir
Con cil qui ne quidoit fallir
Ne point ne s'en ua esmaiant.
Et nouuieles uont entrestant
10975 Au roi, et li dist on et conte,
Quel uilonie et quele honte
On li faisoit. Et il l'en poise,
Raisons li samble k'il s'en uoise
Por garder sa terre et ses fies;
10980 Car ki pert, bien doit estre iries.

MOut fu li rois Artus dolens
De ce k'il auoit de ses gens
Perdue mout boine partie
Et de ce ke il a oie
10985 Nouuile ki point ne li sist;
Lettres et bries escrire fist
Et baillier as ualles a pie,
Que tuit soient apareillie
Si tost con les lettres ueront
10990 Cil ki armes porter poront,   f. 63 c.

Et uiengnent a Carduel tuit prest
Tantost; car li besoins en est.

LI messagier se departirent,
Ki ains ains, et si aqueillirent
10995 Lor uoie par la u il durent.
Et gens comunement s'esmurent,
Ki a Carduel uont asamblant.
.I. ior auint ke ains couchant
Soleil les murs ot mout mal mis
11000 De Dysnadaron c'ot assis
Li Rous, et s'en entra dedens
Par force, il et toutes ses gens,
Et saisi tors et fremetes
Et ot tous en prison gietes
11005 Cels de laiens, ki point n'estoient
Deffensable; car il n'auoient
Doutance nule ne paor,
Et furent regarni entor
Li mur et refais li castiaus
11010 Ki si estoit seans et biaus
Et ot de uiandes plente
Si grant laiens, ke ia giete
N'en quident estre en lor uiuant;
Et ia aloient deuisant
11015 De Caradigan assegier.
Et cil ki ot tant messagier
Enuoie par tout son roiaume
Et ot tant escu et tant hiaume
En poi d'eure fait assambler,
11020 Se part de Carduel por aler
A Disnadaron au secors,
Car ne li plaist plus li seiors,

Et bien doi mille cheualier,
Et se prendent au cheuauchier
11025 Par lor iornees et uont tant
K'il s'en uienent tres dedeuant
Disnadaron et se logierent;
Et cil dedens s'esmerueillierent,
Dont tels plentes de gent uenoient;
11030 Car cil defors les cans couuroient
Bien tout entor demie liue
Et sunt si esbahi ke triue
N'en uoelent neis demander.   f. 63ᵈ.
Et commenca a esconser
11035 Li solaus, dont mout sont dolent
Cil de l'ost; car tout esraument
Feisent .ij. assaus u trois.
Lors fist crier li gentils rois
De maintenant par toute l'ost,
11040 Que tuit fuissent arme tantost
L'endemain, ke le ior ueroient;
Et cil du castiel mout s'esfroient
Et ont paor de lor denrees.
Et les gardes sunt deuisees
11045 En l'ost, et font ioie la nuit.
Mais ki k'en maint ioie ne bruit,
Cil du castiel sont a mesaise,
N'i a celui ki ne se taise;
Car sa deliurance n'i uoit.
11050 Et cil ki tout brasse auoit
Pense ke son cors gardera,
S'il onques puet, et les laira
Dedens le castiel, et si facent
Du miels k'il poront et porcacent
11055 Pais, s'onques puent, couenable.

LI CHEVALIERS AS .II. ESPEES. 341

Ensi ua deseruir dyable,
Que on en a honte en le fin.
Li Rous grant piece ains le matin
Se lieue et s'arme et si s'atorne,
11060 Chercant par la uile s'en torne
Aussi con s'il uosist gaitier
La uile et uient a .i. portier,
La porte fist ouurir, si dist
Que il demourra mout petit
11065 Et k'il l'atende; car il uait
Faire assalie sor le gait,
Et k'il s'en reuera tantost.
Lors s'en ist d'autre part de l'ost,
Que ueus n'est de l'autre part,
11070 Tout souef en emblant s'en part
Tant k'il a de l'ost la ueue
Et de Disnaderon perdue,
Lors sace le frain du cheual
Et s'en fuit le pendant d'un ual
11075 Tant k'en la forest est entres.
Lors est .i. peu asseures,   f. 64ᵃ.
K'il siut l'espesse au plus k'il puet
Toute la nuit et ne se muet
De tout cel ior puis k'il aiorne.
11080 Li iors fu biaus et l'os s'atorne
Toute si con por assaillir,
Et cil qui bien porrent faillir
A .i. boin seignor, querrant uont
Le Rous, mais moult loing de lui sont;
11085 Et s'en tienent a entrepris
Et ont entr'els .i. consel pris
Itel comme du castiel rendre;
Car asses poroient atendre

Tant c'on les secourust,
11090 Ne nul conseil ki si boins fust
Ne peuissent il pas eslire.
Et li rois Artus ki en ire
Estoit et en grant mautalent
De ce que si uilainement
11095 Osa li Rous uers lui esrer,
A fait par toute l'ost crier
L'asaut, et il s'apareillierent.
Et cil ki bien se conseillierent,
Ki dedens le castiel estoient,
11100 Lues que le besoing uenir uoient,
Tuit desarme s'en issent fors
Et s'en uont rendre saus lor cors
Au roi Artu, s'il li talente,
Et lor senescaus se presente
11105 A lui tout au commencement
Et li autre communement
Et quirent pardon et merchi.
„Seignor, puis ke uous estes ci,
Dist il, uenu en tel maniere,
11110 Por cose ki a moi afiere
N'est il pas drois ke maus uous uiegne;
Mais a la roine en conuiengne,
En cui terre et en cui forfait
Vous estes pris, et s'ele en fait
11115 Por moi, ie l'en sarai boin gre.
Puis ke uous estes tout de gre
Rendu, n'i a se merchi non.
Mais cil ki a la traison
Faite, u est il? iel uous demant,   f. 64ᵇ.
11120 S'orrai le iugement auant
De la mort, ke k'il en auiengne,

. . . .
Sans arrest." Et il dient tuit:
„Certes, il s'en fui par nuit
11125 Tous seus, si ke nus ne le sot,
N'i a nul de nos, ki por sot
Ne se tiegne de son seruise."
„Et de ma gent ke il a prise,
Saues, u est?" — „Oil, mout bien,
11130 Mais uous nes poroies por rien
Rauoir." — „Et por coi?" — „Car l'entree
De sa terre n'est pas si lee
Que uns seus cars i cariast.
Il n'est nus ki en escapast,
11135 Car les montaignes sont entor,
S'a enmi sa terre une tor
Si fort ke nul siege ne crient,
Ilueques en prison les tient,
Vos cheualiers et autres gens."
11140 De c'est li rois Artus dolens,
Car bien la uerite sauoit
Que la terre si bien scoit,
Ke force ne crient ne pooir,
Si nes quide ia mais rauoir
11145 Ses cheualiers arriere, se doute
Et s'ert sa grans doutance toute
Sour tous de mon seignor Gauuain,
S'apiele mon seignor Ywain
Et Gerflet k'il uoit deuant lui
11150 Et dist: „Seignor, puis ke ie sui
Au deseure et ke cis castiaus
Nous est rendus, ki tant est biaus,
Nous ne deuons a mal mener
La cose, ains nous deuons pener

11155 A pais et a acorde traire.
Vn message uous estuet faire
A la roine et li dires
De par moi et li porteres,
Qu'ele pardoinst son mautalent
11160 A ses gens si que par conuent
Que prison li fianceront
Dusc'a cel ior k'il li feront
De tous ses despens son creant,   f. 64ᶜ.
Ne de cest ior d'ui en auant
11165 N'entreront par mal ne par guerre
N'en son pooir ne en sa terre,
Et de ce li pri et requier."
Lors s'en uont li doi messagier
A tant et si font lor message
11170 Comme uaillant et comme sage,
Et la roine s'i acorde.
Ainsi font la pais et l'acorde
Et s'en uont ou castiel mout lie
Et sont deliure et deslie
11175 Tuit cil ki en prison estoient,
Si deuisent et esbanoient
Ou castiel, et li rois remaint
Laiens le ior et mout se plaint
De ce k'escapes li estoit
11180 Li Rous ki tolus li auoit
Ses cheualiers en tel maniere,
S'en font la nuit mout mate chiere,
Car de son neueu trop se crient;
Non por quant faire li conuient
11185 Por ses cheualiers biau samblant,
Et les ua tous reconfortant
La roine ki bien ueoit

Ke a faire li conuenoit,
Ne il ne rest a enseignier,
11190 De tout se farsoit de legier.

A Disnadaron seiorna
Bien .viij. iors, que ne s'en torna
Li rois Artus ne si baron,
Et uinrent a Dysnadaron
11195 Cil qui les .ij. castiaus tenoient,
Car lor rescouse n'i ueoient
Et tous les meffais amenderent
A la roine et li donerent
Seurte de tout amender,
11200 Canques lor saroit demander.
Et sist apres digner li rois
Et la roine .i. ior as dois
Et tuit icil ki orent sis
Au mengier; et il fu pensis
11205 Et si esgarde contreual
La sale et il uoit a cheual
Venir dames et si auoit   f. 64 d.
.I. cheualier, ce li sambloit,
Auoeques, et il descendirent;
11210 Et tantost que laiens le uirent
Cheualier, il l'ont conneu,
Encontre lui sont tuit uenu,
Ki ains ains pot, ioie faisant;
Et se ua li rois merueillant,
11215 Dont cele grans ioie uenoit;
Et on li dist ke ce estoit
Gaus, li fils le roi de Norual.
Et il descent tantost aual
Du dois; car mout en par fu lies.

11220 . . . .
Et la roine auoec lui uait,
Si l'acole et grant ioie en fait
Et dist: „Bien soies uous uenus!
Grant piece aues este perdus,
11225 Et piece a, c'a cort ne uenistes."
„Certes, sire, onques mais n'oistes
Parler de si grant auenture,
De si pesme ne de si dure,
Comme il m'auint." Tantost s'auance,
11230 Por raconter sa mesestance
Tantost, ke il n'i remaint rien,
Et si raconte le grant bien
Que cil as espees li fist,
Quant il le referi, et dist
11235 Que grant tans pas ne demouroit,
Que on a cort ans .ij. uerroit,
Et mon seignor Gauuain et lui,
Car ades sont ensamble andui,
Et ces dames, ce dist, le uirent."
11240 „Con bien a, k'il se departirent
De uous?" — „Il n'a pas uoir huitaine."
Et quant li rois l'ot, il demaine
Si tres grant ioie et la roine,
Qui de boin cuer et d'amor fine
11245 Et sans uilonie l'amoit,
Que nus cheualiers ne le uoit
Plorer, k'il ne plort de pitie,
Et sunt tuit par laiens si lie,
Que nus hon ne le poroit dire;
11250 Ne il n'ot fusisien ne mire
En la cort, ke li rois ne mant
Deuant tous, cui il ne commant

f. 65ᵃ.

De bouce, ke il s'entremecent
De Gaus garder et en lui mecent
11255 Hastieuement et cure et paine.
Et il si font, et on l'en maine
En une cambre et si font tant
Dedens .viij. iors, ke tant ne quant
Ne pert mais de sa blecheure,
11260 Et siet a table et asseure
Souuent le roi de la uenue
Des cheualiers, s'a maintenue
Cele parole la roine
De Caradigan, ki ne fine
11265 De penser a celui auoir,
Ki tant a proece et sauoir,
Que tant n'aime rien de cest mont.
Vn ior le roi Artu semont
Ke uers Caradigan tornast
11270 Et atendist et seiornast
Les cheualiers la droitement;
Et il qui ne puet autrement
Faire, k'ele le tient trop cort,
S'atorne et tuit cil de la cort,
11275 Si sunt par .i. matin meu
Et oirrent tant ke sunt uenu
A Caradigan en trois iors,
Et lor plaist mout bien li seiors,
Car la uile mout bien seoit,
11280 S'ert boine, car on i trouuoit
Tout; et grant piece i demourerent.
Et li doi compaignon esrerent
Grant tans, puis k'il furent parti
De Gaus, et orent aqueilli
11285 Lor chemin par le plus parfont

De la forest, si con gens uont,
Ki se metent en auenture,
Et esroient grant aleure
Comme homme ki sont desirant
11290 Tous iors de trouuer en auant
Nouuiele cose. Et il estoit
Basse nonne, n'encor n'auoit
Nus d'aus ne mengie ne beu,
A tant ont deuant els ueu
11295 Harnas, s'ot cheualiers auoeques,
Et il uienent tantost illueques   f. 65ᵇ.
Et lor demandent, dont il uienent
Et u il uont. Et cil se tienent
Et dient ke il sunt uenu
11300 De l'ost le riche roi Artu,
Par cui honnors est maintenue,
Ki a ceste fois a tenue
Deuant Dysnadaron grant gent
Et l'a repris. „Et il comment
11305 Est auenu? Et de quel conte?"
Et uns des cheualiers li conte,
Comment li Rous osa mesfaire
De chief en autre et tout l'afaire
Des cheualiers k'il ot embles
11310 Et comment il ot assambles
Ses cheualiers por guerroier
Et comment osa quiuroier
Le roi et ses castiaus tolir
Et comment il s'en sot fuir
11315 De Disnadaron a emblee
Et comment la cose est alee
De cels ki es castiaus estoient,
Puis ke le Rous perdu auoient

Ne de lui nouuile ne sorent.
11320 Et quant ice conte lor orent,
Li doi compaignon sont dolent
De ce ke si uilainement
Furent lor compaignon perdu,
Amati sunt et esperdu
11325 Ne ne seuent, k'il doiuent dire.
Et cil as espees s'aire
A soi et dist ke c'est par lui,
Que li rois a tout cest anui,
Car meus estoit por lui querre
11330 Par les fores et par la terre
Li rois ki boine auenture ait,
Et par ce li a li fel fait
Le damage et le uilonnie;
Mais n'ert lies, ce dist, en sa uie
11335 Tant con soient si compaignon
En malaise ne em prison.
Et de ce a il mout grant droit;
Et comment ke du trouuer soit
N'a quel chief que la cose tort,
11340 Il n'enterra mais a la cort   f. 65ᶜ.
Tant comme il en faille .i. tous seus;
S'ert corecies et anguisseus
Durement mes sire Gauuains
Et dist: „Biaus sire, a tout le mains
11345 Me souffres k'auoec uous m'en uoise
Par compaignie." — „Mout m'en poise;
Mais nus n'i deust paine auoir
Se ie non, ki par non sauoir
Ai le miex du monde honni
11350 Et par orguel, ci n'a nul ni,
Ne nus ne m'en poroit deffendre."

Lors prendent congie sans atendre
As cheualiers et s'en partirent,
A nul recet ne reuertirent
11355 En cele nuit por herbregier,
Ains entendent a cheuaucier,
Car corecie sunt et pensant
Et la nuis aloit espessant
Et la fores fu mout soutaine,
11360 Si n'atendent n'a mal n'a paine
N'a mesaise ki lor anuit,
S'oirrent issi toute la nuit,
K'il ne se delaierent point,
Et leua la lune ens ou point
11365 Du ior et l'aube s'esclarci,
Et il ont mout loing d'els oi
.I. cheual fronchier, ce lor samble,
Lors s'arestent andoi ensamble
A .i. fais, et ont escoute;
11370 Et en ce k'il sunt arreste
Entr'aus .ij., et il aiornoit
Mout bien, et uoient ke uenoit
.I. cheualiers grant aleure
Et samble k'il ne s'aseure
11375 De rien, car mout coitoit sa uoie.
Et ancois k'il de pres le uoie
Cil as espees, il s'auance
Et dist: „Sire, par conuenance
Ceste bataille uous demant,
11380 S'ele i afiert." — „Ie le creant
Mout bien," fait mes sire Gauuains.
Et cil qui se delaie au mains
K'il puet se haste et il aproche;
Et cil as .ij. espees broche   f. 65ᵈ

11385 Vers lui tout contreual la lande
Qui grans ert, et il li demande,
V il aloit a tel besoing.
„A uous ke tient, se pres u loing
Vois? dist il, uous n'en saures rien."
11390 „Ha! si sarai, si feres bien,
Car en tel liu aler pories
C'asses compaignie auries
Et si feries grant cortoisie."
„Ie n'ai mestier de compaignie
11395 Ne ie ne me puis arrester
Ci a uous, laissieme esrer,
Car i'ai besoing."—„Quel?"—„Ke uous chaut?"
„Iel uoeil sauoir, se dix me saut,
Puis ke uous en faites dangier.
11400 Piec'a mais ne ui cheualier,
Si tenist chiere sa parole."
Cil ki uosist estre a Nicole
Se traist tous dis deuers le bois.
„K'est ce? Tenes uous a gabois
11405 Ce ke ie di?" — Cil ne dist mot,
Car ses soulas gaires ne plot,
Ains s'auance au plus tost k'il puet;
Et cil as espees s'esmuet
Apres et dist k'il le desfie.
11410 Cil a le desfiance oïe,
S'est iries et ne set k'il face,
Car cil le siut si pres et cace,
Que escaper ne le poroit,
Et d'autre part ancois morroit
11415 Que son conuine regehist;
Car s'ensi est k'il li desist,
Il seroit outreement fols.

„En auenture gist biaus cops"
Ce pense et il se combatra;
11420 Car tous iours au dire uenra,
S'il auient ke cil le conquiere;
Et puet en aucune maniere
Auenir k'il conquerra lui;
Mais por ce k'il sunt dui
11425 Li demande, s'il aura garde,
. . . .
Ke il ce samblent compaignon.
„N'aures garde, se de moi non"
Ce respont cil as .ij. espees.   f. 66ᵃ.
11430 A tant ont lor regnes tirees
Et ont adrecie lor cheuaus.
Seurs ert de soi et uasaus
Li cheualiers et combatans,
Et la lande fu biele et grans
11435 Et li solaus n'ert pas trop caus:
Et il s'esmueuent a enchaus
Des esporons, lances baissies,
Que fors ont, ses ont enpuignies
Et ont trait auant les escus
11440 Et s'entrefierent si ke fus
De lance n'i remaint entiers,
Et ert lor assamblers si fiers
K'as cheuaus se sont encontre
Et sont tuit en .i. mont uerse,
11445 Li cheualier et li cheual,
Et se gissent cha ual la ual
Et se relieuent ki ains puet,
Brans traient si comme il estuet
Et sont uenu a l'escremie
11450 Andoi ne ne se faignent mie,

Ains se font honte quan k'il porent,
Si k'andoi de lor escus n'orent
L'archon d'une siele montant,
Et s'aloient entrehurtant
11455 Li uns l'autre por tolir terre.
Mout pensoit d'affiner sa guerre
Cil as espees, ki hastoit
Son compaignon et si coitoit
K'il ne pot s'alaine reprendre
11460 Ne n'ot pooir de soi deffendre
Ne ne ualoient si cop rien,
Et recule tant maugre sien
K'il ciet, et cil li monte sus,
Le hyaume li tolt sans rien plus
11465 Et li uaut la teste tolir.
Et cil ki ne uaut pas morir
Encore, dist: „Ne me toucies,
Cheualiers! Se uous me faisies
Seurte, ke ie n'i moroie
11470 Ne par prison peril n'auroie
Du cors, la cose bien iroit."
„Et ce quels cose estre poroit?"
„Quant ie de uous seur naurai,   f. 66ᵇ.
Ie uous dirai et si ferai
11475 Outreement uostre uoloir."
„Voire? Et uous aures uostre uoloir."
„Mais ke i'en aie la fiance."
Il li donne sans demorance
Et s'est lors desor lui leues,
11480 Et cil ki mout estoit greues
Se lieue a mout grant paine apres.
Mes sire Gauuains se traist pres
Por oir ce k'il uauroit dire.

„Puis k'ensi est, dist cil, biaus sire,
11485 Li Rous sui du Val Perilleus
Et m'en fuioie ensi tous seus
Or ains si ke ueoir peuistes.
Et de ce ke me retenistes,
Fesistes sens; car se ie fuisse
11490 En ma terre, paor n'euisse
Du roi ne de tout son pooir,
Ne ne peust ia mais rauoir
Ses cheualiers ke pris auoie.
Et comment ke mesfais me soie,
11495 A uous me renc, sauue ma uie
Et mon cors." — „Ce ne uoel ie mie,
Dist il, ke a moi uous rendes,
Mais il est drois que uous ales
A Caradigan en prison
11500 A la roine, et soupecon
N'aies, ke uous mal i aies
Autre, fors c'aures en uos pies
Vnes pastures que i'ai ci."
„Ha! sire cheualiers, merci!
11505 Ce ne poroit pas auenir
Que uous me fesissies uenir
A cort issi empasture."
„Estre l'estuet, en uerite!
Et conuient, de ce soies fis,
11510 Ains que de uous soie partis,
K'enseignes aie bien creables,
Si m'ait dix, li ueritables,
Ke tantost uos prisons raurai,
Que uos gens moustrer les porai."
11515 Et li Rous lors li respondi:
„Volentiers, puis k'il est ensi,

Mon anel a enseigne ares,
K'a mon senescal mousterres.
Mar seres puis de ce doutous,
11520 Que nus mesprenge la uers uous,
Des que il conneu l'aura.
Mais, biaus sire, comment saura
Cele roine, de par cui
Ie uenrai?" — "Dites que ie sui
11525 Li cheualiers as .ij. espees."
Et quant il orent atornees
Lor cose issi, et cil li baille
Ses pastures et dist k'il aille
Dusque la et lor se meist
11530 Es pastures, tant k'il feist
Ensi comme il doit la besoingne.
En ce ne metent plus d'aloigne,
Ains se sunt departi entre eus;
Li Rous ua a la cort tous seus,
11535 Et li dui ensamble s'en uont,
Des enseignes grant ioie font,
K'il ont des cheualiers rauoir,
Et se metent a grant pooir
Ou chemin, s'oirrent longement
11540 Sans metre nul delaiement.

LI Rous a sa uoie aqueillie
Comme cil ki point ne s'oublie
De son conuenant a chief traire,
Et pense de iornees faire
11545 Teles que par tans uenir puisse
A Caradigan et k'il truisse
La roine et se rende a li.
En ce k'il ot si aqueilli

Son chemin, si esploite tant
11550 K'il ua durement aprochant
De Caradigan; la estoit
Bien matin et oie auoit
Li rois la messe au grant moustier,
Et la roine et cheualier,
11555 Dont laiens ot a grant fuisson,
S'estoit deuant l'Ascencion
Bien .iiij. iors et s'asambloient
Cheualier si comme il soloient.
Et il se fu assis au dois
11560 Et si con le uoloit li rois
Et la roine et autres gens,   f. 66ᵈ.
Et ot mout tables par laiens
Et gent ades et a plente,
Et la dame de la cite
11565 Sist a la table, ou li rois sist,
S'auint ains si c'on les seruist
Du premier mes, ke uint laiens
Li Rous ki biaus estoit et gens,
Grans et furnis, et bien sambloit
11570 Preudon. En ce ke on uoloit
Laiens seruir du mes premier,
Li rois le uoit et fait targier
Cels ki le mengier aportoient.
Cil s'arestent, quant le Rous uoient,
11575 Et li seruirs a tant remaint.
Li Rous descent et si ataint
Les pastures k'en son sain ot
Et au plus tost k'il onques pot
Sans demorance se mist ens.
11580 Et cil cheualier de laiens
L'esgardent et mout se merueillent

De ces pastures et conseillent
Entr'els de ce k'il ont ueu.
Et quant enpastures se fu,
11585 Il se lieue et si uait auant
Et ancois k'il uiengne deuant
Le dois, il s'est cois arrestes,
S'a .ij. damoisiaus apelles,
Demande lor, la quele estoit
11590 La roine ki iusticoit
Caradigan. Cil li ont dit;
Et maintenant ke il le uit,
Il ua auant et si se met
A genols et si s'entremet
11595 De dire ce ki li conuint.
„Dame, dist il, issi auint
Que me combati auant ier
Cors a cors a .i. cheualier
Et il m'outra d'armes por uoir,
11600 Si creantai par estauoir
K'en ces pastures me metroie,
Lors k'a la cort uenus seroie,
Et uenroie a uous en prison;
Ains ne uaut autre raencon
11605 Prendre de moi, dont me pesa,   f. 67ª.
Et sacies ke sor soi pris a
Outreement toutes rancures
Et mesfais et entrepresures
Et toutes rancunes quitees.
11610 Et li cheualiers as espees
Est, ce m'a dit, et de par lui
En uostre prison uenus sui
En pastures et uous requier
De par lui, ke uoeillies prier

11615	Le roi, se d'amor aues point
	Vers lui loial, k'il me pardoint
	Ice dont mesfais m'i serai."
	„Certes, mout uolentiers ferai,
	Quan k'il me mande, outreement,
11620	Et grans mercis des son present,
	Et dix doinst ke l'en puisse rendre
	Le gueredon!" Sans plus atendre
	Lieue du dois et est uenue
	Au roi et si li est cheue
11625	As pies, soing n'a de plus atendre,
	Et li requiert ke sans amende
	Li pardoinst, se mesfait li a;
	Et li rois ki point n'oblia
	Les biaus presens ke li ot fait
11630	Cil as espees, tout mesfait
	Pardonne au cheualier lors droit
	Et li dist: „Biaus sire, or seroit
	Hui mais, ce me samble, raisons,
	Que la uerite seussons
11635	De uostre non et de uo terre."
	„Sire, bien peuissies requerre,
	Dist il, cose dont plus lies fuisse,
	Et ie dire ne le deuisse,
	S'asseure ne m'euissies.
11640	Et ke la uerite sachies,
	Li Rous du Val Perilleus sui,
	Ki tant contraire et tant anui
	Ai fait a uous et a uos gens."
	„Donques estes uous mes parens?" [ques,
11645	Dist li rois. — „C'est uoirs." — „K'est ce don-
	K'en nul liu mais ne uous ui onques
	Ne connui en ior de ma uie?"

„Sire, ie n'en auoie mie
Grant souffrete ne grant mestier." f. 67ᵇ.
11650 „Biaus dous sire, et mi cheualier,
V sunt il?" — „Ie les ai uoir pris,
Mais de quan ke i'en ai mespris,
Ie l'enmenderai en tel guise
K'il ira a uostre deuise,
11655 Et uenront, ne demourront gaires;
Tous atornes est li afaires,
Car cil as espees i uait,
Et mes sire Gauuains li fait
Compaignie, et enseignes ont
11660 Iteles ke pas n'i fauront,
N'onques doutance n'en aies."
„Et uous li bien uenus soies,
Dist li rois, par .c. mile fois!
Des ore en auant est il drois
11665 Ke uous soies fors des pastures."
Cheualier uont grans aleures
Et ont les pastures ostees.
Merueilles les ont esgardees
Et les portent le roi ueoir.
11670 „Sire, ce sont celes por uoir,
Dist la roine, ke ie mis
En la capiele, quant ie pris
La boine espee au cheualier,
Que nus ne me pot deslachier
11675 Se cil non, ki or endroit l'a."
„Ie cuit bien." Et il commanda
Le cheualier a desarmer
Et li commande a aporter
Reube de soie et on li fist,
11680 Et li Rous au mengier s'asist.

Mout fu li cors ioians et lie,
Ki si estoit desconseillie
Vn poi deuant et amatie.
Et li doi ki par compaignie
11685 S'estoient meu entr'els .ij.
Por aler au Val Perilleus,
Sunt la sans destourbier uenu
Et passerent, ke retenu
Ne sunt de nului a l'entree,
11690 Car trop fors est, ke pas n'est lec
Si que uns seus kars i passast,
S'ert ruste, ke mout s'i lassast
Vns boins legiers hon, ains k'a mont   f. 67 c.
Fust bien montes, et contre mont
11695 Ert d'une part par la faloise,
D'autre part ert la mers noiroise,
S'ert trop perilleuse l'entree.
Et si ont bien une iornee
Esre, puis ce ke passe furent,
11700 Tant uont ke la grant tor parchurent,
V li cheualier demouroient,
Qui de la cort le roi estoient,
Que li Rous ot enprisone . . . .
Mout tost, k'il orent seiorne
11705 En la prison trop longement,
Ce lor ert uis. Et esraument
Li senescaus et cheualier
Autre montent por conuoier
Et se sunt u cemin tuit mis,
11710 Ses conuoia tant ke midis
Passa li iors. Lors s'en torna
Li senescaus et s'ordonna

Boin conduit tant c'outre passerent
Le grant destroit et puis entrerent
11715 Lor iornees en esforchant
Et il aloient aprochant
De Caradigan, et ot gent
En la cite melleement
De mainte guise a grant fuisson.
11720 Et li iors de l'Ascencion
Aiorna et si fist mout cler,
Et cil se prisent a l'esrer,
Si n'atendirent k'au uenir.
Et li rois fu uenus d'oir
11725 La messe et la roine, tuit
Li cheualier a grant deduit
Et les dames et les puceles.
Lors uienent a la cort nouuieles
Que mes sire Gauuains uenoit
11730 A la cort et si amenoit
Le cheualier auoeques lui
As .ij. espees, et cil dui
En amenoient les .ij. cens.
La nouiele espant par laiens
11735 S'est li rois lies et cil de cort,
N'i a celui ki ne s'atort
De monter, car commande l'ot   f. 67ᵈ.
Li rois. Il monte a l'ains k'il pot
Et la roine et tuit monterent,
11740 Contre les cheualiers alerent,
Ki a maignie la estoient.
Tantost con le roi uenir uoient,
Lor hiaumes ostent, si deslacent
Lor uentailles et a ual sacent
11745 Comme cortois et enseignie,

Puis descendent andui a pie
Contre le roi, et il descent
Et la roine et esraument
Sont tuit li autre descendu.
11750 Et mes sire Gauuains s'i fu
Auancies et cort contre lui,
Lors s'entracolent ambedui
Et font grant ioie, et la roine
De baisier et d'acoler ne fine
11755 Celui cui tant desire ot
A ueoir. Et cil ains k'il pot
S'en part li rois et uait baissier
Et acoler le cheualier
As .ij. espees et a dit:
11760 „Sire, mout aues grant respit
Mis a tort k'a cort uenissies;
Et non por quant, s'a cort fuissies,
Ne m'euissies pas tant present
Enuoie si biel et souuent,
11765 Et dix m'en doinst les mercis rendre."
La roine sans plus atendre
Vient la et auoeques li fu
Cele qui tant ot atendu
Sa uenue, et mercie l'ont
11770 De ses presens, dont mout lie sont
Et qui a droit lor doient plaire.
„Dame, dist il, bien le dui faire
Ne les mercis pas ne refus."
Et la biele sans targier plus,
11775 La fille au castellain du port,
Ki grant ioie et grant deport
Auoit de son ami k'ele ueoit
En est a lui uenue droit

Et mout doucement le salue;
11780 Et il l'a tost reconneue,
Si l'a doucement enbracie f. 68ᵃ.
Et puis li dist: „Ma douce amie,
Crees me uous ore de rien?"
„Sire, dist ele, oïl, mout bien,
11785 Si en merci dieu et aor
Et mout uous merci de l'onnor
Ke por uous m'a faite li rois
Et ma dame. Dix, li grans rois,
Lor en puist rendre guerredon.
11790 Biaus sire, puis ke uous le don
De m'amor aues, si soies
Vers moi loiaus, u ke uoisies;
Car uers uous certes le serai
A tous les iors ke ie uiurai."
11795 Et il li dist: „Ma douce amie,
De ce ne uous esmaiies mie,
Car ie de uous ne partirai
Mon cuer ne ne uous fausserai."
Lors l'acole mout doucement
11800 Et ne laisse pas por la gent,
Ke il ne li baise les ix,
S'en ont mout li cheualier ris.

KI ke dont eust duel ne ire,
De la biele uous puis bien dire,
11805 Ki au cheualier estoit suer,
Qu'ele ot mout grant ioie a son cuer
De son frere, mout le baisa
Et doucement le mercia
De l'onnor et de l'amor fine
11810 Qu'ele ou roi et en la roine

Auoit trouuee puissedi
Ke il se departi de li,
Et de la roine ensement
De Caradigan au cors gent,
11815 Que por lui l'ot mout honeree.
Et il le ra mout acolee
Et li moustre amiste de frere
Con cil ki n'est faus ne ghillere.
Si fu lie, ce sacies uous,
11820 Cele du Castiel Paourous
Et les autres ki o li uinrent
Et toutes por seignor le tinrent.

Li prison sans plus demorer
Vinrent au roi por mercier
11825 Du cheualier as .ij. espees, f. 68 b.
Ki tantes paines endurees
A por aus k'il a deliures.
Et li rois ki mout fu senes,
Sages, cortois et bien apris,
11830 Respont: „Diex doinst ke tex amis
Me durt longes et demourer
Voeille a cort." A tant uait monter
Et tuit li autre monte sunt.
Il et li rois ensamble uont
11835 Et parolent de lor plaisir.
Et quant li rois ot bon loisir,
Si li rekiert par cortoisie,
Que cil uoeille sa compaignie
Tenir et de s'amiste estre.
11840 Cil ki de grant proece est maistre
Le creante sans longe atente,
Ce plaist le roi et atalente,

S'est sa ioie si enterine,
Que de mercier diu ne fine,
11845 Et dist ke tout outreement
A ses cuers ore son talent
N'il ne seust ore requerre
Dieu, k'il li donast plus en terre,
N'il ne seust dire en auant.
11850 Issi uont tant entr'els parlant
Que droit a Caradigan uienent,
Ensamble compagnie tienent
Le roi tant k'il uient au palais.
Et descent et commande apres
11855 Napes a metre, et on si fait.
Et mes sire Gauuains s'en uait
A l'ostel et cil as espees
Auoec lui et si ont ostees
Lor armes et leuent lor uis
11860 Et lor cors, u bien s'estoit pris
Li camois et bien se uestirent.
Adonques plus n'i atendirent,
Ains monterent et a cort uont,
A merueilles esgarde sont
11865 Entr'els .ij. et tuit bien disoient
K'ainc mais .ij. cheualiers n'auoient
Veus si biaus, k'il crent grant
Et bien fait et bien acesmant;
Et furent d'un samit uestu   f. 68ᵃ.
11870 Vermeil, cote et mantiel, et fu
La pane hermine, et i auoit
Sebelin bas ki noir coroit
Comme caue et chenus estoit.
Et chascuns d'aus cauches auoit
11875 D'une soie, noires ouurees

D'une uermeille et detrenchies,
S'orent capiaus de soie et d'or
En lor chief, car li cheuel sor
Recercelant et crespe estoient.
11880 Palefrois biaus et grans auoient
Crenus, et il orent lorains
Tels, dont li poitraus et li frains
Sunt as sonetes apendans
D'or aesmant larges et grans.
11885 Et erent li archon trifoire
De lor siele d'or et d'yuoire
Mout bien ouure et entaillie.
Si noblement apareillie
Vienent et il sont esgarde
11890 A merueilles, s'ot commande
Li rois ke l'yaue fust donee.
Et la sale fu grans et lee
Et fu toute de tables plaine,
Et mist Keux, li senescaus, paine,
11895 Comme il dut, de seruir as tables,
Et Beduiers li connestables,
S'i fu Lucans li bouteilliers
Et fu plentes li messagiers
Et furent seruit autement
11900 Et mengierent melleement
Cheualier, dames et pucieles,
De plaisans paroles et bieles
Entredisent a lor plaisir
Longement et a grant loisir.

11905 IOueuse et enuoisie fu
La cors, et orent entendu
Dames, pucieles, cheualier

Plus a deduire k'a mengier.
Et chanbrelenc napes osterent;
11910 Des tables ne se remuerent
Por ce k'a parler entendoient
Volentiers entr'els; et il uoient
La dame de Caradigan, f. 68ᵈ.
Ki ot atendu pres d'un an.
11915 Le cheualier auoir uoloit
Et aussi con faire soloit
Le roi requiert de conuenant
K'il or seroit desauenant,
Se plus l'en uoloit atargier.
11920 Ne il ne se puet ensoniier,
Car li cheualiers est uenus,
Si requiert k'il soit tenus
Des conuens tels comme il estoit.
Li rois en cui grant sens auoit
11925 Respont: „Biele, raison aues,
Vous l'aues atendu asses;
Et ie ferai tant, se ie puis,
Que uous l'aures, se ne le truis
Trop dur et de male maniere.
11930 G'i metrai pooir et proiere
Sans arrest." Et lors se leua,
A son conseil cels apela,
Ki sissent auoec lui au dois,
Si fu la roine et li rois
11935 Loth, et si uint li rois apres
Vriens, et li rois Ares
Et li quens du pere Gerflet.
En une chambre o cels se met
Et si s'apoie sor un lit
11940 Et li autre, et li rois a dit:

„Seignor, uous aues bien seu
Le conuenant ke i'ai eu
La dame de ceste cite
Et en quel paine auons este
11945 Por aler le preudomme querre.
Et ie li uauroie requerre
Par uostre conseil k'il feist
Ma uolente et k'il presist
La roine, ke bien seroit
11950 L'onnors en lui et bien iroit
Li afaires." — „Vous dites bien
Ne nous ne sauons nulle rien
Por cui remaigne." — „Or i ales,
Dist il au conte, et l'apeles,
11955 Et Gauuain mon neueu auoeques."
Et li quens se parti d'ilueques
Et uait querre les cheualiers   f. 69ª.
Et il i uienent uolentiers,
Car auques l'afaire sauoient.
11960 Et uienent la u se seoient
Li roi et sunt auoec assis.
Li rois ne fu mus ne pensis,
Ains dist: „Pres a d'un an passe,
Amis, ke i'ai de uerite
11965 Et tuit cil k'a la cort ueistes
A Carduel ke uous deschainsistes
L'espee, u tuit mout bien faillirent
Mi cheualier et tuit oirent
Que la roine me requist
11970 Ke cil a feme le presist,
Ki deschaindre la li poroit.
S'ele le requist, ele ot droit,
Car tuit sauoient bien por uoir

Que, s'ele le pooit auoir,
11975 Tout le plus biel et le mellor
De cest monde aroit a seignor.
Ie li ai le don otroie
Et li ai souuent delaie
Por ce k'auoir ne uous pooie;
11980 Si uous requier, ke ie n'en soie
Blasmes ne de mon dit mentans;
L'onnors et la terre i est grans,
Et uoirs est de la damoisele
Qu'ele est si uaillans et si biele
11985 Que en li ne faut nule riens
Ki soit, courtoisie ne biens,
S'est roine et drois oirs de terre,
Si uous uoel prier et requerre
Et cist haut home ki sunt ci,
11990 Ke uous facies ce ke ie di,
Que uostre honnors i est sauuee."
Cil ot ce ki mout li agree,
Car bon cuer uers la dame auoit,
Et dist ke sans faille sauoit
11995 Que li rois le don l'en donna
Ne ia encontre n'en ira
De cose ke li rois deist,
Car onques mais ne li requist
Rien nule. Et li rois l'en mercie
12000 Hautement et tex compaignie,
Comme li rois auoec lui ot.   f. 69 ᵇ.
Et li rois cui la cose plot
S'en ist et tuit li autre apres.
La damoisele ki tint pres
12005 Le roi d'auoir se conuenance
Reuient, et il sans demorance

Dist oians tous: „Ie uous saisis,
Puciele, du don ke uous fis
A Carduel et ie le uous doing."
12010 A tant li baille par le poing
Le cheualier et ele est lie,
Quant ele a si bien esploitie
Sa besoigne et a demande
Au cheualier, se a son gre
12015 Estoit ce ke li rois faisoit.
Et il dist ke bien li plaisoit
N'il ne s'en deuoit corecier.
Lors les fait entrefiancier
Li rois et entrasseurer,
12020 Et metent ior de l'espouser
Tantost et le coronement
A cest ior cui prochainement
De la Pentecouste atendoient,
S'en sont tuit lie et tuit l'otroient.

12025 EN tel maniere deduisant
Passent cel ior a ioie grant . . . . . .
Mais acointies se fu bien ains
Et lui et mes sire Gauuains.
Et lors as primes fu seu
12030 Aual la cort, ke Briens fu.
Lors ot il asses anemis
K'il ot eu ains a amis,
Mais mes sire Gauuains li prous
A force l'acorda a tous,
12035 Si furent puis a force bien.
Puis k'a cort connurent Brien,
Perdi il maintenant le non,
Ce sacies uous, du biel prison.

Apres le ior quant uint la nuis,
12040 Lors ot asses de ses deduis
Mes sire Gauuains li proisies,
Car o s'amie estoit coucies,
Ke il auoit tant desiree,
Ki dont n'ert pas uers lui irce,
12045 Ancois souffri trestous ses biens; f. 69 c.
Car toute ert soie et tous ert siens.
Bouce et les ix entrebaisoient
Et ensamble s'entrefaisoient
Tant de ioie comme il plus porent,
12050 Car grant talent eu en orent.
Tant li souffri la nuit la biele
Qu'ele perdi non de pucele,
Dont ele gaires n'estriua
Ne de lui pas ne s'eschiua
12055 Ne de plourer ne s'entremist,
Quant il de li son uoloir fist.
Cele nuit onques ne dormirent,
Mais a ioie faire entendirent
Et s'entreconterent lor uie.
12060 Et il li dist: „Ma douce amie,
Que fu ce, dites moi la uoire,
Que uous ne me uosistes croire?"
Et ele respont en riant:
„Merci, sire, por diu le grant,
12065 Ie comment croire uous peusse?
Se dix m'ait, ie ne deusse!
Or me dites sans courecier,
Comment le peusse quidier,
Puis ke uous sous uous m'eussies,
12070 Que uous guerpir me deussies

24*

Por mon plorer ne por mon dit?
Ne dui croire, se dix m'ait,
Que ia ior mes sire Gauuains
Fust si lasques ne si uilains,
12075 Que por plaindre ne por plorer
Peust de lui feme escaper,
Qu'il eust si en son uoloir
Que uous auies moi la endroit."
Et quant mes sire Gauuains l'ot,
12080 A cui sunt mout plaisant li mot,
De nule rien ne s'en aire,
Ains en commence mout a rire,
Si l'acole et estraint et baise,
Mout furent cele nuit a aise
12085 Dusqu'au matin k'il se leuerent.
Issi lor ioie demenerent,
Chascune nuit a lor plaisir
Aloient ensamble gesir.
Tout issi mout ioeusement   f. 69ᵈ.
12090 Atendent le couronement.

GRans fu la ioie k'a cort font
Et sont lie cil ki oi ont
De cel coronement parler.
Et on a fait ualles aler
12095 Par tout u li rois ot pooir
Et fist on a tous cels sauoir,
Ki hommage ne fies tenoient
De lui, k'a Pentecouste soient
A Garadigan a la cort;
12100 Se n'i a nul ki ne s'atort
Et bien et enuoiseusement,
Por uenir au couronement.

  Et le font tuit et uolentiers
  Et ot rois, contes, cheualiers
12105 Et dames et pucieles tant,
  Que onques mais a son uiuant
  N'en ot tant a cort k'il tenist
  Nul ne quidoit k'il i uenist
  Tant de gent de mout grant partie.
12110 Li rois Loth i fu d'Orcanie,
  Li rois Vriens, li rois Ris
  Ki poissans ert et de grant pris
  Et estoit mout boins cheualiers.
  Li rois Ares, li rois Ydiers,
12115 Li rois Estragares i uint,
  Ki la cite de Pelles tint,
  Li rois Anguissaus li cremus,
  Si uint li rois Bademagus,
  Li rices rois de Galoee
12120 I ra mout grant gent amenee,
  Et li rois Amangons ki tint
  La terre dont nus ne reuint,
  Et li rois Caradues i fu
  De Vanes. Cil i sont uenu
12125 A cort et sont .xi. par conte
  Et si ot maint duc et maint conte.

  NE me doi taire ne coisier
   De la mere au boin cheualier,
  La dame du Lac as Iumeles,
12130 Ki a routes boines et bieles
  Vint a cort, u bien fu uenue
  Et mout hautement recheue,
  Car deuant tous i fu mandee. f. 70ª.
  Grant ioie en a ses fils menee

12135 Et ele de lui ensement,
Car mout s'amoient doucement.
Mout l'onera li rois Artus
Et la roine .ij. tans plus.
De sa fille ot ioie mout grant
12140 Et de la feme son enfant,
Ne sot le quele plus amast
Ne en la quele plus trouuast
Ne de pitie ne de franchise;
Car chascune ert a son seruise
12145 Si tres durement entendans,
Con s'ele ambe .ij. en ses flans
Les eust ambe .ij. portees,
S'en furent durement loees.

TAnt ot a la cort baronnie
12150 Venue k'il seroit folie
De metre a lor nons dire paine.
Et estoit la uile si plaine
Que la moities pas n'en pooit
En la uile, tant i auoit
12155 D'uns et d'autres, k'il lor conuint
Hebregier fors. Et li iors uint
De la feste, et il se leuerent
Par la cite et s'atornerent
Chascuns endroit soi a sa guise.
12160 Ne conuint pas faire deuise
De la richece et du noblois
De la uiesteure a ces rois,
Car ce seroit a faire wiseuse;
Car s'onques reube precieuse
12165 Fu nul ior a fieste uestue,
La en pot on auoir ueue

Mainte riche et a grant plente.
Et li roi furent tuit monte,
Et la dame ke on deuoit
12170 Coroner lors uestue auoit
Vne reube d'un noir samit
Si riche k'ainc nus hom ne uit
Itele ne si bien ouuree;
Car ele estoit a or bendee
12175 Et a soie de color mainte
Si fresce ke sambloit ke tainte
Ne fust onques, car ces colors   f. 70ᵇ.
Sunt aussi uiues con est flors
En ces arbres, en ces praiaus;
12180 S'estoit portrais tous li mantiaus,
Comment Merlins Vter mua
Sa face et comment il sambla
Le conte Gorloys de chiere
Et de uois, et en quel maniere
12185 L'auoit por son seignor tenu
Ygerne, et comme engendres fu
Li boins Artus a Tintaguel,
Et comment ele fist puis duel
Des nouuieles ki la nuit uinrent,
12190 Car son seignor por ocis tinrent
Cil ki de l'estor escaperent,
Comment li baron s'acorderent
De Bretaigne, ke l'espousast
Vter et k'il la coronast,
12195 Et furent ou mantel portrait
Et les proeces et li fait
K'Artus fist dusqu'au ior de lores.
Et ele auoit les treces sores
Ondoians d'un fil d'or trechie

12200 N'ele n'ot pas le front froncie,
Qu'ele ot grant et plain, et ot iex
Vairs et simples por plaire miex,
Et sorcis grailes et uautis
Et noirs, s'ot nes lonc et traitis
12205 Et bien seant, s'ot gorge blanche
Et col blanc, comme nois sor branche,
Et lonc sans fronceure a droit,
Et bouce petite, et auoit
Leures espesses et uermeilles,
12210 S'ot color ou uis a meruelles
Fresce sans nule trecherie,
Aussi comme rose espanie
Au matin en mai arousee,
Et fu de cors tres bien molee,
12215 Graille par flans, s'ot rains grossetes
Et hances seans et bassetes
Et .i. petit grosset le pis,
Et estoit a ueoir delis
Des mamelestes ki estoient
12220 Dures rampans et souleuoient
Le bliaut, et li auint mout.   f. 70ᶜ.
Et por parapareillier tout,
.I. capel en son chief auoit
D'or et de rubis, et seoit
12225 Sor .i. blanc palefroi petit
Crenu, et auoit d'un samit
Vermeil sambue trainant.
Si lorain rice et auenant
Erent si comme a li conuint.
12230 Et li rois Artus les li uint
Por adestrer et li rois Ris,
Et se sunt au cheuauchier pris

Tout le pas uers le grant moustier.
Et uient apres els sans targier
12235 Li cheualiers as .ij. espees,
Et sunt les rues grans et lees
De cheualiers issi tres plaines
Et d'autres gens ki a grans paines
Vont auant, si serre estoient,
12240 Et a merueilles esgardoient
Et mon seignor Gauuain et lui;
Car uiestu erent ambedui
Du samit bloi a oiseles
D'or, et il orent chapeles
12245 D'or et de pieres, et parant
Estoient et apert et grant . . .
Si tres biel ke parler n'oirent
Entr'els trestous ne il ne uirent
.II. issi tres biaus a deuise;
12250 N'a lor biaute n'ot entreprise
Fors tant ke plus iouenes estoit
Cil cui on coroner deuoit.
Et tuit les a les cheuauchierent,
Et cil menestrel s'enuoisierent,
12255 Dont il i auoit tel plente
Que il faisoient la cite
Toute bruire, ce uous lire.
L'archeuesques de Cantorbire
Fu apareillies au moustier
12260 Et il les fait sans delaier
Entrespouser et puis chanta
Et en apres les courona
Et enoing, et trestuit disoient
Qu'ainc mais nul ior ueu n'auoient
12265 Deus si bieles gens assambler.   f. 70ᵈ.

Il ne couient mie a parler
De la ioie cui firent tuit,
Car trestoute la uile bruit
De toutes pars ke de cantans
12270 Bons sones ke de bohordans,
Que on n'i oist diu tonnant.
Et Kex s'en fu ales auant
Et Lucans por apareillier.
Quant uinrent au palais plenier,
12275 Si furent ia napes tost mises,
S'ont bacins et toalles prises
Et donent l'yaue cil uallet.
Li rois a asseoir ne met
Respit ne la roine aussi
12280 Ne tuit li roi, itant uous di,
K'il en i ot .xi., et dousimes
Ert li rois, et si ert tressimes
Li nouiaus rois, et tuit seoient
As dois et corones portoient
12285 Tuit trese et sunt biel a ueoir;
S'ot on fait par laiens seoir
Dus et contes et cheualiers,
Dames, puceles. Li mangiers
Fu pres, s'a on communaument
12290 Serui et sisent longement,
Car li mangiers fu lons et grans,
S'ot bien .xiij. miles mengans,
Ne n'auoit en toute maison
Nule gent se cheualier non,
12295 V dame u pucele, et lor plot
Ce ke chascuns dist ce k'il sot
Et que a dire lor plaisoit
Ne nus presse ne lor faisoit.

   Par loisir mengierent et sisent,
12300 Et cil ki laiens garde prisent
   Osterent napes, quant tans fu.
   Tels i a, ki se sunt meu
   De laiens et uont en deduit,
   Car a ce entendoient tuit,
12305 Et calorent par la cite,
   Et ont ensi cel ior passe
   Dusqu'au matin, et lors leuerent,
   Et s'a ioie la nuit passerent
   Li nouiaus rois et la roine, f. 71ª.
12310 Les cui cuers amors enterine
   Ot fait un, douter n'i couient.
   Li rois fu leues et si uient
   Au moustier, li autre si font,
   Et quant la messe escoute ont,
12315 Li rois Artus a home prent
   Le roi nouiel et esraument
   Li requiert ke, se en lui trueue
   Point d'amor, k'il ne se remueue
   De la cort et k'auoec lui soit,
12320 Et il otroie k'il feroit
   Outreement sa uolente.
   Il sont du moustier retorne
   Lie et ioiant et puis menguent.
   De la cite ne se remuent
12325 D'uit iors, car li coronemens
   Dura tant, si ot fait presens
   Tant ke tuit se sont merueillie,
   Et furent communement lie
   Entr'els, et lor plot li seiors,
12330 Et la cors depart a .viij. iors,

Et prendent congie et s'en uont.
Et quant issi departi sont,
Li rois Meriadues remaint
Auoec se feme et autre maint,
12335 Ki de la cort le roi estoient,
Si deduisent et esbanoient
Tant ke lor prent talent d'esrer.
Il atornent sans demorer
Lor oirre et sunt a cort uenu ...
12340 Li rois Meriadues fu
Tous iors de cort et de mainie
Et reparoit a la foie
En cort sa feme. Ele ot de lui
Enfans et uesquirent andui
12345 Longement, et ot a non Lore.
Son conte ueut finer des lore
Icil ki s'en uaut entremetre
Du finer, sans oster ne metre;
Mais si con li drois contes ua,
12350 L'a dit, ke onques n'i troua
Rien nouiele ke il seust,
Que por uoir conter ne deust.
Explicit du cheualier as .ij. espees. f. 71ᵇ.

Anmerkungen.

1. a] *ist von später Hand, und von Le Roux l. c. p.* LV *übersehen. Es könnte auch* ot *ursprünglich dort gestanden haben. —* quinte. *Die nfz. Bedeutung ist in etwas geändert. — Die Abweichungen Le Roux's in den folgenden Versen sind falsch:* vouloir 4. Si ert lie 5. court 6. tenrait 8. belle 9. 11. mout] *Handschrift:* ml't *(so immer).* 14. aloier, *Nebenform* alier (adligare). *Man erwartete in diesem und ähnlichen Wörtern* (proier, chastoier *u. s. f.*) oi *unter dem Tone, und vor demselben* i; *doch finden sich die beiden Formen unterschiedslos gebraucht.* 19. Et] *H.:* Est. 21. ratiers] *Littré führt unter* ratier *an Froissart Poésies* I, 162: Auoec les seignours et les dames ... M'esbatoie tres uolentiers, De ce n'estoie pas ratiers. *Scheler, Gloss.* III, 391 *bemerkt mit Recht, Littré's Erklärung des nfz. Wortes* (qui a des rats i. e. des caprices) *passe nicht zum citirten Beispiele und erklärt:* Je ne faisais pas faute de me donner ce plaisir *oder* en cela je ne mettais pas de refus. *Das Wort heisst, wie unsre Stelle zeigt, „geizig, karg".* 24. Ainc] *H.:* Ains. *Unsre Handschrift schreibt fast ausnahmslos* ains *sowohl für* ante *als für* ainc. 26. li deboinaire] *wird je nach Bedürfnis mit Nominativ-*s *von den Dichtern versehen, d. h. als Adjectiv behandelt, oder ist der Abstammung gemäss unveränderlich. Im letzten Falle (hier) könnte man es getrennt schreiben.* 27. **et** il plus ot] Et *zur Einleitung eines Hauptsatzes, Diez, Gram.* III³ 345, *Richars li b. zu* 4578. *Füge hinzu: Flor. und Flor.* 2845. *Girb. v. Metz* 521, 7., *nach einem Bedingungssatz Doon v. Mainz* 167. *Q. L. D. R.* 315, *bei einer Frage Ogier l. D.* 4552, *in der Antwort Flor. und Flor.* 2205; *vgl.* tant con plus ... et plus *z. B. Dolop.* 226. *Doon v. M.* 263; *vgl. Orelli's Afz. Gram.* 410. 28. Ainc] Ains. 30. monteploia] *so die Handschrift. Indess könnte in unserm Texte ohne weiteres* mouteploia *geschrieben werden, da der Copist* u *und* n *sehr selten scheidet, meist nur zwei Balken mit beliebiger Verbindung malt, die Bestimmung dem Leser überlassend. Anders steht die Sache, wenn die Handschrift* mõteploier *kürzt,*

wie sich dies häufig findet, und andrerseits ebenso mōt (= mont
statt mout. Monteplier *findet sich* Watriquet 462. *Dolop.* 401.
s. Du Cange *s. v.* montare. Mont *ist besonders in der Bible*
Guiot *häufig gebraucht, einmal im Reim s.* Roquefort *s. v.*,
Bartsch's Chrest. 1. *Aufl.* 205, 8. 15. 207, 6. 31. 33. 208, 5 *u. s. f.*
Dies hatte schon Burguy II, 309 *wahrgenommen und erklärt*
l = n. *Scheler zu* Watriquet 412 *scheidet es jedoch von*
molt *und findet darin* montem *und verweist auf das Subst.* mont
in der Bedeutung „Menge", wofür er Bible Guiot 180 *und*
Watr. 10, 280 *citirt, was schon* Roquef. *(ohne Beleg) hat.*
Vgl. noch Doon v. M. 271 Vit le mont de la gent. 34. Li]
Le. — iours] iour. 37. baillius] baillus, *ebenso* 1050. *(aber*
baillius 8078. baillieus 8071.) Froiss. Chron. Gl., *wo* Scheler
ebenfalls ändern will, vielleicht ebenso unnöthig wie ich es
that. 46. Cardueil *zweisilbig.* 52. conuint] couuint, *zweifelhaft, da* u *und* n *im Cod. selten zu scheiden sind. Beide Formen*
sind richtig, doch rieth die häufig in unserm Texte sich darbietende Schreibung mit cō- *oder* ꝯ-, *sich für* n *zu entscheiden.* 55. le] *in der Handschrift weggerieben.* 58. tuit]
tout. 62. saisons *„richtiger Augenblick", findet sich oft.*
67. leue] laue, a *von später Hand auf Rasur.* 78. Loth]
Eigennamen können unverändert bleiben; Los *findet sich z. B.*
Descon. 33. 80. Li] Le. 82. Tor li] *stark verwischt. „Der*
Vater Tor's, nemlich der König Ares." — *Alle diese Persönlichkeiten sind aus den Artusromanen bekannt.* 83. Yders] Ydiers.
84. cui] qui. 86. autres] autre. 94. peres *(bleibt).* 97. ki
t. e. b. *gehört zu* Karadoes, *nicht etwa zu* renc, *daher ein Komma*
vor ki. 98. Aguisiaus *durch Reim ebenso gesichert wie* Aiguizans Descon. 5372. 102. *Anspielung auf ein aus Chev. de*
la Charrette wohl bekanntes Factum. Merkwürdiger Weise wird
12121 *dasselbe vom Könige* Amangon *gesagt.* 104 bien]
fehlt. 109. Sires. 111. Tuit] Tout. 114. *Es ist schwer,*
bei den 366 *Rittern der Tafelrunde nicht an die Tage des Jahres,*
und den zwölf Pers *an die Monate zu denken.* 118. counoistre (?), *doch oft* ꝯnissoit *in unsrer Handschrift.* 120. Mesire
immer. 129. tant *mit Conj. „wenn auch noch so".* 147. ires.
Wie dieses in é *und* ié *reimen kann, so auch* atirer, *das nicht,*
wie Burguy *sagt,* attirer *heisst, sondern „ordnen, aufputzen".*
155. trestout. 160 ff. *In andern Romanen setzt sich Artus*
nicht früher zu Tische, als dies Abenteuer kommt, z. B. Jaufre,
Lanselot von Jehan u. s. f. 172. flechié, *vielleicht „gepfeilt,*
pfeilförmig" (?). 173. ourle] coulour. 185. cui] qui. — Cil,
nemlich Artus. 192. Et si *adversativ.* 198. Sires. 202. apers
„flink". 204. esraument; *man könnte auch* esraument *lesen*
(doch wäre esramment *die häufigere Form), allein man findet*

ANMERKUNGEN. 385

auch esroment *Ogier l. D.* 12930. *Hugo von Bord.* 60. 76
u. s. f. 211. riens. 223. creu] croistre *transitiv, wie*
243. 226 *ff. Vgl. dazu Gottfried von Monmouth* 142, 76 *ff.*
(ed. San-*Marte)* Hic *(der Riese Ritho)* namque ex barbis regum quos peremerat fecerat sibi pelles, et mandauerat Arturo
ut barbam suam diligenter excoriaret, atque excoriatam sibi
dirigeret: ut quemadmodum ipse ceteris praeerat regibus, ita
quoque in honorem eius ceteris barbis ipsam superponeret *u. s. f.*
*Sieh dazu San-Marte's Anmerkung, der am Schlusse derselben
Z.* 206—245 *unseres Textes mit einigen Unrichtigkeiten (bes.*
211*) mittheilt.* 235. 236. *hässliche Wiederholung des* pour
ce; *ähnliches findet sich oft in unserm Text.* 240. tassel]
ebenso mtlhd., nfz. tasseau, *eig. „Schliesse" (des Mantels) scheint
hier* = orleure 232, *also übertragen auf den an der Schliesse
liegenden Theil. Burg. lautet es* tausel, *s. Tobler Mitth., indem
dieser Dial.* a *nicht nur vor den Labialen* b, f, *der Liquida* l,
sondern auch vor s *in* au *verwandelt.* 245. fais] *übertragen
von „Heereshaufen".* 250. prinse, *eine stets bloss orthografische Form, die nach dem XIII. Jhdt. die gewöhnliche wird;
ebenso haben andere Formen desselben Zeitw. vor* s *dieses* n.
251. *Man erwartet* et si l'**ait**; *doch vgl. Cliges* 1428. il me requiert Que je li rande a sa deuise (*sc.* les prisons), Si l'an **lais**
faire sa iustise. 276. *vor* ci *ist einiges ausradirt.* 280. Et
fehlt, dafür a atendre. *Nach* pooir *kann nicht* a *stehen und ein
Compositum* aatendre *kenne ich nicht.* 289. i'aurai] ιαιραι.
298. tout. 301. *Entweder ist der Satz dem vorausgehenden
coordinirt, dann muss* Ne **qui** si *u. s. f. stehen* (+ 1), *oder er
ist eine nähere Erklärung von* Si grant orguel *und von* tel
desroi, *dann muss* Qui si *u. s. f. stehen. So möchte ich lesen.*
303—305 *sind durch Abreiben lückenhaft. In* 303 *fehlt das
Substantiv; man sieht nur die letzte Silbe* es *und davor den
obern Theil eines Längenbalkens* (1 *oder* f), *wohl* ualles. 304 *sieht
man nur* Si fe . . . . par *und* 305 L . . . . . point. *Von mir ergänzt nach* 12094 *ff.* 334. Kiens. 336. prīs. 341. trestout. 357. *Dem Wortlaut nach wäre der König* Ris hautement aprestes *ganz wie das Essen. Vielleicht fiel nach* hautement *etwas aus.* 365. a] 7 *d. h.* et. *Häufige Verwechslung
in Hdschftn.* 365. fustes] fustent. 379. truise. 391. V≡n.
405. pasture *„Fussfessel" s. Du Cange s. v.* pasturale *I und* *,
nfz. pâturon *s. d. bei Littré, davon* enpasturer *u. s. f.* 420. riens.
423. A ains. 442. De pour piece. *Man könnte versucht sein,
statt* pour piece *ein Substant. zu erwarten, die nähere Bestimmung von* se pourpenser de qc. *Allein dasselbe steht hier absolut und* de pour piece *ist ein unserm Text eigentümlicher
Ausdruck „nach einer langen Weile". So steht noch* 6206. 10530

de porpiece *(hier vom Schreiber verbunden), und* por piece *(ohne* de*)* 7568. *Es ist synonym mit* a piece *und* de grant piece *u. s. f.* 449. prinsent. 470. une] un, *häufige Schreibung in Hdschftn., die feminines* e *vor einem mit Vocal anlautenden Nomen nicht schreiben.* 479. prins. 483. bontel. 493. ains. — se desdire *"sein Wort brechen."* 500. creanta. — *Im Vorausgehenden ist von dem Versprechen, das der König so eben gemacht haben will, keine Rede; dasselbe ist offenbar der Inhalt der* 417 *erwähnten* conuenans. 506. aseuera *(pikard.* r *statt* rr*)* = aseu-erra; aseurer qu. de qc. *heisst bekanntlich "Jemanden in den Besitz von Etwas einsetzen", synonym von* saisir. 511. de sus. 494—515. *Die lange Rede ist einigemal unterbrochen. Construire:* Si di ke, s'il estoit hon uis ..., se droit ... portoit (498 *f.*), et fust tous seus ... (508 *ff.*), k'il n'eust ce ke il me demanderoit (513 *f.*). *Es ist mithin* 513 *das* ke *von* 494 *wieder aufgenommen worden, dabei aber durch ein starkes Anacoluth die ganze Construction geändert. Denn* 494 Si di ke *verlangte einen positiven Aussagesatz, etwa* k'il auroit ce *u. s. f. Statt dessen heisst es:* k'il n'eust, *als wenn* 494 *lautete:* Si di k'il n'y a nul home, se ce fesist, k'il n'eust. 518. n'oimes] nouueles. 528. baerie *heisst nicht, wie seit Carpentier alle Glossare nachsagen,* air niais, stupidité *(in der citirten Stelle gibt* folle *die schlimme Bedeutung), sondern, der ursprünglichen Bedeutung von* baer *entsprechend "Verlangen", dann "Absicht".* 533. Ioune *selbstverständlich zweisilbig.* 541. delgie] delie *(bleibt). Das Wort kommt gew. in zwei Formen vor* 1) delgié, *daher feminin* del-gié-e (del-gí-e) *und* 2) delié, *fem.* de-li-ée. *Doch findet sich auch* 3) deli-ié (i *entweder aus* c *oder hiatustilgend), so* 4274; *fem.* de-li-iée (deli-íe). *Es giebt aber auch* 4) de-lié, *fem.* de-lié-e (de-lí-e), 541. 4788. 5417. *Froiss. Gl. Littré (zwei Beisp.).* 548. prins. 550. auroit] auoit. 562. a la p descousse *verlangt ein Subst.* pardescousse. *Ich kenne nicht einmal* descorre. *Vielleicht:* N'i a mais autre part d'escousse *"es gibt anderswo keine Rettung mehr".* 563. mete] t *und* c *sind meist nicht zu scheiden;* mece *würde dem Copisten besser passen.* 566. repaire, *wie oft, im Altfz. noch die urspr. Bedeutung: "Rückkehr", dem Nfz. fremd.* 606. *"es wird nicht an mir fehlen"* = *ich für meinen Theil werde mein Wort halten.* 607. couuiegne. 609. grant. 617. traie. 633. *bessere* cheualier. 634. dileques. 648 *f. vgl. Durm.* 1504. Et la nuis si noire espessa, Qu'il ne pooit mie ueoir Le chief de son cheual paroir. 654. fourdines *"Schlehe", nfz.* fourdaine *s. Sachs, fehlt Littré, s. Gachet (die aus Percival citirte Stelle steht ed. Potvin* III, 175), *Scheler Jahrb.* XIIII, 438. *Zu der Form* fourdrine *(Cot-*

ANMERKUNGEN.

grave) *vgl.* fourderaine, *Roquefort Suppl. ohne Beleg.* 655. cornilles „*Kornelkirsche*", (cornouille) *die Frucht vom* cornelier, cornillier (*nfz.* cornouiller) *Gloss. Lille S.* 39; *das eine von* cornícula, *das andere von* cornúcula. 655. esgratine] *reimt immer mit* é, *erst später wurde* n *erweicht.* 659. a quele q̄ paine. 667. li] lui. 675. grever' ā qu. 679. *eine Silbe fehlt; schiebe* tost *oder sonst was ein.* 687. entreprise] *s. zu Richart* 2663. 697. enmi li] enmi lui „*in die Mitte der Flamme*", *daher feminin.* 704. brullerent, 705. doute; 710. esgarder a qc. „*wohin schauen*', *vgl. Dolop.* 51. Que nus hom fors lui n'i esgarde. 718. *Stereotyper Anfang der Klagen* (*hier Totenklage* regreter): com *oder* tant mar fus *u. s. f.* 721. se prendre a qc., *wie* 805 *u. oft.* 722. *ich möchte nicht* l'i lance *lesen;* lance *ist absolut* „*schiesst dahin*" *statt* se lance *und* li *Dativus ethicus*, *eigentlich des Interesses* „*zu Nutzen seiner Herrin*". 738. *eine Silbe zuviel; ich weiss nicht zu bessern;* rier *kennt unser Text nicht.* 751. souuente. 753. ert, 762. de recommens *nicht belegt, regelmässig gebildet.* 778 *fehlt. Sinn:* „*ich besorge*". 781. chaigne] chainsist. 786. „*oder wenn er es auch nicht werden soll*". 793. *bessere* miudre. 801. mains, 804. l'a a son] la son. 810. *Sinn:* mot pour mot. 811. derier *Vorwort, in der ursprünglichen Bedeutung:* de retro, *daher gewönlich* de derier; *doch vgl.* deuers 1) *gegen*, 2) *von* (*in dieser Bedeutung wol besser* de uers *zu schreiben*). 814. frinte *statt* friente. 815. k'il *nimmt das vorausgehende Subj.* ki *bei veränderter Construction wieder auf.* 820. Kains. 821. tel *fehlt.* 825. sires. 831. Lors. 852. puis ce dist *so die Handschrift. Der Copist hat das bekannte* puis ce di (*auch* puissedi) *missverstanden*, *das in der Vorlage gestanden haben wird, da schon* 851 ein dist il *eingeschoben ist.* 853. retorne. 857. Pro-issies *statt* proi-issies, *dieses (im ganzen Norden häufig, pikardisch und normannisch) statt* proi-assies, *Diez* II[3] 234. 864. els, *phonetisch* = ous, *wie geschrieben werden konnte.* 866. s'esioi] seiors. 869. oile *von* sagenoile *in Rasur.* 872. mout *fehlt, die fehlende Silbe kann in verschiedener Weise ergänzt werden.* 884. prinst. 885. aprecoit, *häufige Schreibung in Dime, so* 568. 1265 *u. oft.* 887. coste. 889. peut. 890. ci] li. 897. dusc'al] ducaf. 914. pite. 915. Au cheualier, *Dativ. possess. zu* l'ame 914. 917. riens. 920. meix. 923. pot. 924. ke il] kil (— 1). 927. peut. 928. parfurnir. 929. qu'a *von mir eingesetzt. Im Cod. ist mit kleiner Schrift über die Zeile* q̄ *zwischen* Et *und* G. *eingeschaltet.* 936. k'au] ke au (+ 1). 937 *steht in der Handschrift zweimal; das andre mal:* Issi con sa mule le maine. 939. 940. deschire *zweimal im Reim; einmal etwa* empire.

25*

941. Si con *„so dass"* — *mir neu; dagegen steht umgekehrt oft* si que *im vergleichenden Sinne.* 949. saignie] saīne. 951. que il le uirent] quil le uoient (— 1). 955. Si li dient bien ueignies uous. 968. ce *fehlt.* 969 *scheint verderbt zu sein, vielleicht* Fu il si con *u. s. f.; oder in* 968 *statt* mout *zu lesen* plus. *Der Gegenstand dieses grossen Staunens ist das Schwert der* pucele. 973. roidoroit *(es sieht so aus, ale wenn aus* r *oder* v *ein* i *gebessert wäre?).* roidoier *bei Roqf. ohne Beleg und falsch erklärt; seine Quelle ist Carpentier. Woher (er citirt Mirac. B. M. V. lib.* 2*) dieser sein Citat hat, weiss ich nicht; ich wies bereits Romania* II, 316 *darauf hin, dass Carpentier ein uns jetzt unbekanntes Mscpt. benutzte; denn in den Miracles Gautier's von Coincy findet sich die s. v.* magrus *citirte Stelle ebenso wenig, wie jene aus dem Tumbeor s. v.* tombare. *Vielleicht enthielt sein Mscpt. nicht Miracula B. M. V., sondern die Vies des anciens pères.* — *Es wird von* roide *kommen; vgl. aber* enreddir.* 976. Car *ist sinnlos; der König erkannte sie nicht, weil sie zerkratzt war, sondern trotzdem.* 979. resgarde. 981. onques] ains (— 1). 989. les] le. 990. et li] et si li (+ 1). 995. dolour. 1000. prist a rire] prinst ariere. 1002. ele sans] ele tout sans (+ 1). 1004. auerai. 1009. 1010. tout maintenant *kann nicht zweimal stehen; es ist das andermal zu lesen* ains *en* estant (*vgl. die folgende Zeile* puis). 1018. tout. 1022. Tout — riens. 1028. il *fehlt.* 1029. cil ki] cil ke. ki de mentir ne ghille *„der mit Lügen nicht betrügt".* 1031. tout. 1032. commence (— 1). 1038. tout. 1040. perde (*Nebenform* perte) *ebenso berechtigt wie* cubitum = coude, *vgl.* vende *Rou* 15317. 1040. la iurée *„eidliche Aussage".* 1045. roiene. 1047. De kanques soit (— 1), soit (sapuit *vgl.* 1102 oit = habuit). *Es konnte auch gebessert werden* sauoit, uoloit *u. s. f.* 1050. baillus, *über diese pikardische Nebenform (statt* baillius) *siehe meine Bemerkung zu Zeile* 37. 1053. bessere gens. 1054. le] les. 1056. iert] est. 1058. ot *ist aus* ert *im Cod. geändert.* 1061. en empire] est em pire. *Die in den Text aufgenommene Besserung schien mir näher zu liegen als etwa* en est pire. 1064. retraire *heisst „erzählen", hier prägnanter „wieder erzählen".* 1065. tairai] tais (— 1). 1070. mainte dame. 1072. Onques mais (*man erwartet* mais onques) *ist asyndetisch, und* mais *zeitlich.* 1076. peut. 1077. saueres. 1080. larportes. 1084. meloiur. 1093. uiestue. 1097. De l'espee *hängt ab von* renges. 1103. bordeis *sonst nicht belegt.* 1105. = Talem habuit totam vestem. *Im Cod. scheint* Icele *zu stehen.* 1107. sebelin bas noir, *vgl.* 11872 Sebelin bas ki noir coroit comme caue; [*Tobler:* bas *„Saum", ebenso Amadas* 3791.

ANMERKUNGEN. 389

bas sebelin noir]. 1108. couuuīt. 1115. grant tressor.
1118. Ke *gehört zu* chief 1116. 1121. harnesie; *es soll wol
harneskie (pikard.) stehen.* 1122. a aparillie] a tout aparlie.
1124. petis uautis. 1125. fin *fehlt.* 1128. lorains] frains
(— 1). *Es sollte besser der Artikel dabei stehen;* Et s'ot tout
itels les lorains. 1132. kains. 1134. aparlies (— 1) *vgl.
zu* 1122. 1137. faic *auffällig.* Faire „*reden, sagen*" *bloss bei
Anführung von Reden.* 1141. larcons. 1146. prinse.
1152. ains. 1153. auoit] ot. *Andre Besserungen (z. B.* pas)
lagen nahe. 1163. seule, 1165. departist. 1168. quel
con. 1173. toute ior aiournee, *so die Handschrift. Es ist zu
trennen, vgl.* 3546. 7251, *Baud. Seb.* 4, 135 *ebenso* chascun iour
a iornee *Doon v. Mainz* 2. *Jourd. Bl.* 3351. *Baud. Seb.* 4, 327
(*Assonanz verlangt* iourné); *vgl. noch* a iour de iournee *Phil.
Mousket* 30276. 1176. uit] uint, *bekannte pikard. Schreibung.*
iour *ist verderbt. Die* pucele *reist bloss einen Tag, daher*
gaut *oder* ual *oder etwas ähnliches zu lesen.* 1179. as ses
eures dire. *Statt* al dire ses eures *ist nach bekannter Art das
Object zwischen dies Vorwort und den Infinitiv gesetzt, und
statt* al ses eures dire *ist durch Angleichung entstanden* as.
1181. un petit] sire petit. *Man konnte zwar* sire *durch Umstellung halten, aber eben* sire *ist in dieser Weise wiederholt
störend.* 1184. merueilles. 1186. que *fehlt.* 1188. Il **le**
respont, *gewöhnlich heisst es* li; *doch kann man* respondre qu
sagen, da es auch passivisch gebraucht erscheint. 1196. m'esmui]
men uinc. 1198. li. 1201. iors. — *Zwei Silben, vielleicht
die Anrede* (bele *oder* dame), *fielen aus.* 1205. peut.
1211. Tout. 1212. Cains — uinrent. 1220 *ist verderbt,
oder nach* 1221 *grössere Lücke.* 1223. *bessere* canbelenc.
1230. le doit *bessere in* ke doit „*was es bedeutet*". 1234. partant. *Ich wüsste nicht, dass* par tant *zeitliche Bedeutung hätte;
doch scheint es später mit* par tens *verwechselt worden zu sein:
Doon v. Mainz* 126 Si li est souuenu de sa mere par tant *und Littré
die Stelle aus Rol. Châteauroux.* 1240. prinse. 1241. sain.
1244. grant. 1246. a *fehlt.* 1250. entrepresure „*Verlegenheit*". 1253. nuis, *der Plural ist sinnlos; eher* nuit *und* 1254
tout son anuit. 1256. pril. 1263. 1272. 1288 *bessere* Biaus.
1269. Lescondire. 1275. li] le, *liesse sich allenfalls als
vorausbeziehend auf* le don *halten, doch fehlt die Person.*
1276. chix. 1279. uous *fehlt.* 1284 *fehlt eine Silbe.* — „*Sind
wir in Gefahr (haben wir Ursache zur Hut)?*" 1285. caues
(— 1). 1291. ki] ke. 1293. riens. 1299. uous *fehlt.*
1303. rices. 1307. asaieront. — asaier *absolut, so oft* (1374.
1381. 1466. 1472 *u. s. f.*) *neben* s'asaier (1394. 1463 *u. s. f.*).
1321. „*und bei Niemandem sähe er die Königin so gern, als*

bei ihm." 1328. Saisie as renges; *dann ist + 1, und das* a *des vorigen Verses (das* tant *für sich verlangt) müsste als Hilfsverb dienen. Dann verlangt aber* saisie *ein feminines Object, das mit* l'a tant (statt a tant) *gefunden wäre, wenn sonst die zwei Verse in Ordnung wären.* 1331. „denn je mehr er sich anstrengt, desto mehr verknüpfen sie sich." 1336. mesire immer. — au mains *ist dunkel; etwa „wenigstens habt Ihr einen Schimpf gesagt, [wenn Ihr auch sonst nichts zu wege gebracht]".* 1342. cui] ki. 1347. verdorben. 1346. 7 *kann nur ironisch gesagt sein.* „Sehr leicht werden die Schlingen des Riemens gelöst werden." *Allein* ploi *verlangt den Artikel.* 1363. sans merci *sinnlos; etwa* sa merci, ses mercis *oder* pour merci. 1366. poroie] poiee, *scheint phonet. Schreibung* (r *statt* i, poree) *zu sein.* 1371. il] il li (+ 1). 1379. si preudom *„ein solcher Ehrenmann", s. meine Bemerkung Oest. Gymn.-Ztschft.* 1874, *S.* 153, 18). 1381. se pense *„denkt bei sich".* 1382. hu. 1389. boin. *In dieser Anwendung kenne ich nur* buer. 1395. re *in* retorne *ist weggeschabt.* 1397 *bessere* iert. 1400. li (*nicht* l'i) *„ihr es", da* le *beim Dativ* li *regelmässig fehlt.* 1419. puet, 1430. si se] se se. *Wenn auch ab und zu statt* si *sich* se *findet, habe ich doch hier wegen der Nachbarschaft geändert.* 1438. mes uint (— 1). 1444. ti^{e}gne. 1446. tout] donc. 1450. ueinent so. 1456. 1457. tout. 1457. errent. 1458. Et *fehlt.* 1460. ki] ke. 1461. deschaine. 1462. nul. 1463. ni si. 1467. ke] ki. 1471. rois. 1472. tout. 1473. riens. 1490. S'a cief] Sacies. 1491. Cil] cis *soll bleiben (statt* cist). 1492. Iatenderai. — *Bessere* biaus. 1497. fait] fist. 1501. mengie̊t] mengier (?). 1506. Vn. 1508. ke] ka. 1509. en] on. 1513. auant ier, *unbestimmter Ausdruck; vgl.* 1832, *wo er* demi *an* weg *ist.* 1514. Mut] Mui. 1516. *eine Silbe (das regierende Verb) fehlt; vielleicht* uot *oder sonst etwas einzuschieben.* 1518. Quele] Que le. 1526. hons. 1531. lui] li. 1543. k'est] ke. 1545. mestre. 1549. baignier; 1553. nul. 1554. si *fehlt.* 1556. mesires. 1557. cheualiers. 1558. Il] I. 1559. espron (— 1). 1560. drap] dra — *wegen* drap roe *s. Fergus* 129, 2. 1565. l'esgardent] les garderent. 1567. biautes. 1568. estes. 1571. corages *„sein Herz".* 1576. seruice. 1582 s'atorne, 1586. estot. *Der Sinn verlangt Praesens, daher wohl* 1585 puet *und hier* estuet *zu lesen.* 1594. Or *fehlt.* 1596. fait 2. manus *über der Zeile.* 1607. iessairoie (— 1). *Ich sollte wohl lieber* ie essairoie *ändern, wie* 1613 *in der Handschrift steht, das ich nicht hätte ändern sollen.* 1614. ie *vor* sui (+ 1). 1616. soie] ioie. 1618. baus. 1624. desites. 1626. donques. 1630. Preu] Prē. 1631. tout. 1632. en-

ANMERKUNGEN.

core. 1633. necor. 1634. riens. 1635. richement „*stolz übermüthig*", *vgl. Gaufr.* 231, 2. 1644. la seue *nemlich:* espee. 1654. *lies* samblant. 1655. cheualier. 1668. kil (— 1). 1671. parti. 1674. poir. 1675. Et passe, *doch konnte auch* uillés, *das zu* pres *nicht sonderlich passt, geändert werden.* 1676. Tant ke la. 1677. *lies zur Reimangleichung* eskiue. 1680 *ff. verderbt.* 1689. riens. 1694. au] a. 1695. 6. *sinnlos; etwa:* ke cist seroit Ausi preudon con cil estoit. 1699. de couuent; *man erwartet* du. 1707. il] il ie. 1712. comment se fait a. 1722. l'a ataint] la taint. 1725. uiegnes. 1726. dies. 1732. ke *elliptisch „als denjenigen, welchen".* 1734. m'apeler] apeler. — saroie : uie *reimt nicht; ich weiss keinen Rath.* 1749. arrie. 1755. lenprenderai. 1763. feutre. 1765. peut. 1771. il l'a] li la. 1772. a *über der Zeile.* 1786. Saigremors] seremort. 1788. s'eslaisse] les laissie. 1797. K'il] Ki. 1803. Tout. — kil uincnt. 1807. Peust auenir. 1810. arrier. 1820. Ains. — cols *und* cops *sind phonetisch gleich, also* cous. 1825. *bessre* mieudre. 1831. ies] ie les. 1832. passes. 1836. i'ai] ia. — assamble. 1840. mouuerai. 1843. conuant. 1847. il *fehlt.* 1850. enchaucemens] enchantemens. *Unser Roman kennt keine.* 1851. il] li. 1854. Ains. 1862. seioi. 1864. ke il] kil. — akeuit *so, besser* akieut. 1868. ia *fehlt.* — nul. 1882. Huit] Duit (*d. h.* D'uit) *konnte bleiben.* 1885. ires. 1888. au] a. 1890. Et furent as osteus ale. 1893. a] *aus* p *ist a gebessert.* — a maisnie eschierie, *häufiger ist* a escheri (*fälschlich in ein Wort geschrieben).* 1894. car] par. 1895. .vii. uins = 140. 1896. quins. *Es soll* quint *stehen.* 1899. Dusques a. 1908. cors, — dont] dou. — de lance pesance. 1916. tout. 1922. pooroit. 1926. ki il] kil. 1933. cil] ci. 1940. ki] ke. — ki le] kil le. 1941. ou — ou] vn — vn. *Pikardisch, so unzählige Male in Dime de Penit. Dass man wirklich* un *gesprochen, wäre immerhin möglich; denn lothringisch heisst* el (en le) = ou. 1949. enchaus *„die Verfolgung", hier* a enchaus *„hartnäckig".* 1950. riens. — ne ke *„ebenso wenig wie", Gautier v. Coincy* 271, 448. 297, 10. *Ch. Saisnes* I, 250. *Weber, handschr. Studien S.* 72. *Z.* 308 *u. s. f.* 1951. s'est] ses. 1952. et est iries] est ml't iries. 1955. 1960. tout. 1962. Ke la] Ka. 1971. lauoit. 1972. + 1; *kein Wort kann fehlen; höchstens könnte man* d'un (*statt* d'une) *schreiben, aber unser Text kennt* glaiue *nur feminin.* 1974. parlerent. 1979. Sen en est (+ 1). 1981. Et *leitet den Nachsatz ein, wie oft.* 1992. Tout. 1996. ne le. 2000. ou] vn. 2003. trestout. 2004. Ci. 2013. grant cheualier. 2015. ou] vn. 2016. ke] ki. 2018. il *fehlt.* 2024. *aus fehlt.* — uinrent. 2027. tout. 2031. diels *so statt* duels. — „*dass alle*

392 ANMERKUNGEN.

*vorigen Klagen auch nicht der Hälfte nach einen Vergleich damit
aushalten (dagegen nichts sind)*". 2034. pite. 2036. lieuent.
2038. quil. 2040. kil. 2044. a (*vor* plourer) *fehlt*. 2048. ke
il] k. 2059. entendirent] atendirent; *dieselbe Verwechslung
(die Begriffe berühren sich)* 5630. 6868. 11723, *daher nicht zu
ändern*. 2060. le *etwa auf ein* dueil *zu beziehen, ist hart;
bessre* les. 2062. leue. 2063. plot. 2076. ki. 2079. kil.
2083. tres *fehlt*. 2085. — 1. 2088. Kil. 2091. 2. tout.
2095. uous *fehlt*. 2096. demandai. 2102. ki. — m'aues?"
2107. 8. *sollten wohl ihre Stellen tauschen*. 2108. couste,
falsche Schreibung statt coute, *wie früher* mestre *statt* metre.
2111. tout. 2116. cheualier. 2119. tornes. 2121. deuoient.
2125. kil. 2126. lors. 2136. ki. 2141. de la forest *ge-
hört zu* 2139 l'issue. 2142. dirlade. — *"irländische Meile", vgl.*
liue galesche, anglesche *u. s. f.* 2149. ki cestoit. 2150. ke.
2151. ie i. 2158. *deutlicher wäre* Si se. 2161. Ki. 2163. Ains.
2168. kil auoit. 2173. Cil. 2178. tout. 2181. durement,
2183. des. 2184. esprons. 2186. combatirent anduin.
2187. naures. 2194. maint. 2195. Que ie a. 2198. riens.
2199. prenderies. 2201. kil. 2203. au] a. 2214. Deschaint,
besser Perfect. 2226. que. — **traire**
grant trauail *"unternehmen, auf sich nehmen", vgl.* traire une
dolour grant *Tobler Mitth*. 46, 25. 47, 3. traire male fin *"er-
leiden" Ogier* 6785. *Am häufigsten ist* mal traire *"Uebles er-
tragen"*. 2237 *f*. ne uous aloing plus uostre terre *unklar.
Vielleicht meint sie, der König, der in ihrem Lande ist, könne
bereits in seines zurückkehren, nur möge er früher sein Wort
einlösen. Vgl.* 2557. 2240. damoise. 2244. uenront] uront
d. h. uerront, *pikardisch* nr = rr. 2249. nesploitie. 2251. li.
2256. se *fehlt*. 2257. miles = mires, *wie* 2309 *und später ge-
schrieben ist*. 2258. garder *abs. "Wache halten"*. 2260. Et
a ses penses. — penser de qu. *"um jemand sorgen"*. 2289. que
on seust *"wovon man wissen konnte, dass es ihm nützen sollte"*.
2293. kil amaine *änderte ich in* ke il en maine, *anakoluthisch.
Es sollte heissen* Tous ses cheualiers, Ki … *Statt dessen ist
das Object abhängig geworden von dem eingeschobenen Satze*
2294, *in dem man* uns (*statt* nus) *erwartet*. 2294. n'en i] ni.
2297. kil. 2300. kil. 2301. karir. 2313. lies *fehlt*.
2316. de] et de. 2325. qui ca] q̄ ia. 2327. grant ne petit
ist adverbiell. 2332. primes] pmes. 2333. 2341. *bessere
mieudre*. 2334. est ce ke dit] ke ce dist. 2335. auoit.
2339. Kil. 2345. hons. 2359 enteprendre. *Es ist nicht
ente prendre "Kummer fassen" zu lesen; Sinn: "ohne Etwas
daran zu ändern oder zu tadeln"*. 2370. rois. 2373. atant.
2376. *das* t *von* part, 2377. st arriere, 2378. ant maniere, 2379. t

ANMERKUNGEN.

von pensoit *ist auf einem Stück, mit dem ein Loch geflickt worden, von später Hand geschrieben.* 2379. ce] cil. 2381. uers la mer fronchier] v̓s la m̃ fronch'. *Vom Meer ist keine Rede; doch könnte es heissen „in der Richtung, in welcher das Meer liegt".* 2394. cil] cis *bleibt.* 2404. koi *fehlt.* 2410. se mut. 2421. ses *von* s'esm. *ist von späterer Hand auf einem draufgeklebten Stückchen geschrieben.* 2422. sadrecerent. 2426. 2429. tout. 2427. sunt, *besser wäre* l'ont. 2432. Il] Li. 2438. *lies* dont (t *ist beim Druck abgesprungen).* 2444. connui *wegen Reim.* 2450. il *fehlt.* 2451. cheualier. 2456. preudomme. 2460. remest. 2462. *lies* nies. 2463. lors. — tenoient. 2464. uenoient. 2469. Et] A. 2472. montairent. 2481. *Die Hofsitte verbot dies; vgl. Kath. v. Tours f.* 41ʳ: Vos estes si priueement Ci uenue sanz compaignie; Car les nos dames ne uont mie Si soles come uos uenistes; *so spricht Katharina die Himmelskönigin Maria an, die ihr in der Kapelle erschienen war.* 2484. l'oent] oent. 2492 *f. so die Handschrift. Vielleicht zu lesen:* Ke merueille ot ki ces gens sunt Li rois, ki *(gehört zu* gens) . . . 2494. kil. 2496. uallet *könnte Plural sein; aber* 2497 *ist* oie *wieder Einzahl; daher besser zu ändern:* 2495. nouuele, 2496. ualles ne fumele. 2497. Ke. — *Eine Silbe fehlt, etwa* nouueles. 2510. lui. 2519. encliner, *aber nicht auch* saluer, a qn.; *zudem fehlt eine Silbe; daher*: Lors li encline et le salue. 2522. Ka. 2526. Et tant *„und zwar so lange bis". Et passt nicht recht. Vgl. aber* 2642. 3711. 4096. 4115 *u. s. f. Es ist dies eine unserer Handschrift eigene Wendung, die überall hätte gewahrt werden sollen.* 2528. Ou] Vn. 2533. tout. 2537. ert. 2539. *Subject fehlt; offenbar* Artus. 2543. *Sonst hat unser Text trotz des Neutrums* drois. 2544. querre *habe ich aus der folg. Zeile, die in der Handschrift* Querre le *u. s. f. lautet, herübergenommen.* 2548. conuens, *besser Einzahl.* 2550. qui] q̄. 2552. iors *fehlt.* 2556. Se] Sie. 2560. O] A. 2561. cuer. 2568. priuement. 2571. sourt] sour. 2577. amenies, *Conjunctiv, wenn nicht* amenres *zu lesen.* 2578. i'ai] ia. 2579. La dame *Dativ.* 2580. Ke seiorn. 2581. Et ke ie li. 2582. li] lui. 2585. tenir cort *Oest. Gymn.-Ztschft.* 1874, *S.* 141 *zu* 695. 2590. *Tilge Komma nach* connissance. 2591. Dist li rois de lui naie uoir. 2596. a *fehlt (man konnte auch ändern* itel). 2597. *bessere* mieudre. 2607. Et *fehlt.* 2610. + 1, *daher* Et *zu tilgen.* — li fils] le fil. 2612. 2621. tout. 2617. mengerent. 2624. traueille. 2627. mesires. 2636. estres] fenestres. 2638. ou] vn. 2639. tant. 2640. cantant. 2642. tant ke il] et tant kil (— 1); *vgl. oben* 2526. 2644. hons. 2645. tant ke *„vorausgesetzt dass".* 2648. cui] ki. — *Diese* *merkwürdige Schreibung* (choucier) *findet sich häufig in den pikard. (und burg.? Tobler Mitth.* 83, 29*) Texten; Gachet citirt* chuchent *aus Tristran. Aehnlich* choper (colper) *u. s. f.* 2655. coiemement se hastat. 2662. Vesti] Vestu. *Letztere Form kann zwar im Particip, aber kaum im Perfect stehen.* 2663. or, 2665. A pieres *gehört zu* fremail. 2667. acesmer] aacemer. 2668. se] s. 2673. anakoluthisch. 2674. harles „*Sonnenhitze*". 2679. ioeor *vom Pferde, ebenso* 3487, *mir unbekannt. Sonst wird* io- ere *von Spielleuten gebraucht, so Dolop.* 36. *Brut.* 10834. 2681. Desques *statt* Des que „*sobald*", *s. zu Richart* 2152. siques *steht oft in Hugo Capet* 210. 222. 229 *u. s. f. Baud. Seb.* 24, 105. issiques *Renart* 6261. — il] i. 2683. esprons. 2697. bien *zweimal.* 2699. remeuue] remue. 2703. de herbe. 2709. plaisans. 2710. ains. — uiuans. 2711. liu] lui. — fou „*Buche*". 2712. nus. 2715. ains. 2717. doisaus. 2722. Et] Ke. 2724. rien. 2728. K'il] Ki. 2730. En] Et. 2730 *f.* „*er stemmt sich so gewaltig mit den Füssen in den Steigbügeln, dass er das Leder dehnt und zerreisst." Stereotype Aeusserung der Kraft; manchmal dehnt oder bricht wohl auch das Eisen; vgl. Renaut v. Mont.* 425, 12. 13. *Rol. Paris S.* 349. *Ogier* 2749. 3287. 7187. 10018. *Saisnes* I, 139. 256. II, 80 *u. s. f.* 2732. estriers] estrers. 2736. issi] ici. 2740. kil. 2748. bien *fehlt.* 2755. Et *fehlt.* 2756. Cil] Cis *bleibt, ebenso* 2765 *und* 2757 lcis. 2758. riens. 2761. gre *fehlt.* 2762. *man erwartet:* de qc.; *zudem ist* esforcier *reflexiv; vielleicht statt* mout *zu lesen* m'en. 2763. en quier. 2766. uantant *kann von dem Vorsatz, den Ritter an den Hof zu bringen, doch kaum gesagt werden; besser* pensant. 2769. riens. 2771. Sel] Sel le. 2772. a *fehlt vor* mise. 2775. riens. 2778. engignies, *denn wenn er ihn einmal gegrüsst hat, wäre es unehrenhaft, ihn anzugreifen. Der fremde Ritter gibt selbst Z.* 2904 *ff. die Erklärung.* 2791. 2795. Riens. 2795. mesfait *mit activer Bedeutung.* 2798. ille. 2802. m'ame, 2807. „*die von niedrigerer Herkunft waren als die Königin*"; *aber* et *passt nicht;* d'endroit soi *heisst „in Bezug auf deren eigene Herkunft".* 2808. le por coi, *substantivisirte Präpositionalverbindung.* 2810. *Zwei Silben fehlen.* 2811. ie *fehlt.* 2812. mis; — *man erwartet* 2810 fui, 2811 *und* 2814 uolc (uols). 2814. dire *fehlt.* 2815. kele. 2817. moi; 2823. enpese. 2829. gaage. 2830. *zu despite ergänze* m'aues. 2834. de *von* demande *von* 2. *Hand.* 2836. n'amerai] nenmerai. 2849. Nou (*d. h.* Nel)] Non. 2851. Tout. 2855. Ke la uostre, *ergänze* est. 2860. monde, — *der folgende mit* et *eingeleitete Satz ist der Nachsatz zu* 2852 *ff.* 2861. par] por. 2863. ce] ie. 2865. *bessere* mieldre. 2875. En bien *dunkel* (lieu?). 2878. kerroie

ANMERKUNGEN.

von croire. 2880. + 1. 2887. *„so lange ich über mich frei verfügen kann"*; *wenn er z. B. gefangen genommen oder verwundet würde, könnte er sein Gelübde (das in Abenteuerromanen stereotyp ist) nicht halten.* 2892. prist. 2893. ains. 2894. et *fehlt.* 2898. se on. · 2900. Son. 2904. *besser* cheualiers *in Bezug auf* font 2907. 2905. si *„bis".* 2909. mes sire] mie sire. 2922. et biax et lais, *Specialisirung statt „alle".* 2923. Et uous si pri et requier. 2924. cangier *„einen falschen Namen angeben".* 2925. dies *phonetisch* = di-ies. 2937. Si *ist hypothetisch; deutlicher* Se *oder* S'il. 2940. or *fehlt.* 2954. uint] uit. 2963. auenie. 2966. uies. 2967. Ka. — isle. 2970. m'est] mes. 2972. toutes. 2976. cose alee; *„vergebliche Sache"; vgl.* estre ale. 2977. ie *fehlt.* 2978. Que] Que ie 2979. arme *geht auf Gauwain.* 2981. aueroie. 2982. Saueroie. 2989. ne puet] peust. 2990. passer par qc. *„einen Ausweg haben".* 2993. Si, *vgl.* 2937. 2995. Por quant a dit *brauchte ich nicht zu ändern, vgl.* 10606. 3001. aler en uoies *„weggehen", Joh. Condet I*, 981. *ebenso* en uoie *Q. L. d. R.* 407. Doon v. Mainz 7. 3005. Quant ie pense il ia neis *ist sinnlos. Die Stelle heisst: „Doch sofort reut es ihn, dass er dieses auch nur gedacht habe". Der Causalsatz zu* repent *ist durch einen Zeitsatz* (quant) *ausgedrückt.* 3007. poeste. 3008. conte. — la *fehlt.* 3009. bessere couardie. 3011. menace *wegen Reim.* 3014. mot *„Gedanke", d. h. die bei sich gedachten Worte.* 3024. lores. 3029. Con li. 3032. aguise. 3035. le uuit bu, *sehr oft, so* Hugo v. Bord. 24. Gaydon 115. Durmart 2640. Aiol 928. Erec 3599. 3613 *u. s. f.* 3041. kil. 3046. puet] pot. 3065. rubi. 3068. *Ein Compositum* desse-ur *kann ich nicht belegen, wenn auch dessen Existenz aus* desseurer *erschlossen werden kann. Es bedeutet das Gegentheil von* seur. — *Dem Sinne nach* = desaisi; desevre *passt nicht.* 3075. Ke *gehört zu* puis. 3078. mus. 3081. Sen en. 3087. Kaine (*oder* n'en ot). 3088. ki (*oder* k'il). 3093. riens. 3094. s'en] en. 3096. blecie] quasse; *aber* é *und* ié *reimen nicht.* 3101. kanques il. 3104. pooroit. 3122. kil. 3125. montes. 3136. l'iauue *müsste* l'iauvé = aquatum (*mir unbekannt*) *heissen. Besser* le gue *und vgl.* 2702. 3139. Ou] Vn. 3142. le uallet. 3148. nuli. 3150. estuie] nestie, *vgl.* 3154. estuer (3744 estoier) un cheual = establer, *ebenso Cleomades* 12943. La ou l' (*das Pferd*) auoit fait estuier (*so statt* estiver *zu lesen*). 3154. cheual] che. — estuier] estuer. *Nach* 3155 *folgt die Zeile:* Et li ualles ensi le fait et retorne. 3157. Tres *fehlt.* — apareiile] aparreillie. 3161. grant. 3182. k'il] ki. 3185. lamors. 3186. li *fehlt.* 3194. sagenoillerent. 3202. mandes. 3204. *kann zwiefach gemeint sein; entweder* Ywain *lässt es ebenfalls melden oder er solle* *ebenfalls kommen; im vorigen war von keinem von beiden die Rede.* 3207. Ke a. 3209. qui] q̄. 3210. hons ki laiens. — ne *vor* deust *fehlt.* 3213. *Vielleicht* Que *statt* Et. 3216. targa *„hielt eine Weile an".* 3217. foibletement. 3223. ma] men. 3228. iries *heisst im altfr. „betrübt".* 3229. lamor. 3249. nuli. 3264. ki] kil. 3267. il *fehlt.* 3269. Ains. 3276. hons ne pooroit. 3279. k'ele *fehlt.* 3280. tout. 3284. Nus] La (*konnte bleiben: „Da gab es Niemanden, der müssig gewesen wäre"*). 3285. De] Nus de. 3291. Que il. 3292. ie] ne. 3297. riens. 3303. Puis] Et quel deport puis. 3307. en tous, *besser* a tous. 3313. desiretees] iretees. 3314. gietes. 3316. rados *„Stütze", bei Roqf. ohne Beleg, aus Carp. abgeschrieben, s. Du Cange s. v.* redorsare, 2. *Alinea u. Gachet.* 3320. doignes ki. 3321. che] cha (*konnte bleiben*, ch'**a**). 3325. Ke. 3331. ueu (voto) *von* vo-er. 3335. cui] ki. 3336 *f. „es möge bei dem Hüten (Behandeln) seines Neffen Sorgfalt geben".* 3343. hons. — tout *fehlt.* 3344. plus de foi] sans defoi. 3354. tous *fehlt.* 3364. Kainc. 3367. tous. 3378. cuer, *vielleicht* cure. 3384. grant. 3385. mort] morir. 3393. il *fehlt.* 3395. la] ia. 3398. mais] mains *von später Hand auf aufgeklebtem Streifen.* 3404. grant. 3405. ce *fehlt.* 3406. pIus] ml't. 3419. Que il. — leura (*konnte bleiben*). 3422. iors. 3425. kil. 3426. liu] lui. 3431. orories. 3433. seigner. 3434. *er heisst richtig* Gahariet. 3435. Tort. 3436. lui] li. 3439. Garde *abstract.* 3440. lieu. 3460. vuitance. 3463. en pense. 3476. Cis (*bleibt*). 3489. lui (*wiewohl in dieser Stellung der Gebrauch schwankt*). 3494. Li a dit li ualles. 3497. por coi *„sofern".* 3513. as] a. 3518. Auoeques. 3521. ne *vor* grant *fehlt.* 3522. Au] A. — ot] o. 3538. *bessere* anuieus. 3544. kil. 3546. a iornee *„während des Tages" vgl.* 1173. 7251. 3549. puist. 3554. Peut (pauit). 3562. il] et il. 3566. coisir. 3571. par] p̃. 3574. Que *ist Nom. fem.* 3577. de chaines melles *„mit grau* (canus *fem.*) *gemengt". Roqf. hat* **chanes,** rides, cheveux blancs *ohne Beleg. Vgl. Perciv.* 4265. .1. preudomme .. ki estoit de **caines** melles [*Tobler: R. Charr.* 1653, *vgl. G. Coincy* 692, 126 *u. span.* canas]. 3584. desous. 3586. pineteure? *anders Flore u. Blf.* 19 (coupe) portraite par menue neeleure. 3591. tres *fehlt.* 3592. il *fehlt.* 3594. prenderai. 3600. ki. 3606. Con de cel digner *unklar.* 3612. k'il] ki. 3617. uraiement. *Man konnte auch schreiben:* Si est mon. 3622. .1. *habe ich eingeschoben.* 3623. sains. 3624. Nonques — de] da. 3627. ke] kil. 3630. rubeste (*Ital.* rubesto), *bei Roqf. belegt, s. Diez Gram.* II, 390 *u. zu Baud. Cond.* 390. 494; *sonst noch Rol.* 1862 (*v. Gautier durch eine schlechte Conjectur verdrängt*), *im Reime Perc.* VI, 224 (*ausser dem Reime* 253), **Phil.**

ANMERKUNGEN. 397

Mousket 16198. 3633. non *fehlt.* 3643. peut. 3644. estrine
pik. 3645. doins. 3648. set] sest. 3659. oise *statt* ose
„wagt". 3669. mais *fehlt.* 3671. icil] cil. — ne *gehört kaum
her.* 3674. celi. 3685. entre deus *„dazwischen" räumlich
und zeitlich. Bei* Roqf. *(ohne Beleg) als ein Wort gedruckt,
ebenso im Gottf. v. Monm.* 6. Car entredous est l'ille assise
(*zwischen France und Y berne*). *Dies ist wohl nothwendig, wenn
es substantivisirt ist, s. Froiss. Glossar s. v.* — *Bekannt ist*
entredeus (*ein Wort*) *in der Fechtersprache, gew. neben* retraite.
3686. encombries. 3687. tant. — felones *von* felonet.
3691. enterrai] enterrai *(bleibt).* 3696. Hu *(öfter).* 3711. tant]
et tant kil, *vgl. zu* 2526. 3718. I] Il. 3720. 3722. i] li.
3723. platine *s. Du Cange unter* plata 1. *und Littré unter* platine 1. — *Eine ähnliche Vorrichtung ist aus dem Chev. au
Lyon bekannt.* 3730. grant. 3731. ou] vn. 3732. preudons.
3735. hui] u. 3738. suis *auffällig.* 3742. s'a *d. h.* avoir
beim Reflexiv s. Tobler zu Aniel 166. *Andre Beispiele: Chev.* 2.
Esp. 5724, *Alexius S.* 290, *Z.* 353. si s'a confies rendut, *Perciv* III.
27732. tant s'a demene, *Flore u. Blf. S.* 29. lors s'a pasme *S.* 110.
s'a aproismie *S.* 217. s'orent ame, *Fierab.* 13. t'aras haste, *ebenso*
27. 42. *Phil. Mousket* 15707 qu'il s'auoit baptizie. *Torn. Antechr.
S.* 3 (*Tarbé*) quant ele s'a bien lauee *u. s. f. Besonders beliebt
ist diese Construction dem Schreiber der Pariser Handschrift*
1450, *deren Christianstücke ich collationirt habe. Die übrigen
Handschriften haben dann die regelmässige Construction.*
3746. de noir pelain, *bei Roquef. mit Beleg. Es muss wohl
auf* pellis, *nicht auf* pilus *zurückzuführen sein, da an unsrer
Stelle schon* noir cenu *dabei steht; also „Haut".* — *Bekannt
ist* pelain *als bildlicher Ausdruck:* entrer (cheoir) en mal pelain,
bei Du Cange richtig auf pelain *„Kalkwasser zum Häuten" zurückgeführt.* 3751. Cil *fehlt.* 3752. beachte maisons.
3755. boin. 3771. de] del. 3778. cosos. 3787. *„oder ob
Ihr mit ihm verwandt seid".* 3791. le nies + 1 (*vielleicht besser
das* le *vor* roi *zu streichen, und* li nies *zu schreiben*). 3793. ires.
3796. auant ier *schrieb ich sonst.* 3802. Et lors. 3808. *„und
kommt damit hin".* 3813. Et] Noirs et. 3815. si] et si.
3816. comme] com. 3821. n'ai] ne nai. — faillir *angeglichen.*
3822. por] pas. 3833. rendus *„Mönch".* 3837. uaut] uät.
3849. sires. 3853. feroient. 3854. cil *fehlt.* 3859. bers.
3860. ia *fehlt.* — *statt* anietant *wäre* aprochant *bei* nuit *passender
als die Tautologie.* 3861 *f. „die für ihn keine kurze war,
wiewohl es eine Sommernacht war".* 3866. Li dist] Ot.
3869. sires. 3880. s'esmerueille, 3882. le respont *vgl. zu*
1188. 3885. iuhui, *sonst* iehui. 3893. mais *fehlt.* 3895. encore. 3897. ert. — kil. 3901. k'il] ki. 3907. noeces *Neben-*

form von noces; *vgl.* keute (cubitum) *Rusteb.* II, 387. secuere (suçurrat), keuvre (cuprum) *Perciv.* III, 211., seure (super) *u. s. f.* 3910. Dusques. 3914. delueques nes. — elueques, *Nebenform von* ilueques, *regelmässig gebildet, aber sehr selten; häufiger ist* aluec (alueques). 3915. pot] puet. 3920. uaillans. 3925. conte ne; *besser wäre* conte n'en. 3927. k'a] ki. 3930. riens. 3941. as] a. 3942. il i ert *unklar*. 3943. condira. 3946. Aì hermite. 3947. atenderai. 3948. *Bessere* Biaus. 3964. baillie. 3965. *lies* soit. 3973. seigner. 3974. cis (*konnte bleiben*). 3977. lïe, *pikardische Nebenform von* liue, lieue, *Richart* 5132 *im Reim*, *phonetisch nicht zu erklären* (*s. Tobler Gött. Gel. Anz.* 1874, *S.* 1049); *höchstens durch Ausfall des* v *in* livée, *woraus dann irrthümlich* i-é *wie der Diphthong* ié = i *behandelt worden wäre.* 3978. uenrons. 3980. plaisans 3982. *Man vermisst das Subject; an den* parent *der vorigen Zeile zu denken, ist wegen des folgenden nicht passend* 3988. uinrent. 3992. et *fehlt*. 3997. bien; *besser* droïs 4000. baillies. 4004. sires. 4005. Kele. 4017. quanques il. 4025. li] lui. 4028. dont] et puis. 4029. *lies* mengier (*Cod.* m̄gier). 4030. Et il. 4035. *die Zeile habe ich supplirt, in der Handschrift steht von später Hand:* Li lit furent apareillie 4043. *besser* harneskie, *vgl.* 1121. 4052. il *fehlt*. 4054. le les. *Gauwain ist gemeint.* 4059. sires. 4061. matin 4070. honneueur. 4076. quisise tout de. 4077. Ma] La 4080. fis. 4082. a *fehlt*. 4083. Cheualier. 4084. Que 4088. kil. 4091. *man erwartet den Accusativ.* 4096. Et tant — l'a ataint] lataint *siehe das zu* 2526 *Gesagte.* — Et quant] et kil. 4101. kil. 4104. tout *fehlt*. 4105. ains 4106. rois. 4109. a] il la. 4115. quil. 4116. cis sires 4120. maïs. 4121. 2. *der Reim nicht in Ordnung.* 4123. rescouse riens. 4125. rien *fehlt*. 4126. lui] il dist. 4139. castelains. 4143. Delsor. 4156. sestoit. 4157. fui. 4159. s'ai] sa. 4162. cis (*bleibt*). 4170. *so Cod. und man muss* estïes *lesen; der Sinn verlangt:* „*noch einmal so viele*", *daher* autretant. 4171. seroies (*wegen* -oies *s. zu* 11130) uous. 4173. bien armes. 4179. Ki (*besser* K'il). — ont] ot. 4180. tout. — porter. 4191. pertruis, *Nebenform von* pertuis *mit eingeschobenem* r; *so Doon v. Mainz* 45, *vgl.* pertruiser *u. s. f.* 4204. mlt' dures. 4208. assise „*Lage*". 4210. iert] ert. 4211. Cis (*bleibt*). 4213. castelains. 4215. Mesires. 4218. illueques. 4220. bien *fehlt*. — s'adreceroient „*abschneiden*", *davon* adrece, *Substantiv* „*ein Pfad, der abschneidet*" 4225. doigne. 4227. alure. 4228. Si le. 4229. les] lors 4233. u *fehlt*. 4235. trueueuent. 4236. uestuees. 4238. Ains 4245. pailais. 4246. houdeis, *mit unterdrücktem* r *st.* hourdeïs.

ANMERKUNGEN.

4247. dywe. 4250. tres *fehlt*. 4252. ormetiel = ulm-ett-ellum. 4255. sires. 4259. dage. 4261. entort. 4262. sires. 4271. Et *fehlt*. 4274. deli-ié *s. oben zu* 541. 4278. *vgl. die sehr ähnliche Beschreibung Z.* 12200 *ff*. 4282. de lis. 4285. la. 4286. corps] cops (*besser* cols?). 4289. Quele. 4293. en] ne. 4294. un *fehlt*. 4304. f. „und es stand ihr wunderbar gut, dass sie (die Lippen) etwas lächelten; denn sie zierten sie sehr". 4305. kele souri̇oent (*vgl. zu* 4856). 4306. ke] kil. 4309. „dabei nichts thun würde (= verschwinden würde), wenn sie daneben wäre". 4312. Ains. 4315. darmors. 4316. kains. — ne ueist. 4318. lors. 4320. *anakoluthisch*. 4322. ke. 4323. entierement. *Eine Silbe fehlt, ebenso bei demselben Worte noch* 4513. 5062., *daher mit einem Flickworte nichts auszurichten*. Entierement *kann nur viersilbig sein, daher überall durch* enterinement *zu ersetzen*. 4328. sires. — esmerueilles. 4331. mais *fehlt*. 4333. Ki. 4339. Or. — ostes *Nom. von* ostel. 4341. boins. 4343. *Sinn:* „und wenn wir auch nicht viel leisten können, so wird die Herberge auch dann (so) noch genug gut sein." *Aehnlich* 4411 „und wenn auch die Schönheit hinter ihrer Klugheit zurücksteht, so ist sie auch so noch sehr gross". 4345. grant. 4352. m'esmui] mëuin. 4354. Passes. 4359. Kil. 4367. mais ke c'est asses (?) 4369. uit. 4376. lui. 4379. deboinares. 4391. et por. — por la force k'eusse „wie gross auch mein Geschäft (zwingende Nothwendigkeit) sein mag". 4402. lieus. 4404. a *von* ames *über der Zeile*. 4405. quidier „zweifeln". 4412. *statt* Northombellande. 4419. Kil. 4420. ne le prenderoit. 4422. uoeil, *Perfect (schon früher)*. 4430. gaste. 4435. ki. 4442. Ki losast. 4445. Men. 4446. sele. 4451. *stereotype Drohung, so Cheval. au Lyon, Blanc. Org. u. s. f*. 4462. tout. 4464. trieus. 4467. pite. 4469. celui. — tout] *besser* tous. 4471. ou] vn. 4483. pites. 4484. alies *statt* ali-ies. 4495. Kil. 4497. Enuers] A u̇s. 4498. qu'ancois auoient] q̄ perdu auoient *aus der vorigen Zeile wiederholt*. 4500. por li ruer puer, *dasselbe wie* geter puer *oder* de peril „um sie (die Tochter) aus der Lage (gegen ihren Willen heiraten zu müssen) herauszureissen". 4501. tierre et. 4503. *fehlt* Object *zu* faire. 4506. doinst. 4513. entierement *s. zu* 4323. 4517. ententieument. 4518. uiut, *vom Schreiber verlesen aus* uint, pik. *statt* uit. 4519. kele. 4523. le würde G. *wieder aufnehmen; vielleicht zu streichen*. 4531. kil. 4534. poit. 4535. ki. 4536. descent — *er war noch immer zu Pferde*. 4538. hehiaume. 4552. li] le. 4553. doucetement] doı...ment *(abgewetzt)*. 4557. bien *fehlt (besser)* tres). 4565. *Tilge das Anführungszeichen vor* Saura. — ore. 4566. me *fehlt*. 4578. mabre *vgl*. abre. — *Das Abenteuer erinnert stark*

ANMERKUNGEN.

an Erec. 4582. chaaine] glaiue. 4585. lors. 4586. Germans. 4589. sires. 4595. li ert. 4598. icil] celui *bleibt; bekannt, dass nach* con, *fors und ähnlichen der Accusativ ebenso wie der Nominativ steht, s. Diez Gr.* III, 51. — cui] ki. 4607. loing. 4608. besoing. 4615. de] des. 4619. il *fehlt.* 4627. cis *(bleibt).* 4637. a *vor* ale *fehlt.* — a cans. 4640. s'en *fehlt.* 4653. riens. 4654. requiere. 4655. fesisse. 4663. Ie en. 4667. lors. 4669. Qui. 4681. sus] *bessere* sous. 4682. les] le. 4689. 90. estordis : sallis. 4692. lors. 4693. guinche *s. Diez* II. *c. s. v.* guiche. — guinche *war bereits vor Aye d'Avignon* (1861) *bekannt, Erec* (1856) *Z.* 4851. — lors. 4694. mesires. 4697. Keure. 4705. lepee. 4708. faire .1. regambet „*das Bein stellen*", *gewöhnlich:* gambet, iambet *Songe d'Enfer (Jub.)* 392. Que il m'abat encontre terre A .1. des iambes d'Engleterre. *Chronique von Benoit St. Mor* 25569. Mult li a tost fait le iambet. 4709. chei] che. 4719. aues 4720. en *fehlt.* — en eure „*in jener Stunde,* ke . . .". 4725. uous *fehlt.* 4727. *zwei Silben fehlen* (d'omme, par vous *oder sonst)* 4733. Ki *(Kopf).* 4736. n'a] la. 4743. Et *fehlt.* 4745. cort *(eigentlich Pos.-* o = ó) *reimt mit* recourt (ó) *s. Tobl. Gött. gel. Anz.* 1872, 887. 4749. seuissent. 4752. ore] orent. 4756. ou] vn 4771. benoite. 4772. il *fehlt.* 4775. baisie. 4776. kil. 4783. desamerent. 4788. deliés *s. zu* 541. 4791. rose. 4794. gascort, *eigentlich tautologisch, da* .1. peu *dasselbe ist, wie* gas (quasi). *Bekannt ist* char gascrue *Ren. v. Mont.* 85, 12 *auch* wascrue *Jerusalem S.* 33. *Vgl. ital.* guascotto. — *Diese Form erklärt den Wandel von* qu *in* g *durch die Stufe* gu *dieses entweder* g *oder* w; *cf.* gant (quantum) *neben* want. 4797. pris. 4798. chaiture. 4806. signe. *Ich kenne bloss* clignier (cluignier) de l'œil. *Was soll aber* cluignier, *wenn* clinare *Etymon ist?* 4807. toudis *(konnte bleiben).* 4809. Ke *fehlt.* 4810. grieue, *mundartlich statt* greue „*die Scheitellinie des Haupthaars*" *s. Roquef. und Amadas* 132. La greue droite. *Cliges* 781. Alsi com d'une greue estroite. 4811. ou] .1. *d. h.* vn. 4815. ains. — nus] onques. 4816. dist *pik. statt* dit, *was der Reim verlangt.* 4817. faites. 4819. cui que] q̄ ki. 4822. *besser* nous. 4823. a *fehlt.* 4825. qui tout. 4830. enmi son vis „*gegenüber*". 4836. bien] miex. 4837. puet il. 4843. as mes] armes. 4846. ki ki] q̄ ki. 4847. tout. 4851. remaisent *(so) falsch statt* remésent. 4852. et *im negativen Satz s. Diez* III[3] 406. 4855. A] Et. 4856. Sot, *mundartlich statt* soit, *wie früher* ueor. 4857. Parlent con] Pable si. 4865. cil] ci. 4871. et nous. 4876. ml't seruir. 4877. 8. aiderent : widerent. 4879. Ne demoura] ni demourent. 4890. amaint. 4892. de *fehlt.* 4901. lui. 4905. cuiure

ANMERKUNGEN. 401

„Bedrängnis" Roquef. Sup. mit Beleg, Mahomet 51., Dime de Pen. 744 (wo es der Herausgeber mit cuiuèrs (collibértus) verwechselt). Davon cuivroier, quivroier. S. Liter. Centralblatt 1876 No. 1. Spalte 22.   4907. a] as.   4913. li a fait.   4914. tout. 4916. s'est] a.   4918. est *fehlt*.   4921. mais ne.   4924. faice. 4931. Ne ains ne fesent nul deduit a. c.   4938. souplus. 4943. *Besser wäre:* ke ce doit „*wäs das bedeute*", *gehört zu* merueilla.   4944. il *fehlt* — aidoit.   4946. estoit.   4949. ce *fehlt*.   4950. Ains.   4951. m'en merueillai. en *ist dann Wiederaufnahme des* de rien (4950). *Besser* m'esmerueillai. — ce sachies] *von mir ergänzt. Im Cod. ist die Stelle ganz ausradirt; man kann nur* en *als erstes Wort erkennen, also hatte der Schreiber fehlerhaft* en ma uie *der vorigen Zeile wiederholt.*   4953. qui] q̄ *(konnte bleiben).* — ou] vn. 4954. rien.   4957. Cis *(bleibt).*   4958. nul *fehlt. Oder etwa:* Ainc por maluaistie — ains.   4959. nul.   4964. gesies] *von mir ergänzt; im Cod. ist* plories *der vorigen Zeile ausradirt* (plori *noch erkennbar*).   4974. tuit] trestout. 4977. Ici *modal.*   4979. l'enamai] lamai.   4980. uoiai *statt* uo-ai *vgl. zu Rich.* 400.   4982. *Etwa* Ne tant (?). *Sinn:* „*und sollte ich auch von einem noch so hochgebornen Manne zur Ehe verlangt werden*".   4997. merueilles.   4999. ie en. 5000. kil.   5001. ain] aīme.   5002. auiue *abs. „entflammt, wird angefacht". Vgl. Tobler Mitth.* 166, 21. 179, 32. — *Transitiv überaus häufig, refl. G. Guiart* 10337.   5003. feus] fus *(pikard.)* 5005. *Subject ist Gawain.*   5008. sagies.   5019. rien. 5020. *bessere* Biaus.   5021. qui] q̄.   5026. uit] uielt.   5036. ce] ie.   5037. querroie *von* croire, *wie* kerries 5039.   5042. ka 5044. aie] aide. *Der Schreiber verstand falsch* a-i-e *(Hilfe).* 5045. mouuerai.   5055. ainc.   5057. tresua *von* tresaler. 5058. Dist la.   5062. Entierement *siehe zu* 4323.   5065. Ne ia *steht im Cod. hinter* plaist.   5066. *lies* atouchier.   5074. Nuli. 5075. com.   5079. Ie uoeil, *was?*   5084. s'en] sa.   5092. qu'il] qui.   5096. matin.   5098. il *fehlt.*   5102. uirent.   5109. benoit.   5111. demoourer.   5112. besoing.   5113. ke] ki. 5117. sires.   5124. „*Wir verlieren Euch gänzlich*".   5138. Biau. — dous *fehlt.*   5139. me] *vielleicht* uous.   5140. ke a] ca. 5149. porpre noire *s. Oest. Gymn.-Ztschr.* 1872. S. 154. *zu* 7325. 5152. *lies* a sable ch.   5153. noir comme **chor**, *mir unbekannt. Passen würde* corp „*rabenschwarz". Doch vgl.* 11872. Sebelin bas ki **noir** coroit **Comme caue** et chenus estoit. Caue *ist die pikard. Form von* choe, *das wohl in der Vorlage stand, aber vom pik. Schreiber nicht verstanden wurde.* Noir comme choe *steht auch Erec* 5280 *und Barb. Méon* III, 261 *(diese Stelle von Raynouard, auf den Henschel verweist, s. v.* chavana *citirt).*

Tobler, der seinerseits auch choe *vorschlägt, citirt ausserdem* Berte 846. 5157. noif (*konnte stehen bleiben, s. zu* 4598). — qui est *fehlt*. 5160. et *fehlt*. 5175. li] le. 5176. tout — communäment. 5177. Cains. 5179. de si] si de. 5182. cl — *der Vers ist eine jämmerliche* cheville. 5190. lies portast — *die Zeile lautet im Cod.:* Ne ke iamais port cor. 5192. *Dativ.* 5204. ou] vn. 5206. ele. 5210. conte con prens et sage. 5219. quidier *wie* tenir *construirt*. 5240. metre en deport *,vergessen'. Vgl.* deporter. 5246. anuiement. 5251. V il. 5254. Ki. 5261. iehen. 5262. ben. 5263. la *fehlt*. 5267. Kil. 5272. s'est montes] sest et leues. 5275. isirent. 5276. uinrent. 5282. i] et. 5285. Et *fehlt* — soies *zweimal* (*Einzahl wegen* scurs, *allein* 5289 sacies). 5293. 4. *Dasselbe Reimwort, einmal falsch; auch* 5295 *ist verdorben. Sinn:* Et a tres grant ost (*vgl.* 5366) esgarde. 5296. pres. 5301. queles] quels. 5302. sires. 5306. issuees. 5313. a rire] ariere, *so schon* 1000. 5317. ie ne *fehlt*. 5318. ce] se. 5321. chief. 5322. arceueschies *weiblich*. 5324. li. 5328. duremen. 5340. redirai. 5344. mengoigne ains. 5347. uenissies. 5348. uossisies. 5353. Kil. 5362. se *fehlt*. 5368. le chem. 5375. De] Des — de guises *„mannigfaltig", vgl.* soie a colors de manieres. 5406. *Deutlicher ist* 5417. ouure de **mainte** guise. — rices et ciers *muss auf* garnimens *bezogen werden*. 5376. de] des. 5381. meisme. 5391. autrestant, *vgl.* entrestant. 5398. Tout. 5402. lor] lors. — *Es ist das im Dativ stehende Object („die Ritter"), weil der von* veoir *abhängige Inf. einen Accus. bei sich hat*. 5403. Verges. 5417. deli-e, *s. zu* 541. 5423. bele] cele. 5424. ou] vn. 5432. Et *fehlt*. *Subj. Gawain*. 5435. lui] li. 5441. parans „*stattlich*" *so Rob. d. Teufel c.* 4. d. (nus ne uit) plus bel arme ne mieus parant. *Gaut. Coincy* 71, 1909. neben semblans, *Roi de Sezile* 200. neben biax, *ebenso Durm*. 5209. 5443. 5451. fausdestuef. 5444. nouef. 5448. Et *fehlt*. 5450. Daornement. — saint. 5452. se (*„bei sich"*) *fehlt*. 5454. mais „*nie*". 5457. oder a droit? 5458. ki. 5460. Car] Ca. 5471. le garde — connoit. 5477. Tout. 5478. deseuirent. 5481. la *fehlt*. 5487. Larceuesques. 5488. ki. 5496. Ele li distrest uerite f. 5500. k'ele] kel. 5504. *bessere* ainc. 5505. li. 5507. dararain ke li. 5508. quisist *findet sich auch sonst, Oxf. Psalter* 39, 10. requisis. 5517. sires. — barons „*Gemahl", in dieser Bedeutung nie in der Form* ber. 5525. monde. — sot] soit. 5527. fors. 5531. esprons. 5537. s'ose aloser *statt* ose s'aloser *s. Tobler Gött. gel. Anz.* 1874. *S.* 1048. *zu* 4600. *Andre Beispiele bei* avoir: voudra s'a nos meler *Parise la Duch*. 36. Or ne s'a R. dont doloir *Rob. d. Teufel c.* 1. a. ne s'a de coi aidier *Ogier* 8238. *Hugo v. Bord.* 225. *Renart* 758.; *bei* estre: li amiraus l'est uenus araisnier *Ogier* 2636. l'estoient venu querre *Amadas* 781. l'est ales cnuair *Renart* 14868. *ähnlich Tobler Mitth* 58, 1. 67, 10. 74, 21.; *bei* faire: il l'a fait bon baissier *Tobler Mitth.* 20, 24.   5539. *Interessant wegen doppelter Hin- und Gegenrede.* 5545. cuises.   5556. kaues.   5557. Sire cheu. *könnte auch als Anrede zu* 5556 *gehören.*   5567. demoustre. 5571. se entratissoient.   5572. ke.   5573. ke *fehlt.* — cacuns. 5574. mieudres.   5577. fera plus.   5581. sentratirent.   5584. lors. 5585. esprons.   5596. tout. — communăment.   5597. ains. 5606. ke] ca.   5615. ice *statt* icest.   5617. ie alaisse. 5619. *Dativ zu* deschaindre.   5627. il] cil.   5630. atendu *s. zu* 2059.   5637. dont] sui. — estre folé *von* foler (*absolut*) ‚Thor sein, thöricht handeln'. *Renart* 20804. *Rusteb.* II, 437. *Du Cange s. v.* follis 3.; *Bartsch R. u. P.* II, 24. 22. *Barb. u. Méon* IV, 404. 367. *Phil. Comp.* 3344. (*diese drei Beispiele Tobler*). — *Man sagte auch* foler qu. „*betrügen*" (*trans.*) *Renart Supl. Chab.* S. 227. que il les a folé. — *Häufiger ist* foloier.   5639. cui] qui.   5643. fuisse.   5546. Si *fehlt, dafür Cod.* Proi nous (*könnte bleiben*).   5649. pes.   5652. uiet (uětet).   5664. ne iotrieroie.   5665. nul.   5667. Biau.   5670. n'en i] ni. 5671. plce.   5672. Brien — faice.   5675. penses.   5683. Coi kil.   5689. a *fehlt.*   5690. 5692. ke il] kil.   5692. pris] plus.   5694. ke k'il] kil ki.   5699. cis (*bleibt*).   5700. hontes *männlich, dagegen* 6043.   5701. par] por.   5704. deui. 5719. kil.   5724. m'ai esprouue *s. zu* 3742.   5725. sui] si. 5728. desdire qu. „*Lügen strafen*", *vergl.* se desdire 492. 5729. *bessere* nerite.   5731. lui *Gawain.*   5733. ains.   5735. ki]. 5736. partesist *Diez* II[3] 239; *vgl. noch* departesist *Fergus* 159, 1. fornesissent *Durm.* 12559.   blanchesist *Descon.* 5286.   tapesist *Q. L. D. R.* 73. garesis *Marie de Fr.* I, 94, 617. peresist *Hiob* 360, 23. vestesist *Melus.* 2769. (*im Conj. Plqpf. am häufigsten*); establisis *Ps. Oxf.* 88, 46. nourresis *Hugo v. Bord.* 24. *Gautier Coincy* 404, 201. norresimes *Raoul Cambr.* 74. 142. traïsis *Berte* 2222. (*Pfct. Ind. seltener*). — *Davon ist wohl zu unterscheiden* ocisirai *Gaydon* 186. escrisies *Gaufrey* 113.   5738. n'en] ne *und* ia *fehlt.* — *Der Genit. abhängig von* rien. *Besser wäre:* n'i uaut ia nis p.   5751. uoieant.   5757. li aatist.   5761. en *fehlt* (*oder* s'en uient).   5763. atendent.   5774. ca *fehlt.* 5778. ladrecent.   5789. Sentortelerent.   5791. C'andui] Car dui.   5801. seigner.   5803. ban (?); *es kann auch* van, vau *gelesen werden* (*Tobler: vielleicht* au bas).   5803. recueille. 5805. il, *offenbar das Pferd, ebenso* le 5803. *Man vermisst aber dessen Erwähnung vor* 5803, *damit sich das Pronomen auf etwas beziehen könne.*   5818. mout estor *etwas hart, besser* dur, fort.   5821. 2. mains menre, *Tautologie;* „*nicht viel weniger klein (gleich ‚gross')"* — Cod. menres. 5823. *Sonst pflegt man* entre *nicht mit dem Hilfsztw. zu verbinden.* 5838. uint. 5839. sil. 5840. ramenbroit. 5841. perduee. 5845. par ci (*statt* si) *„unter der Bedingung"* — fianca. 5846. Que] Con. 5849. A] A a. 5854. riens. 5857. Cil qui en qui — biens. 5859. mis: 5862. il *fehlt*. 5866. ceste. 5872. trauaillerent. 5875. mal] bien. 5876. ke] ki. 5877. ca compaignie. 5887. nuli. 5888. tres *fehlt* — tout — merueille. 5891. Que. 5892. tout — *der Vers ist wiederholt.* 5895. aconssiure. 5897. tout. 5903. a meismes d'aus, *grammatisch* = in ipso illorum, *‚knapp (gerade, ganz) bei ihnen',* *vgl.* 9454. a meismes d'iluec. *Ausserdem Lancelot v. Jehan* 12652. a meismes l'eure *„gerade in dem Augenblicke"; ähnlich* en meismes *„bei derselben Gelegenheit":* Vos me rendres cel cheual noir, Car a mon frere le reubastes Et en meisme le naurastes, *ibid.* 4882. 5904. cil] il. 5909. preudom; semble] *hat unbedenklich Nomin. und Accus.* — dage. 5916. Biau 5918. dite. 5920. sera *pik. statt* sara, saura. 5925. li] le — *auffällig* a *nach* savoir. 5926. 9. biau. 5932. apele on Hiatus, s. *Oest. Gymn.-Ztschr.* 1874, S. 138.; *ebenso* Ph. Mousket 1051. *Brut.* 2012. *Lancelot v. Jeh.* 8168 (si m'apele | on), 10250 (le treuue | on lisant); *daneben auch Ren. Mont.* 10, 20 le trouera l'on. 5935. a ore] acore. 5936. cheualier a. 5938. 47. biau. 5940. ia *fehlt*. 5957. Kissi. 5964. darmor. 5965. ains. 5980. Se cist] S ce. 6004. Sele. 6005. n'em prenroit] nemproit — *nemlich:* a femme, *der Genitiv* en *abhängig von* mie. 6006. ki. 6007. ke. 6015. lui. 6017. seroit, *sc.* la roine. 6019. Quele. 6021. tout. 6024. quil. 6029. Quele. 6032. Kil. 6035. Ne n'ert] Nen ert. 6038. cose] itel cose. 6067. celi. 6070. kil. 6077. ki] ke. 6079. qui. 6081. Legierement *wahrscheinl. fälschlich wiederholt; etwa* seurement. 6083. de] de ma. 6087. Ki *zu* Briens. 6088. fu] fu biel. 6097. ki il] kil. 6100. Et] Et la est. 6105. set; 6109. cui] ki. 6110. c'ot] ot ce, *vgl.* 5462. 6114. *verdorben, wahrscheinlich* en *statt* ne. 6115. tel. 6116. et] briens et. 6117. Qui li] Que si. 6118. d'aus *fehlt*. 6120. Son] Que. 6124. redison. 6129. Que — ne contrerent. 6136. li. 6137. Entre aus. 6142. dehacies, *ebenso* deshascie 8523. *vgl.* deshocie 7597. *von einem herabgekommenen Klepper. An* hache *ist kaum zu denken, eher an* haschie, *wobei aber des* dann *nicht passt.* 6143. esperonal *heisst sonst „Sporn", so: Jerus.* 71. 120.; *hier „die Stelle des Pferdes, die von den Sporen getroffen wird, die Weiche"* (*Tobler: ebenso Ren. Mont.* 18, 27). 6145. enclumes (*Tobler: etwa vom Hinterteil des Tieres, vgl. Renart* 28356). 6146. enquetume (inquietudinem) *„Krankheit", St. Eloi* 103[b].

6147. camores, *dem Sinne nach ‚mit einer (welcher?) Pferdekrankheit behaftet'. Baud. Condet* 166, 400 *hat* camorgne *von einem Leibesfehler. (Tobler: Gloss.* Glasgow equus hortecaducus : cheual camerus, *wozu wol* cheual chamorge *bei G. Coincy heranzuziehen ist). Letzteres steht im Reim mit* gorge 401, 68. 6152. les. 6155. roungat. 6157. keusissent, *die unbetonte Silbe diphthongirt wie bei* cueillir. 6161. atillies *„aufgeputzt". Dieses Wort fehlt in allen Glossaren; wir trafen es schon oben* 1133; *dann Erec* 354. 6776; *Doon v. Mainz* 92. 334 *‚sich rüsten' (davon* atillement *Doon v. M.* 57.*). Die Handschriften schwanken zwischen* atillier *und* atirier, *da beide ihrer Bedeutung einander sehr nahe kommen.* 6163. roié *‚gestreift', wie früher* roé. 6164. Esres (exrasum?). 6165. — 1 *(etwa* pas *nach* n'ot *einzuschieben).* 6168. haligoter (harligoter, harigoter) *‚zerschneiden, zerreissen' s. Littré s. v.* haricot. I. *Das Wort steht vom zerhauenen Helm,* Mort Garin 62; *andre Schreibung* aligoter *Baud. Cond.* 168, 486 *‚zerrissen'. Jonas und der Wallfisch (Arsenal* 283. *f.* 134r *a):* es pies ot esperons dores Dusc'as genols aligotes. *Hiob* 291, 10. 15 *offenbar von einer Mode ‚ausschneiden'. Vgl.* aligot *Descon.* 2568. — *Ein Substant.* harigote (*mit stummem* e) *belegen* Roquefort *und* Henschel. 6171. nicole (?). 6177. Esprons. 6178. bous *(ein Bestandteil der Sporen), feminin wegen* routes, *mir unbekannt; vielleicht* roes *(und* si *streichen).* 6181. meru. 6183. uoloient. 6184. s'esueille] lesueillent. 6193. kil. 6202. li fui] le fini. 6204. ki. 6205. de porpiece *s. zu* 442. — biau. 6209. peres. 6210. sires. 6215. (*statt* 9215). 6217. Kest. 6219. leust. 6223. ke il] ki (*oder* ne ne). 6230. li] le. 6235. peres. 6241. le *(sc. Schild)* mien pere *(Genitiv).* 6243. seigner. 6246. escuier. 6247. foibletement. 6257. 8. paine : guise (*ich weiss keinen Rath).* 6263. Se ie] Se — *das zweite* ie *ist* si *zu bessern.* 6265. Ki *auf* me (6264). 6266. ices. 6276. grant. 6277. en] en si. 6279. s'est entres] ce sacies. 6280. En] Entres en. 6281. autre] une autre. 6287. cuidier a qc., *wie* 5219 por; *durch Analogie von* tenir. 6290. ne dist *fast abgewetzt.* 6296. n'arriestoit] ni ar. — *Die wallonische Diphthongirung ausser dem Ton, auch sonst, wenn auch selten.* 6297. Nul liu] Nului. 6302. lai, *regelmässige Darstellung von* lacum, *wie* vrai. 6305. nef] nes. 6309. buiron, *Nebenform* buron *„Hütte", meist neben* maison, *so Ch. de la Charrette S.* 172 *(Tarbé),* Watriquet 251, 621., *bei Littré als veraltet.* 6310. lor *‚den Thürmen'.* 6311. gues *mit stammhaftem* s, *s. Oest. Gymn.-Ztschr.* 1874, 159. *zu* 11619. *So noch Ren. Mont.* 116, 42. *Gottfr. von Monm.* 569. *Dolop.* 86. 6312. Sil — ke il] kil ne. 6213. ke il uera] kil uenra. 6317. et] et tout. 6319. 20. *franz.* uaucel : prael — Trueue. 6321. ains. 6322. Et *fehlt* — ke une. 6323. plaisans] plaisoit. 6334. ou] .1. (*d. h.* vn). 6337. 6340. ains — *,wie er nur je ein Schwert gesehen'.* 6340. mains] *lies* mais. 6342. semeille. 6343. Nocle dor. 6346. Quele — tout. 6347. frese (*statt* fresc). 6348. *,bis in die Mitte'* — dont. 6350. Volentiers *gehört zu* seust. 6351. le] li. 6361. A] A li. 6363. grant. 6366. he-aume *s. zu Richart* 24. 6368. pensis] pensens, *auf den Balken des zweiten* n *sind* i-*Striche.* 6374. esueilles. 6389. biau. 6390. u...lies *(ein Loch im Pergament).* 6391. VnJ V. 6397. ki ia] ke ia. 6401. Mout honnor. *Bekannt, dass* molt *adjectivisch gebraucht wird; aber ebenso ist der adverbiale Gebrauch* (*mit oder ohne* de) *gesichert; so in unserm Texte:* 11562. Et ot mout tables par laiens, 8503. il ot eue mout paine *vgl.* 6417; *selbst wenn es nachgestellt ist:* 8675. auentures ont mout trouees. *Ich war daher Aiol* 2522 *zu ängstlich, dass ich* Lecheor i auoit mout asambles *in das allerdings richtige* Lecheors — mous *änderte.* — *Dasselbe gilt von* tant, quant, *s. unten* 6607. 6401. Et ie remanrai *,ich werde warten' ist die Antwort auf* 6390. *Freilich ist sie sehr entfernt und ein* Et ie uous siurai *oder* o uous irai *würde mehr passen.* 6402. Et puciele boin. 6405. eslacie. 6408. Rapareilles et remontes. 6412. grant. 6413. kil] ki. 6417. *man braucht* mout *nicht mit* hennir *zu verbinden, sondern mit* cheuaus, *s. zu* 6401. 6421. ke il] ki — ploroient. 6427. *besser* l'escrie. 6428. apere *von* aparoir. 6429. ki] ke. 6432. destrois *ist aus der vorigen Zeile wiederholt; vielleicht* manois. 6435. Biau. 6437. Kains. 6461. Dusques a. 6464. *,wir wären mit dabei gewesen'.* 6465. ors *seltene Schreibung, entsprechend* lors. 6466—9. verderbt. 6471. gramie. 6474. que *fehlt.* 6478. cheualier. 6493. ki — nes. 6495. *Eine Silbe fehlt und* plus *stört.* 6497. ains. 6499. viet hons. 6500. Kil. 6508. treuue. 6509. si *fehlt.* 6510. preudons. 6512. sires. 6515. il *fehlt* — demoura. 6518. uoloit] uoellent — enquester *(noch nfz.) kann ich aus alter Zeit sonst nicht belegen. Davon* enquesteur *bei Henschel und Watriquet* 211, 407. 6519. peut. 6520. dilueques. 6521. auoeques. 6524. *lies* cheualier, *Cod.* chealiers. — *Der ganze Ausdruck* dusc'a .vi. cheualier *ist als ein Wort aufgefasst u. daher Nom.*(?); *vgl.* 9401. 6525. tortins, *Durm.* 8244 *im Reim u. öfter; andere Formen* tortis (z), tortius. 6531. Ki. 6532. les] leur. 6534. si] se. 6537. et *fehlt.* 6539. uerger. 6544. li] l. 6545. Qui *fehlt.* 6550. ele *fehlt.* 6551. renouuile. 6554. *dem Sinne nach:* Et si est ele plaine d'ire. 6556. Que autr.] Cautr. 6558. kil. 6563. li] lui. 6570. n'est] est. 6574. 6577. 8. tout. 6575. ci] ici. 6582. iors *die Zeit*

ANMERKUNGEN.

stimmt nicht (zu kurz). 6586. nouuile. 6590. Anoeques. 6591. nouiles. 6595. qu'] *fehlt.* 6601. Cains. 6602. n'] nen. 6606. Ne *fehlt* 6607. tant besoins. *Man erwartet* tans, *doch trifft man diese Unregelmässigkeit so oft (z. B. in Gregors Dialogen), dass eine Aenderung nicht räthlich. Man fing an,* tant *adverbiell zu fassen, s.* Burg. I, 191., *zu* 6701 *und vgl.* 9358. 6611. celui. 6615. si] si li. 6621. proce. 6625. qui] q̃. 6628. qu'ai] quoi ai. 6630. resambles] sambles. 6635. ke ele] kele. 6649. ke] kele. 6650. Crature. 6653. comme] comme cōm. 6655. Que] A. 6668. esleecier] leecier. 6669. peut. 6671. Deures *auf Rasur — „von Zeit zu Zeit'.* 6673. peuisse. 6674. estuisse] entuise. *Bekannt ist die burg.-pik. Eigenthümlichkeit, vor einem Zischer ein* n *einzuschieben; oft im Durmart, Auberi. Im letztern steht noch die vollere Form* enstuet *Tobler Mitth.* 253, 8. *Aehnlich ist* encheisou *(norm.) statt* ochoison (n *vor* ch). 6677. se] le. 6680. s'en durent] durement. 6681. feissent. 6684. u *fehlt.* 6691. li] le. 6697. kemande, *unbetontes* o *geschwächt wie* quenoistre. 6706. n'est] est ne. 6709. et *fehlt.* 6711. lui] li. 6714. Nen. 6732. Ki. 6738. ert. 6739. ot] lot. 6746. *Die Zeile ist von späterer Hand geschrieben;* del *vom fem. (statt de le) ist zwar pikardisch, kommt aber in unserm Text sonst nie vor.* 6751. C'a; *das que nimmt das* que (6750) *wieder auf, s. zu* Richart 1893. 6774. uous] dame uous. 6776. biau. 6778. escus. 6787. Ne ne] Ne. 6788. Nonques. 6789. *„den Knappen, welcher ihn (Dativ* li *wegen* faire *mit Obj., d. h. hinzuzudenkendes* le, *den Schild) den Schild tragen liess durch die Mittheilung'.* 6790. k'il li] kili. 6791. il *sc.* escus. 6792. lui *sc. der sprechende Knappe.* 6801. baissie. 6807. Que ele — age. 6809. pensence. 6820. des Vaus] de v^{a}us. 6821. de] *bessere* des. 6827. rien *fehlt.* 6829. il] i. 6831. kil. 6833. Tant con *„bis todt wäre'.* 6834. tint. 6836. uo suer estoient *auf radirtem Grunde von zweiter Hand.* 6838. Et *fehlt.* 6839. mentere] met'res *d. h.* menterres. 6840. traites — lerres. 6842. *dem Sinne nach:* Mais il osa forment mesprendre. 6848. on] vn. 6849. poroit *sc.* amender. 6851. Li seins. 6856. cil *sc.* Briens — mudre. 6863. kil. 6868. atendi *s. zu* 2059. 6874. traites. 6881. celement. 6886. cui] ki. 6889. Que. 6891. et grans] et Gm̃t. 6893. lors. 6896. seigner. 6898. il *fehlt.* 6900. l'une] lun. 6902. ce] cel — asseoir ior de qc. *„für Etwas einen Tag ansetzen'.* 6906. crestiens *zweimal.* 6913. tel le requisent *„talem terminum quaesiuerunt'.* 6916. brien. 6917. ne quant ne tant. 6919. karehees. 6923. hons. 6924. genuis. 6934. *fehlt „denselben' sc.* Gawain — tel] quel. 6935. Que il — son conseil, *freier Acc.*

ANMERKUNGEN.

wie son uoeil. 6936. auoec *adverb.* 6943. sans quidier
‚ohne Zweifel‘. 6950. lors. 6954. kil. 6959. kil.
6964. conuenances il. 6966. ahurter l'afaire, *wie sonst* atorner,
mir neu. 6967. seur] sur. 6969. kil. 6972. tres. 6975. bataile. 6979. *lies* desconoistre. 6980. Mesires. 6982. riens.
6984. tes (*sc.* armes) *zu verbinden mit* 6987 desrompues, *das
epexegetisch dazutritt, durch* itels 6988 *wieder aufgenommen.*
6988. i] *besser* li. 7008. gloise] goise; = glīcea, *Nebenformen*
glisse *und* glaise; *für ersteres ein Beleg bei Littré s. v.* glaise,
für letzteres G. Guiart 3684. 7012. mesires. 7017. sires.
7024. ains. 7033. plaist. 7037. a *fehlt.* 7039. preudomme.
7043. kil. 7062. Mesires. 7066. Si oste. 7068. kil.
7075. ains. 7078. lait. 7087. *bessere* par. 7088. soit
fehlt — dusques at. 7061. puest. 7097. riens. 7102. a *fehlt.*
7104. Et] *besser* Il *oder* En. 7108. estes t. i. este — croupier *von einem feigen Ritter, von* croupe. 7110. Riens.
7112. fait *neben* ocist *ist falsch.* 7118. riens. 7122. la
dame *Dativ.* 7135. bei l'esgarder *ist der Apostroph beim
Druck abgesprungen.* — recreoit. 7148. deueroit. 7152. sans
point de demorer (+ 1). *Wenn kein* de *da steht, dann ist* demorer *von* sans *als verbaler Infin. abhängig: ‚ohne irgendwie
zu zögern‘; so* 6764. sans point delaier. 7157. samble,
7159. guencir, *‚ausweichen‘ in der Antwort, also fast =* mentir.
7172. Nous] Ne. 7185. la *fehlt.* 7197. tout le] tous.
7206. ains. 7218. *‚und was immer er auch sagen mag, sie ist
es zufrieden‘.* 7219. deust. 7231. tiece. 7243. doinst.
7246. et] e. 7254. et escouta] et il esc. 7259. iours *fehlt.*
7267. pite. 7283. ie *fehlt.* 7286. ne le. 7288. tout *‚in
Allem‘, ebenso* 7290. 7300. non *fehlt.* 7301. Sires — parorous. 7303. sĭe, *pik. statt* sie-e. 7305. ie estoie. 7311. *bekannt ist* geter qu. de prison. 7321. *bessere* K'il. 7324. ki.
7326. riens ains. 7332. ie *fehlt.* 7335. nuli ki aidier me
peust. 7337. ains. 7343. hons. 7345. i *fehlt.* 7347. tous.
7351. a chief de ce] de chief a ce. 7365. riens. 7373. a (*vor*
fuison) *fehlt.* 7377. cheuauce. 7392. me *fehlt.* 7393. dus
castel, *derselbe Fehler* 7404. 9671. 7396. est il si. 7398. kil.
7400. *Vielleicht* N'ait *zu ändern.* 7403. signorie] seiornorie.
7404. Duscastel. 7406. uenrai. 7407. poir. 7412. tous.
7417. puest. 7419. nul *fehlt.* 7422. ki. 7430. em porterent]
destourserent *(wiederholt).* 7433. Si oste. 7436. cauec *ist*
caueç (caues *R. Manek.* 3465) *von* capitium, *der Bedeutung nach
=* nfrz. cheuet (chef + et). 7440. miudres. 7443. diex *fehlt.*
7416. ki. 7457. Sarme. 7462. et] et lors 7463. En *fehlt.*
7469. riens. 7472. ki. 7474. grant. 7478. Lors. 7479. andeus *Dativ* — lors frais — *das zweite* lor *‚dann‘.* 7481. *lies*

ANMERKUNGEN.

couches. 7482. porrent. 7488. encor] encor ses. 7489. tenre.
7495. set] sest. 7498. *Subject:* ele, *Object:* „*den Ritter*'.
7507. enqrroit. 7508. n'as] na. 7512. Biaus *fehlt* — a] sans.
7514. quel. 7518. onuient — nouiles. 7519. ceiui. 7520. k'il i] ki. 7524. lors. 7531. auoeques. 7537. tout. 7544. riens.
7549. ainques. 7554. sil. 7564. qui. 7568. por piece *,in einer Weile'*, *s. zu* 442. 7569. oré (?) 7585. seignor. 7587. Ses „*sie selbst'*, *die Frauen.* 7589. ueillent *ist unklar, vielleicht* mainent. 7597. deshacie] deshocie *s. zu* 6142. 7598. mes-aemer (esmer). 7599. coite] coñte. *Bekannt ist die Verwechslung* coite *und* cointe *in den Handschriften.* 7605. la *fehlt.*
7608. höhnend gesagt. — il *fehlt.* 7612. dirai. 7613. desfi *fehlt.*
7615. uoirs. 7624. percerent. 7630. li *fehlt.* 7631. Larcons.
7632. kil. 7633. bric. 7636. cui il] ki i. *,Jener, dem am Kampfe nichts weiter liegt'.* 7638. cil *,der mit den zwei Schwertern'* — amende. 7639. *,wie er es ihm angeben werde'.*
7641. *,wenn er ihn überhaupt begnadigt'.* 7645. so *die Handschrift. Viell.* entreprendre = mesprendre *,dawider handeln'.* ente (*Subst.*) *mit* prendre *kenne ich nicht.* 7647. il *fehlt.* 7656. tous.
7657. ki. 7663. tout. 7670. ki. 7688. ert. 7690. espronne.
7691. Qi. 7694. *,Wenn er Lust hat'.* 7696. cui ses] ki ces.
7702. si que ront] en .i. mont *wiederholt.* 7703. Le] Et ront le.
7706. *so; entweder statt* frain *ein Wort, das Pferd bedeutet, oder statt* esperonnant *zu lesen* alasquissant. 7709. il lor] lor il; *in diesem Fall ist* lor *zeitlich; bei* il lor *ist es der Dativ.*
7713. 7715. tout. — fiance. 7717. ke il lor tort] ki lort atort.
Ueber diese stereotype Redensart s. Oest. Gymn.-Ztschr. 1874. S. 140 *zu* 532. 7727. Kil. 7729. alerrent. 7732. ki.
7740. n'en] ne. 7746. cerf en pain (?) 7747. enuoient.
7750. donoient. 7753. quel le feront *s. zu Richart* 2393.
7759. meteront. 7765. 7766. tout — s'apuier a un conseil *,zustimmen', s. Littré und Burguy.* 7784. uinrent. 7794. si *fehlt.*
7800. sans] pas sans. 7803. i] *vielleicht* il *,der Ritter mit den Schwertern'.* 7806. Si les] Sest. 7807. son cors *,des Königs', d. h. ,sich selbst'.* 7810. si *fehlt.* 7823. mien. 7829. ie aie.
7831. mouerai. 7832. atort. 7846. tout. 7849. au cief de fois (?) 7853. Por ke *,vorausgesetzt dass'.* 7859. non *so.*
7862. nouiles. 7865. auoeques] uoec. 7869. si] ki. 7871. qu'ot *fehlt.* 7876. uerront. 7877. aront *erwartet man die Einzahl: ,er selbst' werde genug zu thun haben.* 7883. puis] pas puis.
7893. Tendus. 7897. Et *fehlt* — kil. 7900. se sont] toutes.
7902. *,er selbst (man vermisst* il) *trat aus dem Zelt'.* 7905. armer.
7913. folie] f. et. 7920. het. 7924. *,Hirtenknabe'.* 7928. ains.
7931. si *fehlt.* 7937. ci *fehlt.* 7938. A] Ci a. 7941. esperons] esprons. *Früher hatte ich* esporon *geändert, das in dieser*

ursprünglichen Form im Pikard. sich erhielt; doch ist einigemal esperoner *ausgeschrieben.* 7942. des. 7962. Il] *besser* Cil — uait] uas. 7963. *unverständlich; vielleicht* Ains l'encauce, *wobei* pener *abs. stehen müsste. Dem Sinne entspräche:* Il ne le uait entrelaissant De l'encaus, mais de l'assalir Se paine et de lui m. 7964. mabaillir, *wie* atre *statt* altre *u. s. f.* 7965. ki. 7972. *besser* li desserre. 7973. heiaume. 7978. lors. 7979. ert. 7981. ke. 7986. cui] ki — a] la — iustice. 7990. auoerie *eigentlich „Schutz‘, hier ist die Vertretung im Kampfe‘ gemeint.* 7995. la teste] laste. 7998. a tous iors (?), *vielleicht* a la fin. 8012. conuint. 8023. leues. 8026. mengerent cil. 8037. sa dame *„seiner Mutter‘.* 8041. aprocerent. 8042. cains — *„denn Abenteuer .. hielten sie nicht auf‘.* 8043. encombriers. 8048. lors. 8052. kil. 8054. Iu, *wohl* iocum; *offenbar ein Sprichwort, mir unklar.* 8059. *„sich abwenden‘.* 8062. ce ot (*bleibt*). 8066. so, + 1. 8072. ke il] ki. 8074. Viex, *dial. statt* uius, uils (uiles). 8076. hent. 8080. hons. 8081. fu] fu vns. 8084. a l'espee] asespee. *Oder: „dieser mit seinem Schwerte‘* Cil a s'espee. 8085. cist] ci. 8086. preudome. 8087. ke il] ki. 8089. 8090. *von mir umgestellt.* 8093. ke] k. 8109. assambles. 8110. ke. 8111. Vees *einsilbig, wie oft.* 8114. li] lui. 8123. ont. 8124. gente *Druckfehler statt* gent, *bessere dies* gens. 8130. *„Gericht hielt‘.* 8131. de quel conte *„mit welchem Rechte‘, vgl.* 2822. 3880. *Ebenso* Doon v. M. 302, 17. De quel conte aues uous ma cuignie adesee? 8132. noise; 8141. Apenseement *„bedächtig, vorsichtig‘* (?) — 8141. 8142. li] lui. 8144. les *„die Damen mit dem Ritter‘.* 8145. dusq el. 8146. s'esmouske *Fechterausdruck.* 8148. iui? (iehui). 8154. li comuns, *auch* la comune *„der niedrige Haufen, das Volk‘, bes. häufig* assembler la c. *„das Volk in Waffen‘, etwa =„Landsturm‘.* 8162. les] le. 8165. tout. 8173. Vees *s. zu* 8111. 8176. angoissent *absolut?* 8179. Tuit] Tout (*konnte bleiben*). 8180. uielment. il *wird nicht* iel, *aber* iu *wird* ieu. 8182. lors. 8185. ki. 8189. et lor, *besser* et son. 8192. fierent *dial. statt* firent. 8196. ... ge (*ein Loch*), *vielleicht* lige. 8204. celes] ceus. 8213. enprises, *vielleicht* aprises. 8229. riens. 8232. il *fehlt.* 8233. et *adversativ.* 8242. di-ies *für den Reim.* 8245. grant. 8246. lonc. 8251. Si issent. 8252. coraiors, *vgl.* 9895. *Der Copist hat* -ors *statt* -ós *oder* -ous (*wie er sprach*); *dies ist mir neu; dagegen bekannt* (*oft Veng.* Ragidel *u.* Descon.) *ist* -ols (*durch falsche Analogie* u = l), *das lautlich nichts andres als* -ou. 8254. o les. 8256. kains. 8253. un. 8269. age. 8274. Si] Et. 8275. Entre. 8286. N'il] Ne il (*besser* Il). 8289. lors — sentremesist. 8296. kele. 8298. point *fehlt.*

ANMERKUNGEN. 411

8319. ains — fui, *ergänze: „wie ich es j. bin'.* 8320. riens.
8325. ke] ki (= cui). 8328. ki ne] ki le. 8329. pite. 8334. que
(*in c'a*) *nicht von* tenir *abhängig* („*dass er nicht'*), *sondern begründend:* „*denn er musste weinen'.* 8343. ie *fehlt.* 8344. que ie] con le *(konnte bleiben; le* wäre *dann auf das erst folgende* ki uous *estes hinweisend).* 8352. mapelon. *Vielleicht meinte der Schreiber* m'apelónt *(die spätere volkstümliche Form).* 8363. certaineté. *In diesem und ähnlichen Wörtern ist* t *des Suffixs gegen die Regel geblieben, vielleicht aus Analogie an die Nomina, wo dem* t *ein Consonant vorausging. Doch giebt es viele regelmässige:* ordeé, quiteé, sainteé, casteé *(daraus unorgan.* caasté), neteé (*vereinzelt* neeté Fierab. 120), ueueé, ligeé *u. s. f.*
8372. kil. 8376. *zweites* ne] ni. 8378. est *fehlt.* 8380. lala.
8384. Ca a celui. 8388. lors pl. 8392. penst] puest. *(Der Schreiber las statt* penst *falsch* peust, *statt dessen er* puest *schreibt).* 8394. et] si. 8386. sa *fehlt.* 8399. ueu
nauoit. 8401. ki. 8402. minuis. 8405. mos (*statt* mous, mols) — kieute (s *abgewischt*). 8406. du nouiaus] *dunkel. Vgl.*
Perciv. 26380. A P. ont fait un lit Haut de nouuel estrain batu.
8407. „*von beiden Seiten'.* 8408. graeles (?). 8409. enuoient.
8413. Oreillies. 8420. uilains. 8422. *Sinn:* „*sie hatte Gelegenheit dazu'.* 8428. a aparceu] apceu. 8438. kil.
8439. au] a. 8441. „*meldet man es der Aebtissin'.* 8455. ie
fehlt. 8456. d'un] du. 8457. tres *fehlt.* 8459. ke] ke ie.
8460. ore] ore pas — *der Vers ist wiederholt.'* 8467. „*und Ihr hättet zu lange zögern können mit Eurer Ankunft'; denn sie wäre schon beinahe eingekleidet gewesen.* 8473. nous] uous.
8487. esrerent] rerent *ist abgeschabt.* 8500. *vielleicht* destains.
8503. ne gaires n'auoit „*und zwar vor kurzem'.* 8506. tramoiant? (*vielleicht* cramoiant *statt* gramoiant). 8515. biau.
8522. de cui] dont ki. 8531. Qu'ai] Car. 8535. ki. 8537. roi
fehlt. 8552. Soirrent et. 8563. lasse *Subst.* „*Müdigkeit'*, *s. Gloss. Ben. Chron.; sonst* lasté *und* laste. 8570. sil.
8575. predomme — aaisie] aise. 8582. ce k'il] cel ki.
8589. bele] bel. *Die zwei Adj. gehören zu* maison. 8600. De biau] Du. 8602. lors ch. 8604. sires. 8605. aisier.
8606. choucerent. 8607. Maladä (*2. man. corr.*). 8608. 9. hastent .. haster! (paincnt?) 8610. lentendent — gaster „*vertreiben', wie wir sagen:* „*todtschlagen'.* 8613. furent *ergänzt sich leicht aus* fu (8612) *zu* misses. 8615. oront. 8616. ploront. 8616. gayn *oder* ga-in *h.* „*Herbst' oder* „*das was im Herbst geerntet wird'.*
Wie hier tarte de gain (?), *so steht* fromage de gaain Renart 18378 *reimend mit* engin *und Rom. Rose* (Michel) I, 251 *unten mit* saïn. 8620. so. 8630. coucherent. 8639. deuant *attributivisch zu* ior. 8647. sercort. 8648. ce k'il pot *freier Accus.*

‚nach Kräften'. 8653. — 1. 8668. menes. 8670. tout.
8674, mout *s. zu* 6401. 8676. se *fehlt.* 8677. entre eus.
8679. kil le truisent. 8680. k'il puissent *‚insofern es von ihnen abhängt'.* 8661. en *fehlt.* 8685. hu. 8688. lonor.
8690. les *fehlt.* 8699. De le *‚in der Breite'.* 8703. plaisans. 8707. pesteleïs. *Suffix* eïs *(Substant.) drückt eigentlich die Handlung aus, wie:* ploreïs *‚das Weinen'; hier das Resultat der Handlung: ‚Gestampfe — zerstampfter Boden'. Das Subst. findet sich Froiss. Gloss. —* pesteler 1) *‚im Mörser stampfen'*, *Aliscans* 108. *Gaydon* 5. 2) *überhaupt ‚zertreten', Doon v. M.* 49 *u. oft.* 3) *absonderlich „zappeln", Fierab.* 77. 8712. ki.
8722. kil. 8725. parceu] peeu. *Ich hätte hier und sonst besser mit* perceu *auflösen sollen; zwar findet sich keine der beiden Formen ausgeschrieben; doch lässt sich letztere aus* apreceuoir *(s. zu* 885*) erschliessen.* 8731. ce me samble.
8745. *im Widerspruch mit* 7864 *ff.* 8747. euer. 8749. uoliies *für den Reim.* 8755. lors. 8757. sous] sor — assielles.
8758. metent en. 8763. escus. 8766. ciele *(burg. Schreibung).*
8779. blecíes. 8789. *lies* Pour. 8793. cort. 8800. espes *‚finster'.* 8801. Le — uiesture. 8807. laprocerent. 8808. uller *statt* usler *‚braten'* (ustulare) *zu scheiden von* usler == hurler.
8809. kil. 8814. tout. 8815. estre en chief a qu. *‚unterthan sein'* (?). *Dieselbe Wendung habe ich nur noch gefunden in dem ungedruckten Gunbaut (Aumale Codex)* 2237. *Gawain hatte sich einem fremden Ritter beigesellt, dem er erzählt* Qu'il est au roi Artu en cief, *ohne sich sonst näher zu bezeichnen. Verschieden Froiss. Poes.* III, 48, 1634. s'il n'estoit en chief *‚wenn er nicht an der Spitze stünde'.* 8823. porrent. 8827. 8834. daintiers. 8831. Tout *verstärkt* sans. 8832. Trestout. 8834. daintiers. 8835. demandent. 8837. lors. 8843. o le] et li.
8844. riens. 8849. aplierent. 8851. Lors. 8856. Tele eure est *(streiche das Komma nach* est); *der ganze Satz ist gleich einer adverbialen Zeitbestimmung „manchmal", Sermo de Sap.* 285, 11. *Kathar. v. Tours f.* 27ᵛ. Esgardes la mer quant il uent E quant s'en torna ensament, Tals hora est se retrai fort. *Ebenso tex a „manche", s. Tobler zu Besant* 2711. *und Mitth. Gloss.* tel. *Dagegen ist der Satz selbständig und regiert ein* que *z. B.* 8664. 8666. 8861. clers. 8862. cler *verdorben.*
8862. soirre. 8863. trouerent. 8874. grandi. 8897. tout.
8904. quant lui plaira. *Merkwürdiger Weise steht in dieser und ähnlichen Wendungen* (se lui plaist) *ebenso häufig* lui *(unregelm.) wie* li. 8905. besoing. 8906. loing. 8917. et] a.
8920. Dusques as. 8922. lors. 8929. diluec. 8930. *lies* ot.
8932 *f. ‚es war hier eben so wenig Sonne, wie in einem tiefen Keller.* 8935. galerne, *noch nfz. NW.-Wind, s. Diez* I. *s. v.*

ANMERKUNGEN. 413

und Littré. 8936. gluis (*unorgan.* s) „*Stroh*". 8943. art. 8944. bien *fehlt.* 8966. cheualiers. 8970. qui. 9975. „*eifriger*' — tout. 8983. fu] fist. 8984. li] lui. 8987. c'a merueillier] car merueilloit. 8996. uos] vns. 8997. De loing et. 8999. c'est] ces. 9003. puissent — riens. 9008. *dem Sinne nach:* Et les dames et les puceles. 9009. sunt." 9010 *spricht die Königin:* „Se bis 9016. ueut." *Dann fällt der Ritter in die Rede:* „En ... 9014. ne se repent (? *etwa* se ie ne ment). 9019. Nele. 9028. bessere sot (*statt* sauoit) — ke denoit ,*was es bedeuten solle*', *meist ohne Infinitiv; so* 4943 *u. früher; Brandan* 504. *s. Henschel s. v.* doit. 9031. merueille *die Königin.* 9032. Ne ... ne li *sinnlos* (Et ... en li?). 9033. ce] *bessere* c'est. 9034. Ki *bessere* K'il. 9035. a] est. 9039. Mes] Mais 2. *man. in rasura.* 9041. saureroie. 9055. Du (*Cod.:* D) chief ,*mit einer Hauptverbeugung*' (?). 9056. te noueille. 9057. a *fehlt.* 9065. plentiue. 9068. celui ke. 9074. partie? (*zur Hälfte*). 9065. dusq̄n au miliu. 9077. auoir. 9079. sentremesist. 9081. a aidier. 9085. metera. 9091. lors. 9096. akuit. 9099. que] q^{i}l. 9102. cherent. 9103. li rois] il. 9104. en cui pereche] qui preche. 9105. commencee. 9110. *bessere die Zahlen, ebenso* 9115. 9114. se il] sil. 9123. le *proleptisch auf* 9125. cheualier. 9131. mais *fehlt.* 9134. disent] dist. 9138. li] lui. 9140. Sel. 9145. Merneilles est. 9146. lacola. 9158. ke au. 9161. et] est. 9165. conseil..r. 9176. qu'il] qui. 9178. fait] faint. 9179. celeement. 9184. Et li rois *verdorben* (Li lrois *oder* Galois). 9187. leussent. 9190. De haster *gehört zu* ami. 9201. ,*insofern es in seinen Kräften steht*". 9202. truise. 9207. Ne il. 9210. et s'est drecies *ist verdorben. Es liesse sich halten als eingeschobener Satz zwischen* uoit de long clarte de fu ,*er sah in der Ferne — wozu er sich emporrichtete — Feuer*', *aber der Reim ist schlecht.* 9215. De. — l'espoisse] les puisse. 9216. k'il] ki. 9221. ua *fehlt.* 9223. uolentier. 9225. lors. 9227. ke il] kil le (*liesse sich halten;* le *proleptisch*). 9229. ki. 9230. ca] ia. 9234. apeles. 9236. en *fehlt* — uirent — dui] andui. *Ich änderte, weil ihrer vier sind.* 9239. Gent. 9240. kil. 9246. si *fehlt.* 9247. comment. 9257. c'est] ses. 9258. de] *bessere* des. 9260. n'auons] nauo9 (*d. h.* nauous). 9261. tout — tramblant. 9265. A] Et. 9266. illuec. 9268. *dasselbe Wort im Reim beseitigt durch* ke m. b. ont. 9270. entor] en tort. 9271. loing. 9272. besoing. 9273. consirier. 9275. hu. 9276. ricet. 9277. nous *fehlt.* 9280. ies] ie. 9282. Auoeques. 9285. ,*in* nous *fehlt.* 9289. fenchire. 9290. il *fehlt.* 9294. aporter. 9297. cil li *fehlt.* 9301. cousche. 9302. comme] 9.

9308. l'a] a.   9309. ia] ne.   9313. quel.   9314. „*und doch ist die Gefahr (eigentlich: hat er sie) nicht eine Spanne weit von ihm*' — .ii. doie (*italienisch* dita) *ohne* s, *s. Jahrb.* VIII, 128. IX, 116. — *Plurale der grammat. Constr. nach sind nur* doie *und* paire *längere Zeit geblieben, die ihr Attribut im Plural haben; die andern Nomina haben zwar Plural-Bedeutung, aber singulare Rection. Beispiele für* doie: *Renart* 27309. Trois doie en la char li enbat (*gegen Gaydon* 187. le fer li met .iii. doies au coste), *Gaut. Coin.* 406, 290. a .ii. doie. *G. Guiart* II, 2226. *Nouv. fç.* xiii. *S.* 138. paire: *Meraugis* 39, 25. plus de .c. paire (: faire). *G. Guiart* I, 4648. *Flor. u. Flor* 1172. *Ren. Nouv.* 5726. *R. Rose S.* 3. — *Doch die Kraft der Analogie war zu gross und so finden wir auch* la paire, la doie: *G. Nanteuil* 53. *Digby Cod. S.* 6. *Berte* 2856, *zu welch letzterer Stelle Scheler merkwürdiger Weise bemerkt:* forme féminine, arbitrairement formée pour la rime.   9315. verdorben. *Der Sinn verlangt* S'oirre **et li contes** ne dit mie.   9316. Lil.   9322. sans respondre „*sie durften nichts antworten als was sie wollte*' = „*ohne Widerrede*". 9324. tout — riens.   9325. a son pl.] asson pl. *s. zu Richart* 242. 9326. saissir.   9332. fait *fehlt*.   9334. Et a son mal „*und zwar zu seinem eigenen Unglück*'.   9339. uaineui.   9357. si] ki. 9358. tant lius *s. zu* 6607.   9362. Si] Se.   9363. ke] ki.   9372. il] i. 9397. nule rien.   9375. Vien.   9381. li.   9382. esgardent. 9390. i] ni.   9392. Caliens.   9395. peut.   9398. oi] ot. 9401. cheualiers, *aber Reim ohne* s, *s. zu* 6524.   9408. ie iroie. 9413. dure.   9419. tout.   9424. ki.   9425. demande ke. 9427. *Man vermisst ein Verb.* — del ostel (el *halb radirt*). 9432. pregnent — *man erwartet* en maint.   9433. abatent. 9439. iors.   9441. baille „*Wall mit Pallisaden*'.   9442. le *sc.* Tygan.   9447. entrels.   9453. ne (nati).   9454. a meismes *s. zu* 5903.   9459. 60. *verdorben; etwa:* duirons (*statt* disons) *und* A (*statt* La).   9461. uous] vo9 vo9.   9463. uolentes. 9468. peu *nemlich:* „*Zwischenraum*'.   9469. honis (unitus). *Unbetontes* ū *ist zu* o, *wie auch betontes* ū + n = ó *gibt (ob aber* chascon *wirklich je existirt hat, ist zu bezweifeln. Nie findet sich die Form ausgeschrieben, immer* chas9, *was also immerhin conventionelle Abkürzung sein kann). Man findet* (n *und* nn) onir, ounir (oui̇̃ement), aonir (*Carp. falsch* aonnier) *ziemlich häufig*.   9475. lors.   9476. demorent. 9480. .xx. *steht im Widerspruch zu* 9485. 9495, *wo überall* .x. *steht und ebenso* 9512, *wo die* .xi. *aus den* .x. *und Gawain bestehen. Bessre daher* .x.   9481. 2. ke — ke = *lat.* et — et. 9484. autant serians *heisst nicht etwa (was am nächsten läge)* „*ebensoviel*' *wie die Ritter* (*nemlich* 20), *sondern* „*ebensoviel*' *wie die erste* eschiele; *dies ist der Deutlichkeit halber gleich*

zugesetzt: et auint *u. s. f.*: „*und zwar hatten die Zehn (die*
1. eschiele 9480) 200 *Mann*'.   9489. prenderoie — daus.
9490. besoing.   9491. recheueroient.   9506. soit.   9508. por
els] et por.   9510 engries.   9512. .xi. *s. oben zu* 9480. *und
vgl.* 9495 + 9499.   9514. lors.   9516. painent.   9521. aparlies.
9522. lors — ralies. *Dieses von* raloier, rali-ier, *daher femin.*
rali-iée, *pikard.* rali-i-e.   9524. abaissir (*pikard.* ie = i). *Diese
Art von Inf. der* 1. *Conj. ist überaus häufig im Baud. Seb. —
Hierin liegt auch wol die Erklärung des so eben erwähnten
Lautwandels im Fem. Part. Pass. der Verba auf* -ier, *der dem
Nordwesten (burg.-pikard. Gebiet) eigen ist, nemlich* ié-e = í-e,
*die man bis jetzt immer als eine Zurückziehung des Accents
betrachtete. Da dialectisch* ie = i, *so muss eben* brisir *im Part.
femin. geben* brisi-e. *Daher denn der rein lautliche Vorgang
nicht auf die Part. beschränkt ist, sondern ebenso gut* liee,
siee, chiee *trifft. Bemerkenswert ist nur, dass in den Fällen,
wenn kein stummes* e *auf dieses* ie *folgt, die Wandlung in* i *selten und wol nur auf ein bestimmtes pikardisches
Gebiet beschränkt ist.*   9528. retorne.   9531. et] les
autres et.   9534. predre.   9539. cheualiers.   9540. qui
fehlt.   9544. les] bessere li. — ki **les** gnie, wen? — *Die
Erzählung ist undeutlich. Da der Seneschall gegen Gawain
kämpft, so gehört er zu den Belagerern; also* les *sind die
Feinde, die* 9542 *mit* cil de l'ost *bezeichnet waren; die* 30 *Ritter*
(9539) *kommen aber Gawain zu Hilfe, wie aus* 9542. 3. *und*
9554. 5. *erhellt.*   9561. hons.   9563. les] se.   9564. uont]
üait.   9574. De nes] Des nus.   9575. *das zweite* grans *fehlt*.
9577. secours.] secour.   9578. iors.   9579. se] re.   9580. Tout.
9582. se il isteront] coment il le feront *wiederholt*.   9583. la
fehlt.   9592. paor.   9597. 9598. *bessere* moities — remaignent.
9598. + 1 (*etwa* et *streichen*).   9600. Forcoier] Forroier, *ersteres
steht* 9611. 10923 *im Codex.* — forroier (*mögliche Bildung von*
forrer, fuerre) *ist mir unbekannt. Tobler kennt es nur aus
Walt. v. Biblesw.* 154. *Doch passt hier die Bedeutung nicht.*
Forcoier *hat Roquef. mit unpassender Bedeutung ohne Beleg,*
Henschel fourcoier *Flore et Jeanne S.* 38 (= *Nouv. fç.* XIII,
S. 121) contre qu., *R. Troie* 3521. *R. Rose S.* 61. uers qu.,
Renart 16973. a qu. „*es mit Jemand aufnehmen*". *Dagegen in
unserm Texte stets transitiv, synonym mit* hardoier, = *nfz.*
harceler.   9604. enhicier „*anfeuern*". *Elias de St. Gill.* 1591.
Que il hice son chien la u il n'ose aler. *Zu dieser Stelle weist
mich Tobler auf Diez* II^a izzare, *wo* „altfr. hesser *ohne Zweifel aus Roquefort, der es nicht belegt; es kommt vor in
J. Bruyant's Gedicht im Ménagier* II 32^b (: laissier), *wo es
der Herausgeber* exciter pousser *übersetzt; während es dort*

bestimmt ‚verscheuchen' heisst; doch kann es ‚hetzen' bedeuten, wie denn die Interjection hez, zu der es ohne Zweifel gehört, scheucht oder hetzt, s. Barb. M. I 98, 50. I 374, 536. G. Coins. 621, 153 und 158." 9607. uienent. 9608. maigtienent *sollen Conj. sein*. 9608. Cascuns. 9609. dautre. 9613. perece] prece. 9614. *so* — il *‚die Belagerer'*. 9618. tout. 9625. pooit] plot. 9627. qu'il sauoit *Attraction .von denen er wusste, dass in ihnen'*. 9632. ouert. — nauciel. 9643. sapareilleut. 9645. porent] pot. 9650. lors. 9652. ponciel. 9654. kier si grant. 9656. els. 9660. 9666. tout. 9661. Ki — le *fehlt*. 9663. il *fehlt*. 9667. seiorne. 9671. dus castiel. 9677. uinrent. 9678. Et *fehlt* — les] qui les. 9681. Lors] ·*vielleicht* Lor. 9691. 2. *Dasselbe Wort im Reim.* 9703. en amaine. 9705. tuit] tout *oder* dont. 9708. uit ki. 9711. entres. 9718. qu'ot] ot. 9719. *lies* iors. 9721. uausist (ualoir). 9722. (uoloir); *beim Schreiber ist* ol = al. 9728. ne *fehlt*. 9731. riens — demandera. 9734. arriere; — l'o mieres *verbinde in* l'omieres, *das Tobler treffend in* l'onneres *ändert*. 9740. Se il. 9743. Bien (?) — uané] *bekannt ist* uaner l'orge, le ble, l'auoine. *Daraus mag sich die Bedeutung ‚auserlesen, gesichtet' ergeben und so könnten wir unser Wort ‚edelgeboren' darauf zurückführen, vgl.* des miex uaillanz, des miex uanez *Gaut. Coinsy* 659, 418., *während* pure et bien uanee *(edel) daselbst* 184, 197 *den Uebergang zeigt*. 9745. Del honnerer *bestätigt Toblers Emendation* 9734. 9748. sire] douce sire. 9750. encore. 9754. uinrent. 9761. caloroient (*Wandel von* r *und* l). 9762. biel. 9770. ou] vn. 9771. tout. 9772. quant il. 9778. lors. 9784. premiers. 9789. *ein* bien *fehlt*. 9793. il *fehlt*. 9794. o = ot, *wie* 3522. *u. sonst*. 9802. tout — eslu. 9805. se] sen. 9806. Et *adversativ*. 9807. les, *man möchte* le *lesen wegen* 9808. 9819. resortir ‚zurückweichen'. 9825. est *fehlt*. 9827. fres] *wir sagen umgekehrt: ‚wo es am heissesten zuging'*. 9828. comme. 9830. il *fehlt*. 9831. ki — sespees. 9836. E *statt* Es. 9840. de sorfaire] . . . bien faire *(radirt, aus* bien *ist* defor *gemacht, doch unleserlich). Das vorige Versende war wiederholt.* 9842. les] le. 9844. a] e. 9845. ke il] ki. 9846. tout. 9848. ki. 9849. + 1. .iiii. *zu ändern oder* bien *streichen*. 9856. Cil du castel *fälschlich aus der vorigen Zeile wiederholt*. 9858. Biens. 9866. aigrais] *vielleicht* engres. 9869. auoit *sc. Gawain Subj*. 9872. verdorben; *der Reim verlangt* lachier, *daher* rot *zu ändern*. 9879. capeleis. 9880. poigneis] capeleis. 9881. els. 9882. ki. 9889. ou] vn. 9890. kil. 9892. se sauoir *reflex*. (?) 9896. orgueilleurs. 9898. se il ose san. 9902. nouiele. 9904. li] le (*besser* l'en).

ANMERKUNGEN.

9910. tout. 9926. li conta] se douta, *daraus durch Rasur* conta. 9929. biau. 9941. si] li. 9942. 9950. 9973. tout. 9952. sil. 9976. lors. 9981. Tels. 9984. guenci. 9986. adrecerent. 9990. comme. 9991. 9993. 9995. lors. 10003. furent. 10021. cil *fehlt.* 10024. il *fehlt.* 10027. k'onques] *das verallgemeinernde* ke *ist hier zum Adverb gesetzt, wie sonst zu einem Pronomen, dessen Stelle hier* con *vertritt* (qualemcunque prensionem ille unquam uoluerit). 10033. ie en. 10052. hom] hoϑ (*verlesen aus* hons). 10056. — 2. 10060 ie *fehlt.* 10085. Tout, *besser* Tost. 10092. ke. 10093. tels. 10104. fu] *besser* fust. 10108. riens. 10112. Gauuain *fehlt.* 10114. riens. 10125. biau. 10128. peut. 10133. ki. 10134. penst] peust. 10156. biau. 10170. tout. 10189. liu] lui. 10197. couardise. 10198. ne le. 10212. Auant ier *unbestimmt.* 10215. tout. 10216. di *„ich, der Verfasser'.* 10217. k'il] ki. 10219. reust] neust. 10224. aies] en aies. 10231. sires. 10242. 5. 6. tout. 10243. Quele. 10248. cil *der Ritter mit den 2 Schwertern.* 10264. a] *bessere* as *s.* 6397. 7517. 10267. l'a] *besser* a. 10269. tygans. 10277. kil. 10281. Que *gehört zu* cel ior. 10282. Cheualier. 10295. ot *fehlt.* 10298. ki — haot. 10304. il] il i. 10308. uiut. 10310. il *fehlt.* 10319. se] *entweder* s'en *oder* le. 10326. kil. 10327. soi *statt* soit — iasoice *oft als ein Wort.* 10343. ce estoit. 10449. Que (*ohne vorausgehendes* ne) *„nur'.* 10356. faice. 10357. lui *Gawain.* 10359. a *fehlt.* 10364. por li (*Cod.* lui) *„ihretwegen'.* 10367. sires. 10369. 10377. tout. 10379. doic. 10387. son] so. 10390. Ice] *entweder* issi *oder* por ce. 10394. lui. 10396. hiebregerent. 10399. lors. 10401. nouieles. 10403. A *fehlt.* 10404. engaigne. 10405. Mout *grosse Initiale.* 10417. le. 10427. ce *über der Zeile.* 10430. compains. 10438. amor. 10446. ie aurai. 10449. si. 10457. grant. 10464. Ne entraus. 10482. Que en. 10484. toute. 10488. uiesture. 10496. biaune(?) 10500. kil. 10517. + 1 — akiuit. 10529. atendent (*aus* en *corrigirt* a). 10535. els. 10545. bos. 10553. riens. 10563. ce *fehlt.* 10569. pites. 10576. coucerent. 10578. setremetent. 10584. grant. 10593. decachier. 10609. riens. 10611. + 1. — *Sinn der fehlenden Zeile: „derjenige, der uns bringen wird'.* 10613. Ici. 10616. biau. 10618. grande. 10621. il *fehlt.* 10623. remanrons. 10624. Grant. 10627. els. 10630. entrels. 10631. ki. 10638. i'ai] ia. 10640. ix. 10645. cheuaus. 10650. forest. 10651. comme. 10655. peust. 10668. cor. 10679. lors — briserent. 10680. recommencerent. 10689. si *fehlt.* 10696. arriere *„noch einmal'* — *etwa:* qu'est enuenimée. 10698. nacleys *vgl.* naele 10854. 10702. que

ANMERKUNGEN.

fehlt. 10712. aluec *Nebenform von* iluec *(hier* **neben** ici *könnte man* ad locum *denken, das ich sonst nicht kenne).* 10713. sains. 10718. lui. 10722. ke il] ki. 10725. ki. 10737. disoit. 10745. ne le. 10764. Biau. 10766. oï] or. 10769. par**rain** : preme**rain**. *Die gewönliche Form ist* par**rin** *(pa-*trīnus*), wie* mar**rine** (matrīna). — *Man könnte sich versucht fühlen, nfz.* marraine *als eine durch die spätere Aussprache von* parrin *(nemlich* in = ain *nasalirt) veranlasste angebildete Form zu erklären. Dem ist nicht so;* parrain *ist ebenso alt wie* parrin, *desgl.* marraine *neben* marrine; *so* parrain : euain *Brand.* 89. pareins *Thom. Canterb. S.* 159 *(nicht* 157 *Littré) und* marrene *Rolant* 3982 (a-*Assonanz*), marraine : raine (regnum) *Rusteb.* II, 204. : daerraine *J. Marlant* 109 *unten. Da nun aus* īn *nicht* ain *werden kann, so muss eine Nebenbildung mit* -anus *anerkannt werden und von dieser kommen die nfz. Wörter.* 10774. mon] non. 10775. biau — riens. 10789. Ki. 10792. grant. 10801. i *fehlt.* 10806. soi *s.* 10327. — cose *nach* ce. 10809. ne le. 10820. freus. 10821. garirai. 10823. feraai (*bessere:* ferrai). 10824. m'en] en. 10827. bielement ,*sachte' (vom Sprechen: ,leise').* 10828. uenirs (n = r, *cf.* enverimer). 10834. Se. 10840. tout. 10848. asouages. 10853. dist ff.] ,*und sagte, dass, bevor der Ritter von ihm geschieden, er ihm gesagt habe* (dist 10856)' 10879. Cair. 10888. lies s'en. 10891. souffertes. 10897. kel. 10898. ensoingnes] en soīgnes. *Es ist die schon erwähnte dialectische Form statt* essoignes ,*wenn nicht irgend ein Geschäft einträte'.* 10899. Que. 10906. aloient] auoient. 10908. Ki *vielleicht* K'il. 10910. A *fehlt* — cerchier] cachier. 10923. forroier *s. zu* 9600. 10934. tout. 10936. fuison 1) *Menge* (*so* 6951); 2) *Rettung, Schutz, Kraft s.* Henschel; *vergl. Gay-*don 70. Vers noz n'auront duree ne foison. *Gayd.* 50. Ie uos donrai tele confession Que iamais prestres ne uos aura fuison (*synonym* aura mestier). 10942. du descrois] des escrois. 10944. 10946. pensoit *lästig.* 10947. pooroit. 10949. auront. 10954. grant routes. 10969. Gent. 10984. kil. 10990. pooront. 10991. tout (*bleibt).* 10996. gent. 10999. les murs *fehlt.* 11013. quidoient. 11023. *Construire:* cil (11016) .. se part (11020) .. et .ii.m. cheualier (*coordinirt mit* cil). 11028. sesmerueillerent. 11029. tel plente. 11031. demi. 11035. dolens. 11037. Ne f. 11040. tout. 11052. Se il. 11053. faicent. 11063. si] et si — dit *für den Reim.* 11077. l'espesse] lespee. 11082. ,*deren Lage so gefährlich war, dass man sich nicht wundern könnte, selbst wenn sie einen guten Herrn (geschweige denn einen solchen Schuft) im Stiche gelassen hätten'.* 11089. — 2 (*etwa* con li Rous). 11096. A] Et. 11097. sapareillerent. 11098. conseillerent

ANMERKUNGEN.

11101. Tout. 11110. ki a] ka. 11111. drois *fehlt.* 11113. qui forf. 11119. ie le. 11127. seruice. 11128. kil. 11130. ne les — poroies 2. *Pl. Imperf. statt* poriies, pories, *von sämmtlichen Grammatikern übergangen. Sie ist wohl der Analogie nach den Personen nachgebildet, die auf* oi *den Ton haben* (*cf.* soies). *Als ursprünglich ist sie aus zwei Gründen nicht zu halten:* 1) *wird* ē *nur unter dem Ton zu* ei, oi, 2) *die ältesten Denkmale kennen sie nicht. Man vgl. das analoge (wenn auch aus andern Elementen entstandene)* chastoi *oder* proi, *das regelmässig* proi, proies, proie, pri-ons, pri-iez, proient *haben sollte, und doch werden meist* oi *und* i *ohne Unterschied unter und ausser dem Ton gebraucht. Ueberhaupt ist das Verhältnis zwischen* oi *und* i *noch ein unklares; warum z. B. gibt* tectum = toit *und* lectum = lit *u. s. f.? Warum jenes norm.* teit (*prov.* teg), *dieses aber* liet (*prov.* lieg)? *während* e *im Norm. nie* ie *giebt; aber norm. auch* lei (*Fem. zu* lui) lie, *sogar* noctem = niet *u. s. f.* — *Andre Beispiele für die oben erwähnten Verbalformen:* seroies 4171. soloies *Aiol* 6688. estoium *St. Alban* 1538. 11131. Et *fehlt.* 11140. ce est. 11145. + 1 *(etwa* arriers, si *,und so schwebt er in Angst').* 11146. grant. 11149. uoit] uoist. 11160. que *wird in der nächsten Zeile wieder aufgenommen, wie oft.* 11162. ki. 11168. messagier 2. *man. in rasura.* 11173. ou] .i. (*statt* vn). 11174. reimt desli-ie. 11175. Tout. 11180. ki tolus *wiederholt.* 11189. rest pas a. 11190. *Littré hat für* farcer *das älteste Beispiel XV. Jahrhdt. Man sollte aufhören, das Alter eines Wortes davon abhängig zu machen, ob Littré dafür ein altes Beispiel hat, z. B.* frapper (*vgl. Scheler zu Enf. Og.* 5402), *das sich hundertmal aus dem XII. u. XIII. Jahrh. belegen lässt.* 11203. tout cil. 11205. si *fehlt.* 11212. 11248. 11274. tout. 11215. grant. 11221. auoeques. 11238. andui] o lui. 11239. uinrent. 11240. a il kil. 11244. Que. 11249. pooroit. 11252. cui] ki. 11271. droitemement. 11276. ki. 11281. demouroit. 11282. esrent. 11286. gent. 11299. kil. 11301. qui — honnor. 11312. qui-uroier *s. zu* 4905. 11318. es castiaus] estiaus. 11319. Ne *fehlt.* 11325. ki. 11348. non] mon. 11349. le miex] *kann heissen ,das Beste' (nemlich Artus), Neutrum, Abstractum statt Concretum. Anders Aiol* 8148. La le leua li rois et li mieus de sa gent *,die angesehensten'. Allein* miex *(immer mit dem Artikel) wird geradezu als indeclinables Substant. (subst. Adjectiv) gebraucht* = li mieldre, optimus; *so Parise la Duchesse* 61. Il a mande Richier, le **mieuz** de la cite (*er ist* maire *derselben); daher ebensogut im* Plural: *Rolant* 1822. des mielz et des peiurs. *Aiol* 10252. Rois, ie sui nes de France des uaillans et des mieus. *So muss (gegen G. Paris) Alex.* 4, b. des mielz

27*

(natürlich erent, *das aber nicht, wie S.* 171 *angegeben, in L steht) gelesen werden, da L und A dasselbe geben. Vgl. Diez* III³ 13. 11350. ci n'a nul ni ‚*da gibt's kein Leugnen*', *bei* Roqf. *ohne Beleg, mir sonst nicht vorgekommen. Die Bildung des Wortes von* ni-ier, noier *ist tadellos, vgl.* pri (*von* priier) *Alex.* 41, *d.* 113, *d.* 11369. A .i. fais *heisst immer ‚auf einmal', nicht* en masse, *wie Bartsch afrz. Chr.*³ 611 *zu lesen. Siehe Tobler Jahrb.* VIII, 336. 11386. Que. 11391. lui. 11396. statt laissies me *(letzteres kann in dieser Stellung Hiatus machen).* 11399. faire dangier ‚*ausweichen, sich weigern*'. 11401. tenir chier ‚*kargen*'. 11403. 11444. tout. 11407. tost *fehlt.* 11409. ki. 11411. faice. 11416. s'ensi est ‚*wenn dies einträte*'. 11418. *Sinn des Sprichwortes: ‚der Zufall kann mir hold sein*'. 11419. combatera. 11420. iours *fehlt ‚zum Beichten wird es immer noch kommen, wenn ihn jener besiegen sollte*'. 11421. ke cil] kil — conquere. 11422. aucuna. 11424. — 2 (*etwa* por ce ke uoit k'il). 11425. *tilge das Komma nach* garde. *Sinn des ausgefallenen Verses: ‚ob er den zweiten Ritter, den er sehe, nicht zu fürchten brauche* (avoir garde de qu.)'. 11427. ce *statt* se. 11431. lors. 11440. fus *Nom. von* fust. 11445. cheualiers. 11470. pril. 11472. quel. 11473. *verdorben* (*Sinn:* quant de uous seurte aurai), *ebenso* 11476, *wo das Ende der vorigen Zeile falsch wiederholt ist.* 11477. (*Cod.:* ie en) *muss* Rous *sprechen.* 11479. Et *fehlt.* 11484. biau. 11494. mesfais me soie. *Früher trafen wir* 7722 con mesfait Que cil de la cort uers lui soient, *welche Stelle sich mit Bezug auf* 2795 Ki ne me senc mesfait de rien [*Tobler: Ch. Lyon* 1789 Qui a mesfete se santoit, *wo Holland unglücklich ändert; Fergus* 95, 3; *Barb. Méon* III, 220, 145] *ebenso gut als Partic. Perf. mit activer Bedeutung, als nach dem eben angeführten* 11494 mesfais me soie *als ein Reflexivum* (se mesfaire), *bei dem das Refl. Pron. in den zusammengesetzten Zeiten entbehrlich ist, erklären lässt. (Der ersteren Erklärung zufolge konnte* 11617 si *sicherer in* li *geändert werden.) Ebenso sind zu fassen* estre porpensé, estre percheu *Antioche* I, 188, estre aperceu *Alex.* XIII, 848 *u. s. f. (activ: wahrgenommen haben). Man merkt, wie leicht der Uebergang zu Constructionen* estre oublié *(vergessen haben) u. s. f., in denen Tobler (s. bei Diez* III³, 265) *Nachklänge des lateinischen Deponens im Romanischen sieht. — Die hierher gehörigen Fälle scheiden sich in zwei von einander ganz verschiedene Arten:* 1) *reine Adjectiva:* confes, profes (*Gottfr. Monm.* 4027. Puis que mescine estoit professe), merite (*J.* Condet I, 8, 251 *im Jahrb.* VIII, 334, *Sermo Sap.* 291, 18 de la plus poure maniere, ke uos onkes poriez uostre char ne uestir ne aisier, ne seroit ele me-

rite), [*hierher auch* os (ausus), iré, *nfz*. defunt, expert *(auch alt)*]. *Hier finden wir entschiedene Reste des lat. Deponens, jedoch beschränkt auf zu Adject. gewordene Deponentialparticipia.* 2) *Verba transitiva, wobei wieder zu scheiden, ob sie reflex. gebraucht werden können oder nicht. α) Reflexiva:* mesfait *(s. oben)*, renoié „Renegat", *vgl.* qui se furent renoié *Ph. Mousk.* 6326; ie uous commant chascuns soit obeis A dant Pieron [*vgl. refl. H. Cap.* 28 *und daneben* 88]; (il) ot a trestos commande, Gardent le diemence ne soient aouré [*vgl. reflex. J. Condet* I, 81, 6. II, 317, 122. *Jourd. d. Bl.* 1400]. *Darnach ist wohl auch* estre pariuré, *und wohl auch* estre oublié *zu erklären, da die Construction* de qc. *neben* oublier qc. *dafür zu sprechen scheint.* β) *Nachdem man sich durch den häufigen Wegfall des Refl. Pron. an diese Part. Perf. mit activer Bedeutung gewöhnt haben mochte, wandte man dieselbe Construction auch bei andern Verbis an. Hieher ist wohl* estre foi menti *zu zählen, das auch als ein Wort gefühlt worden sein möchte, und dann an* estre pariuré *erinnert.* [*Beachte* estre foimentie *bei Masc. Erec* 6066. *Perc.* 8922 *u. s. f.*]. *Besonders wichtig ist* estre mer passé *Jerus.* 274 [*von Diez* III[3], 288 *angeführt, sehr oft: Thom. Cant.* 2027. 5056. *Enf. Og.* 135. *Desiré* 8 *u. s. f.*], *ein Fall, der dem lat. Deponens mit seinem directen Obj. genau zu entsprechen scheint. Doch liegt die lat. Construction* mare traiectus est *viel näher. Sichere Beispiele für eine französ. Deponentialconstruction fehlen mir; zudem würde ich sie gern von Verbis haben, die im Lat. Depp. waren. Ein solches Beispiel führt Tobler „Darstellung u. s. f." S.* 26 *aus Rolant* 2372 *an:* Tresqu'a cest iur, que ci sui conseut (quem consecutus sum), *wie noch Gautier* (Jusqu'à ce iour, où je suis parvenu) *versteht. Allein* que *ist hier temporal* (*Diez* III[3], 378) *und* consivre *passiv.* [*Ebenso jetzt Tobler, der wegen der Bedeutung auf Thom. Cant.* 2117 *weist*].
11497. ke a] ca.   11501. uous *fehlt*.   11507. em pastures.
11508. uerite] carites.   11509. Et] Ce.   11519. douteus.
11522. biau.   11523. qui.   11526. atornees *verlangt* Lor coses issi, cil *im nächsten Verse.*   11529. Dusque la] Dusca la. *Oder:* Dusc'a la **cort**, lor *zu bessern*.   11533. els.   11549. esploitie.   11559. 11560. *unklar*.   11562. mout *siehe zu* 6401.
11566. les *fehlt*.   11568. biaus et estoit.   11569. Grans et **furnis**, „stark, kräftig", *vgl. damit die nfz. Bedeutung Sachs* 3) fourni. *Eigentlich heisst es „ausgeführt", dann „wol ausgeführt", wie* mollé „geformt" *und „wol geformt", cf.* seant *u. a. Es steht neben* grant *Perciv.* VI, 200., *neben* fort *Raoul Camb.* 148., *neben* gros *Jerus.* 170., *neben* fier *Doon v. M.* 151., *neben* corsu *Ogier* 7288., *neben* mollé *Alisc.* 208. 239., *auch allein in derselben Bedeutung*

Alisc. 12., *Ogier* 9788. 9839 (*Var.*). *Vergl.* une liewe fornie *Aiol* 6538. *Weniger passt es Cheval.* 2 *Esp.* 5151. bliaut ... bien furni et pennu, *weil letzteres an* fourré *denken macht.* 11582. conseillerent. 11584. en pastures. 11585. si *fehlt.* 11592. kil. 11609. racunes, *neben* rancures 11607. *verdächtig.* 11611. m'a] men. 11613. En p. *ebensogut ein Wort.* 11616. pardoinst. 11617. m'i (*oder* li)] si. 11620. grant — *lies* de. 11624. rois — cheu. 11626. requier. 11628. ke. 11632. biau. 11638. Et] Se. 11650. Biau. 11653. Iel — enmender, *als Comp. mit* in *aufgefasst, auch sonst. Rom. St. Michel* 2166 enmende. 11655. ne] kil ne. 11660. Itels. 11666. grant. 11692. ruste, *Nebenformen* ruiste, ruistre, *heisst* 1) ‚*wild, roh, gewaltig*‘ (*z. B. formelhaft:* ruistes cols donner), 2) ‚*steil*‘ (*sehr selten, Doon v. M.* 308. *Ch. Lyon* 3269 (*V.* roiste, roite). *Agolant* 401*).* *Daneben gibt es eine Form* roiste (roite), *die* **nur** ‚*steil*‘ *bedeutet* (*nie* = ruste 1.); *G. Guiart* 3196. 3810. *Perciv.* 25365. *St. Alban* 1832. *Dime* 131 (*im Reim*). *Ben. Chron. u. Troie J. Condet* II, 53. *Froiss. Chron., und da* s *frühzeitig verstummte, so finden wir auch* roite *Joinville* 572. 661. — *Wenn also* roiste *nur* ‚*steil*‘ *heisst,* ruiste *aber bloss in einigen ganz vereinzelten Stellen, während die regelmässige Bedeutung einzig* 1) *ist, ferner, da Texte, die* roiste *und* ruiste (*Benoit*) *haben, dieselben nie vermengen, so folgt daraus, dass wir zwei verschiedene Wörter haben,* roiste ‚*steil*‘, ruiste ‚*stark*‘, *und dass letzteres von den Schreibern einigemal mit dem ersteren verwechselt worden. Diez kennt nur* ruste (*nimmt aber auch* 2) *an, indem er* Doon *l. c. citirt und* ‚*rauh*‘ *übersetzt*). *Scheler zu J. Condet l. c. und Froiss. Chr. Gloss.* (*ebenso du Wailly im Gloss. Joinv.*) *hütet sich richtig* ruste *heranzuziehen, erklärt aber* roiste *aus* rigidus *mit eingeschobenem* s. *Dies ist lautlich misslich* (roite rigidum), *die Reime zeigen, dass* s *wirklich gesprochen worden und endlich, was die Hauptsache ist, findet sich nie* roiste *im Sinne von* roit *oder* roide, *und ebensowenig* roit, roide *in jenem von* roiste (*gerade* Joinv. *ist hierfür Beweis*). *Dazu kommt, dass norm. Texte nur* roiste (*nie* reiste) *haben, dagegen* reit, reide, *also muss* o *stammhaft sein.* ruste, ruiste *kommt richtig von* rūsticus (*freilich könnte immerhin auch* roiste *mit Hinblick auf prov.* rostic *daraus entstehen*). *Doch gerade das Provenzalische ist in der Frage ausschlaggebend, indem es uns in* raust *die Grundform unsres fraglichen* roiste *gibt. Es heisst* ‚*steil*‘ (*vgl. das von Diez s. v. citirte val.* ròst ‚*loch pendent*‘ *bei A. March*) *und scheidet sich scharf von* ruste (rustic), rege. *Raynouard identificirt es mit* raust ‚*rôti*‘. *Diezens Etymologie befriedigt wenig.* (*In dieser Beziehung weist auch Tobler auf* raustir. *Das pr. Wort heisse wohl eher* ‚*starr*‘ *als* ‚*steil*‘ *und von da*

ANMERKUNGEN.

könnte schon zum „rösten" Uebergang gefunden werden).
11693. hons. 11697. trop *fehlt.* 11700. tort. 11702. Que.
11703. *grössere Lücke, äusserlich nicht erkennbar, weil* 11703. 4.
*denselben Reim haben. Sie treten ein, zeigen dem Seneschall
den Ring, worauf diese befreit werden. Alles sehnt sich
nach Artus' Hof, besonders eilen die Befreiten ...*' 11709. E.
11710. midis *(neben* iors?), *vielleicht* demis. 11712. lordona.
11714. entrer les jornees? *(vielleicht* esrerent). 11715. Lors.
11723. atendre *im Sinne von* entendre *s. zu* 2059. 11731. auoec.
11738. Il] kil — k'il] ki. 11743. Lors. 11754. + 1 (D'acoler et
baisier). 11755. ki tant desirer. 11756. cil(?) 11761. tort] cort.
11765. me. 11770. lié *von Weibern (bessre* l̃es *statt* mout lie).
11771. doient] doit bien. 11776. (— 1). 11777. (+ 2). *Etwa*
K'auoit *u. s. f.* De son ami *u. s. f.* 11778. unue. 11786. de
l'onnor] et honnor. 11790. Biau. 11798. ne ia ne. 11801. Kil
— ix *„Augen' kann nicht mit* ris *reimen (unser Text reimt* iex
nur mit miex 2575. 4835. 10640 *u. s. f.* orghiex 4120), *daher etwa*
uis *zu ändern.* 11809. Del honnor. 11847. Ne il. 11849. Ne il.
11854. descendent. 11860. lors — biens. 11863. monterrent.
11866. ains. 11868. acesmant. *Dem Sinn nach gleich* acesmé, *vgl.*
recercelant 11879. 11873. caue *„Dohle, Krähe', s.* cauwe *Scheler
zu Gloss. Lille S.* 31ᵃ (*er kennt* chave), *Roquefort* cave *ohne
Beleg, Schelers Dict. Etym., Littré (*kauwe), *pikard. statt* choe
(*vgl. zu* 5153), *wie* haue *neben* hoe. 11875. 6. ouurees : de-
trenchies *reimen nicht;* D'une uermeille *(von derselben Röte?).*
11879. cresp. 11887. entaille. 11891. leyaue. 11893. toutes.
11898. ? *Ein* messagier *ist beim Mahl unnütz;* plentes *(oder*
plences) *müsste Eigennamen sein.* 11819. seruit] seruir.
11900. mengerent. 11918. desauanant. 11920. ensoniier
(+ 1). *Ein* ensoignier *(dreisilbig) steht Roquef. ohne Beleg,
Henschel (in Prosa belegt bei Du C.), Diez s. v.* sogna; *ich habe
es nic angetroffen und kenne nur* ensoiniier, ensoinoier, *dial. statt*
essoigniier *„Ausflüchte machen' von* essoine 1) *Angelegenheit,
Sorge,* 2) *Ausflucht. Daher bessere* N'il. 11922. requier —
fehlt eine Silbe (?). 11924. qui. 11937. quens] q̄ns — du pere
unverständlich, vielleicht li peres. 11943. de *fehlt.* 11947. ki.
11950. iroit] uoit. 11953. qui. 11956. part. 11964. ke i'ai (?)
(*vielleicht* ke ui). 11967. faillierent. 11971. pooroit.
11979. lauoir. 11982. Lonnor. 11991. honnor. 11999. Riens.
12002. ki. 12004. tenir qu. pres = t. q. cort *s. Oest. Gymn.-
Ztschr.* 1874. *S.* 141. *zu* 695. *Aehnlich heisst es* tenir qu. a de-
stroit *J. Blaives* 3105. 12005. couuence. 12009. saisis] s..sis.
12016. Et il] Et li. 12017. Ne il. 12019. entre asseurer.
12022. ki. *Nach* 12026 *Lücke: „Brien ist in grosser Angst,
als er Gawains Ankunft erfährt. Beide treffen zusammen'.*

12027. acoities. 12028. mesires. 12042. est. 12043. Kil. 12045. Ancoins. 12046. ert] er. 12059. sentreconderent. 12073. ior fust. 12074. Fust *fehlt.* 12077. Que il. 12078. endroit *reimt nicht mit* uoloir, *statt dessen man* pooir erwartet. 12101. enuoieusement. 12108. Nul *ist falsch; entw.* N'il *oder* Nus *und vor demselben Punkt.* 12113. estout. 12114. ares et. 12118. Badegamus. 12122. *Dies gilt von Bademagus, nicht von Amangon, s. zu* 102. 12129. a. 12133. deuans. 12144. scruice. 12146. 7. *ein* ambedeus *ist zu viel.* 12150. Vnue. 12153. moitie. 12155. ki — couint. 12162. uiesture. 12163. wiseuse *siehe zu Fergus* 73, 24. 12165. uestuee. 12172. kains. 12176. ki. 12179. en] et en. 12181. *s. Gottf. Monm. S. Marte* 117, 65 *ff.* 12186. comment. 12187. tingaguel. 12193. ke l'esp.] kil esp. 12195. ou] vn. 12199. trechies. 12203. grailes] gailes. — *Dieses Epitheton habe ich bei* sorcis *nie angetroffen, ebensowenig Tobler, der folgendes mitteilt:* „*Dass die Brauen fein sein müssen, lehrt Shakespeare, Wintermärchen* II, 1, *ferner Aye d'Av.* 118 deliez sorcis. *Th. fç.* 59: sourchiex . . soutiex et lignies, D'un brun poil pourtrait de pinchel. *Blancand.* 565 grans sorchius n'a ele pas. *Dolop.* sorcilz tretis. *Ferg.* 42 les sorchius un poi brunes, Non pas trop grans, mais petites. *Barb. u. M.* III, 424 sorcis traitis, *ebenso Richart* 145; sourchiens . . . delges *Hist. litt.* XXV, 600.' 12208. petitit. 12210. ou] vn. — meruelles. 12215. s'ot] et. 12246. apert „*flink*'. *Nach* 12246 *fehlt:* „*Die Leute erzählten einer dem andern, die beiden Ritter seien so schön, dass . .*' 12250. entreprise „*Unterschied*' *(?).* 12252. qui — cororer. 12253. tout — cheuaucherent. 12254. senuoiserent. 12255. i *fehlt.* 12257. ce v9 lire (— 1) *verderbt. Etwa:* ce pouves lire, ce puis bien dire *u. s. f.* 12261. chanta. *Man möchte gern wissen, was? Vielleicht* 12262 *zu ändern:* Messe et apres. 12263. enoing; *das Perfectum lautet:* enoinst — tout. 12264. Quains. 12265. *beachte* gens. 12267. ki. 12281. .xi.] .ix. 12287. cheualier. 12288. et li mangers. 12292. *beachte* miles (*regelmässig* milia = milie, mille, *welches zu* 9314 *nachzutragen ist*). 12293. Ne n'auoit] Ne ne — toute] nule. 12298. faire presse a qu., *ebenso Tobler Mitth.* 157, 9. 12299. mengierent] menger. 12305. caloroient. 12319. la *fehlt.* 12323. puis *fehlt.* 12327. tout — merueille. *Nach* 12339 *Lücke:* „*und nachdem sie Abschied vom Könige genommen, kehrten sie heim*'. *Statt* a cort *möchte ich* au roi *lesen.* 12341. des mainie. 12349. conte. 12351. Riens.

Wortverzeichnis.

(Die mit * bezeichneten Wörter sind in den Anmerkungen erwähnt.)

adrece, s'adrecier 4220.*
afonder qu. de courons 3402.
ahurter 6966.*
aigrais 9866.*
ainc *und* ains *verwechselt* 24.*
alé ‚*verloren*‘ 2976.*
s'en aler a conseil 5994.
aloingier 2237.*
alucc 3914.* 10712.
amener *u.* en mener *verwechselt* 2293. 9432. (*verschiedene Auffassung im Terminus*).
angoissier *absol.* 8176.*
apaier ‚*beruhigen*‘ 3360.
apartenir ‚*verwandt sein*‘ 3787.
apenséement 8141.*
apert 12246.*
apreceuoir 885.*
s'apuier a un conseil 7766.*
aseurer 506.*
assise 4208.*
atendre *und* entendre *verwechselt* 2059.* 11723.
atillier 6161.*
atirer 147.*
auanpié 6175.
auenable 9622.
auiuer 5002.*
auoerie 7990.*
auoir *beim Reflexiv* 3742.*

baerie 23. 528.*
baiance, beance 3410.
baillu 37.*
ban 5803.
baron ‚*Gemal*‘ 5517.*
bas ‚*Saum*‘ 1107.*
berrue, *cat.* berruga = verrue 4288.
biaune 10496.
blouke = boucle 3022. 4143.
boin *s. m.* 5268. 5875., *anders* 5880.
bordeis 1103.
bous 6178.
tout de bout 1476.
bronchier ‚*senken*‘ 145. 3793., *gew.* enbronchier, *welches nie, wie Diez will,* ‚*einhüllen, bedecken*‘ *bedeutet. Nfz.* broncher ‚*straucheln*‘ *ist damit identisch und kann nicht davon, wie es Diez unter* bronco *thut, getrennt werden.*
uuit bu 3035.*
buiron 6309.*

Caasté 8363.* *Berechtiyt ist bloss die Form* casteé; *doch mögen Formen wie* neteé *und* neeté, posteïs *und* poëstis

(*beide richtig*) *durch falsche Analogie eingewirkt haben.*
camerus, camoré, camorge, camorgne 6147.*
caue, cauwe, chaue 11873.*
cauec 7436.*
caut „*eifrig*" 8975.*
certaineté 8363.
chaines 3577.*
chamorge 6147.*
cheuance 3395.
estre en chief a qu. „*untertan sein*" 8815.*
choe, chor 5153.*
choucier 2648.*
coite *und* cointe *verwechselt* 7599.*
coiure „*Kupfer*" 3724, *ebenso* Lancel. *von Jehan* 2895 (: decoiure); *neben* cuiure *und* cueure (*Parcival* III, 211. *Gottfr. v. Monm.* 15), *wie* ploie, pluie *und* plueue. *Nebenf.* ploge *geh. nicht her.*
comporter 4243.
li comuns, la comune 8154.*
con *mit Accus.* 4598.*
de quel conte 268. 8131.* 11305.
corner qu. 4641.
cornille 655.*
couchelete 8937.
croistre qc. 223.*
croupier 7108.*
estre a cuer a qu. 5663.
cuidier a *oder* por qc. 6287.*
cuiure „*Bedrängnis*", cuiuroier 4905.*

defensable 2934.
dehacié 6142.*
delié, deliié, delgié 541.*
demorer qu. 4384, *anders Durm.* 4559.
Deponens 11494.*
metre en deport 5240.*

derier 811.*
desatirer 10007.
deschargier sor qu. 9531.
descrois „*Abname*" 10942.
desdire qu. 5728.* se d. 493.*
dessëur 3068.*
desfaicié 2387.
deshacié, deshocié 6142.*
despens 11163.
desrougir 10830.
destaint 2387; *vgl.* estaint 8500.
doie 9314.* (*Scheler verbesserte sich selbst im Gormond.*)
dyapre (*zweisilbig*) 5159.

eatir = aat'r 3322.
elueques 3914.*
enchaeneure 406.
a enchaus 1949.*
enclume 6145.*
engraine 6160, en graine 400. *Die Handschriften schwanken, letzteres verlangt die Abstammung.*
enhicier 9604.*
enmender 11653.*
enpasturer 405.* 11507. 11584.
enquester 6518.*
enquetume 6146.*
enrengeure 1616.
ensoigne 10898.
ensoigniier 11920.*
enstuet 6674.*
enteprendre 2359.* 7645.*
entredeus 3685.*
entrepresure 1250*, *vgl.* entrepris.
entreprise 12250.*
escaufer *abs.* 3429.
escopeler 10001.
esgarder a qc. 710.*
esgratiner 655.*
-esist 5736.*
s'esmousker 8146.*
esperonal 6143.*

WORTVERZEICHNIS. 427

espesser 9526.
esraument, esrouent 204.*
esres 6164.*
estre *mit Accus.* 3817, *und* il
  l'ert 3897, *s. Diez* III³ 52. —
  e. sor qu. 9620. — e. par mal
  uers qu. 2786.
estuer, estuier 3150.
et *den Hauptsatz einleitend* 27.*
et tant 2526.*

faire (n'i f. nient de deles) 4309.
a un fais 11369.*
farser 11190.*
flechié 172.*
foler 5637.*
forcoier 9600.*
formiier (de coulours) 2704.
forroier 9600.*
fourdine 654.*
fronchier (*vom Pferd*) 2381.
  11367.
fuison 10936.*
furni 11569.*

galerne 8935.*
gambet 4708.*
garde 1284.* 11425.*
gascort, gascru 4794.*
gayn (tarte de g.) 8616.*
gent. *Wenige Texte wahren
  bei diesem Worte die Decli-
  nationsregel. Zudem ist seine
  Zahl meist unsicher, da das
  Nomen im Nom. Sing. sein
  Verb oft im Plural hat.
  Einige Texte behandeln* gens
  *indeclinabel, so Lancelot von
  Jehan (durch Reime ge-
  sichert) und Gottf. v. Monm.*
  139. 147. 160. 242. 411. 736.
  921. 1131, *wo die Heraus-
  geber überall* genz *der Hand-
  schrift in* gent *geändert, da-
  gegen* 2367 *stehen liessen.*

Unser Text hat meist gent
  *für Nom. und Accus.; doch
  auch* gens *für ersteren.*
gironnée 1094.
gloise 7008.*
gluis 8936.*
graelé 8408.
grieue 4810.*
greuain 9518.
gues 6311.*
guinche 4693.*
guise 5375.*

haligoter 6168.*
hanaskeure 6152.
harnesié 1121.* 4043.
honi ,*eben*' 9469.*
houdeis 4246*, *vgl.* bougois 9487.
  souplus 4938 *u. s. f.*

i *statt* ie, íe *statt* iée 9524.*
iambet 4708.*
ioeor 2679.*
ior aiornée 1173.* *Die Frage
  ob* aiornée *zu belassen oder
  zu trennen, ist nicht so leicht
  zu entscheiden;* ior *ist manch-
  mal feminin (vgl.* tote ior),
  daher ior aiornée *richtig
  wäre. Allein eine Construc-
  tion wie das so häufige*
  chascun ior aiornée *hat doch
  grosse Schwierigkeiten. Vgl.*
  3546.*
iriés 1) *erzürnt,* 2) *betrübt*
  (*gew. Bedeutung*) 3228.*
iu de bille perdue 8054.
iuhui 3885.*
iui 8148.

kemander 6697.*

lai ,*Teich*' 6302.*
lasse *s. f.* 8563.*
lïe ,*Meile*' 3977.*

mais ‚nie' 5454.
maniere 5375.*
marraine, marrine 10769.*
a meismes 5903.*
mesaemer 7598.
mespresure 381. 3328. 3423.
  Descon. 3972 (so zu lesen),
  G. Coincy 353, 314. Ph.
  Mousket 30208; mesprisure
  S. Sapientie 286, 42, vergl.
mesproison.
le miex 11349.*
mile ‚Arzt' 2257.*
miles 12292.*
mitré 5448.
mont, monteploier 30.*
mout Adv. (ohne de) 6401.*
muret 4254.

naeleys 10698.
ne ke 1950.*
ni s. m. 11350.*
nicole 6171.
noeces (nuptiae) 3907*; ebenso
  Manek. 7252. 8121.

o = ot 9794.*
oi wechselt mit i 14.* 11130.*
-oiez 2. Pers. Plural. Imperf.
  11130.*
-ols statt ous 8252*, häufig in
  Veng. Ragidel u. sonst.
oni ‚eben' 9469.*
oré 7569.*
ormetiel 4252.*
-ors statt ous (ós) s. -ols.
a outrage ‚übermässig' 3813.

panetiere 10497.
parant 5441.*
pardescousse 562.*
parrain, parrin 10769.* Vgl.
  Tobler Jahrb. XV, 262 nourrain. Zu alevin füge provin
  hinzu.

partant 1234.*
Partic. Pass. mit act. Bedeutung 2795. 11494.*
partisseure 2971.
se passer 10221.
passer par qc. 2990.*
pasture 405.*
pelain 3746.*
perde 1040.*
pertruis 4191.*
pesaument 3003, vgl. esraument.
pesteleis 8707.*
piece 484 (a p.), 7568* (por p.),
  442* (de por p.), hier nachzutragen 10474., 4115 (de
  grant p.).
pineteure 3586.*
piteus ‚der Mitleid empfindet'
  4379.
platine 3723.*
por ke 7853.*
le por coi 2808.*
de porpiece 442.*
en presens 9850.
presse (faire p. a qu.) 12298*,
  vgl. 4905.
prins 250.
Pron. pers. steht beim Verbum
  finitum statt beim Inf., zu
  dem es gehört 5537.*

quidier qc. a qc. 6287*, qu.
  por qc. 5219.
quinte 1.*
quiure, quiuroier 4905.*

rados 3316.*
ratier 21.*
de recommens 762.*
regambet 4708.*
releuer (vom Kleid) 2633.
remuant 9813.
rengeure 1111, vgl. enrengeure.
repaire 566.*
resort ‚Abprallen' 10336. Vgl.

WORTVERZEICHNIS. 429

resortir *Romvart* 216, 30. *Alisc.* 217.
richement 1635.*
roidoier 973.*
roiste, roite 11692.*
rompre le parlament 6020.
rubeste 3630.*
ruer puer 4500.*
ruiste, ruste 11692.*

Sacrer 5337.
sainglement (senglement) 4887. 9248. *Amadas* 3278. 6551. 7910. *Rom. St. Michel* 37. *Gaut. Coincy* 421, 169 *u. s. f.* *Set Sages* 4692. *Ps. Oxford* 4, 10. 32, 15. 140, 11 *u. s. f.* *Ueberaus häufig* sengle *‚bloss'* *neben dem Namen eines Kleides. Dieses noch in seiner Grundbedeutung Oxf. Psalt.* 7, 12. 41, 15. 144, 2 *u. s. f.* par sengles iurz, *ebenso Ovid Met. Ars. f.* 249ᵛ. faire reprehension contre nule sengle persone.
saison 62.*
secré (: é) *unorg.* 2269, *ebenso Amad.* 1943. *Ogier* 12643. *Doon v. Mainz* 16; *dagegen regelm.* secroi *Amad.* 275. *Dolop.* 189. *Gaufr.* 169 *u. s. f.*
sembler 5909.*
si con *‚so dass'* 841.*
signier de l'oeil 4806.
sorcil *‚müssen fein sein'* 12203.*
sorfaire sor qu. 9840.
souspresure 3327. 5766. *Gaut. Coincy* 466, 233.

tant *Adv. ohne de* 6401.* 6607.*
tant ke 2645.*
tassel 240.*
tele eure est *‚manchmal'* 8856.*
tenir chier 11401*, cort 2585*, pres 12004* (*ebenso Manek.* 2632), à qu. 11388.
tenter (*einen Verwundeten*) 3352, *vgl.* t. les plaies *Gauf.* 252. *Rob. d. Teuf. F.* 2. c. *u.* d.
tieue 3351 (*nach prov. Art behandelt*) = tepidum. *Ebenso Ph. Mousket* 12614 (: brieue), teue *G. Coincy* 500, 251 (: desue), *s. Littré, der für* tiede *kein altes Beispiel hat. Dieses steht S. Sages* 2930., tedde *Hiob* 367, 11.
torneboiele (tornebo-ele) 1774; *Chev. Lyon* 2256. *Perciv.* 14136. 19720.
tortin 6525.*
traire 2230.*
tramoier 8506.*

Uain *‚schwach'* 3100; *ebenso Ch. Lyon* 1549. *Erec* 3701 *neben* pasmé, *Perciv.* 9897 *u. oft. Davon* uaine *‚Schwäche,* (*vgl.* lasse), *G. Coincy* 658, 359. 668, 855. 891. 669, 900. uanité *‚Schwäche' Amadas* 3224.
uané 9743.*
uie (uīta) *reimt mit* saroie 1734.
uller 8808.
un = el, ou (in illum) 1941.*
en uoies 3001.*